中华现代学术名著丛书

近代唯心论简释

贺　麟　著

2019年·北京

图书在版编目(CIP)数据

近代唯心论简释/贺麟著.—北京:商务印书馆,2011
(2019.9重印)
(中华现代学术名著丛书)
ISBN 978-7-100-08626-4

Ⅰ.①近… Ⅱ.①贺… Ⅲ.①唯心主义—文集
Ⅳ.①B081-53

中国版本图书馆 CIP 数据核字(2011)第 193421 号

权利保留,侵权必究。

中华现代学术名著丛书
近代唯心论简释
贺 麟 著

商 务 印 书 馆 出 版
(北京王府井大街36号 邮政编码100710)
商 务 印 书 馆 发 行
北京通州皇家印刷厂印刷
ISBN 978-7-100-08626-4

2011年12月第1版　　开本 880×1240 1/32
2019年9月北京第2次印刷　印张 13⅙　插页 1

定价:45.00元

贺 麟

(1902—1992)

学。后该校一度因诗学教授出缺而欲延聘他，但他未敢担任诗学教授，故未果。直至四十七岁时方升正式教授。八十岁无疾而终。死于正午晴空无云。忽中天有一共黑云，一哀氏谓攴天魂升天。后叔本华且曾为此写诗记之。其生活起居方规律化。其程度胜过其对面教堂之钟声。早上五时起床。咖啡早点后即读书，上午工作，午饭必与二三友人或以外国来客同围饭桌上谈天。饭后午睡，四时出外散步。晴天则单独一人。下雨则有女仆为之撑伞。家人见之出，即知为时四点了。一生只有两次例外。一次为某英国贵族邀宴。来宾中致词开端即赞其家。致破坏只说中，"后教堂这不再出。"一次读Russian曾浸练儿，直至天亮未睡。他每晚十时归寝之习惯，为之打破。自由建立在规律上，破坏规律，反而不自由。从规律中求自由。他是知识第一主义者，薛览一西也。以为人而无知，即将不可救药。父知识之重视可知。但自晚年读卢梭著作后，思想常有改变。认为无知识的愚夫愚妇，亦有天真淳朴可爱之处。他一方又认为人性恶，对Swift之讽刺·揭露人的弱点，把揭露人性之著作，如左威夫特。而佩服之。《人性根本的恶》"radical badness of human nature"一文，指出人性之虚伪，自私，残忍，好战好虚荣，言不厌行，道德上的判断，以为必得神力方可救赎；但又以为无故如此。我们不应随俗浮沉，合流同污

出版说明

百年前,张之洞尝劝学曰:"世运之明晦,人才之盛衰,其表在政,其里在学。"是时,国势颓危,列强环伺,传统频遭质疑,西学新知亟亟而入。一时间,中西学并立,文史哲分家,经济、政治、社会等新学科勃兴,令国人乱花迷眼。然而,淆乱之中,自有元气淋漓之象。中华现代学术之转型正是完成于这一混沌时期,于切磋琢磨、交锋碰撞中不断前行,涌现了一大批学术名家与经典之作。而学术与思想之新变,亦带动了社会各领域的全面转型,为中华复兴奠定了坚实基础。

时至今日,中华现代学术已走过百余年,其间百家林立、论辩蜂起,沉浮消长瞬息万变,情势之复杂自不待言。温故而知新,述往事而思来者。"中华现代学术名著丛书"之编纂,其意正在于此,冀辨章学术,考镜源流,收纳各学科学派名家名作,以展现中华传统文化之新变,探求中华现代学术之根基。

"中华现代学术名著丛书"收录上自晚清下至20世纪80年代末中国大陆及港澳台地区、海外华人学者的原创学术名著(包括外文著作),以人文社会科学为主体兼及其他,涵盖文学、历史、哲学、政治、经济、法律和社会学等众多学科。

出版说明

出版"中华现代学术名著丛书",为本馆一大夙愿。自1897年始创起,本馆以"昌明教育,开启民智"为己任,有幸首刊了中华现代学术史上诸多开山之著、扛鼎之作;于中华现代学术之建立与变迁而言,既为参与者,也是见证者。作为对前人出版成绩与文化理念的承续,本馆倾力谋划,经学界通人擘画,并得国家出版基金支持,终以此丛书呈现于读者面前。唯望无论多少年,皆能傲立于书架,并希冀其能与"汉译世界学术名著丛书"共相辉映。如此宏愿,难免汲深绠短之忧,诚盼专家学者和广大读者共襄助之。

商务印书馆编辑部

2010年12月

凡 例

一、"中华现代学术名著丛书"收录晚清以迄20世纪80年代末,为中华学人所著,成就斐然、泽被学林之学术著作。入选著作以名著为主,酌量选录名篇合集。

二、入选著作内容、编次一仍其旧,唯各书卷首冠以作者照片、手迹等。卷末附作者学术年表和题解文章,诚邀专家学者撰写而成,意在介绍作者学术成就、著作成书背景、学术价值及版本流变等情况。

三、入选著作率以原刊或作者修订、校阅本为底本,参校他本,正其讹误。前人引书,时有省略更改,倘不失原意,则不以原书文字改动引文;如确需校改,则出脚注说明版本依据,以"编者注"或"校者注"形式说明。

四、作者自有其文字风格,各时代均有其语言习惯,故不按现行用法、写法及表现手法改动原文;原书专名(人名、地名、术语)及译名与今不统一者,亦不作改动。如确系作者笔误、排印舛误、数据计算与外文拼写错误等,则予径改。

五、原书为直(横)排繁体者,除个别特殊情况,均改作横排简体。其中原书无标点或仅有简单断句者,一律改为新式标点,专名号从略。

六、除特殊情况外,原书篇后注移作脚注,双行夹注改为单行夹注。文献著录则从其原貌,稍加统一。

七、原书因年代久远而字迹模糊或纸页残缺者,据所缺字数用"□"表示;字数难以确定者,则用"(下缺)"表示。

目 录

一 近代唯心论简释 1
二 时空与超时空 8
   上篇 论时空 9
      论时空为自然知识所以可能的先天之理或法则 30
      证时空为自然行为所以可能的先天之理或标准 34
   下篇 论超时空 41
     附：论时空——答石峻书 44
三 知行合一新论 49
四 宋儒的思想方法 78
五 怎样研究逻辑 106
六 辩证法与辩证观 117
七 斯宾诺莎的生平及其学说大旨 134
   一六六〇至一六六三年斯氏住莱茵堡 141
   一六六三夏至一六七〇年斯氏住乌尔堡（Voorburg） 142
   一六七〇年至一六七七年斯氏住海牙 144
八 康德名词的解释和学说的大旨 156
   引言 156
   康德哲学重要名词的翻译与解释 159

v

结语 ················· 181
九　论意志自由 ················ 182
十　论道德进化 ················ 195
　　（一）逻辑上道德进步的历程 ········ 200
　　　　1. 费希德的道德进步观 ········· 201
　　　　2. 黑格尔的道德进步观 ········· 203
　　（二）事实上道德现象的演化——以婚姻的演化为例 ··· 207
十一　文化的体与用 ··············· 217
十二　五伦观念的新检讨 ············· 230
十三　西洋机械人生观最近之论战 ········· 243
　　引言 ················· 243
　　机械论与非机械论之根本差异 ········ 244
　　机械论者之五大论据 ············ 245
　　非机械论者之五大论据 ··········· 248
　　新机械主义者之折衷观 ··········· 251
　　机械主义与伦理学 ············· 253
十四　评赵懋华《叔本华学派的伦理学》 ······ 260
十五　与友人辩宋儒太极说之转变 ········ 275

附录

最近五十年来的西洋哲学 ········ 亨利·迈尔　285
中国哲学与西洋哲学（《近代唯心论简释》代序） ······ 302
关于《近代唯心论简释》自述 ·················· 306
一个唯心论者的文化观——评贺麟先生著
　《近代唯心论简释》 ················ 胡　绳　309

《近代唯心论简释》述评 ……………………… 徐梵澄 318
何谓唯心论？ ………………………………… 谢幼伟 322
 附：答谢幼伟兄批评三点 …………………………… 335
柏拉图认识论中之主体与对象 ………………… 陈　康 341

贺麟先生学术年表 …………………………………… 360
逻辑之心和直觉方法——《近代唯心论简释》打通中西
 哲理的连环套 ………………………………… 张祥龙 396

一 近代唯心论简释[*]

心有二义：(1)心理意义的心；(2)逻辑意义的心。逻辑的心即理，所谓"心即理也"。心理的心是物，如心理经验中的感觉、幻想、梦呓、思虑、营为，以及喜怒哀乐爱恶欲之情皆是物，皆是可以用几何方法当作点线面积一样去研究的实物。普通人所谓"物"，在唯心论者看来，其色相皆是意识所渲染而成，其意义、条理与价值，皆出于认识的或评价的主体。此主体即心。一物之色相、意义、价值之所以有其客观性，即由于此认识的或评价的主体有其客观的必然的普遍的认识范畴或评价准则。若用中国旧话来说，即由于"人同此心，心同此理"。离心而言物，则此物实一无色相、无意义、无条理、无价值之黑漆一团，亦即无物。故唯心论一方面可以说是将一般人所谓物观念化，一方面也可以说是将一般人所谓观念实物化。被物支配之心，心亦物也；能支配心之物，物亦心也。而心即理也的心，乃是"主乎身，一而不二，为主而不为客，命物而不命于物"（朱熹语）的主体。换言之，逻辑意义的心，乃一理想的超经验的精神原则，但为经验、行为、知识以及评价之主体。此心乃经验的统摄者、行为的主宰者、知识的组织者、价值的评判者。自然与人生之可以理解，之所以有意义、条理与价值，皆出于此心

---

[*] 本文最初发表于1934年3月《大公报》的《现代思潮》周刊。

即理也之心。故唯心论又尝称为精神哲学，所谓精神哲学，即注重心与理一，心负荷真理，理自觉于心的哲学。

大凡最重要最根本的东西，在认识的程序上，每每最后方为人发现。自然律的发现，已经是人与自然接触很久以后的事。人格、心、理、精神的发现，也是人类生活进化很高的事。由物质文明发达，哲学家方进而追问征服自然、创造物质文明的精神基础——心；由科学知识发达，哲学家方进而追溯构成科学知识的基本条件——具有先天范畴的心。故唯心论是因科学发达、知识进步而去研究科学的前提知识的条件，因物质文明发达而去寻求创造物质文明、驾驭物质文明的心的自然产物。故物质文明与科学知识最发达的地方或时代，往往唯心论亦愈盛。当一个国家只知稗贩现成的科学知识，只知崇拜他人的物质文明，为之作被动的倾销场时，当然无暇顾及构成科学知识的基本条件和创造并驾驭物质文明的精神基础，则此国家尚未达到精神的独立与自觉，而其哲学思想之尚不能达到唯心的阶段，自是必然而无足怪。譬如，原始人或原始民族，穴居野处，生活简单，用不着多少工具，故不感觉物的重要，更不感觉制驭物质的心的重要。而他们无思无虑受本能或自然环境支配而活动，亦不感觉具有理想和评价力量的心的重要。在此情形之下，唯心的思想决不会发生。换言之，无创造物质文明、驾驭物质文明的需要，无精神上的困难须得征服的自然人，决不会感觉精神的重要，决不会发生唯心的思想。

严格讲来，心与物是不可分的整体。为方便计，分开来说，则灵明能思者为心，延扩有形者为物。据此界说，则心物永远平行而为实体之两面：心是主宰部分，物是工具部分。心为物之体，物为心之用。心为物的本质,物为心的表现。故所谓物者非他,即此心之用具,精神之表现也。姑无论自然之物,如植物、动物甚至无机物等,或文化之物,如宗教、哲学、艺术、科学、道德、政法等,举莫非精神之表现,此心之用具。不过自然之物乃精神之外在化,乃理智之顽冥化,其表现精神之程度较低,而文化之物乃精神自觉的活动之直接产物,其表现精神之程度较高罢了。故唯心论者,不能离开文化或文化科学而空谈抽象的心。若离开文化的陶养而单讲唯心,则唯心论无内容;若离开文化的创造、精神的生活而单讲唯心,则唯心论无生命。故唯心论者注重神游冥想乎价值的宝藏,文化的大流中,以撷英咀华、取精用宏而求精神的高洁与生活之切实受用,至于系统之完成、理论之发抒、社会政治教育之应用,其余事也。如是则一不落于戏论的诡辩,二不落于支离的分析,三不落于骛外的功利,四不落于蹈空的玄谈。

要免除"唯心论"一名词之易被误解,可称唯心论为"唯性论"。性(essence)为物之精华。凡物有性则存,无性则亡。故研究一物,贵探讨其性。哲学家对于事物的了解,即可以认识其性,而对于名词下界说,即所以表明其性。如"人是有理性动物"一命题中之理性,即人之本性也。理性是人之价值所自出,是人之所以为人的本则。凡人之一举一动无往而非理性的活动。人而无理性即失其所以为人。性为代表一物之所以然及其所当然的本质,性为支配一物之一切变化与发展的本则或范型。凡物无论怎样活动发展,终逃不出其性之范围。但性一方面是一物所已具的本质,一方面又是一物须得实现的理想或范型。如生命为一切有生物的本性。〔植物〕自播种、发芽、长躯干枝叶、开花结实,种种阶段都是发展或实现生命的历程。又如,理性为人之本性,在人的一切活动中,如道德、艺术、宗教、科学的生活，政治、社会、经济的活动，皆是理性发展或实现的历程，不过程度有不同而已。

"性格即是命运"（Man's character is his fate），"性格即是人格"（The character is the man）是唯性论者对于人性的两句格言。由于为理性所决定的自由意志应付环境而产生的行为、所养成的人格即是一人的性格。也可以说人性中最原始的趋势与外界接触而愈益发展扩充，足以代表一人的人格的特点即是性格。故性格为决定人之一生的命运的基本条件，如人之穷通成败、境遇遭际，均非出于偶然，而大半为其本人的性格所决定。故小说家或戏剧家最紧要的工作即在于描写剧中人的性格。而哲学家亦重在认识人的性格，以指出实现自性的途径，又在于认识物之性格，以资驾驭宰制。

唯心论在道德方面持尽性主义或自我实现主义。而在政治方面，唯心论则注重民族性之研究、认识与发展。所谓民族性即是决定整个民族的命运的命脉与精神，必对于民族性有了充分的认识，方可以寻出发展民族的指针。但生命是自研究整个生物发展历程中得来，理性是自研究整个人类文化活动中得来，故民族性是自研究整个民族的文化生活和历史得来。故本性（essence）是自整个的丰富的客观材料抽炼而出之共相或精蕴。因此本性是普遍的具体的，此种具体的共相即是"理"。如"人"、"物"之性各为支配其活动之原理。故唯心论即唯性论，而性即理，心学即理学，亦即性理之学。近来德国的胡塞尔（Husserl）有所谓"识性"（Wesensschau）之说，美国的桑提耶那（Santayana）有所谓"观认本性"（contemplation of essence）之说，其注重本性与唯心论或唯性论者同；若他们能更进一步不要离心而言性，使其所谓性不仅是抽象的性质,而有如炼丹炼盐般之自文化生活自然物象中抽炼其永恒之本质,以得到具体的共相,则与唯心论者之说便如合符节了。

唯心论又名理想论或理想主义。就知识之起源与限度言,为唯心论;就认识之对象与自我发展的本则言,为唯性论;就行为之指针与归宿言,为理想主义。理想主义最足以代表近代精神。近代人生活的主要目的在求自由。但自由必有标准,达到此标准为自由,违反此标准为不自由。漫无标准与理想之行为,不得谓之自由。如射箭必须有鹄的,方可定射中与未射中之标准。若无鹄的,则任意乱发皆可谓之中,亦皆可谓之不中。自由亦然,若无理想为之标准,则随遇而安,任何行为皆可谓之自由,亦皆可谓之不自由。故欲求真正之自由,不能不悬一理想于前,以作自由之标准,而理想主义实足以代表近代争自由运动的根本精神。

理想乃事实之反映。要透彻了解事实,我们不能不需要理想的方式。必先有了了解或征服自然的理想,然后方发生了解或征服自然的事实;先有改良社会的理想,然后吾人方特别注意于社会事实之观察与改造。吾人理想愈真切,则对于事实之认识亦更精细。理想可以制定了解事实之法则和方式,使吾人所搜集之事实皆符合理想的方式,而构成系统的知识。理想不唯不违背事实,而且可以补助并指导吾人把握事实,驾驭事实。

理想为现实之反映。必有理想方可感得现实之不满,而设法改造现实。故每当衰乱之世,对于现状不满之人增多,则遁入理想世界以另求满足之人与根据理想以改革现实之人,亦必同时增多。普通人每指斥理想主义者之逃避现实,殊不知逃避现实亦系对于现实之消极的反抗,对于现实的污浊和矛盾无深刻认识者,将永为现实之奴隶而不能自拔,虽欲消极的逃避亦不可能,遑言改造。柏拉图之洞喻，言必出洞观天，方知洞中之黑暗牢狱生活，而思所以超拔之，即是此意。所谓弃俗归真，由真返俗是也。英哲鲍桑葵（Bosanquet）尝言，人之所以异于禽兽，实由于人能主观的构造一理想世界，而禽兽则为现实所束缚，不得解脱。由此足见理想乃超越现实与改造现实的关键，且是分别人与禽兽的关键。

理性乃人之本性。而理性乃构成理想之能力（Reason is the faculty of ideals）。故用理想以作认识和行为的指针，乃是任用人的最高精神能力，以作知行的根本。

根据科学的学养，对于人生和宇宙的认识，大约不外下列各观点：(1)机械观，此即由物理化学的立脚点，见得自然之完全受理化上之机械定律支配，遂应用其机械方法和"原子"、"数量"等概念进而解释人生或精神现象。将价值自然化，采用只承认数量的差别，而否认价值的差别的观点以研究人生问题，如认心灵为原子式的观念联合所构成，认社会为原子式的个人所构成等说，均系机械观应有的结论。(2)生机观，由生物学的研究见得一切生物的各部分皆互相关联，有自生力与内在目的以适应环境而维持并延续其生存，并发见"发育"、"进化"、"机构"为生物学上的重要概念，遂扩大此有机原则为宇宙原则，见得全宇宙是充满了生命的有机体。(3)经济史观或唯物史观，此种见解是自十九世纪以来，社会科学特别是经济学盛大发展的产物。此说认生产的方式或经济的组织的变迁为决定历史演化的主力，以人类适应社会生活、对付经济困难所产生的工具作为解释人类精神活动的关键。(4)精神观或理想观，此即由对于人类精神生活和文化历史的研究，不免见得人类文化为人类的精神力量创造而成，因而应用其精神的或理想的观点以解释人生和自然，认自然为自由精神的象征，认历史的进化为绝对精神的自求发展,认精神有陶铸物质的力量,且必借物质方得充分的表现。

以上各种观点,皆各有其依据的科学背境,皆各予吾人对于宇宙以一种一贯的根本看法,因此亦各有其范围与效准:机械观不失为研究自然科学有用的假定;经济史观亦不失为解释社会现象和历史变迁之一种适用的假定;生机观在哲学上尚不失为一种不彻底的精神主义(哲学史家称生机主义为自然的精神主义或精神的自然主义,盖此说偏重本能和生命,而不知理性和精神更为根本),但若用此种观点来作研究生物学的前提,如杜里舒一般人所为,便未免滥用精神科学的方法与范畴以治自然科学,而弄成非科学非哲学的怪物了;至于根据精神科学——亦称文化科学,以作哲学的基础,应用人类最高的精神能力以观认世界,规定机械的唯物观与经济的历史观以应有之地位与范围,使勿逾越权限,发挥精神生活的本质、文化活动的根基,批评自然科学和社会科学所依据的范畴、原则和前提,调节自然和精神的对立,而得到有机的统一,使物不离心而独立,致无体,心不离物而空寂,致无用,便是理想的观点所取的途径,也即是真正的哲学——不论唯心与否——应有的职务了。

二 时空与超时空[*]

罗素所谓"一个人在思想和感情里,能够感觉到时间的不重要,乃是入智慧之门",似即多少有注重"超时空"的意思。亚历山大反罗素之意谓"能认识时间本身的重要,才是入智慧之门",似乎是要指出对于时空的问题认真研究,于哲学实最重要。一个认养成超时空的精神境界为入智慧之门,一个认为注重时空问题的研究为入智慧之门,两人的根本意思,也许并不冲突;因为对于时空问题的认真研究,也许正是使我们有超时空之感,使我们在思想和感情里感觉到时间或空间的不重要。不过罗素如果因为注重超时空之感而竟至认为对时空问题的研究也不重要,那就错了。而亚历山大因为感觉到认识时间本身的重要,遂根本否认超时空,而认时空为实在,为构成真正宇宙的基本质料,即神也在时空之内,这又未免太缺乏哲学识度,较之罗素更陷于严重的错误。

大概讲来,西洋人注重时空,东方人注重超时空。(罗素素喜东方的老庄,所谓能够感觉到时间的不重要为入智慧之门,亦颇有

---

[*] 本文在1942年初版、1944年再版的《近代唯心论简释》一书中,只有"上篇"而无"下篇"。1959年商务印书馆出版《资产阶级学术思想批判参考资料(第四集)》时,增补了"下篇 论超时空",有"此系手稿,未曾发表"的文字说明,并附"论时空——答石峻书"一文(原载于1944年《思想与时代》第35期),1990年商务印书馆出版《哲学与哲学史论文集》时也作此处理。

东方意味。)古代人注重超时空,近代精神则注重时空。宗教、艺术、哲学中注重超时空,科学、政治、经济、实业则注重时空。时空重要,超时空亦重要。对于时空问题的研究不可忽视,对于超时空问题的研究,对于超时空襟怀的养成,亦不可忽视。研究时空以与超时空留地步,研究超时空以为时空奠基础,就是本文的旨趣。

上篇　论时空

时空问题是很困难很专门的哲学问题之一,也可以说是最哲学的哲学问题之一。因此在注重目前实用的人看来,也许会说时空问题只是少数哲学家的问题,而不是人人的问题。但我希望这篇讨论可以表明时空问题乃是人人已有的切身问题,我们只是把一般所共同承认而不自觉的见解,提出来加以发挥。时空问题之所以成为哲学上的重要问题,就因为它是关于人的重要问题。哲学的职责就是要对人的重要的根本的问题,加以专门的研究。

又时空问题似与数学物理有关。中国过去的哲学家对此问题似不感兴趣,很少谈到,少有贡献。但若要中国哲学界不仅是西洋哲学的殖民地,若要时空问题成为中国哲学自己的问题,而不仅是中国人研究外国哲学中与自己不相干的问题,或西洋哲学问题在中国,我们必须将中国哲学家对于时空问题的伟大识度,提出来加以发挥,使人感觉到这原来是我们心坎中、本性内、思想上或行为上的切身问题。时空既是与我们心性知行有密切关系的问题,故我们有权利也有义务加以考察,加以解答。蕴于我们心中、出于我们本性、与知识行为都有关系的问题,亦即是人类普遍的问题。解答我们自己切身的与心性知行有关的问题,亦即是解答人类精神上思想上的普遍问题,为人类争取光明。我们的思想也许与西洋古代或近代的哲学家有相同处,这只是由于他们先得我心之所同然,他们启发我,这并不妨碍我们的亲切自得,我们也不能说是袭取稗贩。

关于时空问题,有许多正相反对的说法。兹先将这些对立的说法加以陈述,并概括表示我们的看法,然后再详加发挥。

1. 物与理对或事与理对。有的人认时间和空间为实物或实事,又有人认时空为先天的理则而非事物。大概一般人的常识,多识时间或空间为实际可以捉摸的事物或东西。譬如,"以空间换取时间"的说法,就是认时间和空间是可以彼此掉换的东西。又如"浪费了五年的时间"的说法,就认时间是与财物一样的具体,可以浪费,也可以节省的。又如说,"请让出一些空间给别人来住",也含有认空间是可以占据也可以出让的实物。物理学家如牛顿便认时空为实物或实有(entity),不过是绝对的无限的实有罢了。相对论者以及许多受相对论影响的哲学家,大概不认时空为物,而认时空为事(event)。不论认时空为物也好,认时空为事也好,皆认时空可以作为物理学研究的对象,皆不认时空为理而与否认时空为理的说法对立。隐约认时空为理的哲学家,也许很多,但明白地指出时空是理的哲学家,当前首推康德。康德的先天(先天一般译为"先验",我在本书《康德名词的解释和学说的大旨》中,有较详的说明。)直观学之不朽的伟大发现,就在于指出"时空者理也"。他自己曾明白说过,时空是感性的先天原则(原则即是理),又说时空为感性所具有的两个纯范型,或构成先天知识的原则。哲学家如文德尔班亦明言康德所谓时空为"对感觉加以综合的整理的原则"

(principles of the synthetical ordering of the sensations),又谓"时空为吾人心中用以把握或整理(vorstellen)复杂之感觉,使有综合的统一的关系的法则"(laws of relations)。① 总之,说时空是先天原则,是纯范型,是使复多之感觉材料有综合的统一性、关联性的法则,即是很明显地指出时空是理,不是经验中的事物,而是使经验中的事物可能的先天之理或先决条件。

究竟时空是理呢? 抑是物或事呢? 这两种对立的说法,究竟哪一种说法是对的呢? 要解答这个问题可分两层来说:第一,从哲学的立场来说,应认时空为理,因为哲学就是理学。因为时空是理,是使经验的事物可能之理,故哲学可以研究时空,时空可以成为哲学研究的对象。如果时空是经验中的自然事物,则只有让科学去研究,哲学家对时空可无容置喙。第二,从科学家的立场来说,只能把时空当作事物去研究去衡量。至于时空的本质,时空之所以成为时空之理,乃是科学的前提,可让哲学家去研究,科学可以暂不理会。所以把时空当作事物去研究是可以的,若硬断定说时空是实事实物,那就是未经过知识论批导研究的独断玄学。一如不管人是不是机器,科学为方便计,把人当作机器,把人的情感欲望都当作几何学上的点线面积一样去加以研究,也是可以的。但若硬断定人是机器,根本否认意志自由,那就是独断的玄学。

2. 客观与主观的对立。有许多哲学家认时空是离人类意识而独立存在的物或事,有的说时空是客观存在,运动就是衡量时空的尺度。有的认时空为事物与事物间的客观关系,这种关系,意识可以认识,但非意识所能决定的。牛顿以及现代许多实在论和唯物

---

① 见文德尔班著《哲学史》英译本,第539—540页。

论的哲学家多持此说。但又有许多哲学家认时空是主观的,只是心中的状态、抽象观念、原则,不是离心而独立的存在。持此说的人也很多,如亚里士多德说,就时间之为衡量运动的尺度而非运动的本质言,则时空必在心内(in the soul)。又如新柏拉图学派的创始人浦罗丁说"心灵的活动构成时间而世界是在时间之内"。近代哲学家中,持时空主观说最有力者,当推斯宾诺莎及康德。斯宾诺莎认时间为理智之物(res rationis)而不是实物。又说"时间是帮助想象的工具"(auxilium imaginationis)。斯宾诺莎所谓想象,含有三层意思,一是感觉,二是记忆,三是联想。他认为如果没有时空这些抽象概念的帮助,则感觉记忆与联想都不可能,至少不会那样活泼。但他认为想象(经过时空概念帮助的想象)不是真知识,不是科学知识可能的条件,反之乃是混淆的错误的知识意见等可能的条件。换言之,时间的形式(under the form of time)只是意见或第一种知识可能的条件,而永恒的形式或超时间的形式(under the form of eternity)才是真观念或他所谓第二第三两种知识可能的条件。至于康德,可谓集主观的时空观之大成。康德的思想可以用我们自己的话概括为"时空者心中之理也"。心外无可理解的理,心外无时空,心外无(经验中的)物,离心而言时空、而言时空中之物,乃毫无意义。用康德自己的话来说:时空是心中的先天形式,是先于一切经验而为决定一切经验中的对象的纯直观,是使人类一切感官知识可能的主观条件。康德所谓时空之主观性可概括为三层意思。第一,时空的主观性,即等于时空的理想性,认时空非离意识而独立存在的实物或物自身。第二,时空的主观性是指时空是属于主体方面的认识功能或理性原则,而非属于客观对象方面的性质或关系。第三,所谓时空的主观性的学说,正是要为时空在经验方面之所以是必然普遍而有效准的原则奠立基础,而不是认时空为个人主观的无常的意见或幻想。康德是要批评地透过主观(人类意识)去建立客观(有必然普遍性的理或知识),而反对独断地离开主观去肯定客观。

要批评客观的时空观与主观的时空观的对立,我们可以说,关于时空与意识的关系问题,科学是不应说话,对于两方皆不置可否的。站在哲学的立场,如有人说时空是离意识而独立存在的实有,或唯有在认识时空为离意识而独立存在的实有之前提下,数学几何学方可能,先天综合的知识方可能,那就是不知反省自己的认识能力,而陷于独断,不知道接受康德的教训。故我认为,大体上我们必须接受康德的不朽见解,自己加以补充与发挥,而不可对康德之说盲目不加理会。①

---

① 康德的措辞虽有时难免含混而易滋误解,但他的先天直观学之主要思想与伟大创见,乃在于指出时空是出于纯理性之自发的理或法则,而不是独立于意识之外的事或物,乃是显豁呈露,不容否认的事实。乃竟有许多专门研究康德的注释家,连这一点基本道理,都不懂得,真令我惊讶。我现在试引著两大本 *Kant's Metaphysic of Experience* 的 Paton 教授,误解康德的时空说以与 Alexander 之说附会的一段话,来作例子:"It seems to me at least possible that the space-time is the condition or form of all appearances given to sense; that we can gradually sort it out, by a special kind of abstraction, from the appearances of which it is the form, and study it mathematically as an individual whole, which is intelligible through and through; and that in so doing we can discover laws to which the world of appearances must conform" (I, p. 163) 这 段短短的话就犯有下列数点错误:1. 时空合一(space-time)的说法,乃受相对论的物理学的影响的自然哲学(cosmology)或玄学的时空观。依此说,时空合一为纯事变,与康德认时空为两个相关但各自不同之原则的说法,实不可附会混淆。2. 康德认时空为一切现象的条件或形式乃是"必然的",而巴顿反谓时空为一切现象之条件或形式是"可能的"。真是谬以千里。3. 巴顿主张对于时空加以数学的研究,慢慢地去发现现象界所必须遵循的法则(我揣想他是指物理学的法则而言),殊不知康德认为就时空之为纯直观言,时空本身已经是法则,是使现象界可能、使数学可能的先天法则或逻辑条件。康德是从逻辑的知识论的立场以讨论时空,而巴顿为亚历山大 (续下页注)

3. 不确定的时空说与确定的时空说对立，无限的时空观与有限的时空观对立。我们现在用不着将对立双方的说法，再加以历史叙述。解除这种对立的途径，主要的在将名词分析清楚，范围规定清楚，然后方可见得各种说法都可并行不悖。其次，再将独断的缺乏知识论批导的说法，加以排斥。第一，就时间之为不确定的存在的持续言，为不确定的时间，不确定的时间称为绵延(duration)。就空间之为大小不确定的体积言，即是不确定的空间，不确定的空间称为扩张(extension)。不确定的时间与空间为感觉的对象或内容。绵延与扩张是可加以衡量，但尚未经衡量的量(unmeasured measurable quantity)。就时间之为衡量绵延（不确定的存在的持续）的准则言，为确定的时间。就空间之为衡量扩张（大小不确定的体积）的准则言，为确定的空间。确定的时间或空间是整理或排列感觉材料的形式或准则，是理智的产物，是主体所建立的确定的有限的客观标准。故确定的时空即是有限的时空，有限的时空即是确定的时空。第二，说到无限的时空，意义就比较混淆。但只有三个可能的含义。(1)无限的时空即是无定限不确定的时空，相当

（接上页注） 所误引，乃是从物理学的独断的玄学的立场以讨论时空。康德注重从向内考察认识的能力，反省理性活动的本质，以发现时空的性质，而巴顿则主张从外界给与的感官材料或现象界中用数学方法以研究时空。这简直是以康德正相反对的说法来解释康德。4. 康德通常总是称时空是感性的形式(forms of sensibility)，而只是偶尔一说时空是现象的形式(forms of appearance)。当他说时空是感性的形式时，他是指时空是感性据以整理或综贯感觉材料的本身固有的纯形式或先天原则而言。当他说时空是现象的形式时，他是指时空是认识的主体用以规定现象，使现象可能的先决条件或逻辑法则而言。而巴顿则只采用"现象的形式"的说法，绝少采用"感性的形式"的说法。揣其意乃是认时空为一切事变发生之客观格式或外在场所。他不说时空是认识的主体用以整理或排列感觉材料的原则或形式，而只说感觉或现象事物（客观地自然地）在时空中排列着。总之，他把康德的逻辑的知识论的时空观，释成物理学的时空观，把康德基于主体的理想的动的时空原则，释成属于现象的客观的死的时空格式，可以说是处处违反康德的根本思想。

于希腊哲学家所谓无限制未经范型规定过的物质(unlimited or formless matter),为构成感觉中混沌复杂的材料,故无限时空即等于不确定时空,此为第一种可能的含义。(2)无限时空普遍多表示无穷(endless)的时空的意思。表示有限空间的无穷伸展,有限时间的无限延长。此种的无限时空既非感觉的材料,亦非出于理智的规定,而乃是由于想象的作用及理智之不依规范的滥用。这叫做直线式的无限,起于理智之无限制的直线式的无穷的推论。这种无限的时空既非感觉的真实内容,又非科学可能的前提,更非哲学研究的准则或形式,乃是我们所要排斥的说法。(3)无限的空间指普遍性(universality)而言,无限的时间指永恒性(eternity)而言。譬如说某种真理在任何时任何地皆真,意是说这是一种有普遍性永恒性的真理。又如说某种真理在一切时一切地无限时无限地,举莫不有效准,亦是说这种真理是有永恒性与普遍性的意思。又如说"放诸四海而皆准,传诸百世而不惑",所谓四海亦是指无限的空间,所谓百世亦含有千世百世无限世之意,故此语即是指普遍性与永恒性而言。譬如程明道"道通天地有形外"一语,天地有形外亦即是指无限空间言,亦是指道是有普遍性的意思。照这样说来,无限时间等于一切时任何时,等于超时间,等于永恒性。无限空间等于一切地任何地,等于超空间,等于普遍性。本段全部意思可用下表表明。

对这个简单的表,我们可以从下列几点再加以引申发挥:

1. 绵延是永恒之现象,永恒是绵延之本体。时间是把握现象之工具,衡量绵延之尺度。普遍与扩张,空间与扩张可以此类推。绵延亦称变化。凡一扩张体持续其存在之一动一静的过程,称为变化,亦称绵延。就一物之"变易"言,为变化,就一物之"不易"言,

无定的时空	有定有限的时空	无限的时空
绵延,扩张	空间,时间	永恒,普遍
感觉的对象	理智的准则	理性的理念
感性的直观	知性的直观	理性的直观
自然的事变	权衡的尺度	实在的性质
混一	条理	统一
客观(属于对象方面但仍与意识或感觉相对)	主观,相对	超主观,绝对
具体的事物	抽象的共相	具体的共相

为绵延。就"逝者如斯夫"言,为变化;就"不舍昼夜"言,为绵延。凡绵延之物必变化,凡变化之物必绵延。故绵延包括有动静及变化之意在内。故无动静、无变化、无绵延之永恒物为本体,而有动静、有变化之绵延物为现象。柏拉图有"时间为永恒之变动的影象"(Time is the moving image of eternity)的名言,彼所谓时间,亦系此处所谓绵延,故其意亦是说绵延是永恒的现象。以注重时间著称的现代哲学家柏格森,认真时或绵延为实在,其主要的错处,即在于未将永恒与绵延的区别划分清楚,未接受柏拉图的教训,故其所谓真时,似有形而上之永恒的意味,又似有形而下之现象的意味。

2. 布拉得莱(F. H. Bradley)在他的《现象与实在》一书中,提出许多关于时空的矛盾。如果大家能把握住绵延、时间、永恒及我们前面所排斥的想象的无限制的时间之区别,则他所提出的矛盾,皆不难迎刃而解。我们试随便举几个他所提出的关于空间和时间的矛盾作例子。他说:"空间乃是无极限的,但极限乃是空间之所以为空间的本质。"极限是空间的本质,是指我们所谓有定有限的可以作准则的空间而言。他所谓空间是无极限的,是指我们所要排斥的无限制的空间而言。这样分开来说,何是何非,了如指掌,有何矛盾？又譬如他说："时间和空间是一种关系，但反之，又不是一种关系，而归结起来，除了是关系外，时间和空间又不是别的东西。"所谓时空是一种关系，应指时空是规定经验事物间的关系的抽象的尺度准则言。所谓时空不是一种关系，应指就时空之为未经关系的范畴规定的绵延，或为超出有限关系的永恒而言。所以归结起来，时空仍不外是一种关系，即系谓仍以尺度、准则、形式的说法解释时空，方是正解。又如他提出关于时间的有趣的矛盾说："一件事发生在时间里，但这件事又不占时间，或则可说，这件事不发生在时间里，但是发生于某一日期。"这个矛盾困难可以这样解释：用时间的形式以考查一件事发生的次序，这件事当然发生在时间里，但时间只是主观的形式、尺度，不是事物，故这件事不能占时间。而且说一件事发生在时间的形式里，也有语病。因为严格说来，一件事不惟不能占据时间的主观形式，而且也不能在主观形式里发生。故最好是说一件事发生于某一确定的特殊的日期。因为时间是衡量事变的概括的尺度，而日期如某年某月某日某时，乃是衡量事变的特殊尺度，必须以特殊的尺度去衡量特殊的事变，所得的结果才精密准确。总之，布拉得莱思想清楚，见解透辟，而所用名词不清楚，绝少为名词下界说（也许是他故意如此），而又以清楚的思想去分析那含义不清楚的名词，以致发生许多矛盾。至于布拉得莱所谓"时间是一个自相矛盾的现象，而不是实在的本身，只是表现其自身为'无时间的事物'（the timeless）的属性或形容词"，亦即是柏拉图所谓"时间是永恒之变动的影象"的一种说法。

3. 康德所谓经验的或感官的直观即是此处所谓感性的直观，如关于颜色苦甜香臭的直观是。此处所谓知性的直观即系指康德所谓纯直观而言，如关于数的、几何的、逻辑的（如 A = A）直观均属之。时间与空间即是知性活动所产生的直观,而此知性的直观或纯直观先天的用来作为感性的形式。故称时空为感性的形式可,为感性的纯直观(纯直观为理,故可谓形式)亦可,若称时空为感性的直观则不可。至康德所谓理智的直观(intellectual intuition)即是此处所谓理性的直观或理念,如关于上帝灵魂之直观或理念是。但谓理性的直观为无限可,为绝对亦可,今谓知性直观为无限则不可。盖知性的直观,乃是清楚明晰的自明的原则,如关于数的或几何的直观是,不能谓为无限。而就知性的直观,时空之为整理感觉材料之形式或尺度言,则只能谓为有限。盖惟有限的原则方可作为尺度。若就对于整个的扩张或绵延之感觉的直观言,则此感觉的直观,只能说是无定限的(indefinite)全体,亦不能谓为无限的全体。康德所谓"空间是呈现于吾人意识之前的无限的体积"(infinite magnitude),又谓我们所谓许多空间,其实是指同一空间之许多部分而言,不同的许多时间亦是指同一时间之部分言。又谓每一确定之量的时间(every definite quantity of time)乃是单一的无限时间之限制。据此则康德认空间有体积,可分,似指我们所谓"扩张"而言,认时间有量,可分,似指我们所谓"绵延"而言,虽然绵延及扩张在某意义下,可认为无限或永恒。但就时空之为知性的直观言,则只能谓为有限;就其为感性的直观言,则只能谓为无定限。故我怀疑康德认时空为无限的纯直观之说,似未能将绵延和扩张意义的时空,与形式和尺度意义的时空,分辨清楚,是受了牛顿的影响而尚未解脱者。因此我们不能不拒绝接受康德认时空为无限的体积或量的说法。

　　以上是说明我所以要认时空为有限,认绵延与扩张为无定时空,认永恒与普遍为无限时空,但应以有限的时空为时空之正解,为时空之本义的道理。再回溯我上面三大段讨论时空之为理或事物，为主观或客观，为有限或无限，乃是批评讨论前人已有的对立学说，并附带提出我自己的见解。至于我所以赞成时空是主观的有限的理、尺度或标准的理由或证据，将于下面阐明。

我关于时空的思想，分开来说，可用四个命题表达；总起来说，可用一个命题表达。

1. 时空是理。理是一个很概括的名词，包含有共相、原则、法则、范型、标准、尺度以及其他许多意义。就理之为普遍性的概念言，曰共相。就理之为解释经验中的事物之根本概念言，曰原理。其实理即是原理，理而不原始不根本即不能谓之为理。就理之为规定经验中事物的有必然性的秩序言，曰法则。就理之为理想的模型或规范言，曰范型或形式。就理之为经验中事物所必遵循的有效准则言，曰标准。就理之确定不易但又为规定衡量经验中变易无常的事物的准则言，曰尺度。理虽然包含有这许多意义，但当我们说时空是理时，我们比较着重时空之为标准或尺度二义。

2. 时空是心中之理。① 这句话实在是上句话的重述。因为据

---

① 中国哲学家中陆象山、陈白沙可以说是持主观时空论的人。陆有"宇宙即是吾心，吾心即是宇宙"的名言（宇即空，宙即时）。陈有"天地我立，万物我出，宇宙在我"的话，又说"得此把柄入手，往古来今（时），四方上下（空），都一齐穿纽，一齐收拾"。可惜中国哲学文献中，这类材料并不多，他们自己少发挥，别人也很少加以批评讨论，在不懂得的人也许说这类的话神秘而无意义，但若用正当的哲学眼光，加以同情的了解，则这些话不但饶有深厚的哲学意义，且可加以逻辑的证明，理论的发挥。又诗人中如李白"天地者（空），万物之逆旅，光阴者，百代（指客观无限之时间）之过客"，颇能美妙地道出常识中认时空为客观实在之见解。而杜甫诗中如"乾坤万里眼，时序百年心"二名句，则颇具主观的时空观之识度。此二语意思本甚含蓄，如要加以哲学解释，则可释为"乾坤万里（空间）与眼相对，时序百年（时间）与心相对"；乾坤万里乃眼底之现象，时序百年乃心中之现象，眼识之外无乾坤万里，意识之外无时序百年。盖李较着重外界自然，杜较着重历史文化，则两人对于时空有正相反对的看法，亦极自然之事也。

界说，理即是指心中之理。理即是普遍的根本的概念，概念当然是意识内的概念而不是意识外的茫昧。理既是理想的范型，即理是心中的范型的另一种说法。理既是规定经验中事物的必然秩序或法则，即是经验中事物所必遵循的准则，既是衡量经验中事物的尺度，则必是出于经验的主体，即规定者衡量者所先天固有的法则、标准、尺度，而不是从经验以外突然而来自天降下的奇迹。理是心的一部分，理代表心之灵明部分。理是心的本质①。理即是本心而非心的偶然性，如感觉、意见、情欲等。换言之，理是心之性，而非心之情，而心是统性情的全体。理是思想的结晶，是思想所建立的法则（Das Gesetz ist etwas gesetztes），是思想所提出来自己加给自己的职责，不是外界给与的材料（Es ist aufgegeben, nicht gegeben）。理是此心整理感官材料所用的工具，是此心用先天工具在感官材料中所提炼出来的超感官的本性或精蕴，而不是感官材料的本身。我们说，心之有理，犹如刃之有利，耳之有聪，目之有明。我们说，心外无可理解之理，犹如说，刃外无利刃，耳外无耳聪，目外无目明。换言之，理即是心的本性，一如利是刃的本性，聪是耳的本性，明是目的本性。此乃是据心的界说而自身明白的道理。这个例子和这例子中所含的道理，皆采自朱子的说法。故凡彼认理在心外的说法，大都只见得心的偶性，只见得形而下的生理心理意义的心，而未见到心的本性，未见到形而上的"心即理也"的心。

3. 时空是自然知识所以可能的心中之理或先天标准。前两条

---

① 理既是心的本质，假如心而无理，即失其所以为心。譬如禽兽就是无有理性的动物，因此我们不说禽兽有心，只说禽兽有感觉。故理必在心中，而心之为心，即因其"聚众理而应万事"。因理聚心中，因心聚众理，故心是"一而不二，为主而不为客，命物而不命于物"的真纯之主动者。（所引皆朱子语）

意谓时空如果是理的话,必是心中之理。此条则更确定指明如果时空是理的话,时空只是自然知识可能之理,而不是使别的知识,譬如价值知识可能之理。自然知识指感官知识,亦指关于吾人所经验到的自然界或现象界的知识。这就是说,时空只是使基于感觉的知识,自然界或现象界的知识可能之必然的普遍的内发的条件或原理。换言之,就时空为心中之理言,可称为"心之德"。德,能也,性也,谓时空为心之功能或德性也。就时空为使基于感官的自然知识可能之理言,可称为"感之理"。即是吾人行使感觉机能时所具有之两个内发的原理或标准,据此原理或标准,吾人可以整理排列感觉中的材料,因而使得感觉也不是纯然混沌而被动,乃亦有其主动的成分,而自然知识因以形成。科学知识即是自然知识,但自然知识不即是科学知识。自然知识尚须经过一番理智的整理后,方为科学的自然知识。朱子说"仁是心之德,爱之理",我们则说"时空是心之德,感之理",我们完全采取朱子界说仁的方法和态度来界说时空。朱子认为仁是使爱的行为或道德行为可能的心中之德性或原理,我们则认为时空是使自然知识可能的心中之德性或原理。

4. 时空是自然行为所以可能的心中之理或先天标准。就知识论言,时空是自然知识所以可能的理。就行为论言,时空是自然行为所以可能的理。知行本不可分,知道时空与知识的关系,自易推知时空与行为的关系。但康德在先天直观学中专讲时空在知识论上的地位,而他在《行理论衡》中,对于时空与行为的关系,竟只字未提及。总之,康德于《纯理论衡》及《行理论衡》中,对于知识与行为并未作平行的批评研究。而时间与空间(特别时间)对于行为关系之重要,实不容任何哲学家忽视。且中国哲学家每提到时间空间问题时，又大都完全注重时空与行为的关系。用康德的方法以补充康德所遗漏未讨论的问题，并发挥解释中国哲学家对于时空与行为之关系的见解，就是我们所以要特别标出此点来讨论的目的。此处所谓自然行为包括三层意思，一是指基于本能要求自然欲望而产生的行为，一是指出于理智的计算为实用的目的而产生的足以适应生存且有经济实用价值的行为，一是指艺术化或美化的自然行为。盖自然本含有本能的、实用的、美的三层意思也。

总结上面四点，可以说"时空是自然知识和自然行为所以可能的心中之理或标准"。若试采用朱子的语气换句话说，可称"时空者心之德感之理而自然行为可能之标准也"。但以上四点，只能说是释题，只能说是武断地提出来须待证明的命题，以下我们再根据理论和事实加以证明。

关于"时空是理"一命题，可以提出两个外在的证明。一为从哲学的本质或界说以证时空是理，一为从中国和西洋哲学史的发展以证时空是理。今不从时空的本质而乃从哲学的本质及哲学史的发展以证时空是理，故不能算作内证，只可算作外证。盖哲学即是理学，以研究理为对象之学。今时空既是哲学研究的对象，故时空必是理。不然，哲学家即不应把时空当作重要的哲学题材，加以专门的研究。可用三段论法推证如下：

正面的说法：
凡哲学研究的对象必是理，
今时空是哲学研究的对象，
故时空必是理。

反面的说法：
凡不是理的问题即非哲学家研究的对象，
今时空不是理的问题，
故时空非哲学研究的对象。

根据这两条推论，我们可以判断如下：凡任何哲学家讨论时空问题时，他必须首先承认时空是理。假如他否认时空是理，则他便不应站在哲学的立场，研究时空问题。

兹请进而从哲学发展的趋势以证时空是理。哲学的历史即是理性发展的历史，亦可说是理性化一切的历史。哲学愈发达，则理或理性的势力范围愈推广。哲学史的起源可以说是在于首先承认物之有理。理是物之本质，理外无物。《诗经》上"天生烝民，有物有则，民之秉彝，好是懿德"四语，应是中国哲学史开宗明义的第一句纯哲学思想的话。头两句说明，凡物莫不有理。次两句说明，凡人莫不性善。性者，人所秉赋之理，故善。彝据古义，法也，常也。物有理，故须从知的方面以研究之；性本善，故须从行的方面以扩充之。故此处已隐约包含有"物者理也""性者理也"的思想。其次当推《诗经》上"人心惟危，道心惟微"的几句话。"道心"二字为后来所谓"义理之心"、"本心"、"良知"的本源，约略相当于希腊哲学家所谓理性的灵魂，且已隐约包含有朱儒所谓"心者理也"的意思。又如"天"字本系指有人格有意志可以作威作福的上帝，只是宗教信仰的对象，而非哲学研究的对象。而《易经》上所谓"天"，则系指理、道或宇宙法则而言，常称为天道。而程朱意将"天者理也"一语揭穿，"天"遂成为哲学观认的对象了。总之，我的看法，以为"物者理也"、"性者理也"、"心者理也"、"天者理也"就是扩充哲学的领域,将物、性、心、天皆纳于哲学思考之内,使哲学正式成为理学的伟大见解。但这些见解,都已在先秦的儒家典籍中,隐约地、浑朴地、简赅地通通都具备了。到了宋儒才将这些伟大哲学识度重新提出来,显明地、系统地、精详地加以发挥。而朱子对于心与理的关系的问题,尤甚费踌躇,而陆象山直揭出"心即理也"一语,贡献尤伟。盖前此之言心者,皆不过注重(1)正心诚意的涵养问题,(2)以吾心之明去格物穷理的方法问题,(3)明心见性的禅观问题。自陆象山揭出"心即理也"一语以后,哲学乃根本掉一方向。心既是理,理既是在内而非在外,则无论认识物理也好,性理也好,天理也好,皆须从认识本心之理着手。不从反省心着手,一切都是支离骛外。心既是理,则心外无理,心外无物。而宇宙万物,时空中的一切也成了此心之产业,而非心外之傥来物了。故象山有"宇宙即是吾心,吾心即是宇宙"之伟大见解,而为从认识吾心之本则以认识宇宙之本则的批导方法,奠一坚定基础,且代表世界哲学史上最显明坚决的主观的或理想的时空观。所谓"吾心即是宇宙",乃孟子"万物皆备于我"之另一种说法。意谓吾心中具有宇宙(时空中事、物)之大经大法,吾心掌握着时空中事事物物的权衡:以理解自己的本心,作为理解时空事事物物的关键的先决问题。所以由"物者理也"、"天者理也"、"性者理也"的意思,进而发展到"心者理也"的思想,是先秦儒以及宋明儒的大趋势。

而由"心即理也"的思想发展为认时空为吾心之理,吾心掌握着时空中事事物物的枢纽的思想,乃是自然的趋势,宋儒思想的顶点。"心者理也"、"宇宙即是吾心,吾心即是宇宙",真是陆象山千古不灭的心得。

我上面这一番意思不十分清楚的话,实表示思想的必然次序,哲学发展的必然历程。中国哲学史如此发展,西洋哲学史发展的次序也并无二致。希腊最初一期的自然哲学家,虽说要寻解释宇宙的法则,但他们并没有发现物之理则、物之本性,只是以物释物,以水、空气、火等元质之聚散来解释宇宙,结果走到 Leucippus 之原子论,以原子的运动解释宇宙,以及 Protagoras 之感觉论,以个人主观偶然无常的感觉,作为权衡万物的原则。直至苏格拉底方正式走上研究物性或理性的途径。由对于 physis(自然)的研究,转而作对于 ousia(本性)的研究。物的本质是性,性即理。离开理或理念的规定外,无事物。人的本质是心,心是理性,或理性灵魂,灵魂与理念为一,理念神圣不灭,故灵魂亦神圣不灭(心者理也)。上帝即是善的理念,上帝即是纯范型,换言之,天即理也。上帝(天)已非传统宗教信仰崇拜的对象,而为哲学思考的顶点。总之,据我看来,"物者理也"、"性者理也"、"天者理也"、"心者理也"种种见解,已隐约地、浑朴地、平正地、美妙地、简赅地通通具于从苏格拉底到亚里士多德时期的正统哲学思想中了。近代哲学中,笛卡尔可以说是第一个正式提出物与理、性与理、天与理、心与理的关系的种种问题的人,他对这些问题虽辟开一条新路,且有不少的启示,但究竟未尝提出正当不二的答案。惟斯宾诺莎方才系统地、明白地、精密地达到"天者理也"、"物(自然)者理也"、"性者理也"的伟大形而上学见解,而加以有力的发挥。对于心与理的关系,斯宾诺莎亦有不少的启示,如认真观念为观念之观念(idea ideal),换言之即理,认心灵的一部分(即心与理之一部分)永恒不灭的,但究未直切明快提出心者理也之说。英国经验主义自洛克到休谟,真可以说是离理而言心的心学,对于性、天、物差不多都纯用原子式的心理经验中的观念的联合以解释之。但他们对于方法上有一伟大的贡献,为哲学开辟了一个新方向,即是须从意识现象、须从内心经验去研究物、性、天、理等哲学范畴。换言之,他们指出唯有考查意识历程,分析内心经验,才是了解外界自然的关键。康德崛起,一方面,把握住理性派的有普遍必然性的理,一方面又采取了经验派向内考察认识能力的方法,但先天逻辑的方法代替了心理学的方法,对于人类心灵的最高能力,纯理性,郑重地加以批评的考察,因而成立了他的即心即理亦心学亦理学的批导哲学或先天哲学。他把心所固有不假外求的纯理加以系统的推演。他指出时空二形式,因果等十二范畴,上帝、心灵等理念,都是此理性之我或人类的本然意识,自身原有的性能或原则。康德与陆象山一样,接受哲学史的教训而集其大成处有三:(1)系统地发挥心者理也的学说。(2)微妙地指出时间与空间为心中之理则,非心外之实物,由把握住时空因而掌握住排列在时空中的事事物物的权衡。盖现象界万事万物既不能逃出时空的范围,即不能逃出此心此理的宰制也。(3)就方法言,康德指出要了解宇宙须批评地从了解自我的本性、认识的能力着手,不然便是无本的独断,无根的玄谈。总之,无论中国或西洋哲学史的发展,由达到心者理也的思想,进而发挥为时空者心中之理也的思想,哲学的研究因而建筑在一个新的知识论的基础上,对于宇宙万物的理解,因而另辟一新的由内以知外的途径。若果我们要领取哲学史的教训,我们必须承认时空是心中之理的说法是有深厚基础的真理。这就是我所谓从哲学史的发展以证时空是理——心中之理的论据。

以上所讲的两个论证,都是外证,外证虽可聊备一说,但究乏逻辑的必然性。今请试一讨论内在的证明,内证之一为形上证明。

从经验中形而下的事实中去分析时空的本质,而证明时空不是心外的形而下的事物,乃是心中的看不见摸不着的理则,是为形上证明。

最原始的空间观念,莫过于"此地"(here);最原始的时间观念,莫过于"此时"(now)。但"此地"可以指一切地,"此时"可以指一切时。足见"此地"、"此时"并非特殊的固定的实物,而乃此心所建立,用以指谓任何当前之地、当下之时的普遍概念。外界自然中,固无一地可以单独称为此地者,在事物绵延的过程中,亦无有任何刹那可单独称为此时者。是以足证此时此地乃主体固有之准则,用以排列或确指任何当前之地、当下之时者。此时所指者可以是具体的特殊的绵延,此地所指者可以是外界的特殊的扩张体,但此时此地,只是一普遍的主观的"指",而非客观的特殊的所指。譬如说,此地可以是讲堂,亦可以是操场,但讲堂或操场却非此地。此时可以是早晨,亦可以是晚间,但早晨或晚间却非此时。换言之,此时此地乃心中的共相,非外界的殊物,乃思想所建立用以确指或衡量当前的扩张体,当下的绵延的标准,而非有扩张、有绵延的实物。"此地"的性质如此,则"彼地"的性质,可以类推。"此时"或"现在"的性质如此,则"彼时"、"将来"及"过去"的性质,可以类推。

其次最具体最确定的时间观念,莫过于年月日时,最具体最确定的空间观念,莫过于东西南北。而东西南北只是指示一物在空间所占的位置,或一人或物行走或运动的方向的标准,并不是外界的实物。而且这些标准随主体地位的变异而变异。东西南北等概念,本身既非实物,亦非实物本有的性质或实物与实物间固定的关系,乃是主体建立起用以指示外物的方位的法则或标准。① 同一个地方,譬如武汉,在北京的人可以说它在南方,在广州的人可以说它在北方,在重庆的人说它在东方,在南京的人说它在西方。足见我们虽可依我们的立脚点的方便,提出标准去指出或排列武汉的方位,且武汉本身亦逃不出方位的标准与范围,但东南西北等空间的方位概念,乃是主观的相对的标准,不是离心而独立的实有,但此种标准却自有其客观性与有效性,因为它们乃是建立在主观上的或透过主观的客观标准。其实任何客观的标准或法则,都是这样建立起来的,而不是离开主体而独立的实物。至于年月日时等概念,更好似具体的实物,如百年、十月、二十日、十二时的说法,简直是可以积累的量,有时称为时间的体积(time magnitudes)。其实细分析起来,这些概念只是主体所建立起来衡量事物的持续存在的尺度,排列我们感官材料(说确切点,内感官材料)的标准。譬如,"我们浪费了五年的时间",这并不是说"五年时间"与"五块洋钱"一样,同是实物,可以浪费掉,也可以节省起来。严格地说,"我浪费了五年的时间",应该翻译为"我耗去了我的生存持续的过程的一段,我这一段生存的过程,如果用年的时间标准去衡量,恰好五年"。时间是共同的标准,主体用以衡量或整理感官材料的尺度,是不能耗费的,所以耗费者,事物或人的不确定的生存的持续耳。例如,我可以吃完三个苹果,但我不能吃完"三个"。同样,我们可以耗费我们五年的生命持续,但我们不能耗费"五年"。同样的道理,可以确知月日时等之皆为主体所建立用以整理感觉材料、

---

① 没有一个地方可以说是在空间占有着绝对固定的方位。北平可以不在北方,中国可以不在中央,远东可以不在东方。

衡量事物存在的持续或绵延的标准或尺度——主体所建立的客观的有效的而为任何感觉事物所不能逃的标准或尺度。这些标准或尺度就是主体理性所固有、所资以掌握在时间内变化的事事物物的权衡、关键。

此外如时间上的在先或在后，空间上的前后左右上下等概念之为主体所建立，用以整理或排列感觉材料的客观有效的标准或尺度，理甚显明，不用详为解说。

根据上面这些说法，我们可以证明，时间与空间是主体（此心）整理或排列感觉材料的总法则（理或原理）。依据此法则我们可以说，凡感觉中有扩张的物体，必在空间中排列着；凡感觉中有绵延的事变，必在时间中排列着。但此只是概括的原则，尚不能给我们以具体的自然知识。必经过时间和空间的分法则、分标准、较精密的尺度加以整理排列后，方可得确定有效准的自然知识。此时、现在、过去、将来、先后、久暂、年月日时等是时间的分法则、分尺度，此地、前后、左右、上下、内外、长宽高、东南西北中央等即是空间的分法则、分尺度。所有这些时空的种种法则或尺度皆非外物本身的性质，而乃基于主体的理性或理性的主体的纯思的活动建立起来的，也可以说此心本有之条理、先天的准则。①

以上证明时空及关于时空的概念不是有形体的实物，而是主体所建立的公共标准，用以整理排列衡量感觉中的材料的尺度，换言之，时空不是感觉的对象或材料，而是使感觉的对象或材料有条理成为自然知识或现象所以可能的原则或标准。此种证明我叫做

---

① 宋儒常以散钱喻事物，以钱串喻理。感觉中复多散漫的材料即宋儒所谓散钱，而时空的准则，应即宋儒所谓钱串。

形上证明。以下我将证明时空何以为使自然知识可能的普遍的必然的先天条件,何以任何感觉的事物均必然地普遍地受时空的准则的规定。此种证明我称为先天证明。

论时空为自然知识所以可能的先天之理或法则

此段目的在指出时空为先于一切自然知识或现象,而为自然知识或现象所必须遵循,所以可能的原理或准则。

1. 时空为自然知识所以可能的自然之理。一个人一有了感觉材料,他必然地、自然地、不自觉地便用时间和空间的准则,加以排列。时空可以说是人人排列感觉材料所日用而不自知的自然标准。他排列感觉材料最直接的标准,就是"此时"和"此地",此为初步的暂时的(tentative)对于感觉材料之整理,亦可称为先感念的时空整理。由模糊的感觉进而为明晰的观念,谓之感念。代名词只和那只是代表感觉的名词如桌子、树子等结合便代表感念,当只能说这是在此地时,感觉的内容尚只是无名之朴。当我们能说这桌子是在此地时,我们的感觉更进而为感念了。桌子一名词本是一概念,用概念去指称一感觉,则这感觉进而为感念。当我们对于这当前的感念的对象的数量性质弄清楚了,并对于这感念的对象的周围的事物也有了感念了,于是我们便可用较确定的时空的标准尺度加以排列或整理。譬如,这一个黄色的木料的桌子今天是在屋子之内,讲台之上,黑板之前。这样一来,我们对于这桌子的了解,比之单说现在这是在这里,就更清楚更客观了。这种较清楚较客观用了较确定的时空标准的排列或整理,我叫做感觉材料之后感念的时空整理。任何感觉材料,必然的普遍的必须经过这两度的时空标准之整理排列,方得成为自然知识,方得成为自然现象。假使你有一个感觉,但你对于你的感觉内容连是否此时此地在此都说不出来,那就是未经过最原始最直接的时空标准之整理,那就等于说你没有感觉。承认你有感觉内容,假设你对你的感觉内容又不能加以后感念的整理或排列,譬如你只是说"我看见一个黄色的木料桌子",但别人问你在何时在何处看见一个黄色的木料桌子,而你又说不出时间和地点来,那我们也只能说你是在虚构在撒谎,而否认你对于那桌子有了清楚的客观的自然知识。但对于感官事物之加以先感念和感念的两重的时空排列,乃人人所不虑而知、不学而能、自然能如此、必然须如此的先天的认识功能。所以我说时空为自然知识所以可能的自然之原则或标准。这两重的自然的时空排列,是感觉材料或对象成为自然现象之所必经过,主体得到自然知识之所必施行之程序。这种自然知识之获得,是自然的、不费思索的,有时为主体不自觉,有时且为主体所不能拒绝不能排斥的知识。这种知识之获得,也许于主体有利,但也许于主体有害的,是未经过主体的意识的选择的。

2. 时空为自然知识所以可能的权断之理或标准。就时空之为使自然知识可能的权断之标准言,则是人为的复杂的有实用目的的标准。如年月日时分秒,大至光年小至千万分之一秒的时间标准,可以说是人为的权断的时间标准。东西南北中央,长宽高的度量,经度纬度的厘定,以及其他规定方向的标准,都可以说是人为的权断的空间标准。但对于任何感官的材料,若不经过这些权断的时空标准,加以整理排列,则凡关于实用的,一部分是科学的自然知识就不可能。故许多实用的有科学的准确性的自然知识之所以可能,完全因为认识的主体能够主观地先天地建立这些权断的时空标准。① 这种权断的时空标准可以先天地作为衡量一切可以衡量的时间的量(绵延)和空间的量(扩张)而无物可以违背或逃遁。

3. 时空是自然知识可能的理性的原则或标准。就时空之为整理感觉的材料之自然标准言,是以感觉的次序为次序,而感觉是随感而变,是偶然的,故依感觉的次序而排列的时空次序,常有不合事物的本来次序之处。譬如天空中的星球,就感觉而言,它们在空间的大小好象都差不多,它们与我们距离的远近好象也差不多。但它们本来的大小,各个星球与我们本来的距离,与感觉依自然时空的标准所排列的结果,就相差得异常之大。又如事物发生的真正时间上的先后次序,与我们所感觉到的时间次序,亦每每相反。就时空之为整理感觉材料的权断的标准言,依照这种标准所排列的事物的时空次序亦与本来的真正次序未必符合。换言之,要想得着纯科学的自然知识,要想把握感官材料本来的真正的客观的时空次序,尚须用理性的时空标准,另行加以排列,方可达到。就时空之为自然知识可能的理性原则或标准言,则为自然律或因果律。单对感觉材料加以理性的时间排列,所得为因果律。"因"为时间上在先者,"果"为时间上在后者。对感觉材料加以理性的时间排列,兼加以理性的空间排列,将事物在空间的本来的真正的部位和关系亦加以客观合理的排列,统称为自然律。因果律或自然律之获得,基于用感觉校正感觉,用理智或理论校正感觉,用理论

---

① 权断的、有用的、人为的原则或标准可以称为先天(a priori),是根据 C. I. Lewis 教授概念的效用主义(conceptual pragmatism)的说法。但他的说法也只有在此处可通,用到别处就有问题。

校正理论种种认识历程①,以决定感觉材料时间和空间的本来的真正的次序。故因果律所昭示我们的自然知识,可以说是: real or objective order of nature determined by rational time,为理性的时空标准所决定的真正的客观的自然秩序。假使不经过这一番烦难的手续,不经过理性所决定的时空标准对感官材料加以排列整理,则我们便无法求得为因果律所规定的自然知识,换言之,则因果的自然世界的知识为不可能。故因果律可以说是以理性的原则(凡物莫不有因)为体,而以时间的标准为用的把握自然的法则。而这个法则是先天的法则,无感官事物可以逃遁的法则。我此处所谓就时空之为理性的原则或因果律言,可以昭示我们事物的本来的客观的真正的时空次序,这也并不是说事物的真正的本来的客观的时空次序是离感觉或意识而独立存在的,乃是指建筑在主观上的客观次序、建筑在理性上的事物的本来的真正的时空次序而言。非谓感觉之外、时空标准之外、理性法则之外,尚有所谓本来的客观的真正的时空秩序也。

总之,自然知识为方便计,不妨分为三种:(1)感觉的自然知识,为自然的时空标准所决定;(2)权断的实用的自然知识,为权断的时空标准所决定;(3)科学的或因果律的自然知识,为理性的时空标准或因果律所决定。因此足证有不同意义的时空标准为规定不同意义的自然知识的先决条件。自然知识愈精密愈有条理,而使此种知识可能之时空标准亦愈精密愈合理性。此为时空是自然知识可能之条件的先天证明。此下再提出时空为自然行为可能之

---

① 科学仪器基于理智的设计,所以补助生理的感官之不足。故用科学仪器所获得的感官知识,谓为以感觉校正感觉或以理智校正感觉的知识,均无不可。

条件的先天证明。

证时空为自然行为所以可能的先天之理或标准

此段目的在指出时空为先于人类一切自然行为而又为人类一切自然行为所必须遵循及所以可能的原理或准则。

1. 时空为自然行为所以可能的自然之理或标准。一个人无论作什么事或者有什么行为,他必然地自然地不自知觉地要遵循时间和空间的准则。"日出而作,日入而息,凿井而饮,耕田而食",就是原始的自然人所依据的行为的时间和空间的准则。单说一个人作一件事,但不能说他作那件事在什么地方什么时候,那就等于说他没有作事。不惟积极的行为作事,要遵循时间空间的准则,就是消极的行为,如睡觉休息,也逃不出时空标准的规定。这种遵循自然的时空标准的自然行为,就是本能行为。此种本能行为与候鸟候虫之依时间的变易而变易其处所而变易其活动,可以说是一样的性质。故不仅人的自然行为遵循时空标准,禽兽的行为亦遵循自然的时空标准。行为遵循自然的时空标准,乃人人所不学而能不勉而中的必然如此之事。这种自然的时空标准,一方面是主体意识所建立的规定行为的标准,一方面又好象即是感官的直观所指示的大自然运行的自然节奏。因此当一个人遵循着自然的时空标准而行为时,他会觉得他的行为的次序与大自然运行的次序如季节等相谐和,而有内外合拍,自然与我为一之感。他不惟不觉得他的行为为时空的准则所决定,反会觉得他的生活活泼自在而有朴茂的生气。他这种原始的天真的淳朴的境界反为那些厌恶文明社会提倡归返自然的诗人们所欣羡歌颂。这种遵循自然的时空标准的行为,在某种意义下也可以说是不遵循时空标准,而只是享受自己生存的纯绵延,而无所谓时间空间的观念。这种的自然人的行为,既不能表示道德的人格,亦不能达到实用的目的,在生存竞争文明进步的社会里,这种自然的行为,终在被淘汰之列。

2. 时空为自然行为所以可能的权断之理或标准。实用方面的知识,须以权断的时空标准为前提,而同样,任何有实用意义的行为,亦须以遵循权断的时空标准为前提。若无权断的而一面又是客观的公共的时空标准,则社会事业群体生活就不可能。社会事业之发达,群体生活之有秩序,完全建筑在权断的时空标准之有效上。能够创建权断的时空标准,而此标准又能增进社会大众的方便与利益,为社会大众能接受遵循的人,就是伟大的社会事业家。商人营业的时间与地点,学校上课的时间与地点,一切公共机关办公的时间与地点,就是我们所谓权断的时空标准。若不遵循这些时空的标准,则任何公共事业均无法进行,任何公共的集会、每人入场的次序、座位的次序,均必依权断的时间空间的标准加以排列,不然则会场的秩序不能维持,集团生活不可能。当一个社会的公民,到公共场所买票,如买剧场入场券、买公共汽车火车票之类,不依时间的先后,到场后不依规定的座位,常有争执的事发生时,则那些人民尚不能过近代化的社会生活。所以遵循权断的时间与空间的标准,实为近代化的社会生活必然的先天的条件。

总之,权断的时空标准的建立,是建筑在个人实用的目的,行为的方面与社会效率的增进秩序的维持上。至于权断的时空标准之何以有实用性及其与自然的时空标准之区别,可举简单的例证如下。譬如,哲学讨论会定于某月某日下午四时开会,或有人请我于某月某日晚七时赴宴会。所谓下午四时晚间七时,并非实物亦非实事，只是人为的权断的标准。不过用钟表的规律遵行以表示此抽象的标准罢了。假使我迟至下午五时方去赴讨论会，或迟至晚九时方去赴宴会，则我便错过时间，失掉赴会及与宴的机会。就失掉机会言，于我不利，有损失。假使我每事都这样失掉机会，我便会失掉信用，一事无成。就错过时间言，则我错过的只是确定的权断的时间，而并没有错过自然的未经规定的时间，盖下午五时晚间九时，仍然是时间，不过于欲赴会赴宴之我，只是自然的时间罢了。于此足见人容易错过权断的时间，而决不能错过自然的时间。遵循权断的时间，有利益，事可成；反之，有害，而不能作预定的事。而遵循自然时间的行为则无甚实用意义，有时反于己有害。更足证权断时间实为使实用行为可能之**必然条件**。

3. 时空为艺术化的自然行为所以可能的理性的原则或标准。一般的哲学家不是从宇宙论的观点去讨论时空问题，就是从知识论的观点去讨论时空问题，几乎没有一个哲学家讨论到时空与行为或道德的关系。而一般伦理学家也绝少有人讨论到行为，特别是道德行为之空间的条件。亚里士多德虽曾指出情欲之感发能合于适当的时间与适当的地方为道德的特质，但他亦是语焉不详①，而中国哲人早已把握住时间空间（特别时间）的标准与道德行为的关系。他们不抽象地讲道德律、道德价值、自由意志等，而着重具体的"礼"。"礼教"是中国的道德思想道德生活的中心，也是中国文化的特色。遍察西洋各国的文字，要找出一字其含义其内容与

---

① 亚里士多德在西洋哲学家中可以说是最重"礼"的人，故彼特别提出合于适当的时间与地方为道德的特质，实非偶然。彼亦倡持中之说，彼所指的每一个持中的行为，实是一个合于礼的行为。

中国的"礼"字或"礼教"字相当的简直不可能。但"礼时为大"、"礼者理也",故礼不仅是抽象的道德律,也不仅是符合时空标准的自然行为与实用行为,而乃是理与时之合。礼就是代表道德律之实施而符合适宜的时间标准的行为,同时又表示遵循为道德律所决定的时空标准的行为。礼一方面是符合时空标准的道德行为,一方面又是用时空标准去节制情欲使符合道德律的理则或尺度。道德而不进于"礼"则道德永远不能艺术化,不能与当时当地的人发生谐和中节的关系。

"礼时为大"之时,是指为理性所决定的时间标准而言。盖无论冠婚丧祭之礼、祀郊祀天之理、日常应接酬酢、动容周旋之礼,皆有很重要的时间成分。若错过此转瞬即逝的时间成分,就是违理或失礼。但此种时间标准乃出于理之所当然,情之所不能自已。故与出于本能的自然的时空标准,和出于实用目的的权断的时空标准不同。细究起来,礼亦有其人为的权断成分,亦有其自然的成分。但礼之自然乃合理的自然,礼之权断乃合理的权断。盖礼理也,履也,虽是出于道德意志的建立,实亦具有与自然合拍与天为一之要求也。

时与空不可分,说"礼时为大"即包含有"礼空为大"之意。盖礼的行为不仅是符合理性的时间标准,且须符合理性的空间标准,不过以时间的标准为重为主罢了。礼而能不爽其时,自可不误其地。所谓动容周旋中规矩,本质上固有指行为之合理性矩度言,但实际上仍指合于适宜的空间标准而言。盖当执礼之时,进退周旋出入立坐,均有一定的空间的矩度,一如跳舞的步伐之有节奏,且须与音乐合拍。故行动之失礼,与跳舞之失节奏,均可以在美感上引起不良的印象,在情绪上引起不谐和不舒畅之感。

"礼时为大"诚道出礼之特质,但我们亦可以说"乐时为大",盖礼乐常相须。时间为礼之主要成分,同时,时间的准则亦为任何音乐所不可缺。时间的准则,实为使音乐之为音乐、音乐之有节奏的唯一要素。但音乐上的时间乃是为理性、为审美的规范所决定的时间。有其自然处,但是美化的自然,有其权断处,但是以美为目的而权断。道德律与时间的准则合一而产生"礼"的行为,即是道德行为音乐化、艺术化之别一种说法。盖礼与乐、礼与艺术实根本不能分开。离乐而言礼,则礼失其活泼酣畅性,而成为束缚行为桎梏性情的枷锁。离礼而言乐,则乐失其庄严肃穆之神圣性,而成为淫荡人心的诱惑品。就艺术中之音乐诗歌言,以时间准则为重。就艺术中之图画雕刻建筑言,则以空间的准则为重,故此种艺术有称为空间艺术的说法,即以其注重艺术品之空间部位排列之谐和与匀称。总之,我的意思认为礼基于为道德律所决定的时间空间的准则,而艺术则基于为审美的规范所决定的时间与空间的标准。时空的准则与纯道德律合一而产生"礼",时空的准则与审美的纯规范合一而产生艺术。礼即是艺术化的道德,而艺术化的道德,就是不矫揉造作而中矩度有谐和性的自然的本然的道德,也可以说是与时谐行随感而应的自然道德。故我所谓自然行为包含三层意思:(1)本能的自然行为;(2)实用的社会化的自然行为,先天的遵循权断的时空标准;(3)合礼的艺术化的自然行为,先天的遵循理性的道德律所决定的时空标准。我们试假想一个人的行为纯粹为道德律所决定,而不遵循合理的时空的标准,则有礼的艺术化的行为就不可能。假使一个人只有绝对坚强的意志、浪漫高尚的理想,而于发出行为时,不能择取一适当的合理的时空的标准,则其结果将至于(1)空有善良动机不能实现出来;(2)时地不宜,动辄发生龃龉,引起反动,终至偾事。所有因缺乏礼的缺乏艺术化的行为所可产生的坏结果,均会发生。

或者可以说,一个人有了高尚纯洁的理想,有了必然普遍的道德律令,只须凭坚强自由的意志,往前干去,打破时代环境的障碍,那里顾得到遵守许多时间空间的标准,以束缚自己。我可以答道,一个人作事无论动机如何纯洁,理想如何高尚,若不准之以时地之宜,只是有理而无礼,有时正足以表示这个人心粗气浮,鲁莽灭裂,对于道德未曾加以细密的穷究。换言之,一个人的行为,只有纯洁的动机,而不能遵循合理的时间与空间的准则,也许正足以表示他的动机不够纯洁,不够诚挚。费希特论理性的发展,由理性认识阶段,进而为理性艺术阶段。盖在前一阶段里,对于理性的法则,虽有了清楚的认识,尚未能圆融醇熟而发为行为。而到了理性艺术期,则可以产生学养醇熟,动中规矩的有礼的行为,亦即此处所谓艺术化的行为了。一个人并不是有了理想、动机、主义就可不顾一切,任性所之的。因为人性本善,谁没有理想、动机,谁不信救国救民的主义?要在格物穷理,审慎周详,使理表现而为礼,枯燥的道德律具体化作有艺术意味的行为。有如王船山所谓"研诸虑,悦诸心,准诸道,称诸时,化而裁之存乎变,及其得也,终合于古人之尺度"。庶几一言一行,一举一动,可以如时雨之润花,如清渠之溉稻,宜其时,适其地,成事于无为,感人于无形。此种境界,非喧哗叫嚣,惊世骇俗之欲速助长的道德家所能梦见。

孔子被奉为"圣之时",即因为就空间言,他的行为可以无入而不自得,就时间言,他的行为可以无时而不自主。他能够注重礼,及礼之因时空的变化而应有之因革损益,并不是因为他不顾时空的准则,乃因他凡事皆能曲当时空的准则。盖时空既是心中的为理性所决定的标准,人能把握住心中之理,则行为自可有当于时空的准则。此正是意志之曲当理性准则,自由自得处,并非为外在的时空条件所束缚,而丧失道德的自由。盖时空主观说其根本意义即在于知的方面为知识之自动,行的方面为行为之自主奠深厚的理论的基础。因为(1)时空既是此心的准则内在的标准,则吾人行为之遵循时空标准,即是遵循出于自己心性之准则,故有其自由自主的成分。(2)就行为之遵循个人或社会为实用目的而建立的权断的时空标准言,吾人亦可得一种实际的自由、任性的自由,但不能谓为理性的自由罢了。(3)就行为之为理性的时空标准所决定言,则此正是行为的自由所在。因为此种行为表面上虽似为时空所决定,实质上乃是理性所决定。而遵循理性而行乃是意志自由的本质。离理性的决定与规范外,决无所谓意志的自由。总结起来,我的意思,第一,遵循理性的时空标准,为有礼的艺术化自然化的道德行为可能之先决条件。第二,行为遵循理性的时空标准,并不是降低纯洁的动机、严肃的道德律以与外在的时空条件妥协,而丧失意志的自由。反之,我认为是基于道德律纯洁动机自由意志之道德行为,如能曲当于理性的时空标准,由理而实现为礼,正是道德律充实内容、动机诚挚、意志真正自由的表现。

就时空之为主体固有之自然标准言,为感觉知识与本能行为可能之先天条件。就时空之为主体所规定的权断标准言,为实用知识与实用行为可能之先天条件。就时空之为主体所规定的理性标准言,为合于自然律的科学知识与合于礼的道德行为可能之先天条件。此为我所提出之先天证明所欲证明者。由此足见时间与空间并不是死的标准或格式,而乃随主体知识道德之进步而进步,发展而发展,愈趋于精密与合理之途,直至达到理性的阶段,为理性或精神价值所决定之标准,足以表示理性的法则时,此心的时空原则方发挥其妙用。理性的时空既为科学知识与美化的道德行为可能之先天条件,则欲从科学真理的追求、道德义务的实践中,以求超越时空的限制,而达到永恒普遍之域,当更属困难,且甚至不可能。但从另一方面说,时空既为理性所决定,受理性之管辖与支配,是已成为理性为体、时空为用的局面。故当吾人遵循理性的时空的准则而产生科学知识与道德行为时,吾人已正在发挥理性的功能以运用时空,决定时空而不为时空所决定所运用,是则所谓超时空之真义即已寓于其中。盖所谓超时空之真义,不在超绝时空,知行与任何时空不相干,堕入虚无寂灭之域,乃即在于运用理性以把握时空,决定时空,使时空成为表现理性法则之工具也。

下篇 论超时空

本文是《论时空与超时空》全文的一部分。上篇论时空,大意发挥并补充康德的学说,认时空不是外界的实物或实事,而是心中之理,亦即一切自然知识和行为所以可能的先天准则。此为下篇,主旨在解答超时空是否可能的问题,并说明超时空的真意义。首先指出中文的"形而上学",就字义讲即是超时空之学。盖在时空中的有形的事物为形而下,超时空的无形的道或理为形而上。同时就希腊文的形而上学或"后物理学"的字源讲来,后物理学的亦即有超物理的或超出时空中事物的第一原理之意。(此据海德格〔Heidegger〕著《康德与形而上学》一书中的说法。)据此足见超时空与形而上学同义,假如超时空不可能,则形而上学亦不可能。

次从反面指明对于超时空的一些误解。(1)工程技术方面的交通工具改进,如航海航空技术发达,缩短距离,节省时间,非超时空。(2)心理方面的忘掉时空,如坐忘、忘年、忘乎其形等心理经验,不能谓为超时空。(3)知识方面的缺陷,不知时空为何物,不能谓为超时空。诗人们所谓"婴孩不知生死,故超生死,婴孩不知时空,故超时空"的说法不能成立。(4)未受时空准则的规定之漆黑一团,如纯有,不能谓为超时空。(5)与时空的准则不相干,不能用时空的观念加以称谓之抽象概念,如数学的概念,或甲是甲等形式命题,既不能用时空的次序以排列之,亦不能谓之为表现于时空中的不可见的道或本性。——凡此类与时空不相干之抽象概念,均不能谓为超时空。

就知识的性质分析起来,超时空的关键,在于知时空。惟有理智的动物,能够将时空作为知识的对象的人,方有超时空的可能。因为人既然能够研究时空,思想时空,构成理论来解释时空,则此人必不仅是受时空限制的玩物,且会觉得时空不过是思想对象之一、知识内容之一,或理性之我认识外界的功能或形式之一(康德),因而有超时空之感。故理解时空,即是超时空。

从形而上学看来,在某意义下,可以说万物莫不超时空。因为万物莫不有性(本性 essence,性即理)、有命(存在 existence),而时空的形式只能涉及事物的存在,不能涉及事物的本性,时空的观点即非本性的观点。要想认识事物所以然之理或本性,时空的形式不能为力,必须采取超时空的观点或自永恒的形式下(under the form of eternity)方可把握得到。就万物之有命或有存在言,万物莫不在时空中。就万物之有性或有理言,万物莫不超时空。凡真实事物(res vera)莫不有性有命。(惟理智所建立的抽象概念,乃是认识外界的方便假设,只能谓为理智的抽象事物〔res rationes,斯宾诺莎的名词〕,不能谓为性命合一的真实事物。)故凡真实事物,莫不一方面在时空中,一方面又超出时空,所谓顶天立地是。就真实事物之存在于时空中言,可谓为立地。就真实事物之本性之永恒无限,非时空的形式所能把握言,可谓为顶天。凡真实事物莫不是有性有命,顶天立地,既在时空中而又超时空的事物。

一般的说法,大都说真理是超时空的。这话本来不错。不过真理的含义须加辨别。凡理智假设的无性无命的抽象真理,如类似"甲是甲"、"二加三等五",这种命题的真理,只能说是与时空不相干,不能说是超时空。所谓超时空的真理即是活的真理,具体的真理,足以感动人的真理(inspiring truth)。这种真理就是柏拉图所谓存在。就人言,是指人的精神本性,理性之我或先天之我而言。就物言,是指在物之内构成物的本性的真理。就心言,是指活泼于意识之内,蕴藏于灵魂深处的心之性心之德,有意义的有价值的真理。换言之,超时空的真理,不是物外之理,不是心外之理(此处所谓物外心外,物内心内,非指空间上的内外,乃就理论的含摄而言),不是无价值无意义的抽象之理。也可以说超时空的真理是与生活打成一片的真理。故我们不仅可以说超时空的真理,而且可以说超时空的境界、超时空的体验,或超时空的生存。所谓超时空的境界、体验、生存,亦即指心与理一,神与道俱,与造物者游,与无死生者友,与天地精神往来的境界、体验、生存而言。道体超时空,体道之境界亦超时空。性体超时空,识性之体验亦超时空。仁体超时空,识仁、得仁、三月不违仁之境界亦超时空。因为体道与道体,识性与性体,得仁与仁体,一而不可分。离体道识性得仁,而言道体、性体、仁体,则所谓道体、性体、仁体者,只是些与时空不相干的抽象概念、空洞名词,绝不是超时空的真实无妄的真理,更不是超时空的当下活泼的精神境界。

附:论时空——答石峻书

柏密学友足下:

读前书所论时空一纸,具见分析工力与哲学颖思,至为欣慰。惟觉有困难多处,兹特写出商讨,望详察焉:

1. 康德认为证明了时空为先天直观形式,即证明了数学知识何以可能的前提,即为纯数学及几何学奠定了逻辑的基础,此说关系重要,虽不无困难,恐不能遽斥之为佅侗,望更细察之。

2. 谓时空为知识的架格,不是实体,为经验成立之一种综合作用,与其他范畴相似,这说基于康德,本无不可。但同时又谓"时"为"一"、"多"相容之概念,谓"空"为"有"、"无"相容之概念,则困难因而发生:

(1)谓时空为知识可能之条件或架格可,但须特别指出时空为感官知识可能之架格。谓时空为感性的形式,乃康德颠扑不破之伟大贡献。

(2)"相容"二字意思似欠明了。"相容"是否"合一"之意?相容或合一至少有两个不同义,一为静的同在义,一为动的矛盾统一义。若为前义,则"时"为"一"、"多"所凑合而成,"空"为"有"、"无"二者所凑合而成。若为后义,则"一"、"多"为正反之矛盾,时间为统一此矛盾之合。"有"、"无"为正反之矛盾,空间为统一此矛盾之合。

（3）无论"相容"是何义,今既认时空为一对立相容之概念,则时空在某意义下,已成为实体或实物,而非纯架格矣。（与"多"相对之"一",亦可指形而上之理。）"空"之概念既包含"有",则"有"即指实物或实体矣。且在黑格尔理则学中,"有"、"无"合一为"变"。"变"代表实在之某一阶段,已是实有,而非纯架格。"一"、"多"合一为"具体的共相",亦是实在而非纯架格。总之,余意时空既是相容或合一的概念,则应说时空亦实在,亦架格,或说时空是有内容的架格（即具体共相）,有架格的实在（即黑格尔所谓"总念"）,不能说"时空的内容不能是一个实体"。

（4）依注重纯架格一派学说讲来,则架格只是有效准之逻辑条件,不能以有无论,若兼具"一"的性质,则成为实物,而失其所以为架格。架格只能谓为一,不能说是多。若兼有"多"的性质,则为形下之实物,亦失其所以为架格。至多只能说架格是"多"中抽出（或概括出）之"一","有"中推究出之"无"。

（5）以有无相容与一多相容来区别空间与时间,亦嫌欠精密。盖就理论言,凡一多相容之概念必兼为有无相容之概念。且即承认空间是有无相容,但亦曷尝不能是一多相容（譬如,整个空间是一,此处彼处是多）,时间固是一多相容,但亦曷尝不能说是有无相容（谓现在为有,谓过去未来为无可。谓时间为有,谓 duration 为无可。谓 eternity 为有,谓时间〔柏拉图所谓动的暗影〕为无亦可）。康德认空间为纯直观形式,时间则兼有直观形式与知性概念两重性能,故彼于先天方式论中,证明时间为感性材料与知性概念间之传达或媒介作用的先天方式,虽说新颖有趣,其实亦是对时空强生分别。殊不知在某意义下,空间亦一知性概念也。柏格森即特别指出空间为理智化之区别的概念。余非谓时与空漫无分别,但其分别恐别有所在。（康德的先天方式论恐系他先天逻辑学中，最困难、最受人攻击、最少人采取之部分。）

3. 我不甚喜欢"架格"二字，盖易招致叠床架屋之讥，亦且陷于鹄洞式的求知之形式主义。但架格二字亦未尝不可用，却不可死用。康德之十二范畴，看似死板，真正善于妙用之，亦甚灵活。架格不是呆板的、现成的、外在的，反之，每一架格都是努力求知的收获，把握固有经验、规范未来经验的范型与利器。架格也是一个课题 Aufgabe。斯宾诺莎言，获得一真观念，即获得一真方法或真知识工具，亦即获得一真理标准。所谓架格，亦是一个真观念。应如此去看，不然便陷于空疏、形式、呆板。

4. 来书谓："凡所谓有普遍必然性的知识，就是判断能相容所有的可能。"余意不必如此说。以"可能"解先天，似不如仍以"必然"解先天之妥当。不然先天知识恐与空泛而不确定之知识，无法分辨。例如"中日战争胜负未可逆睹"一判断，能相容或代表所有关于此问题之一切可能：即（1）中胜日败，（2）中败日胜，（3）中日不分胜负，和平了结。但此命题只是空泛而不确定，决不能代表先天知识。又如凡物莫不有理，或凡因莫不有果是先天命题，皆具有普遍必然性，完全因其必然而无可逃，并不因其能相容所有可能。物之有理、因之有果，非基于可能，乃出于必然。康德认时空为先天观念，亦以其为不能排除掉之必然观念，非以其可容无限之可能。彼能相容所有可能之概念，必系最空泛之概念，如亚氏之抽象的纯物质，而非清晰可理解之范型或架格。所谓先天范型云者，即知识之普遍的必然的永久的大经大法，亦即超经验而又为一切经验成立之必然条件，虽内在于一切经验，而又不下同于任何经验之准则。尤须知不仅知识中有先天因素，道德及审美判断中皆有先天因素。用可能以解先天,在知识论内,因有形式逻辑为之掩护,困难或不甚显著;在价值论范围内,将愈显得抽象,无内容,无准则。此点关系重要,不可不深察。

5. 我个人以为人既有感性、知性、理性三种认识能力(虽则此三种能力仅表示同一认识历程之发展的不同阶段),则对于时空因遂有三种不同的看法。就感性言,时空为感性摄取感觉材料之纯形式。就知性言,时空为知性把握整理感觉与材料之纯概念或架格。就理性言,时空为对立的统一,为具体的共相,为太极自己表现自己之两方面,为太极自己把握自己之两总念。就时空之为直观形式言,其所指之对象是纯一的。就时空之为知性概念言,其所指之对象之各分子是同类的。就时空之为理性的总念言,其所指之对象为对立的统一、矛盾的进展。就时空之为纯形式纯概念言,只是经验可能的范畴,而非实体。就时空之为对立统一的具体共相言,则时空亦内容,亦形式,亦实物,亦架格,亦知识对象,亦知识功能。足下一面认时空为架格而非实体,有其是处;一面认时空为对立之相容概念,亦有其是处,具见颖思与识见,但二说陷于矛盾,且未与康德之说留充分地步。今照余说,则或可容纳康德之见解,解除足下之困难,而渐进于黑格尔之大成。

6. 了解康德须从其来源与去脉之环境中了解之。抽去康德思想所调解之各潮流,不顾及康德思想之往返应有的逻辑进展,从外面凭空去用形式逻辑以分析之,恐难免扞格。新康德学派因对于后康德学派之矛盾思辨法隔膜,似嫌将康德哲学枯燥化形式化而失其活的命脉,但于价值论文化哲学方面尚不无贡献。今若更以形式逻辑,加以抽象化方式化,则去康德将愈远矣。

足下沉潜于中西正宗哲学,而又性喜逻辑,善能分析,通贯发挥，实深厚望。而逻辑方面亦有其伟大正宗之途径，而中国哲学界尚寂焉无人问津者，足下似不可为一时之风气所囿，亦不妨努力以钻研之。余意可先从 Bradley 之《逻辑学原理》及 Bosanquet 之 *Logic, or the Morphology of Knowledge* 以上溯德之 Husserl 及 Sigwart 之逻辑学，更上溯至黑格尔之辩证逻辑与康德之先天逻辑，此皆足以发挥哲思之逻辑上的康庄大道，不可不察。

因意恳而不觉言长，但仍以未尽所怀为憾。未尽意处，希善自领会，有不当意处，亦希辩正。　　专此即祝

健进！

三　知行合一新论[*]

知行合一与王阳明的名字,可以说是分不开的。王阳明之提出知行合一说,目的在为道德修养或致良知的工夫,建立理论的基础。他对于知行合一说之发挥,颇得力于他的第一个得意弟子他的颜回——徐爱的问难切磋。及徐爱短命死后,他便很少谈知行合一的问题。到他晚年他便专揭出致良知之教,以代替比较有纯理论意味的知行合一说。所以后来各派门徒所承于他而有所发挥的,几乎完全属于致良知之教及天泉证道的四句宗旨。他的各派门徒,对他的知行合一说,不唯没有新的发挥,甚至连提也绝少提到。此后三百多年内,赞成反对阳明学说的人虽多,但对知行合一说,有学理的发挥,有透彻的批评或考察的人,几乎一个代表都找不出。

知行合一说虽因表面上与常识抵触,而易招误解,但若加正当理解,实为有事实根据,有理论基础,且亦于学术上求知、道德上履践,均可应用有效的学说。而知行问题,无论在中国的新理学或新心学中,在西洋心理学或知识论中,均有重新提出讨论,重新加以批评研究的必要。我甚且以为,不批评地研究知行问题,而直谈本体,所得必为武断的玄学(dogmatic metaphysics);不批评地研究知行问题,而直谈道德,所得必为武断的伦理学(dogmatic ethics)。因

---

[*] 本文在1938年作为"北京大学四十周年纪念文集"之一,以单行本首次出版。

为道德学研究行为的准则、善的概念,若不研究与行为相连的知识、与善相关的真,当然会陷于无本的独断。至于不理知与行根本的关系,一味只知下"汝应如此"、"汝应如彼",使"由"不使"知"的道德命令的人,当然就是狭义的、武断的道德家。而不审问他人行为背后的知识基础,只知从表面上去判断别人行为的是非善恶的人,则他们所下的道德判断,也就是武断的道德判断。因为反对武断的道德判断、道德命令和道德学上的武断主义,所以我们要提出知行问题。因为要超出常识的浅薄与矛盾,所以我们要重新提出表面好似与常识违反的知行合一说。

要讨论知行问题,首先要将知行的概念说清楚,也可说是将知行二名词所指的范围划分清楚。

知指一切意识的活动。行指一切生理的活动。任何意识的活动,如记忆、感觉、推理的活动,如学问思辨的活动,都属于知的范围。任何生理的动作,如五官四肢的运动固属于行,就是神经系的运动,脑髓的极细微运动,或古希腊哲学家所谓火的原子的细微运动(gentle motion),亦均属于行的范围。

照这样讲来,第一,行是一种活动,知也是一种活动,行是生理的,或物理的动作;知是意识的,或心理的动作。知行虽是两种性质不同的活动,但知与行皆同是活动。因此我们不能说,行是动的,知是静的。只能说行有动静,知也有动静。

第二,知既指一切意识活动,当然包括各式各样的意识活动,而在这些样式不同或种类不同的意识活动中,是有等级可分的。同样,行既指一切生理活动,亦当然包括各式各样的生理活动在内,而这些样式不同种类不同的生理活动中,也是有等级可分的。我们现在不是研究意识类型学,我们也不必去指出知与行的各种类型,我们也不必去排列各类型等级的高下。我们只须确认知行都是有等级的事实即行。我现在只提出"显"与"隐"(explicit and implicit)两个概念——从心理学借用的自然的标准,来判别知与行的等级。譬如,我们以最显的生理动作,如动手动足的行为为显行。以最不显著或隐晦的生理动作,如静坐沉思的行为为隐行。显行与隐行间只有量的程度的或等级的不同,同是行为,而且同是生理的或物理的作为。同样,我们以最显著的意识活动,如沉思、推理、研究学问为显知,以最不显著或最隐晦的意识活动,如本能的意识、下意识的活动为隐知,显知与隐知间亦只有量的程度的或等级的差别,而无根本的不同或性质的不同。

第三,知行既有显隐等级的区别,则可以推知,最隐之行,差不多等于无行。如脑筋中最轻微的一个运动,神经学家也无法研究,行为派的心理学家即用最精密的仪器,也无法观察。虽说既等于无行,但就理论上,我们亦不能不称之为生理的动作。因此我们可以说,有所谓"无行之行"。同时,最隐之知,也差不多等于无知。如下等动物的意识生活,和人的下意识活动,自己固不能知有知,他人亦不觉其有知,只可谓为隐知,或最隐的隐知,但不能谓绝对无知。

解释清楚了知和行的意义,明了了知与行同是活动,这种活动同是有等级的差别,并且了解了显行隐行,显知隐知的区别,有"无知之知",有"不行之行"的事实,我们再进而解释"合一"的意义。

第一,就消极方面来讲,"合一"不是"混一"。说知行合一,并不是说知行的关系是混淆不清,更不是把知行两个概念弄得混淆不清。持知行合一说的,绝对不是认知行合一是黑漆一团的混沌体,不可认知、不可分辨。反之,持知行合一说的人,正是要想从知行合一的观点,更可以清楚认识行和知的真意义或真关系,更可明确把握什么是真知,什么是真行。持知行合一说的人,既不一味说知行是合一的或混一的,亦不一味说知行是对立的、二元的。他要看出知行关系的分中之合,又要看出知行关系的合中之分。他的工作形成一个三部曲:(1)指出知行如何本来是合一的;(2)分析清楚知与行如何又分而为二,彼此对立;(3)追溯出知与行如何最后复归于统一。

第二,知行合一乃是知行同时发动(coincident)之意。据界说,知是意识的活动,行是生理的活动。所谓知行合一就是这两种活动的同时产生,或同时发动。在时间上,知行不能分先后。不能说知先行后,亦不能说知后行先。两者同时发动同时静止。不能说今日知明日行,更不能说此时只有意识活动,他时另有生理活动。用"同时发动"来解释"合一",乃系采自斯宾诺莎。斯氏是主张身心合一的人。他便认为身体的动作与心理的活动是同时发动的。他说:"身体之主动与被动的次序与心之主动与被动是同时发动的(coincident, simul)。"(斯氏著《道德学》分三,"命题二·附释")

第三,知行合一乃指知与行为同一生理活动的两面(two aspects of the same psycho-physical activity)而言。知与行既是同一活动的两面,当然是两者合一的。若缺少一面,则那个心理生理的活动,便失其为生理心理的活动。因为知行合一是两面式的合一,所以可以解释作同时发动。譬如甲的知与乙的行可以在某时某分某秒钟内,同时发动,但甲的知与乙的行却不能认为合一。故必因知行是同一活动的两面认知行合一为知行同时发动,方有意义。所谓知行是同一活动的两面,亦即是说知行是那同一活动的整体中的中坚分子(integral parts)或不可分离的本质。无无知之行,亦无无行之知。知与行永远在一起(always together),知与行永远互相陪伴着(mutual accompaniment)，好象手掌与手背是整个手的两面。一方面，手掌是手掌，手背是手背，各有其性质，各有其功用，可以分开讲。但另一方面，手掌与手背永远在一起，永远互相陪伴着。假如把手掌割掉，不唯手背失其为手背，即手亦失其为手了。知行两面说认知行合一构成一个整个的活动，对此同一的活动，从心理方面看是知，从生理或物理方面看是行。也可以说用两个不同的名词，去形容一个活动或历程。

第四，知行合一又是知行平行的意思。平行说与两面说是互相补充的。单抽出一个心理生理的孤立活动来看，加以横断面的解剖，则知行合一乃知行两面的意思。就知行之在时间上进展言，就一串的意识活动与一串的生理活动之合一并进言，则知行合一则是知行平行。仔细分析起来，知行平行说，包含下列三层意思：

1. 知识之主动被动变迁进退的次序或程度，与行为之主动被动变迁进退的次序或程度相同。换句话说，意识活动的历程与身体活动的历程方面乃是一而二、二而一，同时并进，次序相同。

2. 知行既然平行，则知行不能交互影响。知为知因，行为行因。知不能决定行，行不能决定知。知不能使身体动作，行不能使知识增进。

3. 上条就自然事实言，此条就研究方法言。以知释知，以行释行，各自成为系统，各不逾越范围。以行释行，产生生理学、物理学及行为派的心理学，简言之，产生纯自然科学。以知释知，以思想释思想，可以产生纯哲学或纯精神科学。不遵范围、混乱系统，时以知释行，乃是浅薄矛盾的常识，非科学非哲学。夹杂不清，不能产生科学，亦不能产生哲学，前者纯用机械方法，后者纯用逻辑思考。

以上只是概括的抽象的说明知行合一乃知行平行的意思。今更进而从知行之内容方面,揭举实例,以表明知行之如何平行,如何合一。

第一,首先提出身心平行论者斯宾诺莎(Spinoza)的看法:

斯氏之意,以知识方面陷于愚昧,则行为方面沦为奴隶。知的方面,只是些糊涂的经验、混淆的观念,行的方面便是被动,便是情欲的奴隶。所知不出臆想与意见,所行便矛盾无常。若知的方面进而为知人知物,对自然事物,对人的本性或情感,有了正确的科学知识,则行的方面,便有征服自然、自主自由、利己利人的行为。最后,知的方面为知天,则行的方面为爱天。对天有爱的知,则对天便有知的爱。

第二,力主为道德学建立知识论或形而上学基础的英国新黑格尔派的领袖格林(T. H. Green)对于知行合一或平行的看法,可略提纲要如下:

格林先从知识方面着手来研究道德学。据他分析的结果,知与行的关系,是平行并进的。知的方面为活泼有力的印象,行的方面便为当下直接的冲动。有观念的知识与有动机的行为为平行。知的方面有了自主的思想,则行的方面有了自由意志。思想进展成为理性的系统,则意志进展成为坚定的自由的人格或品格。

由此足见他们两人的说法,实为表示知行平行并进的最好例子。但亦只可以当作例子看,不可把他们的说法看得太死。他们两人并没有高揭知行合一的学说。以上的例子乃是我读斯氏的《道德学》,读格林的《道德学导言》,对于他们两人的思想的解释与叙述,目的在借用来表示知行平行或合一的意思,是否完全符合他们的原意,我是不敢保证的。

总之，照上面这种说法，任何一种行为皆含有意识作用，任何一种知识皆含有生理作用。知行永远合一，永远平行，永远同时发动，永远是一个心理生理活动的两面。最低的知永远与最低的行平行。"伪知"与"妄为"，"盲目"与"冥行"永远是合而为一，相依为命。最高级的知与最高级的行，所谓真切笃实的知，明觉精察的知，亦永远合而为一，相偕并进。照这样说法，说假话作汉奸的人也是知行合一的。上至圣贤豪杰，下至愚夫愚妇，再下至禽兽昆虫都一概是知行合一的。我们虽欲知行不合一而不可得！我们人类为自然命运所决定。没有脱离行为的束缚，而单要纯知的自由，也没有放弃知识而只要纯行的自由。

因为只要人有意识活动（知），身体的跟随（Whitehead 所谓 the withness of the body）无论如何也是无法取消的。此种知行合一观，我们称为"普遍的知行合一论"，亦可称为"自然的知行合一论"。一以表示凡有意识之伦，举莫不有知行合一的事实，一以表示不假人为，自然而然即是知行合一的事实。前者与理想的（经过选择的）知行合一论对立，后者与价值的知行合一论对立。

价值的或理想的知行合一说，认知行合一为理想的知或理想的行，认知行合一为"应如此"的价值或理想，为须加以人为的努力方可达成实现的职责（Aufgabe），是只有少数人的功绩。而自然的知行合一论则认为知行合一乃是"是如此"的自然事实。知行本来就是合一的，用不着努力即可达到，因此单就知行合一的本身言，并无什么价值，虽然有高级的知和低级的知的知行合一之别，但以知与行的内容为准。

要求进一步了解自然的知行合一论与价值的知行合一论的区别，并详细明了价值的知行合一论的含义与内容，可分别说明如下：

第一，自然知行合一论者与价值的知行合一论者，对于知行之界说不同。前者认纯意识活动为知，纯生理物理动作为行。后者认显行隐知为行，认显知隐行为知。换言之，前者所认为一部分知行合一的活动（行的程度高，知的程度低的知行合一活动），后者只认之为"行"。前者所认为另一部分的知行合一的活动（知的程度高，行的程度低的知行合一活动），后者只认之为"知"。前者合显隐知行之全，而分知行。后者只抽象地为方便计，指显知为纯知，显行为纯行。

至于知行各半、程度均等、无高低之分的知行合一的活动（艺术生活大约属于此类），价值的知行合一论者，亦认之为知行合一。此为双方认识相同之点。

第二，就知行合一之意义言，双方的界说，亦各不相同。自然的知行合一论者，以显行与隐知合一，或显知与隐行合一。换言之，以每一活动里知行两面自行合一，同时合一。不同时之知行合一，显知隐行与显行隐知之合一，在自然说中不可能。而价值的知行合一说者，则在不同的时间内，去求显知隐行与显行隐知之合一。因为知与行间有了时间的距离，故成为理想的而非自然的，因为要征服时间的距离与阻隔，故须要努力方可达到或实现。譬如研究政治学属知；将对于政治学理或政治制度研究所得实行起来，实际改革政治，属行。所谓知行合一，就是要能实施或实现对于政治学之知识、理想。换言之，所谓知行合一，就是在某意义下，兼政治学家与政治改革家二者于一身。这种"知行兼有"的合一观，当然是理想，是要努力方能达到的职责。而且知（研究政治学）与行（实际改革政治）间的时间距离当然相当久，甚且有至死不能"兼有"或"合一"的(至于此种"兼有"或"合一"是否真正有价值又是另一问题)。

总之,价值的知行合一论实即是知行二元论,先根据常识或为方便起见,将知行分为两事,然后再用种种努力勉强使知行合一,求两事兼有。因此对于知行合一或"兼有"的努力追求,可以分为两个途径。一是向上的途径(upward path),即是由行(显行隐知)以求与知(显知隐行)合一的途径。一是向下的途径(downward path),即是由知(显知隐行)以求与行(显行隐知)合一的途径。向上的途径是要超越不学无术的冥行,而寻求知识学问的基础,可以说是求学术化的途径。向下的途径是要救治空疏之知、虚玄之知,力求学术知识之应用,俾对社会国家人类有实际的影响和裨益。可以说是求普及化、社会化、效用化的途径。

第三,照自然的知行合一说,知行不能互为因果、互相解释;但照价值的知行合一说,则知行可互相决定、互相解释。知可为行之因,行可为知之因。可以用一个人的知识来解释他所以产生某种行为的原因。可以用他的行为来解释他何以有某种知识的原因。

此外还有一种知行合一的例子:就是在时间上前后两种活动(一知一行)是紧接着的,无有长距,用不着努力以求合一,而前后两种活动,自然合一。可分为两面来说:

1. 先知后行例。如见虎(知)而跑(行);又如乍见孺子将入于井(知)而立往救援(行)。

2. 先行后知例。如有时士兵作战时受伤(行)而不自知,直至相当时间以后感觉痛时,方知受伤(知)。

这两种例子,性质完全不同,当分别讨论。2 条的例子,乃是常识所谓"行而不知"或"先行后知"的例子,不是知行合一的例子。

譬如，一个人受他人影响，初不自知，事后反省方恍然觉悟，我们决不能说这人是知行合一。关于此点，以后讨论詹穆士—兰格学说时，当更加论列。至于见虎而跑，乍见孺子将入于井而往救的事实，和类似这类的事实，亦可以认作代表价值的知行合一的事例。因为这都是好的行为、有价值的行为。如果见虎不跑，有被噬的危险；见死不救，将受良心谴责，或受社会非议，故有价值。再则见虎而跑，见死往救，虽然知与行间时间的距离很短，且亦需要相当努力。这种的知行关系，仍不是我们所谓自然的知行合一，可谓为率真的（spontaneous）知行合一。率真的知行合一，可算作价值的知行合一的一类。同样，王阳明常举如好好色、如恶恶臭的例子，亦只能算作率真的知行合一，而非自然的或本然的知行合一。

至于常识和我此处所谓价值的知行合一论者，所以要将知行分开于先，然后又求合一于后，其原因乃出于方便于抽象，上面已经说过。其实主要的原因乃是基于客观的心理事实。盖因就自然的知行合一说论来，知与行本来就是合一的。但在这自然的知行合一体中，据心理学看来，有表象与背景的关系（figure and ground, figure一字甚难译，兹作表象。表象即表露出来的现象，或表示全体代表全体的现象的意思）。譬如，就显知隐行的合一体言，则显然知是表象，行是背境。故人即用这一合一体中之表象（知）以代表之。又如，就显行隐知的合一体言，则显然行是表象，知是背境。人们的心理作用，大都趋于注重表象，即用以代表全体。举实例来说，如吃饭本来是知行合一的活动，一方面需要用手取饭菜，用齿嚼食物的动作，一方面需要种种的意识活动。但在这吃饭的知行合一体中，生理动作显然是表象，意识动作显然是背境。因此常识大都认吃饭属于行。又如读书，本来是心理生理同时活动的知行合一体,但因读书目的在求知(虽则也有读书目的在作事的),且心理活动更较生理活动为显著,故在读书的知行之整体中,知为表象,行为背境。因此常识便认读书属于知的范围。又如医师治病,一方面需要高深的医学,知道医理,一方面需要高明的诊治术或巧妙的割治手术。究竟在医生治病的工作中,知的成分多,抑行的成分多;知是表象抑行是表象,就没有吃饭读书那样显著。因此有的人认知是表象,谓医生"知医";有人又以行为表象,谓医生"行医"。总之,我借用表象与背境的心理学来解释,一则可以说明知行本来是合一的全体事实,二则可借以解释何以常识只以合一的全体中之主要的显著的成分表示全体的心理原因。

知道了知行有显隐的区别,知道了知行合一体中又有表象与背境的关系,我们可以进而讨论知行的主从关系了。合一与混一不同,前已言明。在混一体中,则无主从可分;但在合一体中,则可以辨别主从,亦应辨别主从,且事实上任何二者联合之合一体中,实有主从的关系。

所谓主从关系,即是体用关系,亦即目的手段关系,亦可谓为领导者与随从者的关系。

就表面上看来,知行之主从关系,好似视知行之显隐,或视知行之为表象为背境为准。在显知隐行的合一体中,以知为主,以行为从。反之,在显行隐知的合一体中,则行为主,知为从。又好似当知为表象时,则知为主,行为从;当行为表象时,则行为主,知为从。但我的意思,要主从的关系的区别有意义的话,不能以事实上的显与隐或心理上的表象与背境定主从,而当以逻辑上的知与行的本质定二者之孰为主,孰为从。

又价值的知行合一中,有所谓向上的途径与向下的途径之别,则当由行以求与知合一的途径中,似知为主,行为从。而在由知以求与行合一的向下途径中,似行为主,知为从。但仔细研究起来,在向上途径中,知固为主,行为从;而在向下途径中,亦仍当以知为主,以行为从也。兹试更进一步分析知与行的关系:

1. 知是行的本质(体),行是知的表现(用)。行若不以知为主宰,为本质,不能表示知的意义,则行为失其所以为人的行为的本质,而成为纯物理的运动。因为物理的运动,就是不表现任何思想方面知识方面的意义的。故行为之所以超出纯机械的物理运动,而取得有意识的行为的资格,就因为它能够与知识合一,服从知的指导,表示知的意义。知是不可见的,知借行为而表现其自身。吾人一方面可以向内反省,而知自己之知或自己之思,一方面可以借观察他人表现在外之行为,而知他人之知或他人之思。故知是体,行是用;知是有意义的,有目的的,行是传达或表现此意义或目的之工具或媒介。故可下界说如下:行为者,表现或传达知识之工具也;知识者,指导行为之主宰也。

2. 知者永远决定行为,故为主;行永远为知所决定,故为从。人之行不行,人之能行不能行,为知所决定。盖人决不能作他所绝对不知之事。人之行为所取的方向,所采的方法,亦为知所决定。行为效率的高低,行为之艰苦笃实否,为知识之颖敏深彻精到否所决定。被动之行为为被动之知所决定。错误的行为为错误的知识所决定。道德行为、艺术创造、学术研究的行为为道德、艺术、学术的知识所决定。从价值的知行合一观来说,则显知隐行永远决定显行隐知。是此一较高级的知行合一体从外面去决定另一较低级的知行合一体。是前因与后果(antecedence and consequence)的关系。从自然的知行合一观点来看,知行同时发动,两相平行,本不能互相决定,但亦可谓内在的决定或逻辑的决定。这就是说知为行之内在的推动原因,知较行有逻辑的先在性。

3. 知永远是目的,是被追求的主要目标;行永远是工具,是附从的追求过程。任何人的活动都是一个求知的活动。科学家种种实验观察、旅行调查的行为,是求知"是什么"(what)的历程。哲学家种种推论、分析、批评、怀疑的活动乃是求知"为什么"(why)努力。道德的知识是关于"应作什么"(what ought to do)的知识,道德家的行为是为"应作什么"的理想或价值之知所指导所鼓舞而产生的行为。他如军事家、政治家、工程师等,表面上好象以作战胜利、改革政治、发展自然等实际行为为主要目标,而以知识为附从的手段。其实深一层观察,任何伟大的军事家、政治家、工程师,他们最后的目的仍是求知,他们整个生活仍是求知的生活,不过他们所求的知识,主要的乃是关于"如何做"(how to do)的知识罢了。没有 how to do 的知识,他们每一件事都做不出来。他们事业上伟大的建树,乃是他们学问上(关于 how to do)伟大知识的表现。无论什么人,无论在什么情形下,他们的行为永远是他们的知识的功能(action is always the function of knowledge)。

以上是从正面发挥知主行从说的道理。然欲此说可以根本成立,不得不对于持行主知从说的心理学说加以批评。如果我没有错,据我所知西洋心理学上的浮象论(epi-phenomenalism)者,和詹姆士—兰格的情绪说,以及在知识论上持手术论者的杜威、布锐儿曼一般人,都是持知行合一论的人,而他们皆认为在知行合一体中,行是主,知是从。

浮象论乃是将斯宾诺莎的身心平行论唯物论化。此论认为身心永远平行,但心为身之影。身体的活动是这身心合一体中的主要的实质,意识现象不过生理动作产生的影子。因此身决定心,身主心从。此说应用来讨论知行问题,当然要主张知为行之影,行主知从之说。但浮象论者忘记了斯宾诺莎的主旨:身心既然平行,则心不能决定身,身不能决定心。故事实上,依平行说的原则,身心或知行不能有主从关系或因果关系。要于知行、身心间去分主从因果关系,只能在逻辑上或价值上去分辨。但就逻辑上讲来,心为身之内在因,知为行之内在因,心较身、知较行有逻辑的先在性。而如何从逻辑上证明身决定心,行决定知,则浮象论者却没有作过这番批评的工夫,而只知根据片面的事实,作理论的武断。故浮象评论之说,既违背斯氏平行论的基本原则,又缺乏逻辑上的批评工夫。

詹穆士—兰格的情绪说其实就是浮象论,也可以说根据情绪心理的研究,以替浮象论张目,而且他们的情绪说直接与知行合一问题有关,开后来手术论者的先路。甚至有人附会詹穆士—兰格的情绪说以解释王阳明的知行合一说。殊不知王阳明之说正与他们相反,王阳明虽没有作过他们那种笨的心理实验,但阳明的见解却远比他们高明多了。

他们的学说大约是这样的:行为在先,知识或意识产生在后。先有某种表示情绪的生理动作发生,由对于这些生理动作的回忆、反省或觉察,才产生情绪如喜怒哀乐等的意识。举例来说,当我们看到老虎时,不假思索,立刻就发生跑避的行为。等我们跑得离老虎很远了,息住气了,我们才回忆着或意识着一种恐惧的情绪。又如当我受了一种凄惨的刺激,无意间便起了一种生理的变化,如流泪哭泣之类。直到这种生理的动作慢慢地传达到神经中枢,我们才开始意识着一种悲哀的情绪。根据类似这样的事实,照他们讲来,情绪的意识为生理活动的产物(甚或副产),为生理变化所决定。故他们对知行问题自然要持行先知后、行主知从之说。他们与阳明的说法恰好正相反对:

阳明说:"知是行之始,行是知之成。"

詹穆士—兰格说:"行是知之始,知是行之成。"正好将阳明之说,颠倒过来。

就事实来说,类似这种"行而不知"或"行而后知"的心理事实,倒是很多。就我上面所举的士兵受伤不自知,事后方知受伤,而生悲苦的情绪,又如受坏朋友引诱,不知不觉间养成恶习惯,发生恶行为,及事后反省觉悟,方发生忏悔的情绪,都是属于此类心理事实的例子。但欲据此以成立一个浮象的情绪论,替唯物论张目,则陷于下列几点错误:

第一,不能解释许多普通的经验事实。如由黑夜谈鬼而生恐怖情绪,由恐怖情绪而起毛发悚然、身体战栗的生理状态。又如读动人的小说,或读亡父或亡友的手迹,心受感动,而歔欷流泪,或类似此种的事实,均足以证明知识在先,由知识而引起情感发生生理动作。无论如何,皆是知决定行,并不是行决定知,可以断言。此种仅就常识举例,至于坎郎(Cannon)教授推翻詹穆士—兰格的情绪说的种种实验,我们此处用不着引证。

第二,此说既不就整个事实立论,亦无坚实理论基础。既以见虎而跑一事而论,更足以表示逃避老虎的生理动作乃是起于老虎的一"见",和平时对老虎吃人可怕的知识。假如,不看见老虎,即使老虎走近身边亦不知跑。又假如见老虎而不知畏虎,如三四岁之儿童然(阳明有"东家儿童不识虎,执竿驱虎如驱牛"之语),亦未必跑,亦未必发生恐惧的情绪。由此足证跑避老虎的生理动作和恐惧的心理情绪,皆为见虎的"见知"和知虎可畏的"闻知"所决定。就常识分析起来,此事的知行次序应如下:(1)见虎(知),(2)畏虎(情绪,亦属知),(3)跑避(行,见虎畏虎所产生之结果),(4)回忆刚才见虎畏虎避虎之紧张情形,而生惊喜之情(知)。若另就自然的知行合一论或平行论分析起来,其次序应是这样:(1)见虎(显知隐行),(2)畏虎(心理生理同时皆呈紧张状态,知行同等程度,难分显隐),(3)跑避(显行隐知),(4)惊喜之情(显知隐行)。而且就理论讲来,恐惧的情绪是跑避的行为的本质,跑避是恐惧的表现,两者乃是同时发动的,是整个心理生理历程的两面。在停止跑避时,亦即表示最紧张的恐惧情绪的停止(也许在停止跑避时,"余惧"犹存,常另有某种生理动作以表现此余惧)。同样,悲哀是流泪的本质,流泪是悲哀的表现,不能谓停止流泪之后,慢慢地才有一种悲哀的情绪产生。今谓在生理上紧张跑避的动作停止时,恐惧的情绪方产生,不惟违反常识,而且理论上讲不通。固然,回忆快乐的行为和快乐的情绪,也可产生快乐,回忆恐惧的情绪和跑避的行为,也可产生某种轻微的恐惧情绪,但后者与前者乃是两回事,不可混为一谈。因此,单就见虎而跑一事的分析,我们可以说"跑避老虎的'行'不是'知'之始,见虎畏虎的'知'不是'行'之成"。反之,我们可以依照王阳明说:

> 见虎畏虎的知,是避虎的行之始;避虎的行,是见虎畏虎的知之成。

兹可进而讨论知难行易问题。照自然的知行合一讲来,知行既然合一,既然同时发动,平行并进,当然知行同其难易。就高程度的知行合一的活动言,如知高深科学的知识,行高深科学的研究或实验,知和行同样艰难。就低程度的知行合一活动言,如知食堂在何处的知,和动身往食堂的行,两者皆同样容易。孙中山先生以易知易行的事(如吃豆腐)与难知难行的事(如研究豆腐制造的化学原理)相比,认前者为行,后者为知,而成知难行易之说。若从自然的知行合一论看来,他乃是说显知隐行(如科学研究)难,而认显行隐知(如日常饮食的动作)易。照我们上面知主行从的说法看来,显知隐行永远决定显行隐知,较高级的知行合一体,永远支配较低级的知行合一体,则显知隐行——较高级的知行合一体(即中山先生所谓科学研究及革命先觉的工作)当然难,而显行隐知——较低级的知行合一体(即中山先生所指的日常饮食的动作)当然容易。故照这样讲来,知难行易不惟是一定的真理,而且与知主行从之说互相发明。

又从价值的知行合一论看来,亦系知难而行易。盖因显行易,显知难,由显行之行到显知之知难,由经验中得学问,由生活中见真理亦难。反之由显知之知到显行之行,由原理到应用,由本质到表现,由学术到事功,则皆易。犹之,有根自易长枝叶,有源自易衍支流。且内充实自易流于外,知充实自易发为行。故孙中山先生所谓"能知必能行",不仅是一种信仰,而乃是一种事实。至"不知亦能行",若善意解释(因为我认为人不能行他所绝对不知之事,故在某意义下,不知即不能行。但此处所谓"不知"并非绝对不知之意,乃不知高深原理,不知科学根据之意。)亦是事实,盖不知者可服从他人,受人指导而产生行为也。但能知能行方是主动之行,不知能行,则是被动的行为。总之,难易是价值问题,主从是逻辑问题。既从逻辑上将知行主从问题解答,则价值上知难行易问题,自可迎刃而解。

以上系说明我们对于知行合一的看法，现在且让我以王阳明的知行合一说来印证我们的说法，并且以我们的说法来解释、发挥、批评王阳明的学说。

阳明的知行合一说，本有两个涵义，亦可以说是有两个说法：

一是补偏救弊的知行合一。

一是本来如是的知行合一，或知行本来的体段。

所谓补偏救弊的说法，即是勉强将知行分为二事，有人偏于冥行，便教之知以救其弊；有人偏于妄想，便教之行以救其弊。必使他达到明觉精察之行，真切笃实之知，或知行合一而后已。这样一来，知行合一便成了理想，便须努力方可达到或实现的职责（Aufgabe）。所以他说：

> 行之明觉精察处便是知，知之真切笃实处便是行。若行而不能明觉精察便是冥行，所以必须说个知。知而不能真切笃实，便是妄想，所以必须说个行。原来只是一个工夫。凡古人说知行，皆是就一个工夫上补偏救弊说，不似今人截然分做两件事做。如今说知行合一，虽亦是就今时补偏救弊说，然知行体段亦本来如是。（见《语录》）

同样的意思复见于《传习录》上：

> 古人所以既说知又说行者，只为世间有一种人懵懵懂懂任意去做，便不解思维省察，只是个冥行妄作，所以必说个知方才行得是。又有一种人茫茫荡荡悬空去思索，全不肯着实

躬行,只是个揣摩影响,所以必须说一个行,方才知得真。此古人不得已补偏救弊的说话。今若知得宗旨,即说两个亦不妨,亦只是一个。若不会宗旨,便说一个亦济得甚事?只是闲说话。

阳明所谓冥行以教真知,略相当于我们前面所谓向上的途径,即由行以求与知合一的途径。阳明所谓对空想教以笃行,略相当于我们前面所谓向下的途径,即由知以求与行合一的途径。我们这种分知行为二于先,又求合一于后的说法是常识为方便计的抽象说法,而阳明则认为是补偏救弊的说法。这是阳明的学说可以印证我们的说法,我们的说法可以解释阳明的学说之第一点。

至于阳明所谓知行本来的体段,或本来的知行合一说,似亦相当于我们所谓自然的知行合一论。阳明说:

> 学之不能无疑则有问,问即学也,即行也。又不能无疑,则有思有辨,思辨即学也,即行也。(《答顾东桥书》)

这与我们认学问思辨皆为知行合一体,皆为显知隐行的看法,几可说完全相同,不过阳明未明言学问思辨即显知隐行罢了。他又说:

> 我今说个知行合一,正要人晓得一念发动处便是行了。(《传习录》)

照此说,不论善念恶念,只要一念发动处便是行,当然与我们所谓自然合一论完全契合。不过我们更分辨清楚，一念发动应属于显知隐行，并指出一念发动之所以是行，因有生理动作陪随此一念之故。

我们认知行为同一活动的两面的说法，正可作阳明认知行为说明一个工夫的两个字之说的注脚：

> 知行原是两个字说一个工夫。这一个工夫，须著此两个字，方说得完全无弊病。

又说：

> 若会得时，只说一个知，已自有行在。只说一个行，已自有知在。

我们认知行合一为知行平行，亦正好发挥阳明知行合一并进之说。阳明说：

> 知不行之不可以为学，则知不行不可以为穷理矣。知不行之不可以为穷理，则知知行之合一并进，而不可分为两节事矣。

又自然的知行合一论，认知行是有等级的差别，阳明之意似亦认为有等级的差别，至少可分为至低与至高两级：最低级为空想之知与冥行之行合一或平行，最高级为真切笃实之知与明觉精察之行合一或平行。

根据以上各点可以明白见得阳明所谓知行合一的本来体段,与自然的知行合一论,有许多地方,均可互相印证发明。但阳明的知行合一说,只有时间观念一点没有说清楚,就是,究竟阳明所谓知行合一系指知行同时合一呢?抑指异时合一呢?若指同时合一,则人与禽兽同为知行合一,不论智愚贤不肖亦同为知行合一,此种不加修养即可达到之纯自然的知行合一,似非阳明之本意。至于有长时间的距离,须积年累月,苦辛努力方可达到之知行合一或知行兼有,如先做博学、审问、慎思、明辨之知的努力,然后实施笃行,似此种之知行合一当亦非阳明之所倡导。且此种朱晦庵式的知行合一观,正是阳明之所反对者。我们试仔细理会阳明的意思,则知他所谓知行合一的本体,既非理想的、高远的,亦非自然的、毫无价值意味的,而乃持一种率真的或自发的(spontaneous)知行合一观。所谓率真的或自发的知行合一观,就工夫言,目的即手段,理想即行为,无须悬高理想,设远目的于前,而勉强作积年累月之努力,以求达到。就时间言,知与行紧接发动,即知即行,几不能分先后,但又非完全同时。换言之,可以说,就时间言,知与行间只有极短而难于区别之距离,如见父自知孝,见兄自知悌,见孺子入井而自往救等,便是阳明所谓知行合一的真体段。所谓"自知"亦即"自行",即是自动的、率真的、不假造作的、自会如此的知行合一。此种见父自知孝,见兄自知悌,见死自知救命的知行合一,既非高深的理想,亦非自然的冲动,更非盲目的本能。阳明叫做心与理一的本心,他又叫做即知即行的良知,所以他说:"本心之明即知,不欺本心之明即行。"本心或良知,就是知行合一的本体或本来体段。且参考下面一段:

爱问：今人尽有知父当孝兄当弟者，却不能孝不能弟，知行分明是两件事。曰：此已被私欲间断，不是知行本体。未有知而不行者，知而不行只是不知。圣贤教人知行，正是要复那本体。故《大学》指个真知行与人看，说"如好好色，如恶恶臭"。见好色属知，好好色属行。只见好色时，已自好了。不是见后又立个心去好。闻恶臭属知，恶恶臭属行。只闻恶臭时已自恶了，不是闻后别立个心去恶。（《传习录》）

照现代的话讲来，见好色，闻恶臭是刺激；好好色，恶恶臭是反应。刺激与反应究有相当的距离——时间上和动作的距离，亦可分为两事。阳明之意，以为此种见与好，知与行是如此的率真，如此的自然流出，如此直接、当下、迅速因而指出此种事实来，表示知行合一的本来体段。总之，第一，我们要知道阳明所最着重的知行合一说，虽近于自然的知行合一，而实非自然的知行合一。第二，他虽反对高远的理想的分而后合的知行合一，但他所持的学说，仍是有理想性的、有价值意味的、有极短时间距离的知行合一说。所以我们可以这样说，价值的知行合一观可分两派，一派为理想的价值的知行合一观，一派为直觉的或率真的价值的知行合一观。前一派以朱子为代表，后一派则是阳明所创立、所倡导的。

此外对于知行主从问题，阳明亦持知主行从说，值得我们特别提出。他对于知行的关系有几句很精到深刻的话：

> 知是行的主意，行是知的工夫。知是行之始，行是知之成。

后二句我们于批评詹穆士—兰格的"行是知之始，知是行之成"的行主知从说时,已有所阐明。"知是行的主意"一语,尤其是讨论"知识"问题的不朽的名言。知既是行的主意,则知不是死概念,更不是被动的接受外界印象的一张白纸。反之,阳明认为知是动的,是发出行为或支配行为的主意。这个学说与鲁一士"观念是行为的计划"(idea is a plan of action)或"观念是行为的指针"(idea is guide to action)的说法,如合符契,一扫死观念、空观念、抽象的观念之说。至阳明所谓"行是知的工夫",即系认行为是实现所知的手续或行为是补助我们求真知的工夫之意,意思亦甚深切,且亦确认知主行从的关系。只可惜阳明所谓知行,几纯属于德行和涵养心性方面的知行。同样的意思,只消应用在自然的知识和理论的知识方面,便可以作科学思想,以及道德以外的其他一切行为的理论根据。

  知道了王阳明的知行合一说,且让我们进而考察朱子对于知行问题的思想。试看阳明与朱子知行说之异同何在,并试看阳明与朱子的知行说之异同何在,并试看朱子的知行说有没有足以印证我们的说法之处,或我们的知行合一说是否有足以发挥朱子的说法之处。

  最足以印证并赞助我们说法之处,即在于朱子之坚持知先行后,知主行从之说。他的意思大约可分三层来说。第一,朱子认为不知而行,不穷理而言履践,不惟是冥行,甚至简直如盲人然,不知如何去行。他说:

> 万事皆在穷理后,经不正、理不明,看他如何履践?也只是空!

又说：

> 义理不明，如何履践？如人行路，不见便如何行？

此外《语类》还有一条，意思比较复杂。但确认知先行后则无可疑：

> 知行常相须，如目无足不行，足无目不见。论先后，知为先；论轻重，行为重。

所谓"行为重"亦指知行合一之行，或受知识指导之行，较不产生行为之抽象之知为重而言。

第二，朱子认为人之不能行善事，皆由于知不真切，若知得真切时，则不期而自行，而不得不行。试引下列两段话：

> 若讲得道理明时，自是事亲不得不孝，事兄不得不弟，交朋友不得不信。
>
> 只争个知与不知，争个知得切与不切。如人要做好事，到见得不好事，也似乎可做，方要做好事，又似乎有个做不好事的心从后面牵转去，这只是知不切。

朱子论见得道理明可以医治行为的懒惰，可以养成坚卓不拔的人格一段，尤说得亲切：

> 人之所以懒惰，只缘见此道理不透，所以一向提掇不起。若见得道理分明，自住不得，岂容更有懒惰时节耶？……盖使

真有所见,实有下工夫处,则便在铁轮顶旋转,亦如何动得他?(《宋元学案》卷四十九)

第三,朱子指出若不知而硬行,则少成就而有流弊。他说:

而今人只管说治心修身,若不见这个理,心是如何地治?身是如何地修?若如此说,资质好底,便养得成只是个无能的人。资质不好底,便都执缚不住了。

见不可谓之虚见,见无虚实,行有虚实。见只是见,见了后却有行有不行。若不见后,只要硬作,便所成者狭窄。(《语类》卷九)。

朱子之对于知先行后,知主行从的道理,不厌反复陈说,说得如此深切著明,我看得力于伊川甚多。伊川关于此点,尤说得真切透澈:

未致知,怎生行得?勉强行者安能持久?除非烛理明,自然乐循理。循理事本亦不难,但为人不知旋安排着便道难也。知有多少般数,煞有浅深……学者须是真知,才知得便是泰然行将去也。

如眼前诸人要特立独行,煞不难得,只是要一个知见难。人只被知见不通透。人谓要力行,亦只是浅近语。人既能知见,岂有不能行?(两条皆见《宋元学案》卷十四)

黄梨洲在伊川此语后加一句案语道:"宗羲案:伊川先生已有

知行合一之言矣。"我看伊川此语是否包含知行合一之意，颇待考究。若此段话是知行合一之意，则前面所引朱子几段话，亦应是知行合一之意。即使程朱皆持知行合一说，但程朱之知行合一说，与阳明之知行合一说是否相同，亦是问题。但程子这段话，至少包含有下列几段意思，却毫无疑义：（1）知先行后，知主行从。（2）知有不同种类，知有深浅程度，所谓"知有多少般数，煞有浅深"即此意。（3）知难行易。所谓特立独行煞不难，只是要一个知见难，何等简易明白！苏格拉底提出"道德即是知识"之说，使与知行统一，使道德与学术携手并进。程朱关于知行的见解，甚深切著明，实不亚于苏格拉底，只是后人不能把握住程朱的真精神，只是从风俗习惯的仪节，从制度礼教的权威，从独断冷酷的命令中去求束缚个性的道德，而不知从格物穷理中去求知主行从的道德，从知识学问中去求学养开明的道德。于此足以见得程朱见解的高明，和对于知行问题的伟大贡献。

至于朱子关于知行的见解，最受人误解指斥的，莫过于白鹿洞书院学规所列，"博学之，审问之，慎思之，明辨之，笃行之"五条。批评他的人都说他这样呆板地排列，将知行分作二截，陷于支离。其实他这种看法，可以说是正代表我们所说的典型的价值或理想的知行合一观。任何持价值的知行合一观的人，他不能不为方便计，根据常识，将知行分作二事，有时间先后的距离，然后再努力使知行合一或兼备于一身。朱子平生所坚苦用力的"穷理以致其知，反躬以践其实"的功夫，就是现实价值的知行合一的最大努力。所以朱子对于知行问题的根本见解，可包在下列二命题：

1. 从理论讲来，知先行后，知主行从。
2. 从价值讲来，知行应合一，穷理与履践应兼备。

至于就教人或自修的方法而论,他完全采补偏救弊、因材施教、方便说法的办法而无定准,但大要不外下列三途:

1. 有时他主张知与行并进,双管齐下,内外交养。用现代话说,他主张一面致知、一面力行。"涵养须用敬,进学则在致知"之教,属于此类。

2. 有时他又主张若自觉学问欠缺,则可姑且先从致知着手。

3. 有时他又主张若自觉欠缺笃行工夫,则可姑且先从力行着手。

但是他根本认为无论先从致知着手也好,先从力行着手也好,结果都是互相发明,殊途同归——同归于知行合一的理想。下面两段话,最足以表示此意:

> 问:南轩云,致知力行互相发。曰:未须理会相发,且各项做将去。若知有未至,则就知上理会。行有未至,则就行上理会。少间自是互相发明。
>
> 学者工夫,唯在居敬穷理二事。此二事互相发。能穷理则居敬工夫日益进,能居敬则穷理工夫日益密。譬如人之两足:左足行则右足止,右足行则左足止,其实只一事也。(《语类》卷九)

总之,朱子的问题只限于"知行何以应合一"及"如何使知行合一"方面。他完全没有涉及自然的知行合一方面,也没有王阳明即知即行的说法。他认为学问思辨为知,笃行为行,不容混淆的。虽则知行可以相发,知可促进行,行可促进知;但知自知,行自行,界限分明。

总括起来,关于知行合一可以有两种不同的看法:
1. 自然的知行合一观。这是作者所提出来的。
2. 价值的知行合一观:
   (1) 理想的价值的知行合一观。朱子为代表。
   (2) 直觉的价值的知行合一观。王阳明为代表。

自然的知行合一观与任何一种价值知行合一观都不冲突(在学理上持自然的知行合一观的人,于修养方面,可任意选择理想的朱子的路线,或直觉的阳明的路线)。不唯不冲突,而且可以解释朱王两种不同的学说,为他们的知行合一观奠立学理基础。其实朱子虽注重坚苦着力的理想的知行合一,但他讲涵养用敬,讲中和讲寂感时,已为王阳明的直觉的知行合一观,预备步骤。王阳明虽讲直觉的率真的知行合一,但当他讲知行之本来体段时,已具有浓厚的自然的知行合一观的意味。故自然的知行合一论,实由程朱到阳明讨论知行问题的发展所必有的产物。

由于对知行问题的重新讨论,希望第一,认识了知行真关系,对道德生活可得一较正确的理解:离知外无行,离开学问外无涵养,离开真理的指导外无道德。由于指出行为的理智基础,可以帮助我们打破那不探究道德的知识基础的武断的道德学;打破那使"由"不使"知"的武断的道德命令;并打破那只就表面指责人,不追溯行为的知识背境的武断的道德判断。第二,希望可以指出一些研究的新途径。如由意识及行为之有等级种类而提出意识类型学、行为类型学之研究。又由知行平行,以知释知,以行释行之说,而提出研究纯行为的心理学,与研究纯意识活动的精神科学。兹于结束本文之时,愿更根据知主行从,知是行的本质,行是知之表现之说,而提出行为现象学的研究。行为现象学与行为学不同,行为学是以行为释行为的、客观的、实验的纯科学。行为现象学乃系从行为的现象中去认识行为的本质——知或意识。是由用寻体,由外观内,由行为的现象去认识借行为而表现的意识或知识。更进而由意识现象学或知识现象学之研究,而发现意识的本质,而认识借意识或知识而表现的理念。最后由理念释理念,由理念推理念,而产生理则学。如是,则行为现象学及意识现象学均可作理则学之引导科学或预备科学,而理则学因之亦不致陷于抽象与形式。此三种学问之所以可能,由于行为所以表现意识,意识所以表现理念,而理念自明自释,故可形成纯理则学。

麟按:此文撰成后,翻检典籍,又得到几条材料,足以赞助"知行合一"、"知主行从"、"知难行易"诸说之处。程子云:"书云:'知之匪艰,行之惟艰',此固是也,然知之亦自艰。"朱子云:"譬如人欲往京师,必知是出那门,行那路,然后可往。若不知,虽有欲往之心,其将何之?自古非无美材能力行者,然鲜能明道,以见此知之迹难也。"又云:"须是识在所行之先,譬如行路,须得光照。"又云:"为人常言才知得非礼不可为,须用勉强。至于知穿窬不可为,则不待勉强,是知亦有浅深也。"又云:"知至则当至之,知终则当遂终之,须以知为本,知之深则行之必至。虽有知之而不能行,只是知得浅。饥而不食乌喙,人不蹈水火,只是知。人为不善,只为不知。"……"尊所闻行所知。须是知得,方始行得。"德修曰:"自志学至不逾矩,皆是说行。"朱子曰:"须先知了,然后能志。"以上各条均见真西山之《读书记》卷二六所选录。

四　宋儒的思想方法*

汉学家应用科学方法以考证故籍，其收获为考据学。而宋儒的贡献，则在于哲学或性理学，虽则朱子一派对于考据方面亦有贡献，但只是附庸性质。汉学家的考证方法，在于假设与求证，可以认作一种科学方法。自从胡适先生发表了《汉学家的科学方法》一文后，似乎很少有人持异议。但宋儒的思想方法究竟是什么，论者似尚莫衷一是。本文的主旨即在于消极方面指出宋儒的思想方法不是严格的科学方法；积极方面指出宋儒，无论朱陆两派，其思想方法均系我们所了解的直觉法。换言之，陆王所谓致知或致良知，程朱所谓格物穷理，皆不是科学方法，而乃是探求他们所谓心学或理学亦即我们所谓哲学或形而上学的直觉法。

中国思想界近一二十年来，第一个倡导直觉说最有力量的人，当然要推梁漱溟先生。漱溟先生从研究东西文化问题出发，认为直觉是一种生活的态度，这种态度是反功利的、不算账的、不计较利害得失的、遇事不问为什么的，又是随感而应的、活泼而无拘滞的、刚健的、大无畏的、充满了浩然之气的修养境界。他认为这种锐敏的直觉，就是孔家的"仁"。孔家这种纯任直觉的生活态度，就

---

* 本文最初发表于 1936 年 2 月《哲学评论》第 7 卷第 1 期、《东方杂志》第 33 卷第 2 期。

是代表中国文化以别于西方计较功利的文化的生活方式。

漱溟先生最早即引起我注意直觉问题。于是我乃由漱溟先生的直觉说，进而追溯到宋明儒的直觉说，且更推广去研究西洋哲学家对于直觉的说法，遂使我对于漱溟先生所提出的直觉说，发生两个问题：

第一，直觉是不计较利害得失的态度，但究竟直觉尚计较苦乐，计较善恶否？西洋近代的功利主义就是计较苦乐，求最大多数人的最大快乐的主义。因此反对功利的计较，意思即包含反对苦乐的计较。所以西洋直觉派的伦理思想家可以说是全是反对快乐论的。依漱溟先生反功利的态度，自然也必是应反对苦乐的计算的。但对于此点，他书中似无明白表示。而且在他初期的《究玄决疑论》中，对于苦乐问题，他曾有过通盘的计算。他认为人生苦多乐少，文明愈进步，知识愈增多，而痛苦亦随之增加——此说与章太炎先生俱分进化论之说相同——这也就是使他走入佛家出世一条路的一个原因。及他著《东西文化及其哲学》一书时期，他已经领略到孔颜的乐处，体验到仁者不忧的境界，认为绝对快乐可以达到，所以他又回到孔家的直觉生活。换言之，他认为快乐不可于理智中求之，而可于直觉中获得。凡有功利意味的快乐则反对之，而于带有禅说意味、道德意味、由涵养得来的精神意味的快乐，则认为是最高理想、最高境界。恐怕漱溟先生与功利派的人对于快乐的追求，只有方法上实质上范围上的区别罢。

儒家的人生态度根本就是道德的。凡是道德本位的人生态度，决脱不了善恶的计较和君子小人的分辨，以奖善罚恶，亲君子远小人为归。漱溟先生的直觉说虽未明言善恶的计较应该打破，但他曾说："所有的忧苦烦恼——忧国忧民都在内——通是私欲，私欲不是别的,就是认定前面而计虑。没有那件事值得计虑——不但名利,乃至国家世界,秋毫泰山原无分别。分别秋毫泰山,是不懂孔子形而上学的。"这种扫荡一切计虑的说法,总算很有胆识了。但他究未明白提及善恶的计较,德与不德的执着,君子与小人的分别,是否也应该一律打消,才算得纯任直觉的境界呢?而且以素来缺乏国家观念的中国人,要想打破忧国忧民的计虑,国家世界的分别,自是比较容易的事。同时,我们知道西洋持直觉态度的哲学家,不但反对功利苦乐的计较,而且大都是主张超出善恶的区别,打破对于道德与不道德,公正与不公正的计虑的。耶稣之提出以德报怨,无敌恶,爱仇敌,已早开了超出善恶的端绪。近代如尼采高叫"超出善恶以外"的口号,布拉得莱(Bradley)则认道德的目的在于超道德,鲍桑凯(Bosanquet)则以苦乐与善恶的执持,为小我之困苦颠连(the hazards and hardships of finite selfhood)的原因。他们这些哲学家皆殊途同归地在那里明目张胆高呼打破善恶的计虑。总之,我的意思,漱溟先生只明白表示他所谓直觉态度是反功利的,却未进而明白反对苦乐及善恶的计虑,且反而有计虑某种快乐的近似,而且因为他是出自道德本位的儒家,于善恶的计虑,似亦特别注重。所以就彻底不计虑打算而言,西洋许多持直觉态度的哲学家——姑无论对与不对,也许他们太趋于极端——其不计虑计算,较之孔家,较之漱溟先生,似乎还更为激进。漱溟先生所谓直觉,不是超苦乐善恶的境界,而是计虑苦乐善恶最酣熟最锐敏的境界;是分辨善恶的敏感(moral sensibility)或道德的直觉,而不是超道德的、艺术的、科学的,或宗教的直觉。

我的第二个问题是:直觉既是一种生活的态度,一种精神修养达到最高境界,但究竟直觉是否一种思想方法呢?漱溟先生对于此一问题亦曾有审慎的考虑。他根据唯识家的说法谓："直觉是受想二心所对于意味的认识。"这个说法甚好,无异于说直觉是认识意义与价值的功能(intuition is the faculty of taste and meaning),与康德《品鉴论衡》中所谓认识意味的能力(Geschmacksvermögen)颇有相似处。但他又根据唯识家言认直觉为非量,所谓非量大意即是"非认识真实的能力"之意。据此则直觉仅是认识意味的能力,而非认识实在的方法。他又分直觉为附于感觉的直觉与附于理智的直觉二种亦甚好,约略相当于柏格森所谓"机体的同情"(organic sympathy)及"理智的同情"(intellectual sympathy)。他并谓认识"生活"及"我"时,才可以见出附于理智的直觉的重要,亦与柏格森之说相符合。但可惜他始终只限于描写直觉生活如何美满快乐,未曾指出直觉如何是认识"生活"及"我"的方法。而且当他谈到柏格森的直觉法时,他又说明"柏格森的方法可疑。直觉是主观的,感情的,绝不是无私的……所以直觉实为非量"。据此看来,他虽有承认直觉为方法之意,但却指斥为可疑而不可资以作求真实的方法。

其实也怪不得漱溟先生对于直觉是否思想方法及是否正确可靠的方法一问题,如此徘徊迟疑。因为这实是很困难的问题,譬如,冯友兰先生在他的《中国哲学史》的"绪论"内虽确认直觉是一种神秘经验,且有"甚高的价值",但他亦不承认是一种方法。去年方逝世的德国柏林大学教授亨利·迈尔(Heinrich Maier)在他《最近五十年的西洋哲学》一文里,对于直觉的功能和价值亦有深刻的认识,他说:"在每一有成绩的研究家或思想家的工作生活里,无容置疑的,突然的,好似当下的触机,即我们所谓直觉,实产生最好的工作。更是确定不易的,就是整个宇宙之为一大个体,有如一切个体,只为直观所可达到,而非概念的知识所能把握。直观乃是凭一种直接的透视以究自然世界和精神世界之最深邃的本质。要求神契经验的驱迫力,乃彻始彻终是一种直觉的力量。要求与神一体的仰慕的神契境界,乃是宗教生活的核心。"此说可以说是对直觉具有甚深的同情,但是他立即对直觉主义加以严刻的批评道:"但是神契信仰经验之实在性与神契信仰的经验之真理却必须加以分别。……此种哲学,自然是方便省事。当紧严的研究和思想的感觉困难时,便让诗人的想像当权。但这实不啻对于恳挚的真理之反叛。"这种说法都足以警告我们对直觉应审慎,不可误入歧途。而迈尔的批评大意,第一认直觉太方便省事,非紧严的逻辑的哲学方法;第二认直觉是反理性的反理智的主观的想像的产物,而不足语于哲学的真理,尤其严重有力,值得反省。因此我个人对于此问题也异常徘徊迟疑。但经过很久的考虑,我现时的意思仍以为直觉是一种经验,复是一种方法。所谓直觉是一种经验,广义言之,生活的态度、精神的境界、神契的经验、灵感的启示、知识方面突然的当下的顿悟或触机,均包括在内。所谓直觉是一种方法,意思是谓直觉是一种帮助我们认识真理,把握实在的功能或技术。就直觉之为经验言,是一种事实,可有可无,时有时无。即使素来反对直觉的人,如果忽然有了直觉,他也无法加以反抗,驱之使去。就直觉之为方法言,是一种工夫,可用可不用,时有用时无用。这就是说,虽我们事实上客观地承认直觉是一种方法,但我们可以不采用这种方法,而采用别的方法。我们此时可以采用此法,他时亦可以采用别的方法。就直觉之为经验的事实言,可以"有甚高的价值",可以"产生最好的工作",但亦可无甚高价值,不能产生最好的工作,盖直觉经验亦有好坏高下真妄的等差,不可一概认为很好,有价值而系真实也。就直觉之为方法言,亦有利钝巧拙精粗深浅的等差,视应用此法者之学养如何及善于应用与否以为断,不可一概抹杀。善于应用直觉法可以使之紧严而合于理性;犹如不善于应用分析法三段论法等,亦可以陷于支离诡辩而不合理性。

所以我们不能因为不采用直觉方法,便根本否认直觉之为方法,一如我们不能因为自己无有直觉的经验,便根本否认直觉经验的事实。譬如英国功利主义的伦理学家西吉微克(H. Sidgwick)作《伦理学方法论》(The Methods of Ethics),即提出直觉为伦理学方法之一。美国的新实在论者孟太苟著《认知的途径》(The Ways of Knowing),亦认直觉为神契主义者所采取的认知方法。这都是自己并不采用直觉方法(西吉微克仅部分地采取康德式的直觉方法以与弥尔的功利主义调和)而客观承认直觉是方法的好例。至于法国的巴斯卡尔(Pascal)直称直觉为"心情的逻辑",有"心情有其自身的理性,而理性不能认识"(Le coeur a ses raisons, que la raison ne connait pas.)之语。实证主义的孔德且认"心情的逻辑先于理智的逻辑"。斯宾格勒(Spengler)于其《西土沉沦》一书中,认理智为适用于认识自然的"空间逻辑",而认直觉为"时间的逻辑",为认识历史现象的主要方法。克罗齐则谓矛盾思辨法(dialectical method)为形而上学的方法,而认直觉为美学的方法。我们也无暇去辨别以上各家对于直觉的意义是否有不同的认识,亦无暇去评他们的说法是否有过火的地方,但他们尽皆承认是不违反理性的一种方法则相同。所以不论我们赞成直觉方法与否,我们不能不承认直觉可以被人采作方法。我们谓直觉方法与抽象的理智方法不同则可,谓直觉方法为无理性或反理性则不可。

不过我们须注意的就是方法本来是一种技术或艺术(technique or art)。哈特曼(Nicolai Hartmann)认矛盾思辨法为一种艺术,其应用之精粗工拙，须视天才之高下、艺术之训练如何为断，而非可以呆板模仿的死方法。我想由此足见直觉法恐怕更是一种基于天才的艺术，而此种艺术之精粗工拙仍须以训练学养之酣熟与否为准。故直觉虽是方法，亦有因运用得不精巧醇熟而发生危险的可能。一如科学的实验方法之为一种艺术，实验不精巧熟练，不惟得不到结果，而且会发生危险。所以关于直觉方法的效准（validity）问题，我主张应于运用此法之工拙精粗求之，应于是否滥用与误用此法求之，而不可泛泛指斥直觉方法之尽行不可靠。说到这里，也许我们可以参入一点斯宾诺莎的意思。按斯氏说，我们认识的正确观念愈多，则我们求知的方法愈完善，换言之，直觉的方法是不断在改进中，积理愈多，学识愈增进，涵养愈酣熟，而方法亦随之逐渐愈为完善。

有人谓直觉主义者仍不能不依形式逻辑或科学方法以发抒言论、表达思想，因此遂否认直觉之为方法。譬如斯泡尔丁（Spaulding）和罗素这般人，均谓柏格森反对理智，倡导直觉，而他所著的书仍全系根据理智写成，因而遂谓柏氏自相矛盾，而认直觉方法不能成立。殊不知直觉方法一方面是先理智的，一方面又是后理智的。先用直觉方法洞见其全，深入其微，然后以理智分析此全体，以阐明此隐微，此先理智之直觉也。先从事于局部的研究，琐屑的剖析，积久而渐能凭直觉的助力，以窥其全体，洞见其内蕴的意义，此后理智的直觉也。直觉与理智各有其用而不相背。无一用直觉方法的哲学家而不兼采形式逻辑及矛盾思辨的，同时亦无一理智的哲学家而不兼用直觉方法及矛盾思辨的。有人责备杜威，谓彼虽高倡实验方法，而所著的书所立的论据，皆大都采用以子之矛攻子之盾的矛盾思辨法，而乏科学实验的证据。杜威答称，没有可以绝对不用矛盾思辨法而能作哲学思考的人。因此同样我亦可说,没有可以绝对不用直觉方法而能作哲学思考的人。由此足见,彼持形式逻辑一尊论者与彼持分析推论一尊论者,未免由于狭隘的偏见所蔽,而不自知反省其认识作用有资于直觉法及矛盾思辨之处了。换言之,形式的分析与推论、矛盾思辨法、直觉三者实为任何哲学家所不可缺一,但各人之偏重略有不同罢了。认直觉主义绝不分析推论,与认科学家、实验主义者或研究数理逻辑的人绝对不采用直觉法或矛盾思辨法,皆陷于同样的错误。最近美国哲学家罗佛乙(Lovejoy)且谓安斯坦之发明相对论,乃由于安氏能由实验科学出发,一变而对时间的概念加以矛盾分析(dialectical analysis)有以使然。至于安氏在研究相对论的过程中,曾有资于不少的直觉的启示或触机,更是公认的事实。盖就推论言,推论必先有自明的通则(axioms)以作基本,但此自明的通则,则系一种直观知识。就分析言,分析即系剖析全体之意(to analyze is to dissect the whole),即黑格尔所谓"判断即特殊化总念"(to judge is to specify the notion)之意,亦即布拉得莱所谓"判断的主体即系实在"(the subject of every judgement is reality)之意,盖分析即分析此用直觉方法所得的对于实在、对于理念的整个印象。换言之,分析即分析直觉方法所获得之丰富材料。及至部分的分析到了面面俱到的程度,于是又借直觉之助,对于整体有更新更深的认识。(注意,单是分析,即使面面俱到,亦绝不能达到整体。况分析只是愈分愈细,绝不能面面俱到,故必借直觉的助力,方可把握全体。)请看下图。

图甲约相当于康德之感性阶段,图乙约相当于康德之知性阶段,图丙约相当于康德之理性阶段。图丙 A 有似朱子的理气之统一,斯宾诺莎的思想与形气(心物)二属性之统一;图丙 B 代表黑格尔式的统一;图丙 C 约略相当于朱子所谓"物之本末精粗无不备,

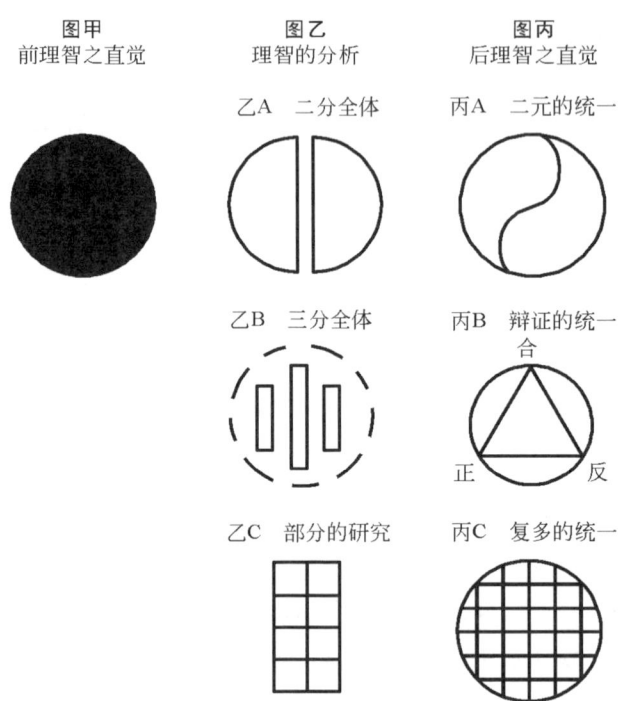

而吾心之全体大用无不明"之豁然贯通的直觉境界。只有第一段而无第二第三两段工夫,即是狭义的神秘主义。于不知不觉中经过第一阶段,而只重第二段之分析,不企图第三段之直觉的综合,是为狭义的理智主义。科学知识即限于第二阶段,特别限于图乙 C 之所代表。第一阶段只是一种混沌的经验而非知识,第二阶段为科学知识,第三阶段方为哲学知识。第三图即代表"以神秘主义为材料,以理性主义为形式"之后康德的理性主义。据此足见直觉与理智乃代表同一思想历程之不同的阶段或不同的方面,并无根本的冲突,而且近代哲学以及现代哲学的趋势,乃在于直觉方法与理智方法的综贯。

四 宋儒的思想方法

总括起来,我上面这一长篇的主要意思在指出直觉是一种方法,并且要说明:第一,真正的哲学的直觉方法,不是简便省事的捷径,而是精密紧严,须兼有先天的天才与后天的训练,须积理多、学识富、涵养醇,方可逐渐使之完善的方法或艺术。第二,我并要说明直觉不是盲目的感觉,同时又不是支离的理智,是后理智的认识全体的方法,而不是反理智反理性的方法。换言之,我要把直觉从狂诞的简捷的反理性主义救治过来,回复其正当的地位,发挥其应有的效能。我相信我遵循的这条路并不是无有人迹的迷津,而乃即是我亲炙过的怀特海教授所采取的途径。在他的巨著《过程与实在》的序言里,他宣称他的主要工作之一,即在于将柏格森的直觉主义和詹姆士的急进的经验主义之被斥为反理智主义里救护出来。他要保持柏之直觉说,詹之纯粹经验说,但同时又不陷于反理智主义。我相信这条路实在是治哲学的康庄大道。而我们本篇研究讲心即理也或心与理一的心学或理学的宋儒的思想方法,更可以作直觉法不是反理性的见证,特别是研究提倡艰苦着力的朱子的格物穷理的直觉法或体认,更足以昭示我们直觉不但不反理性,而且也不是简便省事的捷径,而乃是紧严细密,丝毫不苟且不放松的笃实工夫。

直觉方法的意义很复杂,直觉方法的种类亦甚多,此处姑不具论。兹为方便计,可以简略地认直觉为用理智的同情以体察事物,用理智的爱以玩味事物的方法。但同一直觉方法可以向外观认,亦可以向内省察。直觉方法的一面,注重用理智的同情以观察外物,如自然、历史、书籍等。直觉方法的另一面,则注重向内反省体察,约略相当于柏格森所谓同情理解自我。一方面是向内反省,一方面是向外透视。认识自己的本心或本性,则有资于反省式的直觉。认识外界的物理或物性，则有资于透视式的直觉。朱子与陆象山的直觉方法，恰好每人代表一面。陆象山的直觉法注重向内反省以回复自己的本心，发现自己的真我。朱子的直觉法则注重向外体认物性，读书穷理。但根据宋儒所公认的"物我一理，才明彼，即晓此，合内外之道也"一原则，则用理智的同情向外穷究钻研，正所以了解自己的本性；同样，向内反省，回复本心，亦正所以了解物理。其结果亦归于达到心与理一，个人与宇宙合一的神契境界，则两者可谓殊途同归。

　　陆象山的直觉方法可分作两方面讲：第一，消极方面，可用"不读书"三字表示他的方法。不读书，在普通讲来，只是不受教育，只是懒惰、愚昧，绝不能谓为方法。且而凡是不学无术的军阀官僚大腹贾，全知道轻视学者，指斥读死书的无益。但欲于"不读书"中去求真学问，去把握实在，意思就比较深刻，且具有方法的意味了。其实古今中外凡持先天主义的哲学家，大都有反对读书的趋势。孟子有尽信书不如无书之说，想系象山所本。老庄也是反对读书的，西洋倡归返自然说的思想家，如卢梭一流人，且由反对读书，进而反文化、反理智、反科学。但特别提出"不读书"来作方法，且成为哲学史一大公案的，恐怕要首推陆象山。朱子也曾说象山派"其法首以读书穷理为大禁"。象山之反对读书，一半自是为矫正朱子传注章句之学而发，一半亦实是他自己一贯的思想。他由反对读书，遂附带反对著书、反对讲论。据《象山年谱》载，陆子与朱子会于鹅湖寺，朱子之意欲令人泛观博览而后归之约，二陆之意欲先发明人之本心而后使之博览，颇不相合。象山欲更与朱子辩，以为尧舜之前有何书可读，而尧舜竟可成圣人，被复斋阻止，未曾辩论而散。又《象山语录》载：临川一学者初见，问曰："每日如何观书？"

学者曰:"守规矩。"问如何守规矩,学者曰:"伊川《易传》,胡氏《春秋》,上蔡《论语》,范氏《唐鉴》。"象山忽呵斥之曰:"陋说!"次日复来,方对学者诵"乾知太始,坤作成物;乾以易知,坤以简能一章"。曰:"圣人赞《易》,却只是个'简易'字……这方叫做规矩。"因为象山以不读书为学道初步工夫,所以他的门人竟有"读书讲学,实所以充塞仁义"的话说出。由反对读书,复进而反对著书。陆象山鹅湖诗有"留情传注翻榛塞,注意精微转陆沉"之句,并有"简易工夫终久大,支离事业竟浮沉"之语,似皆直指朱子的章句传注格物穷理之学加以攻击。象山又曾说过:"圣人之言自明白……何须传注。学者疲精神于此,是以担子越重。到某这里,只是与他减担,只此便是格物。"足见他为学的方法,首着重在减轻学术文化上的负担,解除外界的侵蚀,以保持自己的本心,而免为教育所误(德文中有"verbildet"一字,即指为教育所误之意,英文无与此字意义相当之字。德国有浪漫思想之青年,其选择配偶品评人物,常视其是否为教育所误,"verbildet"丧失其纯洁的本性与天真。知教育之可误人,则知象山之反对读书,实不无深意),书籍所蔽,文字所累。至朱子之殚精劳神去注释《楚辞》、《韩文》、《周易参同契》等书,更为陆派所诟病,斥为支离骛外。

的确,象山此种不读书的方法,自有其特色,不必以其立说之偏而替他隐饰。桑提耶纳说怀疑主义有一种清心作用,可以保持学者心灵的贞操,使勿轻于信从古人。而象山此法实具有此种作用,可以使此心摆脱一切,赤地新立,以便一切自真我作主,由本心出发。其实,假如任何时代的教育家,能够把握住陆象山不读书的方法的真意,认真实行起来,则教育必可大大的改观,特别是当传统的观念或外界的权威极盛或学术思想极其庞杂的时代,此种方法实足以予精神上一大解放。

其实象山也未尝不读书,不过他读书是看古人是否先得我心之已然,契合自己的本心。他未尝不著书,但著书只是出于自然,并非勉强,且不以传注为业。他亦未尝不讲论,但讲论只是启发人自己的思想,发明人的本心,教人自己反省。

因此象山的直觉方法的积极方面,可用"回复本心"四字来包括。本心即是他的本体,回复本心即是他的方法。他根本认为"此心本灵,此理本明,此性本善"、"心即是理,性即是理"、"人同此心,心同此理",所谓格物穷理,即是回复本心。回复本心在陆王的方法中亦有两方面,一是教人反省他自己的本心,注重在启发他人,唤醒他人,使之回复到他固有的先天理性,有似苏格拉底的接生法;一是自己反省自己的本心,自己体认自己的真我,自己把握自己的真生命,有似柏格森所谓自己与自己表同情。我前面已经说过,直觉方法是一种艺术,而陆象山、王阳明教人反省本心的艺术,实甚高妙。象山所收的两个最大的弟子——袁洁斋、杨慈湖——都是从促人反省本心得来。据袁洁斋传,洁斋遇象山曰:"君今日所听扇讼,彼扇讼者心有一是有一非,若见得孰是孰非,即决定为某甲是某乙非,非本心而何?"先生闻之,忽觉此心澄然清明,亟问曰:"止如斯耶?"象山厉声答曰:"更何有也!"先生退,拱坐达旦,质明,纳拜,遂称弟子。这两段故事最足以见象山指点本心的实功。象山自己也常说:"吾与人言,多就血脉上感动他,故人之听者易。"所谓"就血脉上感动他"亦即从本心指点他之意。《年谱》谓"先生首诲以收敛精神,涵养德性,虚心听讲,诸生皆俯首拱听,非徒讲经,每启发人之本心也"。又《年谱》载毛刚伯必疆云:"先生之讲学也,先欲复其本心,以为主宰,既得其本心,从此涵养,使日充月明,读书考古,不过欲明此理尽此心耳,其教人为学端绪在此。"由此愈见"回复本心"是象山生平最着重最得力的所在。据说象山教人回复本心,促人反省,颇有感化能力,常使人发汗流泪。《年谱》谓"从游者甚众,先生能知其心术之微,言中其情,多至汗下"。据说当象山在白鹿洞讲义利之辨时,在一个很冷的春天,说得朱子也出了一身汗,其余的听众尚有流泪的。至王阳明之善于指点人之良知,使人涕泣感动,顿改前非的故事,亦复甚多,可无庸赘述。就陆王之启发他人的本心的方法论,我以为约略相当于苏格拉底的接生法和柏拉图的回忆法。苏氏的接生法,亦在于启发人自知,自思,自己反省其道德观念。苏氏认道德不可教,更非诡辩的方法所可教,但须用他所提出的启发式的接生法,方可教人回复其固有的道德知识。因为苏氏亦认人性本善,无人自愿作恶,一切恶行,皆由知识方面有蒙蔽,有缺陷,故须用启发的方式,促其反省,以回复其道德的良知。柏拉图之回忆法亦系教人回复其原来固有,后来遗忘隐蔽之理念或本心。柏氏《曼诺篇》对话,所举诘问一从未学习过几何学的奴仆,使其解答几何学上的问题一例,最足以表示真理本人所固有,非外铄我,只须有人提醒,经过一番回忆的历程以回复之理,与陆王之喝人诘人,以表示道德乃人所固有,非外铄我,只须一种求放心,复本心的回忆或反省的工夫以回复其本然的说法,实颇相似。两者均可称为反省式的直觉法。

教人回复本心,贵在指点、提醒、启发。要想自己回复自己的本心,则在于体验、省察、反思、反求,使本心勿为物欲所蒙蔽戕贼,而致放失。陆象山说:"愚不肖者不及焉,则蔽于物欲而失其本心,贤者智者过之,则蔽于意见而失其本心。"又说:"此心本灵,此理本明,至其气禀所蒙,习尚所梏,俗论邪说所蔽,则非加剖剥磨切,则灵且明者,曾无验矣。"总之,据象山看来,私欲非本心,意见非本心,见闻习染非本心,游思杂念非本心,不惟非本心,而且是蒙蔽本心,桎梏本心的障碍物。须一本"不安其旧,惟新是图"(象山语)的精神,反思反求,痛加剖剥磨切,使之扫荡无余,则本心即可回复,行为取舍即有准则,判断是非善恶自有标准了。象山有两段话最为明白:"义理之在人心,实天之所与不可泯灭焉者也。彼其蔽于物而至于背理违义,盖亦弗思焉耳。诚能反而思之,则是非取舍,盖有隐然而动,判然而明,决然而无疑者矣。"又说:"良心之在人心,虽或有所陷溺,亦未始泯然而尽亡也。下愚不省之人,所以自绝于仁人君子之域者,亦特其自弃而不之求耳。诚能反而求之,则是非善恶,将有所甚明,而好恶趋舍,将有不待强而自决者也。"

知道了象山的反省式的回复本心的直觉法,我们试再略说王阳明的直觉法以资印证。阳明的良知,即是象山的本心。阳明的致良知,即是象山的回复本心或启发本心。前者是本体,后者是工夫或方法。阳明初期倡知行合一之说,知行合一只是论知与行的关系的学说,对于知行关系之逻辑的分析和心理的研究虽有贡献,但既非本体论,亦非方法论。所以后来他才提出致良知之教,才算寻着了体用兼赅的学说。良知是本体,致良知是工夫,而他特别着重致良知的工夫。试看阳明下面一段话:"人心是天渊,心之本体无所不赅,原是一个天,只为私欲障碍,则天之本体失了。心之理无穷尽,原是一个渊,只为私欲窒塞,则渊之本体失了。如今念念致良知,将此障碍窒塞一齐去尽,则本体已复,便是天渊了。"(《传习录》下)这已显然见得阳明的致良知即是象山的回复本心的工夫了。他更进一步将《大学》上的"格物"解释成向内自致良知的意思,以与朱子向外穷究物理的解释对抗,而发挥象山回复本心的说法。他说:"格物如孟子'大人格君心'之格,格者正也。格物者是去其心之不正,以全其本体'良知'之正。"这样说来,不管他是否曲解原书,他所指格物,就是致良知,就是消极的克去此心之不正,积极的回复到本心之正。甚至于《大学》上的"止至善"一语,他也本六经注我的精神,解释成致良知以回复本然之性的意思:"至善者性也,性元无一毫之恶,故曰至善。止之,是复其本原而已。"(《传习录》上)

于此足见象山之所谓本心,阳明所谓良知绝不是经验派的人如洛克所攻击的天赋观念(innate ideas),而洛克所谓由乳母之迷信,老妇之权威,邻居之喜怒赞否而积渐侵入儿童纯洁之头脑,及长,又加以风俗习惯的追认的外铄的道德观念,不惟不是陆王所谓本心或良知,恐正是象山所认为桎梏本心之物,须得剖剥磨切的,亦正是阳明所认为蒙蔽良知之物,须得格正扫除的。因此若谓陆王的本心或良知乃即是洛克所排斥的遵守传统观念,服从外界权威,使人作习俗之奴隶的天赋观念,实未免厚诬古人。若要勉强持陆王之说以与西洋思想比拟,可说是略近于康德的道德律。康德所谓道德律即是我固有之,非由外铄,心与理一的良心或本心。要想认识这种道德律,不能向外钻究,只须向内反省。因为陆王的本心,既非经验所构成,故他们的方法不能采取向外研求的经验方法,而特别提出向内反省以回复本心的直觉法。

现在要进而讨论朱子的直觉法,问题就比较困难。因为第一,许多人以为朱子的方法是科学方法而非直觉法,我们首先须说明朱子的方法何以不是科学方法;第二,讨论朱子的方法,须牵涉到朱陆异同——始异终同,殊途同归——的问题。关系第一点,我希望读者参看下文,知道朱子的方法何以是直觉法,便可恍然明白他的方法何以非科学方法了。同时我可以引用冯芝生先生的话来赞助我的说法，他的《中国哲学史》下卷论朱子一章，有一条很重要的小注道："朱子所说的格物，实为修养方法，其目的在于明吾心之全体大用。即陆王一派之道学家批评朱子所说，亦视之为修养方法而批评之。若以此为朱子之科学精神，以为此乃专为求知识者，则诬朱子矣。"若芝生先生此处之意，系指朱子所谓格物不是科学方法，则实为了解朱子一种进步，亦我之所赞同。因为朱子之格物非科学方法，自是确论。但谓朱子的格物全非科学精神，亦未免有诬朱子，盖以朱子之虚心穷理，无书不读，无物不格的爱智精神，实为科学的精神也。但他又肯定朱子的格物只是修养的方法而非求知识的方法，则我却又不敢苟同。盖朱子以涵养致知并重，涵养的方法为"敬"，而致知的方法则为"格物"；涵养所以存心，培养能知之主体，格物所以穷理，认识所知的对象（即理）。二者虽相辅，而绝不容相混。至格物的目的乃在于达到"众物之表里精粗"（当然是指知的成分多），而明"吾心之全体大用"。所谓吾心之"全体"乃指整个的理，即太极；所谓吾心之"大用"即据理以指导行为，或"顺理以应物"，而收修齐治平之效。亦是求知的成分多，而非单指修养。至陆王之批评朱子格物之说，则以此说就求知言，支离破碎，不足以求德性之知；就修养言，骛外逐物，不能先立其大。仍从知行双方立论，固不仅视之为修养方法而批评之。且芝生先生固明言朱子有其"哲学系统"，今格物既非他求知的方法，则他又系用什么方法，以达到关于理气太极的知识，而完成他的哲学系统呢？若依芝生先生"科学方法即是哲学方法"之说，则朱子于非科学方法以格物之外，将另有其科学方法，以建立其哲学系统了。不然，便是朱子没有哲学方法，仅有修养方法，便可"成立一个道理"，完成一个"哲学系统"了。依我的说法,朱子的格物,既非探求自然知识的科学方法(如实验方法、数学方法等),亦非与主静主敬同其作用的修养方法,而乃寻求哲学或性理学知识的直觉方法,虽非科学方法,但并不违反科学违反理智,且有时科学家亦偶尔一用直觉方法,而用直觉方法的哲学家,偶尔亦可发现自然的科学知识。朱子之所以能根据他的格物穷理的直觉方法以建立他的理学系统,并附带于考据之学有贡献,且获得一些零碎的天文、地理、律历方面的知识——对与不对,姑不具论——即是这个原因。又直觉方法虽与涵养用敬有别,不是纯修养的方法,但因直觉既是用理智的同情以体察事物理会事物的格物方法,故并不是与情志、人格或修养毫不相干。直觉的格物法可以使人得到一种精神的真理,足以感动人的情志的真理(spiritual truth or inspiring truth),换言之,直觉法是可以使人得到宋儒所谓"德性之知"或今人所谓"价值的知识"或"规范的知识"(knowledge of the value or norm of things)的方法。而且只有直觉方法可达到"众物之表里精粗无不到",而"吾心之全体大用无不明"的最高境界。盖只有直觉方法方能深入其里,探究其精,而纵观其全体大用。而科学方法则只求认识其表面的、粗的、部分的方面,并没有认识形而上的、里面的、精的、全体大用之职志也。

就朱陆的直觉方法之异同言,我已说过,大体上只是二人对于直觉方法之着重点与得力处不同。陆象山注重向内反省以回复本心,朱子注重向外体认以穷究物理。但象山所得力的各点,朱子亦兼收其所长。譬如象山反对读书,朱子亦尝痛惩读书,朱子尝说:

> 日前为学,缓于反己追思,凡多百皆可悔者;所论注文字,

亦坐此病，多无着实处。回首茫然，计非岁月工夫所能救治，以此愈不自快。(《答刘子澄》)

近觉向来为学实有向外浮泛之弊，不惟自误，而误人亦不少。方别寻得一头绪，似差简约端的，始知文字言语之外，真别有用心处，恨未得面论也。(《与刘子澄》)

使道可以多闻博观而得，则世之知道者为不少矣。熹近日因事方有少省发处。……日用之间，观此流行之体，初无间断处，有下工夫处，乃知日前自诳诳人之罪，盖不可胜赎也。此与守书册，泥言语，全无交涉。(《答何叔京》)

以上皆见于王阳明的《朱子晚年定论》中，此外书札语录类此的话头而未为阳明所采入者尚多，而以下面所引二段更为明切沉痛：

熹衰病今岁幸不至剧。……觉得日前外面走作不少，颇恨盲废之不早也。(《答潘叔度》)

今一向耽着文字，令此心全体都奔在册子上，更不知有己，便是个无知觉不识痛痒之人，虽得读书，亦何益于吾事耶！(《与吕子约》)

朱子之痛惩骛外逐物，泛泛支离，耽溺于书册文字的弊病，认为自误误人，罪不胜赎，自恨盲废之不早，恐怕象山之反对读书亦不过如是。但朱陆同是反对读书，态度亦自有不同（并非早年晚年的不同，我认为持朱陆早异晚同，或早同晚异说之无聊，且认为两人同是反对读书，或同是读书，非时间上的不同，而乃根本态度不同)。象山以不读书为入德之门的工夫,自觉地、始终一贯地反对读书。而朱子之反对读书,乃是读书过多后的翻悔或反动,而非方法。因此朱子读书愈多,埋首于故纸堆中愈久,其反对读书亦愈甚。打个比譬,象山是蔬食主义者,而朱子是饱餐大油荤后而寻求无油荤的蔬菜或水果,而且假如下次有个宴会,他也许还要大嚼一顿。据《语类》载朱子"每得未读书,必穷日夜读之。尝云,向时得《徽宗实录》,连夜看,看得眼睛都疼。一日得《韩南涧集》,一夜与文蔚同看,倦时令文蔚读听至五更尽卷"。所以,朱子一面反对读,但有一新书,必一气读完。读多了后,又自悔作了书本奴隶,痛加惩戒,而一面又宣称一物未格则一物之理未尽,一书未读便一书之理有阙。

又如《象山年谱》载象山一日得读朱子"川源红绿一时新,暮雨朝晴更可人。书册埋头何日了,不如抛却去寻春"一诗,说道:"元晦至此有觉悟矣,是可喜也。"此点表面上似表示朱陆之相同,但其实根本态度仍不相同。盖朱子此诗乃表示由向外沉潜于书册中者,而掉转方向陶醉于大自然怀抱中,仍是向外的,与陆之向内寻求本心,一味不向外走作者大不相同。盖象山注重提醒此心,无时忘掉自我,有似费希德,而朱子不是忘掉自己于书本,即是忘掉自己于自然,放心于外,复收之回内,忘掉自己又归还自己,则有似黑格尔。盖朱子欣赏自然的诗趣,似得力于周子之"堂前春草,生意一般",大程子之"傍花随柳过前川","万物静观皆自得"。而陆子则对于自然之兴趣,远不及其对于"自我",对于"德性"之兴趣之多。(普通讲朱陆异同者,多谓朱得力于小程,陆得力于大程,自亦甚是。唯朱子之重客观,对自然有兴趣,则似大程及周子;而陆子之重主观,对自然兴较少,则似小程。)

至就修养言以及就求知言，朱子之注重向内反省，求放心，回复本心，与象山亦复相同。朱子对于《大学》"明德"的解释，即相当于象山所谓本心——本心即得自天之德性，即心与理一，具有仁义理智之心。朱子所谓"明明德"，即相当于象山所谓"自己回复本心"，而其所谓"新民"，即系象山"使人回复其本心"之意。《语类》有一条讲得最明白：

> 明德是我得之于天，而方寸中光明底物事。统而言之，仁义理智。……本不待自家明之，但从来为气禀所拘，物欲所蔽，一向昏昧，更不光明。而今却在挑剔揩磨出来，以复向来得之于天者，此便是"明明德"。我既是明得个明德，见他人为气禀物欲所昏，自家岂不恻然欲有以新之，使之亦如我挑剔揩磨，以革其向来气禀物欲之昏而复其得之于天者。此便是"新民"。胡泳，戊午年朱子六十八岁时录所闻。（《语录》卷十四）

朱子此处言明德之为气禀物欲所昏蔽，与象山之言本心为物欲气禀意见所桎梏，意思全同。朱子言须用"挑剔揩磨"工夫以复明德，与象山所谓须加"剖剥磨切"工夫，以"反思"、"反求"，可谓语意皆同。我们不能因为此条系出自门人所记的语录，而疑其有失朱子之原意。因为类此之语尚多，而朱子《大学章句》注释"大学之道在明明德在新民在止于至善"一章，与此条所记完全相同，语意且较简切浑融，兹不具引。又如朱子释"学而时习之"一语，而必欲参入性善问题，指出学之目的为"明善而复其初"。又如朱子释"克己复礼为仁"，亦加入回复本心之德的意思，谓："复，反也。礼者，天理之节文也。为仁者，所以全其心之德也。盖心之全德，莫非天理,而亦不能不坏于人欲,故为仁者必有以胜私欲而复于礼,则事皆天理而本心之德复全于我矣。"试看他这里所以解释《论语》的一套玄学理论,那一点不是与象山的回复本善之性,回复本明之心的说法如合符节呢?而且朱子这种以自己的一套玄学理论来解释经典的办法又是不是与象山"六经注我,我注六经"的精神同条共贯呢?又如《语类》中有一段谓:

> 人之本心不明,一如睡人都昏了,不知有此身,须是唤醒方知。恰如磕睡,强自唤醒,唤之不已,终会醒。某看来,大要工夫只在唤醒上。然如此等处,须是体验教自分明。(《语类》卷十二,黄士毅录)

朱子此处明言须用自己体验的工夫,唤醒那原来灵明的本心,更是显然与象山如出一辙。所以,如果我们试比较本篇所引的朱陆两人的说法,实在无须牵强附会,即可见得他们中间实在无有根本区别。但是如果我们另从两人的为人及其全部思想着眼,我们亦未尝不可查出他们的同中之异。据我看来,朱陆虽同言回复本心,而其不同处约有两点:

第一,就朱陆之同认"回复本心"为向内反省的直觉方法言,则应用此方法的艺术有工拙之不同。象山较工,其应用此法以自涵养,和教导他人;以持守自己本心,和唤醒别人本心,均较得力。他最善于从血脉上感动人,使之幡然改悔,几有大宗教家点化世人使之转变悔悟的风度。朱子则应用此法较拙,他自己就很难把持他的本心,不令其向外走作。他用简单有力的言语,当下即直接点化人或感动人的力量和效果似均不及象山。

第二，两人虽皆同用"回复本心"的方法，但就时间言，有先后的不同；就分量言，有多少的不同。象山以回复本心为最先最初步的工夫，朱子则以回复本心为学问思辨格物穷理方能达到的高远的最后理想，故教人先泛观博览先博学于文，然后方返之"约"，然后方"复礼"，方复"本心之德"。所以朱子说："万事皆在穷理后，经不正，理不明，看他如何地持守，也只是空。"又说："未能识得，涵养个甚？义理不明，如何履践？"就着重此法的分量，象山专以"回复本心"教人，此外更无第二法门。朱子则仅兼以"回复本心"教人，仅用以救济博文之偏，校正读书格物之支离散漫，而他的主要方法，却另有所在。

朱子有一封与项平父的极重要的信，自道其与象山的异同的所在，实异常扼要切当，而且持平，最足以表示我这里所提出的两点：

> 大抵子思以来教人之法，以尊德性、道学问为用力之要。今子静所说专是尊德性事，而熹平日所论，却是道学问上多了。所以为彼学者多持守可观，而看得义理全不仔细，又别说一种杜撰道理遮盖，不肯放下。而熹自觉虽于义理上不敢乱说，却于紧要为己为人上多不得力。今当反省用力，去短集长，庶几不堕一边耳。（据王白田考证，此书作于淳熙十年癸卯，时朱子五十四岁，象山四十五岁。）

从这封短信里可以看出尊德性、道学问二事，朱子认为是教人的用力的主要方法，故朱子认为他与象山的异同，实是方法上的异同。此处所谓尊德性即是回复本心，反求德性之心，反思义理之心或唤醒道心的反省式的直觉法。此处所谓道学问即是格物穷理,向外透视理会的直觉方法。朱子谓"子静所说专是尊德性事",而不言"子静所说以尊德性为多",意即象山专门注重回复本心,偏重而不兼采。他自承"道学问上多了",又愿"去短取长,不堕一边",是即自道其注重格物穷理分数为多,但仍兼采回复本心之法。他坦直承认陆派学者"多持守可观",又自道其"于紧要为己为人处多不得力",是不啻明白承认象山之运用"尊德性"或"回复本心"的方法较他自己的为工,其效力较他自己应用同一方法为大了。

  以上系指出朱子虽与象山同样反对读书,同样注重回复本心,但相同之中仍有其相异处。但朱子生平最得力最精到且卓然有以异于陆派处,而我们现在要提出来讨论的,却在于偏重向外体认钻究的直觉法。他的直觉法可以"虚心涵泳,切己体察"八字括之。虚心则客观而无成见,切己则设身处地,视物如己,以己体物。体察则用理智的同情以理会省察。涵泳有不急迫,不躁率,优游从容,玩味观赏之意。朱子《大学章句集注》,采程子之说,训"格"为"至",释"格物"为"穷至事物之理,欲其极处无不到也",其意亦是用"虚心涵泳,切己体察"的工夫,以穷究事物之理,而至乎其根本极则,贯通而无蔽碍,以达到"用力之久,而豁然贯通焉,则众物之表里精粗无不到,而吾心之全体大用无不明"的最后的直觉境界。盖训格物为至物,即含有:(1)与物有亲切的接触,而无隔阂;(2)深入物之中心,透视物之本质,非徒观察其表面而止;(3)与物为一,物我无间之意。但朱子复力言虽训格为至物,但至物既非神秘的与物相接,亦非空泛的与物同体之意,"盖泛言同体,使人含糊昏缓而无警切之功,其弊或至于认物为己"(《仁说》),而神秘的与物相接,"则或徒接而不求其理,或粗求而不究其极,是以虽与物接而不能知其理之所以然与其所当然也"(《甲午答江德功书》)。所以朱子虽言至物,虽向外探求,而不陷于狭义的神秘主义与粗疏的感觉主义,即因他能用虚心涵泳切己体察的工夫以穷至事物之理故也。盖朱子格物的工夫所欲达到的,非与物相接或与物一体的先理智的神秘的感性的直觉境界,而乃是欲达到心与理一的后理智的理性的直觉境界。于此更足以见得朱子的直觉法的高明、精到而且平实。

西洋哲学家之谈直觉者甚多,然试将反省式的直觉及纯感性的直觉除外,差足与朱子的直觉法比拟者大约不外三说:

1. 认直觉为一种由精神的生活或文化的体验(Erlebnis)以认识真善美的价值的功能。直觉既是一种欣赏文化价值的生活,亦是一种体认文化价值形成精神科学的方法。丹麦哲学家基尔哥德和德国的倡导精神科学的哲学家狄尔泰属之。他们主张以生活来体验价值,以价值来充实生活。

2. 认直觉为时间的动的透视以把握自由活泼、变动不居的生命的理智的同情。直觉是破除死的范畴或符号,不站在物外去用理智分析,而深入物之内在的本性以把握其命脉其核心的真正的经验方法,此即柏格森的直觉法的大旨。

3. 以直觉为超功利、超时间、超意欲的认识主体,竭全力从认取当下,使整个意识为呈现在眼前的对象的静穆的凝想所占据,忘怀自身于当前的对象中,而静观其本质。这就是斯宾诺莎所谓从永恒的范型下以观认事物的直觉法。

总之,第一种直观法以价值为对象,以文化生活之充实丰富为目的;第二种直观法以生命为对象,以生命之自由、活泼、健进为目的;第三种直观法,以形而上的真理为对象,以生活之超脱高洁,以心与理一、心与道俱为目的。而朱子的直观法,虽就平实处立论,从读书穷理处着力,但似兼具三方面而有之。譬如朱子说:"如今读书,须是加沉潜之功,将礼义去浇灌胸腹,渐渐荡涤去那许多浅近鄙陋之见,方曾见识高明。"(《语类》卷百〇四)即是以书中的义理去浇灌心灵洗涤胸襟,亦即可谓为以价值来充实生活。又如朱子尝言:"读书如吃果子,须细嚼教烂,则滋味自出。读书又如园夫灌园,须株株而灌,使泥水相合,而物得其润,自然生长。"亦即有从生活去体验书册中所昭示的文化价值之意。曾涤生尝解释朱子虚心涵泳一语,最足以表示此旨:"涵者如春雨之润花,如清渠之溉稻;泳者如鱼之游水,如人之濯足。善读书者,须视书如水,而视此心如花,如稻,如鱼,如濯。"余谓善欣赏文化或价值者亦然。

宋儒,特别朱子,最喜欢用"理会"二字,大约系"深沉潜思"、"忧游玩索"之意。若单就字面,将"理会"二字直解成"用理智去心领神会"之意,则意思实与柏格森所谓"理智同情"最为接近。至朱子所谓"入道之门,是将自家身体入那道理中去,渐渐相亲,久之与己为一。而今人道理在这里,自家身在外面,全不曾相干涉"(《语录》卷八)等语,则略近柏格森深入物内与物为一而不可站在外面观看之旨。

又朱子的直觉法之为一种物观法,下面各语,说得最明:

> 放宽心!以他说看他说,以物观物,无以己观物。
> 以书观书,以物观物,不可先立自见。(《语类》卷十一)
> 以圣贤之意,观圣贤之书,以天下之理,观天下之事。人多以私智去穷理,只是你自家所见,去圣贤之心尚远在。(《与人书》)

这就是朱子虚心而无成见,从客观、从普遍的"天下之理"的立脚点以格物穷理的直观法最好的注脚,可以说是与斯宾诺莎从永恒的范型下以观认事物而达到高级的直观知识,实具同一精神。

我认我这些比拟虽似有些牵强附会,过分注重朱子的直觉法与西洋的直觉法相同的地方。但试从朱子整个生活全部思想去看,谁也不能不承认:第一,朱子对于过去的文化精神,所谓经训史籍,曾用过一番深切体验的工夫以取精用宏,以培养其品格,灌溉其心灵,充实其生活;第二,朱子于格物穷理,曾专心致志,忘怀一切,"虚心逊志","游泳其间",而达到"心与理会,自然浃洽"之境;第三,朱子由"一生辛苦读书,细微揣摩,零碎括剔",而达到"心与理一","本心以穷理而顺理以应物"的境界。就本心以穷理言,即是 to see things under the form of eternity;就顺理以应物言,即是 to act under the guidance of reason。所以我们借西洋哲学家的直觉法的三方面来反映朱子的直觉法亦具有此三方面,使我们对于朱子更增一层了解,似亦不无小补。

至于"虚心涵泳,切己体察"二语,原是朱子教人读书方法,见于《语类》卷十一"学者读书要敛身正坐,缓视微吟,虚心涵泳,切己体察"一条,而我之所以特地提出这两句来,认为是他的格物穷理的直觉法的要素,盖因朱子自述其辛苦艰难已试之效,认为:"为学之道莫先于穷理,穷理之要必在读书,欲穷天下之理而不即经训史册以穷之,则是正面墙而立尔。"(见《甲寅便殿奏札》)又朱子《辛亥答曹元可》有云:"夫天下之物莫不有理,而其精蕴则已具于圣贤之书,故必由是以求之。"故朱子所说的读书法,大体上即足以代表他格物穷理的思想方法,且足以代表朱学之有异于其他学派之处。盖朱的方法之所以是体验"经训史册"或文化的结晶的直觉方法,而非用实验观察、数学方式,以驾驭自然的科学方法在此;朱子虽与汉学家同样注重读书而其用涵泳体察的直觉以探究经籍的义理,而有以异于从考据经典中的名物训诂的考据方法亦在此;朱子虽与陆王同注重义理心性之学,同采用直觉方法,而其偏重向外透视体认的直觉法,有以异于象山之偏重向内反省本心的直觉法,亦在于此。

麟按:联大同学中有读到此篇的,曾提出两个有思致的问题:1. 可作方法的直觉,似只宜限于后理智的直觉,前理智的直觉,似不可为方法。2. 直觉方法似宜只限于利者、巧者、精者、探者,彼钝拙粗浅之直觉似不能谓为方法。兹分别解答如下:

1. 先理智的直觉,只是经验而绝不是方法。后理智的直觉,亦经验亦方法。方法与经验,一而二,二而一,锐敏的思想与亲切的经验合一,明觉精察之知与真切笃实之行合一,为直觉法或体验法之特色。盖方法据界说必是后理智的,任何方法均起于理智之使用。据斯宾诺莎的说法,"方法起始于真观念的获得",无真观念(理智)以作指导,绝不能有方法。直觉方法的本质为理智的同情,亦即后理智的同情。

2. 标准的直觉方法诚应只限于利者、巧者、精者、深者,但彼因滥用或误用直觉方法而陷于主观、空洞、混淆、武断,似亦不能完全否认其系用直觉方法,只能谓其用得不善,而劝人勿因噎废食耳。亦犹如一人因分析陷于支离繁琐,我们亦无法否认其系用分析方法,只能谓其分析得不善耳。我之指出直觉方法是一种艺术,目的仍在着重直觉方法是一个进展的过程,在不断地发展改进中。盖采取斯宾诺莎"我们的正确观念愈多,则我们的方法便愈完善"之旨,因而发出"积善愈多,学识愈增进,涵养愈醇熟,则方法亦随之愈为完善"的说法。

五　怎样研究逻辑

你若看见任何一个挺胸昂头健步,举动活泼而敏捷的青年,你知道他大概是一个曾经受过近代体育训练的人。反之,你若看见一个弯着腰曲着背,面容黄瘦,行路蠕缓,举动温文而迂迟的人,你知道他大概没有受过体育训练。同样,你若看见一个思想清晰,说话有条理、有根据、有对象(即实有所指,言之有物)的青年,你知道他大概是受过逻辑训练的人。反之,那只说感情话,只知发泄主观的感觉与臆想,凡事不以客观的是非真假为准,徒以主观的需要欲求为准,任意武断的人,大概就是没有受过逻辑训练的人。

人人都知道,飞机、轮船、火车、电报、电话等是近代物质方面交通的利器,同时亦是近代战斗的利器。但是很少人知道逻辑概念、语言文字是人类精神上交通的利器,同时亦是精神上斗争的利器。若没有逻辑——概念的次序、语言文字的理则,则人与人之间思想上无共同的方式或范畴,彼此不能以理相喻,彼此不能相互了解,换言之,精神上不能交通。而彼有清晰的条理,有根据而能把握实在的逻辑以指导行为,以组织知识、以发明科学征服自然的人,与那完全持原始的本能、感情、臆想、意见、欲望等粗糙的东西以支配生活、应付自然的人,相见于生存竞争之场,实无异于以铁器时代的人与石器时代的人较长短,其优胜劣败之数,不卜可知。所以,我说逻辑是精神的交通与精神上斗争的利器。再说明白一点,逻辑即是精神生活的命脉,同时也是物质文明的本源。要知道西洋近代科学的发达和征服自然的胜利,导源于培根所谓"新工具"(novum organum,虽然他所说的新工具,仅是逻辑的一部分,并未得其全)或新逻辑,则逻辑为物质文明的本源之说,不言而喻了。

说明逻辑的性质和效用,决非本文所能胜任,且非本篇的目的,兹姑且借上述两个浅近的譬喻,以说明:(1)逻辑是一种修养或训练——精神的训练,一如体操之为身体的训练;(2)逻辑是一种工具——精神的工具,精神交通和斗争的工具,一如轮船、火车、飞机等之为物质上交通和斗争的工具。又精神为物质之本,物质为精神之用,故精神的工具又为物质工具之本,而物质的工具乃系精神的工具——逻辑之用。于此愈足见逻辑的训练对我们来说至关重要,逻辑的工具实为我们所不可一时缺。

我愈感觉到逻辑的重要,而谈到怎样研究逻辑,却愈令我难于措辞,因为近来似乎有很大一个趋势,是要离开实际生活——文化生活、社会生活、日常生活而谈逻辑,甚至想要离开科学思想和哲学思想而谈逻辑,把逻辑认作与下棋、占卦、饲鸟一样,同为有闲阶级的玩意。于是,研究逻辑的方法,便成为如何勿讨论自然问题、文化问题、社会问题、生活问题,如何摆脱哲学史和哲学上根本问题的研究,而去专心致志于名词之玩弄与符号之排列的问题了。离开符号的内容,而玩弄符号,不顾思想的全系,而因袭中古经院学派的繁琐,支节于此一名词和彼一命题的咬文嚼字,这未免徒卖弄少数人的智巧而忘记逻辑的真正使命了。要想从这类研究逻辑的方法去寻求研究科学和哲学的基本工具,实在比从练习下棋去研究战术和战略尤为不相干。

数学公认为科学的科学。任何学问要想成为科学,最要紧的即在于使该学问受数学的洗礼,采用数学的方法。中国之缺乏科学根本即由于缺乏数学。要使哲学,要使逻辑成为严谨的科学,第一贵在能采取数学的方法,以数学方法为治逻辑或哲学的模范。这种理想,自柏拉图以来,近代不论理性派与经验派的哲学家(经验派的人似惟培根不知推重数学方法,而偏重其所谓归纳法),皆莫不以数学为哲学的模范,使逻辑或哲学知识有如数学知识之确定,进而成为系统严谨之科学(但须知逻辑取法数学,采取数学方法,使数学贯注于其中是一事,而将逻辑数学化,使逻辑沦为数学中之一部门又是一事)。足见研究逻辑的方法须以研究数学的方法为模范,乃西洋许多大哲学家共取的途径,共具的理想,亦即本文所欲发挥的意思。

数学方法有两个基本要点为逻辑所必须采取:

第一,数学只研究本性*,不问目的如何,实用与否,满足人欲望与否;数学只问理论上的由来,不问事实上的由来。譬如有一三角形于此,数学不问此三角形有何用处,不问画此三角形的人目的何在,亦不问这三角形是谁画的,是什么时候画的,是用粉笔或是墨笔画的,或是印在书上的,数学只求证明三角之和必等于两直角——三角之和等于两直角就是三角形之所以成其为三角形之本性。这种关于本性的知识,就是有普遍性有必然性的知识,所以任何问题到手,若用逻辑的方法去研究,必须与数学一般,只问本性,以求普遍必然的知识。所以斯宾诺莎曾说过,"数学不研究目的,仅研究形相的本性和特质,可以供给我们另一种真理的典型"(见《伦理学》卷一附录)。所谓另一种真理的典型即是指逻辑的、纯科

---

* 本文中的"本性"在《哲学与哲学史论文集》中多作"本质"。

学的、纯哲学的真理的典型了。所以一个人是否入了逻辑之门,关键在于他是否能扫除那偶然的、实用的目的,进而探讨普遍的必然的本性。譬如知识问题,培根只注重知识如何有用,如何可以征服自然,及如何纠正知力使获真知的技术问题,洛克辈亦大都仅从心理经验中去分析知识的起源与限度,而康德便能够从纯逻辑的立足点上,去研究知识的本性和构成知识的前提或基本条件。因此,知识问题到了康德手里,便由实用的问题、改进知力的技术问题、心理问题等进而成为逻辑问题了。康德之所以在知识论上开新纪元,且永为治逻辑、治哲学的典范即在于此。而我们研究逻辑首应采取数学这种"不研究目的,但研究本性"的方法更是必要无疑。

中国人平日已养成只注重一物之实用、目的、结果,而不研究一物之本性的思想习惯。这种习惯或成见,在知的方面,只重末而不重本,重效果而不重原理;在行的方面,便成为重势利、重功用而不重理性或义务的计算道德。譬如,《论语》中很有名的一长段推论,由名正而推到言顺,由言顺推到事成,由事成而推到礼乐兴,由礼乐兴而推到刑罚中,由刑罚中推到民能措手足。这种推论便纯是由效果推效果、由功用推功用的思维方式。据这种说法,正名便有言顺、事成、礼乐兴、刑罚中、民能措手足的结果或效用。而不正名便有言不顺、事不成、礼乐不兴、刑罚不中、民无所措手足的结果。虽然孔子这段对于正名的效果的看法也许很对,但这只是一种实用的观点,而不是逻辑的观点,因为这段虽是富有政治识度或哲学识度的谈话,却不能构成政治哲学或正名哲学。假如孔子不仅谈效用,而且能从逻辑方面系统地告诉我们什么是名的本性,那就会构成一部名学,再进而逻辑地昭示我们什么是礼乐刑罚的本性,那就会形成文化哲学或社会哲学。又如《大学》上的"物格而后知致,知致而后意诚,意诚而后心正,心正而后身修,身修而后家齐,家齐而后国治,国治而后天下平"一大串推论,亦不是纯逻辑的推论(什么是纯逻辑的推论,详下),而只是由效果推效果,由功用推功用的方法。照这种推论,格物致知或正心诚意便有治国平天下的效果。但如果不去做效果的推论——因为这种推论是无必然性的,这就是说,格物致知或正心诚意并不必然有家齐国治天下平的效果,而只是或然的或可能的。由可能的效果推可能的效果,其无必然性与普遍性,其不能建立严谨的逻辑理论,可想而知——而去作本性的探讨,譬如对于物的本性加以系统的研究,可构成自然哲学;对于知的本性加以研究,可构成认识论;研究心或意的本性可成心理学或精神哲学;研究身的本性,可成生理学;研究家、国、天下的本性,可成社会哲学或政治哲学。但中国的思想家大都只注重格物致知正心诚意的方法与效用,注重修齐治平的学养与结果,而不知应用数学的方法从事本性的研讨,因此遂少有产生纯逻辑、纯哲学、纯科学,其主要原因即由于只注重问结果、效用、目的的实用主义,而不注重采用数学方法从事本性的探讨有以使然。无怪乎斯宾诺莎在他的《伦理学》卷一的附录里,用全副力量抨击那仅追问目的、企求效用的思想方式,而认为"这种说法,如果没有数学加以救治,实足以使人类陷于永远不能认识真理"。我也是这么说,这种重目的、重效用不重本性的思想习惯不打破,则知的方面,只问本性、只重原则的纯逻辑、纯哲学、纯科学皆永不会产生;行的方面,正其谊不谋其利,明其道不计其功("谊"、"道"即是行为方面、道德方面的本质或原则,出于理性而不出于实利的打算)的高洁行为、纯粹道德亦将永无法产生。换言之,以数学为模范,只问本性,不问效用,实走入纯逻辑的主要关键,而且是企求纯道德的"入德之门"。

第二，数学上有所谓"公则的方法"(axiomatic method)，也可以说是数学的直观法。此法在寻求清楚明晰不待证明的基本观念和公则，以作推论的基础，而组成严密的系统。换言之，此法以界说(definitions)、公则(axioms)或公设(postulates)为基本，循序演绎，以推论出新的命题或定理。这些公则的性质和公则间的关系是：第一，各公则必须互相独立(independent)；第二，每一公则必须是最基本和最原始的，不可自其他原则推来(underived)；第三，各公则必须贯通而无矛盾(non-contradictory)；第四，每一公则必有其范畴性(categorical)。至于寻得此种公则的来源，可以是由于直觉、想像、类推、分析，也可以是因为应用的便利(请参看 J. W. Young, *Fundamental Concepts of Algebra and Geometry*，及友人江泽涵先生在北京大学科学概论班所讲的《算学方法》讲义大纲)。据罗素的说法则系由方法的怀疑去加以分析的推究得来(an analytic search by methodical doubt)。所以要想使逻辑成为严密有系统的学问，亦必须采取此种数学方法。故欲对于任何问题加以逻辑的研究，首先必须规定适当的界说(界说即所以指出研究的对象的本性，如上文所说)，寻求基本的公则，然后循序演绎出较复杂的新命题、新定理，构成严密的系统。至于逻辑上的界说的性质及其所须遵循的规则，如柏拉图的《美诺篇》(*Meno*，此篇由讨论道德的界说进而讨论一般的界说所应遵从的原则)，如亚里士多德的《分析后篇》(*Posterior Analytics*，亚里士多德之论界说，普通逻辑教科书均有相当的叙述)，如斯宾诺莎的《致知篇》(*Treatise on the Improvement of the Understanding*，由第九十节至篇末均讨论如何可得良好的界说)，均可供参考，兹不赘述。至于斯宾诺莎的《伦理学》一书即是以几何学秩序以证明(ordine geometrico demonstrata)的最显著的例子。

但我们所谓采取数学的"公则方法"乃是采取数学的精神,而不必拘泥于外表的形式。若每著一本逻辑书,每讨论一个哲学问题,都要采取数学的形式,如斯宾诺莎的《伦理学》那样,不惟千篇一律,有如逻辑的八股文,抑且有使思想机械化而受束缚,有不能随意发抒之苦。故斯宾诺莎《伦理学》一书,虽全书的结构采取几何学的形式,而仍辅以长篇的序言、附释、附录等(此等部分约占全书之半),以济其穷,而自由发挥其意旨。而且斯宾诺莎以后,承袭他的学说,主张采取数学方法入逻辑的哲学家虽多,但极少人的著作采取数学的形式。且真正的逻辑须研究其他科学的前提和思想方式,而逻辑自身并无不待证明的前提,亦不像其他科学可从任意的界说或定义开始(参看黑格尔《大逻辑学》导言论"逻辑的开端"部分)。又建立逻辑的界说,并无形成纯系讨论抽象的对象如几何学的界说那样容易,盖愈具体愈复杂的对象,如"知识"、"生命"、"国家"等概念,则因立说者见仁见智之不同,必有许多不同的界说(此点参看黑格尔《哲学全书》中《小逻辑》部分第二二九节)。因此,我们研究逻辑便只能采取数学的精神,不可拘泥于数学的外表形式了。

但数学所据以推论的公则方法,其根本精神何在呢?据我看来可用斯宾诺莎所谓"据界说以思想"(thought by definition)(斯氏《致知篇》第九十四节有"发现新知的恰当方法在于依界说而构思"〔the right way of discovery is to form thoughts according to some given definition〕之语),或康德所谓"依原则而认知"(knowledge by principles)一语包括之。康德所谓"先天逻辑"(transcendental logic)的整个目的可以说是即在于发挥依原则而认知方能获得真知或科学知识,亦即他所谓先天的综合的知识的道理。不论斯宾诺莎与康德别的方面异同如何,此种对于逻辑的根本见解,真可谓同条而共贯,两人之所以为共同启发出后康德派自费希德至黑格尔的伟大哲学潮流的两大导师(据文德尔班《哲学史》),实非偶然。我相信他们两人这种见解完全导源于数学,盖数学方法,扼要讲来,就是"据界说以构思"或"依原则而认知"。

斯宾诺莎所谓"据界说以思想"是什么意思呢?界说所以表示本性,据界说以思想就是根据对于一物的本性的知识以思想,而事物的内在本性乃是固定永恒的共相,也可以说是深藏于事物之中,为事物所必遵循的律令,无此内在本性,彼事物既不能存在也不能被认知。这些固定的永恒的本质虽是个别的,但因其有无所不在、弥漫一切的力量,可以认为即是构成个别事物的界说的类或共相(《致知篇》第一〇一节)。这样看来,据界说以思想即是据共相、概念、律令以思想的意思。斯宾诺莎还说,好的求知方法在于指导此心使遵循一真观念的标准而思想,若能进而寻得最圆满的存在的观念以作此心思考的标准,则方法便是最为完善(《致知篇》第三十八节)。故据界说以思想亦即是以真观念甚或依对于实体的观念以思想。又此心获得的真观念愈多,则愈知自然,同时亦愈知其自身的力量,此心愈能自知其力量,则愈能自立规律,指导自身,以作求知之补助。因此可以认为"此心循律令而活动,有似精神的自动机"(the mind acts according to certain laws and resembles a spiritual automatos,参见《致知篇》第四〇节及第八十五节)。这种说法与康德的以原则而认知,以意识之自立法令(the self-legislation of consciousness)为科学知识的前提的说法,实有契合处。至于斯宾诺莎所谓依真观念的标准以思考，即是依界说以思考；而他所谓此心自立规律以作求知的补助或工具，即是指出知性的公则以作推理的规范之意。而这种依界说据公则以思考或认知的方法，纯系采自数学方法，特别是几何方法，更是无可置疑。因为斯宾诺莎根本认为正确的知识——科学的或哲学的知识，是"据逻辑的界说得来的知识"（knowledge by logical definition），亦可以说是自某种永恒的类型下观认事物得来的知识，盖界说即表示一物的类或永恒的本质。而混淆的不正确的知识即是"由身体的感受得来的知识"（knowledge by bodily affection），此种知识又叫做自泛泛经验得来的知识，乃由于身体的感官与外界接触所得的片断的混淆的印象及所发生的偶然联想或想像。换言之，此种知识乃是"不依理智的秩序"（without order to the intellect）或"未为理智所决定"（not determined by the intellect）而得来的偶然的被动的感官知识（参看《致知篇》第二十八节及《伦理学》第二部分，命题十四至命题四十七）。也可说是未据逻辑界说以推论得来的有普遍性有必然性的知识。用康德的话来说，即是未经意识的自立法度、不自先天的原则得来的知识。再约而简之，此种知识之所以非真知、非纯科学的知识，即因其系未受过数学的洗礼，不以数学方法为模楷而得来的知识。

至于康德所谓先天逻辑，更是充满了自数学，特别自伽利略、牛顿的数学、物理得来的教训。康德的道德学说，一言以蔽之曰，"本通则以行为"（to act according to maxims）。康德的逻辑学说，一言以蔽之曰，"依原理以求知"（to know according to principles）。行的方面，以人人应当奉行的无上律令为准则，使自己的意志，遵守自己制定的律令，而形成纯义务的道德。知的方面，依知性的纯概念或先天原则以组织感官经验,使经验循先天的范畴,而形成科学知识。换言之,不但仁义道德非外铄我,即科学知识亦非外铄我。康德的逻辑通则(maxims)之必然自明,有似数学之公则(axioms)处,西吉微克(Sigwick)于他的《伦理学方法论》中讨论直觉主义时,已有发挥,兹不赘述。至于康德之应用数理的基本概念和原理,以形成他的新逻辑观念和新知识学说,更是显然。试看康德所指出伽利略等人的实验所给予我们的新教训:"当伽利略试把他自己选择的某种重量的那些圆球自斜面往下滚时,或当陀里西尼使空气承载他事先所决定的与一定容量的水相等的重量时,或当晚近斯托尔由于某种原料的抽出或加入,使金属变成石灰,或使石灰变成金属时,他们实给一切自然科学家以新的光明。因为他们可以认识,如何理性只能理解依它自己的规律所产生的东西,如何理性可以据判断的原理,依规定的律令进行研究,并且如何自然必须答复理性所提出的问题,而不是理性好像被自然用绳索牵着鼻子走似的。因为不然的话,只是偶然的观察——不依预先规定的计划而得的观察,决不能组成一必然的律令,而此种必然的律令却又为理性所追求所必需的。理性一方面必须本其原则,唯依此原则一致的现象方可认作自然律令,一方面又必须本其依此原则而规划出的实验以研究自然,如此庶理性可受自然的教训,但并非如学生的性质,事事唯教师之命是从,而乃居于钦命的审判官地位,强迫证人回答他所提出的问题"(《纯理论衡》第二版序言)。这足见康德自伽利略的实验所得到的"依原则而认知"的根本教训了。盖康德根本认为逻辑与经验、原理与实验应联合而不可分离。就二者关系言,理性为主体,为立法者;经验为对象,为须遵循法令者。既不离开经验而谈抽象的原理,致陷于空洞,亦不离开理性而谈经验或实验,致陷于盲目,以达到"以逻辑驾驭经验,以经验注释逻辑"的真知识或科学知识。

把握住上述两点:(1)不问目的,但问本质;(2)据界说以思想,依原则而认知,便算把握住了逻辑的本质,认识了逻辑的根本精神。而此两种特性皆出于数学,且为斯宾诺莎和康德逻辑思想的核心。我们现在要研究逻辑,其正当途径自亦不外采取此种出自数学的方法(现代德国现象学派胡塞尔所倡导的逻辑,保持先天方法,注重本性的观认,似为现代最能承继并发挥康德、斯宾诺莎的逻辑思想者,可惜中国很少人涉猎到这方面)。能依此种方法以治逻辑,方可达到一种既非抽象的形式逻辑,又非只是求片断的偶然的知识的经验方法,而乃是可以昭示我们的真理的本质,帮助我们把握实在,获得普遍必然而有系统的科学知识的逻辑。必定要这样的逻辑才真正算得我们篇首所谓精神的训练和精神的工具。

麟按:篇中讨论形式逻辑一段,诚不免失之偏激(下棋与战术之喻,乃采英国现代哲学家席勒[F. S. C. Schiller]批评形式逻辑之说),我的本意乃在注重形式与内容不可分。所谓格物穷理,即是由内容以求形式,更用形式以驾驭整理内容的辗转递进的过程。且以为欲知科学方法,须实地实验观察,研究自然科学或社会科学。欲知分析方法,须精读用分析方法写成的哲学书,如康德、休谟的著作。欲知几何方法之用于哲学,须精读笛卡尔、斯宾诺莎的原著。未有专读科学方法的概论书籍,专读形式逻辑的教科书,即可谓已得科学之实质,已尽逻辑训练之能事者。此即从内容求形式之法,与专从形式着手者,似异其趣,至于形式逻辑之有其训练思想的价值,且已脱离哲学而独立成一专门学问,固所承认而赞许之者。

六　辩证法与辩证观

辩证法自身就是一个矛盾的统一。辩证法一方面是方法,是思想的方法,是把握实在的方法。辩证法一方面又不是方法,而是一种直观,对于人事的矛盾、宇宙的过程的一种看法或直观。真正作辩证法的思考是异常之难的,比科学的实验、归纳、演绎都较为困难。因为这需要天才的慧眼、逻辑的严密和纯思辨的训练。在哲学史上真正善于应用辩证法的哲学家乃是不出世的天才。真正的由亲切的体验、活泼的识度,能够对于宇宙和人生提出一种辩证的看法,能够切实覷出宇宙间事物的内在的必然的矛盾,并见到其矛盾中的谐和,对立中的统一,也非有能静观宇宙的法则,置身于人世变迁的洪流中,而又能深察其变中之不变,不变中之变的轨则的慧眼不为功。大概讲来,哲学家,特别一元论的哲学家(一元论的一,乃统一之一,非单一之一,譬如,只重物不重心,或只重心不重物,都不是哲学上所谓唯心唯物的一元论。所谓一元系指对立的统一,复多的统一或辩证的全体言,非于众多事物之中,任意标出一项,而偏执地推尊之,便可叫做一元论),当他思想、辩难、析理时,大都难免不用辩证的思想方法。严格讲来,可称为(矛盾思辨法)。辩证法就是思辨法,也就是思辨哲学的根本方法。常见有人一方面在高谈辩证法,而一方面又反对思辨哲学。这显然是由于这些人既不知道什么是思辨哲学,又不知道什么是辩证法。譬如实验主义哲学家杜威,总可算得注重科学理论、经验事实和注重行动以征服自然改变世界的哲学家了。但有人批评杜威,说他表面上虽倡导实验主义,而他实际上所用的思想方法乃是辩证法。杜威答道:"没有人可以著关于哲学的书而不用辩证法的。"至于辩证观,严格讲来,可称为"矛盾统一观",乃是出于生活的体验(特别精神生活的体验)。理智的直观,每为大诗人、小说家、戏剧家、政治家、宗教家所同具,且每于无意中偶然得之。此种辩证的直观,既是出于亲切的体验、慧眼的识察,每每异常活泼有力(绝不是机械呆板的口号或公式)。足以给他们对于宇宙人生一个根本的看法,且足以指导他们的行为,扩大他们的度量。而哲学家的特点,就是不单是从精神生活或文化历史的体验中,达到了这种辩证的直观或识度,且能慎思明辨,用谨严的辩证方法,将此种辩证的直观,发挥成为贯通的系统。

我上面已约略指出,辩证法是哲学家公用的方法(只有精粗巧拙之别),而辩证观则每为哲学家与大诗人大政治家所共有,而有些陷于支离繁琐的哲学家,有时只知道用一点带诡辩意味的辩证法,倒反而失掉了与诗人政治家共有的健康远大的辩证观。辩证观之见于诗歌戏剧者以德国诗人的著作中最多。德国大诗人歌德的生活,即可以说是最美丽地表示出矛盾的谐和、辩证的统一。甚至有人说黑格尔的辩证逻辑就是歌德式的辩证的人格之逻辑的写照,在《浮士德》的"献词"里,歌德开首就以他个人当下的经验,表示出"远者近,近者远"的辩证观。他的意思说,当他写《浮士德》诗剧时,近在眼前的东西反觉疏远不相干,而那幽深渺远的事物,倒反而亲近活现于意识之前。同样"亲者疏,疏者亲","恩者仇,仇者恩"的辩证观,构成了席勒许多诗剧的题旨。譬如在《圣女约安》

一剧中,他写约安女郎如何为举世不相识的人崇奉为神圣,但反而被她亲生的父亲控告为妖孽。又如他写许多哀怜求生的士兵,皆被约安杀死无赦。而有一忠贞求死的敌将,反而被约安释放,不惟释放,反而对他发生爱情。这都是在描写出"求生者反得死,求死者反得生",或"死以求生"的辩证道理。这只能叫做辩证观,不能叫做辩证法。类似这种的辩证观,中国诗人也一样的具有。譬如黄山谷挽司马君实的诗,有"惟深万物表,不令四时行"二句,即可以说是代表为司马温公的辩证式的人格写照辩证观。盖深与表对立,亦即内与外对立,不令与行对立,亦即静与动对立,今渊深而为的万物之表,不令而因时运行,即包含有内外动静之矛盾的谐和的辩证观。其实此两语已将老子"无为而无不为",孔子"天何言哉:四时行,百物生",及诸葛"宁静所以致远"等语所包含的辩证观表示无余了。又如李太白《古风》五十九首中有"前水非后水,古今相续流;新人非旧人,年年桥上游"等名句,亦即是辩证观很美的抒写。四句中,一三两句言变,二四两句言常,本旨实所以指出变中之常;一三两句言异,二四两句言同,本旨实所以指出异中之同。这都很足以代表对于宇宙人生之过程的伟大的根本的辩证直观。

在上面我想我已充分说明了什么是辩证观或矛盾统一观了。我特地举出大诗人的辩证观作例子,以表示辩证观之普遍性,非哲学家所能包办。至于哲学史上如希腊的黑拉克里陀士和中国的老子,都可以说是最早提出辩证观的哲学家,但不能说他有辩证法。因为有辩证观的人,不一定用辩证法。而最初创用辩证法的人如希腊的芝诺,中国的别墨一批人,却又没有辩证观。我们已约略知道了辩证观的大旨,请进而讨论辩证法的性质。

第一,辩证法最原始的意义,即是以子之矛攻子之盾的辩难法。是在双方辩论的时候,盘诘对方,使对方陷于自相矛盾因而推翻对方的论据的辩论方法。大概在百家争鸣,辩士竞起的时代,这种以子之矛攻子之盾的方法,特别易于为多人采用。这个辩论法的特点,是要借对方的理论,反而赞助自己的说法,于辩论时占对方的便宜。以对方的理论作前提(即是不一定以真的理论作前提而辩论,乃是以对方所承认的所提出的理论作前提而辩论),加以无穷的诘问,使对方陷于矛盾不通之境,自批其颊,自毁其立场而后已。故这种辩难法有时又叫做穷诘至不通或穷诘至不可能之法。这个方法诚是辩论的利器,而常为哲学家所采用,但每每只是以口舌取胜,不能令人心服,且每只能提出疑难,而不能揭示客观的真理。换言之,这种是形式的、外表的、抽象理智的、消极的辩难法。此法一经滥用便会流为诡辩与怀疑。柏拉图在其《共和国》一书中,一方面发挥辩证法之真实妙用(详后),一方面亦指出误用或滥用辩证法有种种危险:第一,滥用辩证法,使人不守信义,不重法律。持执辩证之理,妄谓善恶不分,荣辱无别。换言之,此法年青人习之,足以令其对道德法律怀疑。第二,青年人一尝得辩证法味道时,每每只知以口舌取乐,争胜取巧,而日以驳倒对方为能事,不相信任何东西,甚至不相信哲学。总之,希腊芝诺式的辩证法,中国别墨式的辩证法,皆有陷于诡辩与怀疑的趋势,乃历史所昭示的事实。故真正正统的哲学,大都对于此种辩难之法,引为诟病,而严加排斥。所以真正思辨哲学所采用的辩证法,与此种有诡辩怀疑意味的辩证法,实有苗莠朱紫之别。苏格拉底、柏拉图以及黑格尔的辩证法,乃是有具体内容的理性方法,而非抽象外表的智巧辩驳;是推究事理之内在的矛盾思辨方法,而不是站在外面去寻疵抵隙的方法;是要积极地求客观真理的方法,而不是消极地怀疑辩难

六 辩证法与辩证观

使人无所适从的方法。

第二,辩证法乃是教训道德的方法。这个意义的辩证法乃单指苏格拉底的辩证法而言。苏格拉底是一个教训青年的道德的大师,而他的妙处乃在于采用辩证法以教训青年的道德。辩证法到了苏格拉底手里不但本质上有了盛大的发展,而且于技术上也得了异常平实而广大的妙用。据以专门研究苏格拉底所称的德国柏林大学迈尔教授说,苏氏的辩证法,目的在于领导人得到道德知识,唤醒人的道德意识,养成道德的人格。而当时的诡辩家目的乃在于使人成为善于修辞之演说家,庶几在法庭上辩论,在政治上竞争,处处可以占便宜;而苏氏则注重与人有亲切的谈话,反复的盘诘,不在于使人善辩,而在于使人回思反省,成为有道德修养的人。他须与被盘诘的青年有亲密的接触,随个人的见地、兴趣、性格、倾向,而加以开导启发。他每遇到一个青年,必很耐心地层层追问,使得对方将他自己的生活和思想的过去与现在,毫无隐蔽,全盘托出。然后苏氏方进而根据对方自己所说的话,揭穿其知识上的矛盾和态度上的虚伪与不诚。而苏氏自己本人自认为无知,自己毫无成见。不提出自己的道德信条,以强人从己,亦不持己之所知以与对方辩论,但虚心徐徐诘问对方,使其自己陷于前后矛盾,自己推翻或修正他自己的谬见。苏氏的辩证法的积极方面,即在于唤醒对方之自知。苏氏所谓自知,实即自知其无知之意。苏氏认为自知其无知,廓清成见,赤地新立,实为另作新人的初步,又为回复真我,过新道德生活的开始。苏氏的辩证法不是消极地使人丧然若失,不知所可,无所适从,乃欲使人自己去寻求德性之知而且昭示人此种德性之知是可用辩证法的启发而寻得到的。据说这种用辩证法以教训道德的方法,须有学问德貌威望之人,而兼以虚怀若谷、和蔼诚挚的态度，方可收感动人、启发人自悔前愆、改过迁善的效果。（按普通哲学史大都从理智方面认为苏氏的辩证法为诘问对方以达到道德概念之正确的界说的方法。至于注重体验与行为方面的意义，而确定苏氏的辩证法为教训道德的方法，则唯有黑格尔于其《哲学史》中略有提示，而迈尔教授于其巨著《苏格拉底》一书中，方有较详明之发挥。此段所述则根据迈尔原书，〔Heinrich Maier, *Sokrates*, pp. 358—381〕论苏氏的辩证法一章。）

其实，中国正宗哲学家中，最善于用辩证法以盘诘人，而且用得最平实的人，莫过于孟子。而孟子的辩证法，本质上毫无疑义的，即是教训道德的方法。最显著的，如在孟子见齐宣王一长篇对话里，最足以见出孟子用种种方法反复诘问，以教训齐宣王的道德，以唤醒齐宣王潜伏着的仁心，而促其推行仁政。与苏格拉底启发式的辩证法，根本上实并无二致。孟子首先从齐宣王过去生活中以羊易牛的轶事，加以诘问，促其反省。使齐宣王自己莫名其妙，自觉陷于矛盾道："是诚何心哉？我非爱其牛，而易之以羊！"及他提醒了齐宣王这种不忍之心，就是可以王天下的仁心后，又进而指出以"兴甲兵，劳士民"的方法，而欲王天下，实无异于"缘木求鱼"。揭穿了齐宣王"所欲"与"所为"间的矛盾，亦即目的与手段间的矛盾，而促其体察反省，改弦更张。这就是孟子教训道德的最妙的、典型的辩证法。这种辩证法，骨子里虽仍包含着以子之矛攻子之盾的意思，但此法既基于对于对方生活性格的亲切体验，复加以教训道德的热忱，寻求真理的诚意，便与只求以口舌取胜的矛盾辩难根本不同，故孟子不承认他"好辩"。在我们看来，孟子与苏格拉底皆不能说是好辩，他们所用的辩证法与芝诺式的和诡辩家的辩证法均根本不同。他们不是"好辩"，他们乃是应用辩证法作明

六 辩证法与辩证观

道显真,教训道德等不能自己的神圣工作。

第三,辩证法是求形而上学知识的方法。这是特别指柏拉图所谓辩证法而言。辩证法到了柏拉图手里,两人辩难和盘诘对方的意义已经绝少,而发展成为正当的求先天的哲学知识的纯思方法了。兹试分为三层略加说明:(1)辩证法是求对立的统一或复多的统一之法。所谓统一体,即形而上之理,即我篇首所谓一元的本体。在《斐都士篇》中,柏拉图所谓辩证法权衡双方而得"统一观点",已隐约提出辩证法之为由矛盾中求统一,由调解正反的对立中而求合的意思了。在《辩士篇》和《菲利布士篇》中复谓辩证法为"多中见一、一中见多之艺术",或为"用一概念,统贯万殊,由万殊中而抽出统一概念之方法"。这很明白地说,辩证法是观认万殊归为一理,一理统贯万殊的方法了。就此法之多中见一言,可谓为格物(多)穷理(一);就此法之为一中见多言,可谓为以理观物。(2)在《筵话篇》中,则注重辩证法是由地上到天上、由自然到神圣、由相对到绝对的精神历程,换言之,亦即是由形而下的现象界到形而上的真如界的历程。这个历程,非一跃可几及,乃是经过许多修养和坚苦磨练的阶段,方可达到的。譬如,就达到纯真之美的历程言,就须经历下列种种阶段:"由自然的美到美的形体,由美的形体到美的行为,由美的行为到美的灵魂,由美的灵魂到美的绝对理念。"这个意义下的辩证法也可以说是由用求体,弃俗归真的纯思方法,或精神生活的历程。在这里辩证法已兼含有求美求真的爱的仰慕、精神生活与纯理的思考方法了。(3)在《共和国》一书中,柏拉图已不仅认辩证法为方法,而认之为很高深的一种学问,而为理想国中的哲王所必须研究的专门学问,他叫做辩证学。辩证学其实就是形而上学。他说:"辩证学用科学的假设为阶梯,为出发点,以达到第一原理、本性,而不求助于感官事物。辩证学为不仅依靠假设*,而自求坚实基础的科学。此门科学可以打开灵魂之眼,使向上望。"又说:"辩证学用纯理智以发现绝对,以达到对于绝对善之认识"。柏拉图所谓辩证学,我们参考他晚年的著作,和许多柏拉图注家的解释,即是以理推理,以理释理,研究纯理念或纯范型间的有机关系,使成系统的形而上学。总结起来,我们可以说,柏拉图的辩证法比起芝诺式的辩难法和苏格拉底式的教训道德的方法,内容都最为丰富,最为深邃,但也最难理解,最难运用。为比较易于清晰了解起见,分开来说,我们可以说柏拉图的辩证法包含三层意思。第一,辩证法就是求形而上学知识所运用的方法:由可见的事物,加以反省,追求不可见之理。由对立的复多的事物,加以调解贯通,以求统一谐和的根本原则。第二,辩证法是指追求或爱慕形而上的绝对善或美的理念的精神历程而言,亦即指超世俗脱形骸的精神生活而言。第三,辩证法即是辩证学,亦即形而上学,乃指专门研究众理念间的逻辑的有机的关系或理念界之系统性的学问而言。

还有一点须得说明的就是柏拉图求形而上学知识的辩证法与苏格拉底教训道德的辩证法并非根本反对,亦非各不相干,而前者乃是后者的必然的发展。盖苏氏的辩证法偏重于"破执",破除矛盾,使人自知其无知。而柏氏的辩证法,则注重由破执进而"显真",显示矛盾的统一,绝对的真如。苏氏辩证法究极仍在启发人心中本明之理,本善之性,以为道德修养作基础。今理与性皆属形

---

* "不仅依靠假设"在《近代唯心论简释》初版、再版本中作"唯一不须假设",今据《哲学与哲学史论文集》校改。

而上者,是显然已启示求形而上学知识的辩证法的端倪了。至柏拉图的辩证法亦复包含有"以子之矛攻子之盾"的原始意义在内。不过芝诺与辩者用以矛攻盾的方法来与人辩难,驳倒对方,而柏拉图则用以矛攻盾的方法来破除有限事物之对立、片面思想之偏执罢了。因为破除矛盾,调解对立,仍是柏拉图辩证法的核心。盖现实界的矛盾,须从理想着眼以求调解,有限事物的矛盾,须从无限理则着眼以求调解,现象界的矛盾须从本体界着眼以求调解,部分间的矛盾须从全体大局着眼以求调解,末流支节有矛盾须从根本源泉着眼以求调解。这就说明了柏拉图辩证法所以成为求形而上学的知识的方法的根本原因了。所以他说:"辩证法可以打开灵魂之眼,使向上望",也就是说辩证法足以破执显真,使心眼开明,向着理想界,本体界,无限理则,根本源泉,或全体大局仰望,以超出形下事物之矛盾也。

第四,黑格尔的辩证法。辩证法到了黑格尔可以说是充实发展严密到了极峰。柏拉图可以说是奠定了辩证法的规模与基础,而黑格尔可以说是集辩证法之大成,尽辩证法之妙用。柏拉图的辩证法所包含的三层意义,黑格尔尽行承认融汇而皆发挥光大之。黑格尔的辩证法与柏拉图的相同,亦是破除有限事物的矛盾以达到有机统一、绝对理念的方法。黑格尔的《精神现象学》一书,很详尽地具体地证明或描述精神生活的历程是辩证的,是自求超脱矛盾进展的。黑格尔的逻辑科学或理则学,就是柏拉图所谓辩证学之别名,因为黑格尔的逻辑科学就是辩证逻辑,也就是形而上学。所以中国有许多人说黑格尔的辩证法与柏拉图的辩证法根本是两回事,乃是不明哲学思想发展的过程的说法。至于黑格尔的辩证法超过柏拉图的辩证法的地方,亦可分几方面说:(1)柏拉图尚未确立正反合三连的辩证格式,而正反合的架格几弥漫于黑格尔的系统中,成为黑氏系统的骨骼经脉。此层一方面使黑格尔的系统比柏拉图更严密,但一方面也使得黑氏系统更显得机械。至少不喜欢黑格尔的人难免会只见其令人生厌的正反合的公式。(2)柏拉图比较注重主观的超越矛盾,解脱现象世界之污浊偏阙。而黑格尔则认为矛盾即客观地存在于事物的本身,是之谓内在矛盾或自相矛盾,而且事物自身亦在不断地自己陷于矛盾,自己解除矛盾的动的过程中。换言之,自己否定自己的原则,乃是黑格尔辩证法中的新成分。(3)黑格尔异于柏拉图最主要之点,即为柏拉图的辩证法与文化历史无何关系,而黑格尔的辩证法乃是文化历史发展的命脉。柏拉图的辩证法注重超越经验中的矛盾,黑格尔的辩证法注重解释经验中的矛盾。柏拉图只求超出现实事物的矛盾偏阙,而投入缥渺的理想世界以求安息。黑格尔则力求分析考察现实事物所以陷于矛盾偏阙之原因,而指出其自己解除其矛盾的必然途径。换言之,柏拉图的辩证法是超越的,而黑格尔的辩证法则是亦超越亦内在的。柏拉图的辩证法是纯理性的,而黑格尔辩证法则是亦理性的亦经验的。

要了解黑格尔的辩证法,实非易事,要在短短的篇幅中加以深切的绍述,更是不可能。综合近几十年来,各国新黑格尔学派以及最近德国的黑格尔复兴运动的哲学家的意思,对于黑格尔的辩证法,大约有两点主要的新认识:第一,大都认为黑格尔的辩证法是一种天才的直观,有艺术的创造性。第二,黑格尔的辩证法,不是抽象的形式的理智方法,而是忠于经验事实,体察精神生活,欣赏文化宝藏的理性的体验。

意大利的新黑格尔派哲学家克洛齐(Croce)于其所著《黑格尔

哲学中之生的成分与死的成分》一书中，力言"应该把黑格尔当作诗人来读"。《从康德到黑格尔》的著作者德国克洛那（Kroner）教授谓黑格尔是最大的非理性主义者或超理性主义者，也可以说，"黑格尔是理性的神秘主义者"。此语颇博得现代许多黑格尔学专家的赞许。盖最近的趋势皆欲纠正前此认黑格尔为纯理性主义者或泛逻辑主义者的偏误。至对于此点发挥得最透彻者，当推柏林大学哈特曼（N. Hartmann）教授。兹摘译哈氏名著《黑格尔》一书中数段，以见一般：

> 辩证法的天才，完全可与艺术家的天才相比较。此种天才是很少有的，且亦不可仿效的，辩证法的定律是没有确定的认识的，但又是具有规律的，强迫的，不停息的，有必然性的。——一切皆如艺术家的创造。……辩证法决不能成为公共财产。它永远是天才者的权利。我们虽可研究它，但是不能模仿它。（页十八）
> 无论在任何情形下，我们也不能否认辩证法中有暧昧不明处，神秘莫测处。此显系出于天才，虽可修养，但难于模仿。它实是一种特有的原始的内心洞观。而且是一种高远的洞观。能于事物之不同的方面看出其进展的矛盾的谐和，且于矛盾中又能见到其联系或统一。最显然的就是那辩证法大师自己也不能说明辩证法的秘密。他们常常妙用此法，但又不知其所以然。一如艺术家之创造艺术品而不自知其所据以创造的定律。我们如果要想说明辩证法，分析和理论实无济于事。即勉强说出几条概括的原则，亦决不会深入完备。但每当别的方法穷尽时，则辩证法方显得有神奇的功用。因此之

故，辩证法不是一般的科学方法，其可教性亦有限度。（页一五九至一六二）

也许哈特曼有意将已成为口头禅的辩证法特别说得神奇艰深些，但这实是精研黑格尔哲学的人，自知其无知的供状。至少可以促根据两三条定律便以为精通辩证法的人之反省。哈特曼此处虽然指出辩证法是一种洞观或直观，所可惜的，他未曾将辩证观与辩证法分别清楚。但无论获得辩证法也好，运用辩证观也好，都需要艺术式的创造天才，非可勉强袭取的。

至于注重黑格尔的辩证法之体验方面，认辩证法为把握或理解精神生活的方法，也是重新解释黑格尔的显著趋势。美国新黑格尔主义者鲁一士（Royce）特别指出黑格尔精于对人类意识生活之客观的辩证的分析，且宣称辩证法为"感情的逻辑"，意谓人类感情生活（广义言之，意识生活或精神生活）皆有其矛盾发展的理则，而辩证法正由于对感情生活之深切体验，而用以解释此种生活的逻辑方式。英国新黑格尔主义者鲍桑葵（Bosanquet）亦称辩证法为"爱情的逻辑"，此盖指柏拉图意义的爱情而言，所谓爱是人之性灵所特有的功能，乃是指对于至美至真之仰慕，而力求与其所仰慕之对象合一的过程而言。而辩证法正是此种爱美或爱智的精神生活的理则之写照。重新校订《黑格尔全集》出版，德国近来黑格尔复兴运动的有力人物纳生氏（Georg Lasson），著有《历史哲学家之黑格尔》一书，力言黑格尔博涉世界历史，先为历史哲学家，后方进为逻辑学家，其意亦在指出黑氏之注重历史文化方面之经验事实，与注重自然或抽象概念之哲学家不同。哈特曼教授亦充分表示出辩证法之体验意味。他说："黑格尔的辩证法并不是一种演绎。……

其目的乃在处理一种对于客观内容的亲切接触。"他又说:"辩证法是消融沉浸于对象的结构中,顺随着各分子的变化,以全体之力周遍运动于各部分,而破除分别与孤立的形而上学的在先。"且进一步说:"从黑格尔的《精神现象学》看来,辩证法很少是方法的问题,而其本质即在内容里面。黑格尔之所以成为辩证法的大师,并非基于其方法意识,而乃由于他特别忠于客观事实,或沉浸于客观事实。由于忠于事实,而且即由事实自身所寻得的形式,就是辩证法。"(见上引哈特曼所著《黑格尔》一书页一七〇以下)

根据以上各种说法,我们可以明了辩证法之所以难于了解,即因辩证法自身即是一种矛盾的统一,辩证法一方面是求形而上学知识的思辨方法或理性方法,但一方面忠于客观事实的经验方法或体验方法,它是理性方法与精神生活的统一。盖黑格尔认为形而上学的理念,并非抽象缥渺的幻影,乃即是实际事物的核心、的命脉、的本性。因此愈能忠于经验,把握住实际事物的命脉,便愈能把捉住形而上学的实理。

老实说,和上面所叙述的近来新黑格尔学派及黑格尔复兴运动对于黑氏辩证法两点新认识,其实这也算不得新认识,因为他们只是破除一般人对于黑氏辩证法的误解,而揭示其本来面目罢了。同时我也并不是趋风气,只徒人云亦云地,采纳大多数的意见,因为只消细读黑格尔原书,便知他们所说的,并不新颖,不过比较更符合黑氏自己的说法罢了。兹试根据黑格尔自己的说法来看辩证法的性质。

辩证法是黑格尔全系统的钢骨铁筋,贯穿其全部思想,随处可见,但又不易捉摸。在《理则学》中(见《哲学全书》第八一及八二节),他对于辩证法有两段比较明白精要的说法,似乎偏重于本文所谓辩证观的发挥。他分理性的活动为消极的理性与积极的理性两方面。他的主要意思是说，用消极的理性以观认宇宙，则见得宇宙万物莫不自相矛盾，用积极的理性以观认宇宙，则见得宇宙万物又莫不是矛盾的谐和，对立的统一。兹分两方面来说：(1)物极必反观——这又叫做普遍否定的过程。在此阶段里，凡有限之物莫不过渡到它的反面(意即"物极必反")，亦即凡物莫不被否定，凡物莫不自相矛盾之意。"此有限世界的一切事物，皆命中注定了要陷于矛盾。当我们这样说时，我们便有了对于矛盾进展的洞观(the vision of dialectic，注意此处用洞观二字，足见辩证法在某意义下，只是一种观，而非方法)，能见到'矛盾'实为一普遍的不可抵抗的力量，无论如何稳定坚固的事物，均无法撑得住，逃得脱的。"所谓辩证的阶段，即是有限的，特定的部分，自己扬弃自己而过渡到其反面的历程，"无论何处，无论何时，只要有运动，只要有生命，只要有任何事物在这现实世界里实现着，则必有矛盾(dialectic)在那里活动着。矛盾进展是一切真正的科学知识的灵魂。有限事物的限制或矛盾，并非仅是来自外界，而乃基于自己的本性，自己乃是扬弃自己的原因，由于自己的行为，自己过渡到自己的反面。"以上就是消极理性之所昭示。(2)相反相成观。在思辨的阶段或积极理性的阶段，便可见到有限的或特定的事物之相反中的统一。也就是观认到事物之全体中所包含的肯定，变化中所包含的永常。换言之，凡由异中见同，由分中见合，变中见常，冲突中见谐合，皆积极理性的功能。这种矛盾统一的真理(与抽象的或形式的真理不同)，又叫做思辨的真理。黑格尔说："思辨的真理在某意义下与宗教经验中所谓神契主义，颇有些相似的地方。就神契的与思辨的为同义而言，皆是指知性的分别作用所认为孤立反对的概念之具体的统一而言,世界之所以称为神秘或神契的,即因为非知性的分别作用的范畴所能把握。"

以上所论可以说是基于理性,消极理性和积极理性的辩证观。他自己也说这是一种洞观,是一种有神秘意味的思辨的真理。但是所谓神秘的并不是反理性的,不过此种由物之正面而究极到其反面,由物之对立而洞观到其统一的真理观,非一般形式的分别的理智作用所可了解罢了。但黑格尔所持的辩证观,却又不仅是安于诗的或宗教的直观,而乃是彻始彻终的具有严密的系统和辩证法的发挥的。所以辩证观与辩证法在黑格尔是合一而不可分的。我们且看他自己对于他所谓真正的哲学方法或辩证法的宣言:

黑格尔说:"方法不是别的,即是全体结构的纯型式。"全体结构是就整个对象的丰富内容言,纯型式是就此内容的内在法则或理则言。所谓辩证法或理则学不是别的,即是就这变动不居的丰富的全体内容中,去发现其本身特有的理则规范或纯型式。所以他说:"真理不是铸就的制钱,真理不是没有生命的公式,真理乃是依其内在性质而活动着的。"因此要把握实在,非公式化的形式主义所能为力。他力言抽象的理智只能给我们一些纲领节目,但不能供给真实的内容,他最反对"鹄洞式的求知方法"。因为这种方法只能划界、分类和规定抽象的格式。这种抽象的理智方法,只是从外面去观看事物,而不从当前实物之本然的内容中去寻求途径,但欲求真哲学知识,"须放弃主观的或外观的观点,而投入对象之生命中,须把握住支配对象之内在的必然性,并须将此内在的必然性(即辩证的或矛盾进展的法则)表示出来。因为如能沉潜浸润于对象中,勿采取外表的概观,忘怀深入于当前之材料中,虚心随顺着此材料所取之途径,自然就可得到真知识,内容与型式合一的,关于丰富活泼的全体的知识，自然就会揭示出来"。因此黑格尔总结起来说："方法必须是理性的。而理性即是有机全体的节奏。"盖真实事物必是健动不息的。而在此健动不息之过程中，必有其动静，剥复，正反的节奏。此节奏即事物内在的理则。所谓理性的方法即所以把握此健动不息的事物之内在的节奏或理则。所以黑格尔指出哲学方法的性质，应分为二方面。一方面，方法与内容不可分，此即体验方面，即方法的体验，亦即实际生活。一方面，由内容的自身去决定此内容之发展过程的节奏。此即理性方面，亦即矛盾进展的理则。黑格尔又谓，"研究哲学须要忍受理性思考或辩证思考艰苦的工作。"所谓辩证思考即是由正而反，而合，步步做到，全部照顾到，不偏于一面，不执着一部分的思考。第一，不可用比拟的图画式的想像的观念，以扰乱纯理性思考的次序；第二，不可陷于形式的推理。因为前者只是一种物质化的思考，不能解脱当前的偶然的感觉闻见的束缚。而形式的推论，虽貌似客观，而实系陷于主观，不能把握真实内容。所以须放弃超出内容的自由，不可提出一武断原则以指导内容，须深入内容里面，贯穿内容全部，让此内容之本性指导其自己，而得其本来面目。研究一个对象，不可打断"辩证思想"（或思想之矛盾进展）之内在的节奏，亦不可武断地提出一些别处来的不相干的观念以扰乱之。譬如，同是否定或肯定，黑格尔指出有所谓形式的或外在的肯定与否定，和辩证的或内在的肯定与否定之别。形式的否定，只是从外面去否定一个对象的内容。说此物不是这样，不是那样，形式的肯定亦只是从主观方面，寻找一些固定的范畴，去肯定一个对象的内容，说此物是如此，是如彼。殊不知"在辩证式的思想里，否定亦属于对象内容之内，而且是此内容之肯定的实质和推动的原则。因为否定既是对于内容矛盾进展历程的一方面或一阶段,当然不是消极的虚无或缺陷,而有其积极与真实的内容"。

这就是黑格尔对辩证法的自述。上面这一大段的材料完全采自黑氏《精神现象学》一书的序言里。此篇序言最关重要,据说是可以当作黑格尔全哲学系统的精要宣言读。因为主要的地方均系让黑格尔自己说话,也许稍觉有费解处,但细玩辞旨,则黑氏辩证法的真正精神和本来面目,自不难于言外得之。至于黑格尔如何妙用其辩证法以分析意识生活,以处理历史事实,以推究哲学范畴,则只有望精读黑格尔原著的人自己去心领神会。总结起来,我们可以说,黑格尔的辩证法本身就是一个对立的统一:是形式与内容的统一;是天才的直观,谨严的系统的统一;是生活体验与逻辑法则的统一;是理性方法与经验方法的统一。

七　斯宾诺莎的生平及其学说大旨[*]

　　Zu sterben für die Wahrheit sei schwer, schwerer ist es, für sie zu leben。(Windelband)

　　"为真理而死难，为真理而生更难。"——这是文德尔班纪念斯宾诺莎逝世二百年时的演说辞。是的，斯宾诺莎就是随时都有像苏格拉底泰然饮鸩，为真理而死的气概，而且又凡事皆斯须不苟地为真理而生。他是为寻得一圆满的生活而追求真理，他是为追求圆满的真理而认真生活。朱熹说："圣人与理为一。"斯宾诺莎就是把生活与真理打成一片的人。他以真理为生活的指导，以生活为真理的寄托。所以斯氏的生活人格，与他的思想哲学，简直不能分开，因此我们要了解他的学说，我们不能不知道他的生平。

　　提到斯宾诺莎的生平，给我们印象最深，而且最令我们感动。其崇高，其凄楚，其孤洁无瑕，其陶写吾人情感，有似一出古典的悲剧之处，就是他那三度放逐两重隔绝的身世。所谓两重隔绝者，就是就种族言，他是东方的犹太人，被欧洲人斥为化外的异族；就思

---

　　* 本文1933年1月23日发表于《大公报》的《文学副刊》第264期，后又作为1943年商务印书馆初版《致知论》一书的译者导言。

想与信仰言,他又被居住在荷兰安姆斯达丹城(Amsterdam)的犹太人集团驱逐出境,认为不肖的败类,禁止同种族的人与他来往。所谓三度放逐者(thriceexiled),就是(1)大批的犹太人(斯氏祖先在内)于一四九二年由西班牙驱逐至葡萄牙,(2)复于一五九三年由葡萄牙而迁流至以信教自由容忍异族著称之荷兰的安姆斯达丹城,(3)斯氏个人复因思想信仰的特异而开罪于这两度被逐的犹太人集团,于一六五六年,被驱逐而离开安姆斯达丹。所以他成为一个被放逐集团中之被放逐者,也可叫做三度放逐的人。他的遭遇,实在是不幸中之不幸了。

斯宾诺莎之被放逐,是决定他一生命运的最大关键,那时他才二十四岁。至于他之所以有甘愿作一无国无家无教的孤栖之人而不辞的决心,就是因为他要保持思想和信仰的自由,不愿意屈道以阿俗。至于为何他于二十四岁时思想便那样坚卓特立,举世非之而不惑呢?我们就不能不追溯他幼年的环境、教育与其思想的渊源了。

斯宾诺莎(Spinoza)名巴鲁克(译言幸福,希伯来文作 Baruch,拉丁文作 Benedictus),生于一六三二年十一月二十四日。生长于安姆斯达丹城自西班牙及葡萄牙被迁流而来之犹太人集团中。他的父亲是一个安分的商人。他自幼就学于当地犹太人所办的学校,服膺犹太教经典,熟悉犹太先烈为保持信仰自由而流亡迁徙,从容就义的故事。当他十二岁时,曾亲眼看见同种中有一个以虔诚信天著称的犹太人,为天主教人焚死;当他在火焰中时,犹口吟"上帝呀,我以全灵魂献给你"之圣诗不绝。此种为宗教信仰而成仁的壮烈行为,实深印入少年斯宾诺莎的脑海,愈使他悟到信仰和思想的自由与独立须用生命去换取。

斯氏自幼思想锐敏，又遇着几位生平最得力的老师，更使他天才得充分发展，思想成熟很早。他幼从莫泰罗(Rabbi Saul Morteira)研读希伯来文圣经法典，继从以色列(Rabbi Man assch ben Israel)学，进而研究许多中世纪犹太思想家的书籍，并学习法文。最后于樊恩登(Francis Van den Enden)处学拉丁文，并得到许多新医学和物理学知识，且涉猎到笛卡儿的哲学。莫泰罗是当时犹太人集团中维持礼教人心的权威，起初极力夸奖他的学生如何的品学兼优，使十四五岁时的斯宾诺莎名满全城是他，后来认斯氏为背师叛教，作审讯斯氏大会的主席，坚持放逐斯氏的人也是他。以色列的常识富，交游广，兴趣多方面，为人又方正认真。据说他曾介绍斯氏与许多开明的基督教中人相见，且又介绍与荷兰最伟大的画家阮博朗(Rembrandt)相见。斯氏开首习画，当在此时。闻当斯氏死后，于其书桌内发现一斯氏手绘意大利革命家某氏像。樊恩登是一思想很新而有无神论倾向的人。斯氏之精通拉丁文，略知希腊文，且通新学，皆此公之力。

斯氏既然自己颖敏好学，又加以如此良好的教育背景，所以他追求真理的兴趣愈浓，献身学术的志向愈决，必不能满足他父亲的愿望。因为他的父亲要他从事商业，且以他那种锐敏的头脑，又受过新学的洗礼的人，当然不相信教会中含有迷信成分的独断。不过因为有父亲在，许多违反正教的见解，他都很少说出。但是及一六五四年他的父亲去世后，他的灾难就徐徐降临了。首因他父亲死后，他已出嫁的姐姐，由海牙赶回同他争遗产。他姐姐的意思，以为斯氏平日不听父亲的话，不信正教，似不应承继遗产。且她家境甚苦，斯氏自己可以自立谋生，斯氏亦应将遗产让予她。斯氏气愤不过，乃诉诸法庭，结果他官司打赢了，应承袭遗产。但他念其姐生计艰难,于胜诉后,仍将全部遗产让给她,自己只留一榻以栖身且作纪念而已。斯氏自以为打官司以求"理直",让遗产以求"情安",孰知他的不信正教和他的与胞姐诉讼的消息传出时,致惹起人言啧啧,愈使他不理于众口。但究竟斯氏有何异说,何以不信正教,尚无确切凭据。

恰巧此时有两个好事的青年,装作虚心领教的神气,前来向斯宾诺莎探听他的异说的证据。他们问斯氏道:你的父亲虽然死去,但你总相信他的灵魂是永不磨灭的?斯宾诺莎答道:圣经上并无灵魂不灭之教,"灵魂"的本义为"生命",生命断绝,故灵魂亦随之断绝。他们又问道:那么,你相信无有肉身,但可导人之灵魂升入天国的天使吗?斯氏答道,天使亦不过世人臆想中之幻象,其实并没有那回事。那么,你相信上帝的存在吗?他们又追问。斯氏答以上帝亦并不存在于虚无渺茫之天国内,超越在外,上帝即在自然里,是有形体的(God is extended),是吾人可用理性去体察认知的。于是他们便算得到了斯宾诺莎三大异说的亲口供:(1)不信灵魂不灭,(2)否认天使的存在,(3)承认上帝有形体。他们更张大其词广为宣传,遂使众人皆认斯氏为离经叛道的罪人。而且斯宾诺莎自与姐诉讼,让出遗产后,即搬入樊恩登学校,寄食其中,为樊氏助教。但樊氏学校亦素有宣传无神论的嫌疑,且斯氏加入后,更与其他开明基督教人往来,不复遵守犹太教人饮食方面的禁忌,更招同种族同教门的人之訾议。

当初犹太集团中首事人,曾予斯氏以利诱,劝他勿宣传异说,且至少外表须对于宗教仪式略取遵守态度,每年可给津贴若干。但斯氏不为所动。后又加以威吓,谓不听则将赶他出境。斯氏亦毫不畏缩,最后复召斯宾诺莎于众犹太教长老之前,斯氏的老师莫泰罗为主席,并传集质明斯氏异说的证人,加以审讯,促其改悔。斯氏不惟不否认其异说,且当众解释辩护其说。于是他们遂决议姑暂放逐斯氏三十日,以观后效。但三十日后,斯氏仍不悔过,于是一六五六年七月二十七日正式宣布将斯氏永远放逐。除责其怙恶不悛,痛加咒骂外,并禁人与他言谈往来,禁人帮助他或与之同屋居住,且教人勿得与他接近至约四码之远,亦勿读他所著作的任何文字。

斯氏被逐后,只能迁住安姆斯达丹附近一小村叫做 Ouwerkerk 的地方去避居。住了几个月后,见众人的忿怒已渐平息,他仍复回安姆斯达丹销声匿迹地住下,直住至一六六〇年方迁往莱茵堡(Rhynsburg)。我们试想斯氏被逐后,便成为一个声名狼藉,言无听,歌无和,独行无侣的人。这时他生活中有两大问题呈现于前:第一,如何解决他精神上的烦闷。第二,如何解决他个人的生计问题。他对于第一问题的解答,就是看破人世之虚幻,认世人所谓善恶,所谓毁誉,皆不足动心,更勇猛精进,以追求真理而获得无上快乐。至于他对于个人生计问题的解决,就是操磨擦镜片的技艺,以自食其力。要知道他这几年内经过内心的冲突,精神的苦闷,而达到追求真理的决心,并可以看出他全部哲学的出发点,最好是参读他《致知篇》篇首的自由,因为此篇就是他新离开安姆斯达丹的苦闷环境而迁到莱茵堡那两年内作的。他说:

> 及余亲受经验的教训之后,方深悟得凡日常生活中所习见之物,皆属虚幻无谓。因我确见得凡令我眩骇之物,其本身既无所谓善,亦无所谓恶,不过但觉此心为其所动罢了。因此最后我乃决意探究世间是否有真正可以分享于人之善,单独

地可以涵养此心,屏绝他物。这就是说,我要探究世间究竟有无是物,一经发现获得之后,我便可以永有连续无上的快乐。我说"最后我乃决意"如此,因为初看起来,放弃眼前的实物,去追求那不可捉摸的至善,未免甚不值得。我明知荣誉与资财之利益,倘若我要想专心致志于别的新的探求,我必得放弃这种种利益;假如真正的最高幸福,在于荣誉资财,那么,我岂非交臂失之。但假如真幸福不在荣誉资财,而我用全付精力以赴之,那我也不能如愿以偿。……所以反复思索之后,我确切见得,若我能彻底下决心,放弃迷乱人心之(1)资财,(2)荣誉,(3)肉体享乐三者,则我所放弃的必系真恶,而我所获得的必系真善。所以我知道我实到了生死存亡的关头,我不能不强迫我自己用全力去寻救济,就好像一个病人与重症挣扎,不能不尽全力去寻求药剂一样,因为他的全部希望只在此一点。……而救济之道不在于爱好变灭无常之物如资财、荣誉、肉体快乐等,因爱好变灭无常之物,适足以使吾人嫉妒、恐惧、怨恨,简言之,内心烦恼。而反之,爱彼永恒无限之物则足以培养此心,长使此心怡悦,不容丝毫苦恼之阑入。

请看斯氏是如何用全付的决心与毅力去解决他理与欲和人世的计较与理想的追求的冲突,而得到胜利呀!他竟把对于永恒无限的真理之追求与爱好,当作人世苦海的超脱和极乐世界的获得。

至于斯氏操磨擦镜片之业以自谋生计固有其实际的效用,亦有其理想的意义。好像歌德临死时,叫一声"Mehr Licht"(更多的光明),虽他的意思只在叫侍者卷起窗帘,多见点光亮,但说者均谓歌德临终时之念念不忘追求更多的光明，实具有深意，为他给世人的最后遗言。所以斯宾诺莎一生之磨擦眼镜、望远镜及显微镜的镜片，似亦含有象征的意思，欲使世人眼光看得更清楚、更远大、更精微。记得德国的诗人海涅（Heine）曾很诙谐的说过："所有我们现代的哲学家，也许常不自知觉地，借斯宾诺莎所磨擦过的眼镜以观认世界。"（Alle unsere heutigen Philosophen, vielleicht ohne es zu wissen, sehen sie durch die Brillen, die Baruch Spinoza geschliffen hat.）他不是也把斯宾诺莎所磨擦之眼镜来象征他的世界观吗？我们亦何尝不可以说他之磨擦镜片，就好像印度的甘地之亲手造盐，亲手纺纱，固有实际的经济的需要，亦有理想的象征的意义呢？

其实斯氏不仅把磨擦镜片当作技艺，且能由技而进于道，他借此以研究光学。他虽操磨镜小技，亦不仅以技术精巧著名，且以对于光学有研究著名，致引起物理学大家如 Huygens 的注意，使当时学术界名流莱布尼兹闻名而致函斯氏讨论光学，并寄赠他关于高等光学的论文，请求教正。不过，不论他的镜片磨擦得如何好，他借此而得到的报酬，究竟甚少。所以他仍只得过清苦撙节的日子。有人查过他的账单，知道他有时每天只吃三便士的东西，有时每天也费四个便士。而他又从不向人借贷。虽有朋友愿招待他吃饭，但他也不愿常去。后来斯宾诺莎很忠实的朋友和信徒，名德福里（Simon de Vries），系安姆斯达丹城商人，于一六六七年临殁时，欲以斯氏为其财产的继承者，斯氏恳辞不受，乃归其弟接受遗产，但德福里仍嘱其弟每年付斯氏五百 florins（每一 florin 约值英币二先令），斯氏因情不可却，但亦只允每年受三百 florins，足见其耿介的性格。此外斯宾诺莎因受当时荷兰大政治家德伟特（Jan de Witt）

之特殊知遇,自一六七一年起,复受德氏每年津贴二百 florins。所以到晚年他已并不感经济的困难,用不着靠磨擦镜片以自给,而他之终身磨擦镜片,出于科学的兴趣,且借以练习劳作,聊以自娱的用意多,而迫于经济的需要的原因少。但斯氏因生来体质就很弱,再加以平日磨镜时,呼吸些玻璃灰末进气管,更有损于健康,因此他后来竟于一六七七年二月二十一日死于肺痨病症,时年尚未及四十五岁。斯氏本恃磨镜片为谋生之具,孰知后来反成为他致死之由。命运之播弄人如此,也就不禁令人长叹息了。

以上所叙,大要不外三点:(1)斯氏大胆说真话,不因利诱威迫便与传统的迷妄宗教信仰妥协。(2)被放逐后决意以追求真理为脱离苦海安心立命之究竟法。(3)磨擦镜片之生活及其意义,以及斯氏一生之经济状况。此外斯氏生平重要的事迹,大概都与他追求真理的收获或著作密切相关。兹以他所居住之时地为纲,以他著作完成之次第为目,分别叙述其概略:

一六六〇至一六六三年斯氏住莱茵堡

奥登堡致斯氏书也曾说过,斯氏的学识与品格好像有一种吸力,能使"颖敏好学之士,闻风兴起,敬爱亲近"。所以他虽被放逐,但仍有不少的学友。而这些向他请教益的学友,却大都是些商人、医士或书贾阶层的人。他的第一本著作《天人短论》(*Korte Verhandeling van God*, *de mensch en deszelvs welstand*)大约就是当他在安姆斯达丹时,与这些学友们讲论过的,而他一到莱茵堡时便整理成书,复将稿本寄给他们研究讨论(不幸此书竟被散失,不见于斯氏遗集中,直至一八六二年方发现出来,出版行世)。他们有似一秘密研究斯宾诺莎学说的团体,而以德福里为领袖。所以斯氏于书末告诫他们勿轻于示人,因为真理决不会因领受的人少,便失其为真理。继此,斯氏又进行他的《致知篇》(*Tractatus de Intellectus Emendatione*)一书的著作,目的在指出其个人困心衡虑之经验,深悟得追求真理实为企求至善之究竟法,并昭示致知的方法及真理与实在的系统一贯性。可惜此文只是残篇,并未完成。同时有一青年名 Casearius 的,特来从斯氏习哲学。斯氏以此人年轻,性情未定,不欲授以自己之学说,乃授以笛卡儿哲学,不久遂成几何方法证明《笛卡儿哲学原理》二卷(*Principia philosophiae cartesianae*),复汇集他年来讨论和思索所得之结果,成《形上学思想》(*Cogitata Metaphysica*)一小册,作为附录,经友人之怂恿,复由友人迈尔(L. Meyer)作序,申明此书仅阐述笛卡尔思想,作者并不完全赞成笛氏之说,而自有其未曾发表之独立思想,方于一六六三年出版。此为斯氏生平用真名出版之唯一著作。

一六六三夏至一六七〇年斯氏住乌尔堡(Voorburg)

斯氏于一六六三年夏迁居至乌尔堡时,即着手写他的《伦理学》一书,即于是年将第一篇初稿写成。至一六六五年时,即已将第四篇写就。据说此书原名不作《伦理学》(*Ethica*),而名为《论天及人之理性的灵魂与最高幸福》(*De Deo, Anima rationali, summa hominis felicitate*),因为书中内容实包含(1)论天道,(2)论心性,(3)论修养三部分,而不仅限于伦理,其性质范围与《天人短论》

同,不过较系统,较深邃,且系用几何方法证明罢了。但不知最后他何以又采用《伦理学》的书名。他本来可以即在此时将《伦理学》一书一气呵成,但因种种关系把著《伦理学》的工作抛开。原来此时,斯氏结识了许多荷兰国政界很开明有学术兴趣的领袖,如安姆斯达丹城的市长胡德(Hudde)等,因乌尔堡距海牙很近,他又常有机会与外交界人士认识,最要紧的是他与政府要人德伟特结莫逆交。德伟特是主张教权与政权分开,提倡思想与信仰自由的大政治家。他除自己撰著文字与发挥政见外,并鼓励斯宾诺莎著书讨论政教问题以争自由,而赞助他的政见。因此之故,斯宾诺莎年受德伟特二百 florins 资助。而斯氏因(1)欲廓清普通神学家的成见,使宗教信仰无碍于哲学之探讨,(2)欲一洗刷世人认彼为无神论者的误会,(3)欲发挥言论思想应自由的理论,所以他即于一六六五年着手著《政教究源》(现此书已由温锡增译出,名《神学政治论》〔Tractatus Theologico-Politicus〕),直至一六七〇年方出版,因恐触忌讳,未署姓名。但此书一出,轰动全国,并远及欧洲各国,在短时间内即五次再版。攻击此书的论著遂风起云涌,而各教会各法团要求政府取缔此书的呈文,亦层出不穷,但德伟特当政,此种守旧派皆不得逞,斯氏之书乃得销行无阻。但德伟特之敌人皆知此书"为叛逆之犹太人及魔鬼在地狱中杜撰而成,且经德伟特之默许而出版的",因此迁怒及于德伟特,且又因内政外交及其他事件对于德伟特之忿恨,于一六七二年八月,鼓动群众,将德伟特杀死。斯宾诺莎此时已住在海牙,闻德伟特死,异常哀恸;且气愤不过,立书一条告,以攻击群众的最下等野蛮举动,意欲张贴通衢,以伸正义。幸而斯氏的房东谨慎,将他锁在室内,不让他出去,不然,他恐反将因此遇难。

一六七〇年至一六七七年斯氏住海牙

斯氏大概因徇海牙友人的要求,最后乃迁居海牙。当他在海牙时已成为名人,且时有政府要人如德伟特等出入其门。而他与人讨论学术的通信,也愈为增多。鲁伽士(Lucas)于其《斯宾诺莎传》中,甚至谓斯氏乃当时海牙的名胜之一,游历海牙的人,多以一瞻斯氏丰采为荣幸。当时法国与荷兰间战事发生,法军统帅为恭德亲王(Prince Conde),兵临荷境 Utrecht。恭德亲王见解开明,对于艺术、科学、哲学皆有兴趣。听说斯氏为《笛卡儿哲学原理》及《政教究源》二书之著者,乃差人召斯氏入其军营以资研讨。斯氏一方面感于亲王一番好意,一方面也想借此机会,以促成法国同荷兰的和议,乃于一六七三年五月应召到 Utrecht。但彼时恭德亲王已因事返法国。斯氏在此亦甚受法军官优待。但候了数星期后,亲王仍不能来,斯氏只得废然而返。法人曾要求他著一本书献给路易十四,但斯氏谢绝不为。哪知海牙民众听到他造访敌军军营的消息,疑他必有卖国行为,及斯氏回到海牙时,群众喧嚣不已,预备以石子投击他。斯氏乃从容不迫,持之以镇静,群众的疑团乃释,因而无意外事发生。

斯宾诺莎的声誉所播,不仅引起法国亲王的召见,而更重要的是即于同年二月接到德国海岱山(Heidelberg)大学请他担任哲学教授的聘函。此事的背景大约是这样的:海岱山大学在德国王子鲁德威(Prinse Karl Ludwig)的封地内。王子是眷顾笛卡儿的伊利沙白之弟,思想尚开明,且注意文化学术之提倡。王子有一幕宾法人 Urbain Chevreau，常在他前面称道斯宾诺莎，有一天且曾将斯氏《笛卡儿哲学原理》一书诵读了几段与他听，听了后，他决定聘斯氏为哲学教授，乃命他的参议海岱山大学教授 Fabritius 致函斯氏，征求同意。斯氏以一有无神论嫌疑而被放逐的异族人，今一旦受德国王子的知遇，聘为哲学教授，有公开讲学的权威，自觉对此十分欣羡。不过聘函中有"君将有极端自由以从事哲学，深信君将决不致于滥用此种自由以动摇公共信仰之宗教"一句，却使斯氏踌躇为难。他辗转考虑了六星期之久，结果他只得回书婉辞谢绝。宁肯闭户潜修，不愿公开讲学，惹起风波。论者多谓斯氏此举，实最聪明最妥当不过的办法。假使彼果承受此职，则（1）有无神论嫌疑，和以《政教究源》作者之斯宾诺莎而公开讲学，必引起以卫道自居之各教会各法团的激烈反对，使之不安其位。（2）即使万一不遭攻击，但次年德法战争海岱山即为法军占领，大学被解散，斯氏亦必被赶离职。所以我们替他打算，亦以勿当教授较为得计。

此外斯氏在海牙与莱布尼兹的关系也值得略为叙述。当一六七一年他们曾通过一次信，莱氏以所著关于高等光学的论文赠斯氏，斯氏亦以其《政教究源》赠莱氏。当一六七五年莱氏在巴黎时，友人即力言莱氏之才智，请斯氏以其《伦理学》稿本寄示。但斯氏对莱氏之行为，似有种本能的怀疑，不允所请。但莱氏于一六七六年秋，路过海牙，亲访斯氏时，斯氏的疑虑顿释，曾出其《伦理学》稿本以示莱氏，彼此聚谈多次，且谈论甚久。及斯氏死后，莱氏亦曾趁先得读其遗书，精心研究。自读斯氏书后，他的思想为之根本改观。论者甚至谓以莱布尼兹之多才，但他终身未摆脱斯宾诺莎的圈套。不过彼对人从不承认他同斯氏的关系，著书亦完全不道及斯氏，偶尔提到时也含蔑视的意思。所以莱氏之对斯氏，似欠缺一点学者态度。

关于著作方面,斯宾诺莎于住海牙期间的最大工作,当然是于一六七五年将《伦理学》一书全部著成,且最后写定。此后他除着手著《希伯来文文法》一书未曾完成外,复进行著《政治论》(*Tractatus Politicus*)一书,为他鼓吹民主,争思想言论自由,求个性发展与公共和平的最后呼声,惜此书仅写至第十一章即辍笔。又当斯氏辞世前半年内,他曾携《伦理学》稿本,亲往安姆斯达丹城一行,接洽出版事宜。但谣言四起,说斯氏著有一关于上帝的书付印,但其书目的在证明无有上帝的存在云云。因此有许多神学家,也许即此种谣言之制造者,立即要求当局设法取缔此书。所以斯氏不得不放弃生前印行他的不朽名著的计划。总之,斯氏的思想超过他所生长的时代太远,那时的世界尚没有成熟到可以接受他的学说的程度。

但伟大的哲学系统,也好似古董或艺术品一样,经历年代愈久,反愈显光芒,其价值反愈高。譬如斯宾诺莎的学说,不但不为当时的人士所接受,即他死后,也复无声无臭地埋没了一百多年。直至一七八〇年前后,德国的大文学批评家莱辛(Lessing)及思想家耶柯比(Jacobi),方渐次重新发现了斯宾诺莎。莱辛称"除斯宾诺莎的哲学外,没有别的哲学"(Es gibt keine andere Philosophie als die Philosophie des Spinoza)。因耶柯比与Mendelssohn(为莱辛作传之人)通信,公开讨论莱辛对斯宾诺莎的态度,而斯氏的名益彰扬于德国思想界。自此以后,斯氏与康德遂同为支配德国哲学界相反相成的两大柱石,所有后康德派哲学家几无一不受斯氏的影响。费希德先受斯宾诺莎影响,后方研究康德,谢林更是很显著的斯宾诺莎派人。而黑格尔且明言"作一斯宾诺莎派人,实为一切哲学研究之真正的开端"(Spinozist zu sein wäre der wesentlichste Anfang alles Philosophierens)。至于神学家如希雷马哈(Schleiermacher),其宗教思想可谓纯出自斯宾诺莎。大文学家如歌德,一生曾数度研究斯氏学说,且其对于斯氏的深切了解实与年俱进。英国的浪漫诗人雪莱,曾发愿翻译斯氏的《政教究源》一书,拜伦亦允替他作序,虽然未成事实,但亦足见其兴趣所在了。唯物论者如费尔巴哈、实证论者赫胥黎,亦复自承认受斯氏影响。当一九二九年时,美国波士顿有一主教忽大肆抨击爱因斯坦相对论,斥为替无神论张目。有记者因此致电与爱因斯坦询其是否相信上帝。爱氏回电说:"我相信斯宾诺莎的上帝。"——凡此种种例证,可以见得斯宾诺莎学说虽晦于当时,而实无时间性且无空间性,并可以满足兴趣各不相同的人的要求。

要了解斯宾诺莎的学说,我们不可忘记了斯氏祖宗庐墓所在西班牙国中发现新世界的老英雄哥伦布(一四三六——一五〇七),和与荷兰商务最密切的意大利国人大物理学家伽利略(Galileo,一五六四——一六四二)。哥伦布可以说是开拓地理世界的英雄,伽利略可以说是开拓物理世界的代表,而斯宾诺莎便是承袭此精神更进一步开拓天理世界的先觉(天理指 divine order of the universe 或斯氏所谓 Natura Naturans〔造物〕。造物对"物造"〔Natura Naturata〕而言。造物指自在自知之大或天理,物造指自天理之必然性而出之分化)。

原来欧洲自文艺复兴以来,渐渐的从独断的神权与专制的君权里解放出来,向着(1)开拓新宇宙,(2)作新人的方向迈进。所谓(1)新宇宙,是指地球绕着太阳走,不是太阳绕着地球走的宇宙。是吾人可以向东方出发,绕着这圆形的地球一周,而能由西方归家的宇宙。也是人可以离开传统的信仰与习俗而跨洋过海到亚美利加洲去开垦新地,到极东的国境里去搜求珍奇的宇宙。所谓(2)新人,是指那生理学、生物学或心理学可以研究的人。是那逃不出物理化学定律,可以用数学的方法研究的人。也是那自私自利有情有欲好大喜功(the will to power)的人,换言之,也就是不复在上帝的恩典和教会的权威下讨生活的人。

哥伦布及许多大海盗驾起有新发明的罗盘针以定方向的海船,又载上有新发明的火药的枪炮,真是乘长风破万里浪般去开拓新地,攫取财宝。伽利略以及其他的科学家,一面利用新发明的望远镜以仰观星象之大,一面利用新发明的显微镜以俯察万物之细,复进而将他们实际观察实验的成绩,用数学的方程式组织起来使成为普遍的必然的科学的律令。在这种伟大的新物质*宇宙与新物理宇宙之下,斯宾诺莎一面埋头钻研犹太文的经典和中世纪的旧籍,一面涉猎那受了这新物质与新物理的宇宙的震荡,而自己形成一哲学的新宇宙观和人生观,如培根(一五六一——一六二六)、笛卡儿(一五九六——一六五〇)、霍布士(一五八八——一六七九)等人的新学,且又直接间接探求到泛神论者如布鲁诺(Bruno,一五四八——一六〇〇)、神秘主义者如波墨(Jacob Boehme,一五七五——一六二四)等人的学说,了悉自然即神,神即自然,上帝即在自然之内,即在吾人内心深处的见解。一面除研究科学之外,他又操磨擦望远镜及显微镜的镜片的技术,以供给科学家的仪器。但他自己除偶尔暇时一用显微镜察看园里的小昆虫以自娱外,却很少利用过他自己所磨擦的科学仪器。这并无别的原因,只因斯氏的工作

---

* 《哲学与哲学史论文集》作"地理"。

七　斯宾诺莎的生平及其学说大旨

和问题更为重大繁难,而非单靠望远镜与显微镜所能解答。望远镜所见虽大,但不能见"无外之大"的本体*或天;显微镜所察虽细,但究不能察"无内之细"的本体或天。所以斯氏必得自己求得一种比科学的仪器还要更精密准确的新仪器新方法,以建立他的新宇宙观、新人生观,使以求真为目的的科学的探讨与求安心立命的宗教的生活调合一致,使神秘主义的识度与自然主义的法则贯通为一,使科学所发现的物理提高为神圣的天理,使道德上宗教上所信仰的上帝或天理自然化作科学的物理。

究竟斯宾诺莎用以开拓天理世界的新工具新方法,可以与开拓物质世界的哥伦布所用的罗盘针,开拓物理世界的伽利略所用的望远镜的实验和数理的推论方法差相比拟,而且较进一步的方法是什么呢?粗浅点说,这就是他的几何方法。伽利略用几何方法以研究星象体积等等,而斯氏便用几何方法以研究天或上帝、伦理问题、心性情意等。换言之,伽利略用数学方法以研究"物理",而斯氏则用数学方法以研究"人生"或"天理"。这也足见斯氏已比伽利略更进了一步。因为斯氏根本把人也、天也、物也,等量齐观,而伽利略只限于研究物理物象,而没有达到斯氏一天人齐物我的境界。但如果我们更仔细勘察,则知斯氏的几何方法仅是他的学说的外壳,而不是他哲学系统的核心。"依几何次序证明"(ordine geometrico demonstrata),仅是他著书所采取的形式而不是思想的方法(the geometrical method is only an order of presentation, not a method of thought)。斯氏盖深知数学方法的限度,所以他在他的《虹之代数测算》一文中,特引用西塞罗(Cicero)的下列名言作卷

---

* 《哲学与哲学史论文集》作"实体"。

头语:"在各种科学中,几何学最有高贵的地位,所以没有比数学家更著名的。但是我们曾经划定这门艺术的范围以求度量及测算的实用为限度。"斯氏之所以用几何次序以发表其学说的原因,一则因为此法在当时甚为通行,中古的神学家以及霍布士、笛卡儿均曾试用此法;而斯氏之应用此法,也不过较前人更熟练更系统罢了。一则斯氏以为吾人研究心理、伦理、天理,总期以几何学为模范,以寻求同样客观的普遍的悠永而确定的真理。

而他自己所用的思想方法,可以称为典型的哲学方法的,就是可以求得他所谓最高级的——第三种的知识的直观法。他的直观法我们可以叫做形而上学家所用的罗盘针、望远镜或显微镜,这就是可以认识其大无外和其小无内的天或本体或物性的望远镜或显微镜,这就是可以使人逍遥游于天理世界的罗盘针。这个方法的妙用在于从大自然、从全宇宙,也可以说是从超人或超时间的立脚点来观认"物性"(essence of things,按 essence 一字应作性或本性,亦称自性,性即是理,物性即物理)。这种的直观法他又叫做从"永恒的范型之下"(under the form of eternity, sub specie aeternitatis)以观认一切物性的方法。他这种的直观法就是佛家所谓以"道眼观一切法"的道眼或慧眼,就是庄子所谓"以道观之,物无贵贱"的"道观法",也就是朱子所谓"以天下之理观天下之事"的"理观法"。因为斯宾诺莎认定了这种从整个的宇宙或永恒的天的立脚点的直观法是认取笛卡儿所谓明晰确定的观念的根本思想方法,所以他用全力来攻击那执着我见,从狭义的人的立脚点来研究事物之目的因(causa finalis)及其对于人有何用处的思想方法。从这种执着我见所得来的知识,斯氏叫做意见或想像,这就是他所谓第一种知识,这种知识就是一切谬误的来源。这种谬误的思想方法,斯氏很着重的说"若无数学以救治之,实足为使人类陷于永不能直见真理之一大原因。因为数学不研究目的,仅研究形相的本性与特质,可以供给我们另一种真理的仪型"。此种数学的知识,以及其他数学方法求得的科学知识,由于吾人对于物之特质(properties of things,注意与物之本性〔essence of things〕不同)有了共同的概念与正确的观念而成的知识,就是他所谓理性或第二种知识。此种知识可算作客观的知识,但与第三种的直观的绝对客观的知识不同。总之,第一种知识为斯氏所极端反对,第二、第三两种知识,皆斯氏所认为必然的真理,可以作吾人辨别真伪的准则。

讲到这里,我们可以讨论斯氏独到的真理标准说了。普通对于真理标准的见解,大约不外两说:(1)为知与所知符合说(correspondence theory of truth),(2)为知识自身圆满贯通说(coherence theory of truth),而斯氏乃包含两说而又超出两说,以自成一种"真理即真理自身之标准说"。斯氏有一名句说:"一如光明一方面表示光明之为光明,一方面又表示黑暗之为黑暗,所以真理一方面是真理自身的标准,一方面又是鉴定错误的标准。"这话初看似乎是一种毫无意义的循环论证,但细玩却很有道理。因为即使真理另有标准,则此标准必仍系一种真理。一如在价值论上我们可以说,价值如有标准,则此可作价值的标准之物,必系有价值之物,必另系一种价值。所以真理即是真理自身的标准,一如价值就是价值自身的标准,皆圆满自足,不假外求。而且如笛卡儿式的数理的自身明晰确定之观念,更是一种自明之理,既是真理自身的标准而又可以作鉴定错误的标准。换言之,真观念必符合真观念,但不是钞模(copy)外物,符合外物。譬如我今天关于犬的真观念可以与昨天或他人关于犬的真观念符合。但犬能吠,而我们关于犬的真观念则不能吠。若谓犬的观念与真理符合,岂非迂拙可笑?所以斯氏的真理标准观,亦可称为符合说,但乃真理与真理之符合,而非真理与外物的本身符合。此种真理自身的符合与自身的标准,亦可称为贯通说,但贯通二字只能表示真理的系统性,圆满而无矛盾性,而其实真理的标准仍是真理的自身。根据上面的见解,我们可以解释斯氏《伦理学》第一篇第六定则真观念必符合其念象(ideatum)了。此语单就字面讲来,好象即是普通所谓符合说或钞模说的界说,而且显然与他自己真理即真理自身的标准说冲突。但须知斯氏所谓真观念乃指对于天、天理或物性物理观念而言,所以他所谓真观念的对象(ideatum),亦不是物质,而是天理或物性*(参看第二篇命题三十二及三十四)。换言之,真观念的对象即是真理。"真观念必符合其念象"一定则的意思,即在肯定吾人的知力或理性可以对于天、天理或物性*形成明晰确定的真观念,这就是说,知天是可能的。所以斯氏的真理的标准说,前后都是一贯的:真理的标准就是真理,就是天。要追求真理,首要之务就是知天。知道天后,即有了真理的标准,亦有鉴别错误的标准。因为天就是本体,就是一切存在、一切知识的本源。而知天或认识本体的方法,就是直观法,——从永恒的范型之下以观认万物的数学式的直观法。如是说来,则斯氏的知识方法论与知识标准论,便成了引导我们去研究本体论或宇宙观的最好津梁,也可以说是(如果我们继续我们上面的比喻)指示我们去开拓天理世界的罗盘针或望远镜。

---

* 《哲学与哲学史论文集》作"物理"。

我们记得培根已早在斯宾诺莎之前,提出其所谓"知识的新工具"(Novum organum scientiarum,培根名著的书名),大声疾呼地攻击他所谓四大偶像,而揭示出他的归纳法。他的目的其实与理性派人相同,均在廓清基于我执的成见与幻想,以求客观的真理。哪知他这种方法,只能得到零碎的实用的知识,既无普遍性,又无必然性,且仍逃不脱求实用的我见。所以伽利略、笛卡儿(霍布士亦与有功)一般人才修正此法,而益之以数学方法,于是科学知识才更客观化、系统化,而可形成必然普遍的定律。斯宾诺莎取同样的途径,进而求关于心性、伦理及形上学知识之具有普遍性、必然性、客观性,乃提出他的超时空、超人我、从天的立脚点,或从永恒的范型之下以观物的直观法。以此种直观知识为自明的定则(axioms),为数学式的推论演绎的基本原理,为以理推理的方法建立一牢固不拔的基础。所以我们与其称斯氏的直观法为几何方法,不如称之为几何式的推论的基本认识法,换言之,他的直观法即为几何式的演绎寻求基本原理或第一前提(first premise)的方法。总而言之,他的方法,是比培根的归纳式的客观,伽利略式的数学的客观更为根本、更为超脱我执法执的绝对客观法。此种绝对客观法亦可叫做绝对主观法(以示有别于执着我见的主观而言),因为此种的直觉知识究系自知自明,自为真理的标准,而非假借外物旁证可以形成的科学良知或直观知识。所以斯氏由培根之提出客观,乃更进而求出绝对客观;由培根之反对主观,乃更进而寻出绝对主观以代之。必这样比拟陪衬,才更可以反映出斯氏的知识方法论与标准论之深邃处,与直证知识之本源处。不过我们须得补说一句的,就是所谓绝对主观与绝对客观的直观法,实即超主客的直观法,即从天或从永恒之范型下以观物的直观法。

我们又记得培根曾说过"知识即是权力",又说过"要征服自然须服从自然"。我们可以说斯氏亦全盘接受此说,但更进一层使此说的意义更深刻化。培根所谓知识即权力,大意不外认知识为一种物质力量,可以征服自然,漂洋过海,开拓殖民地等。而斯宾诺莎则进而认知识为一种精神力量。因为最万能的莫过于天,最能增加我们的力量的莫过于知天,与天为一。人生诚有求权力之意志,但欲求最大之权力,莫过于知天。人生最大的力量莫过于征服自己的被动的情感(passion),以解脱人世之束缚而得大自由。但知天就可以引起一种刚健的情感(active affect),此种刚健的情感,即可使被动的情感退避。而且被动的情感乃起源于观念之混淆(confused ideas),若吾人能知天,认识真理,对于情感的性质形成明晰的观念,则吾人自可解除情欲的束缚,而不致动心了。人生最大的精神力量,莫过于自由与永生了。什么是永生?知天理就是永生。什么是自由?行天理就是自由。其次培根所谓征服自然须服从自然,大约不外两层意思:(1)其意不过谓遵守生理的定律可以增进健康;遵守电学的定律,可以避免触电等。(2)其意不过谓吾人须虚心观认自然,不可参杂主观的成见于其中。斯宾诺莎亦一样的主张服从自然,但他的自然即是天。服从自然就是中国所谓乐天安命(善意的解释斯氏不曰"乐天"而曰"爱天"),就是以天理为生活的指针。这种知天理、爱天理、行天理而达到的自得自谦(self-satisfaction)实为最高的满足(参看《伦理学》第四篇命题五十二)。知天理即是天之自知,爱天理即是天之自爱,行天理即是天之自动。这就是斯氏运用直观的知识方法,由知识即权力说,由服从自然说,而达到最高的精神力量与天为一的关键。

所以由此我们可以看出斯氏(1)由直观的知识方法而引导到本体论宇宙论,(2)由直观的知识方法以指示修养论或人生观。兹因限于篇幅,不能详细发挥斯氏所开拓新世界——天理世界的内容和他所理想的新人的楷模,但希望从斯氏的知识方法论与标准论可以进而略窥斯氏所昭示我们的新世界与新人生的端倪。

八　康德名词的解释和学说的大旨[*]

引言

我们知道中国哲学史上有几大柱石,如孔、孟、老、庄、程、朱、陆、王等;而同样的西洋哲学史上亦有其大柱石,亦有其孔、孟、老、庄、程、朱、陆、王。这些哲学史上的柱石便叫做古典的哲学家(classical philosophers)。所谓"古典的"哲学家,大概是指他们的著作不怕时间的淘汰,打破地域的阻隔,是比较有普遍性,不拘任何人在任何时间任何地域,翻开他们的著作来读,都可以有"深获我心"的感觉的。还有一层,"古典的"(classical)三字,有时又称为"典型的",意谓这些典型哲学家或他们的著作,与古典或古董有类似的性质。古典每每源远而流长,而古董的特色就是流传的时间愈久地域愈远,而价值有时反愈高。譬如魏碑不如汉碑,唐碑不如魏碑,明版书籍不如宋版。——这是说流传的时间愈久而价值愈高。又如佛学在印度本地并无何势力,而流到中土便大放光明;而中国的很多古玩字画,到了外国人手里,反愈显得有价值。——这

---

[*] 本文最初发表于1936年1月《东方杂志》33卷第4期,名为《康德译名的商榷》,收入《哲学与哲学史论文集》时改名为《康德名词的解释和学说的概要》。

八 康德名词的解释和学说的大旨

是说流传的地域愈远而价值愈高。我上面这些例子也许失之呆板而并不十分确切,但至少可以表明,中国的古典哲学家,也许在西洋比在中国更流行更受欢迎,是可能的事;同时西洋的古典哲学家也许在中国比在西洋更流行更受欢迎,亦是可能的事。譬如,我们试放纵我们的幻想,假使我们中国人皆如吴稚晖所说,把所有的线装书尽行掷入厕所里,则我相信,英国的伦敦博物馆里,美国的国会图书馆里,仍然会有人在那里诵读中国书籍的。假如西洋果如斯宾格勒《西土沉沦》书中所预言,竟归沉沦,那么,我相信柏拉图、亚里士多德、康德、黑格尔的精神火炬也会仍在东方燃烧的。这就足见得古典哲学家的真价值和不朽的所在,更足以见得研究哲学从研究典型哲学家着手,介绍西洋哲学从介绍西洋典型哲学家着手,是极可推许的途径,是极值得努力的工作。三十年前,王静安先生四读康德而不得其解,竟至改变兴趣;梁任公先生作西儒学案,虽算是走上正轨,惜甚简浅而未继续深造。设以二先生之魄力,而于当时即专志作西洋古典哲学之翻译与介绍,则现在中国哲学界当必大为改观了。

现在据个人所知,中国各大学哲学系似已渐渐注意于西洋名哲的研究了。如柏拉图、亚里士多德、笛卡儿、斯宾诺莎、休谟、康德、黑格尔,北平北京大学和清华大学两校都曾开过专门研究的课程,这总可算是一好现象。出版界对于西洋名哲的翻译与介绍的著作,我们可以预言,一定是会日益加多的。不过讲到翻译介绍西洋大哲的名著,则对于译名一事,却不可轻易放过。在别的地方我都很赞成经验派的荀子"名无固宜,约定成俗谓之宜"的主张。譬如,我觉得"北京"一名,既已约定俗成,实无改成"北平"的必要。但在哲学的领域里,正是厉行"正名"主义的地方,最好对于译名的不苟，是采取严复"一名之立，旬月踟蹰"的态度。尤其是中国现时之介绍西洋哲学，几可以说是草创时期，除了袭取日本名词外，几乎无"定约"、无"成俗"可言，所以对于译名更非苦心审慎斟酌不可了。对于此点，我曾发表过意见如下：

……要想中国此后哲学思想的独立，要想把西洋哲学中国化，郑重订正译名实为首务之急。译名，第一，要有文字学基础。所谓有文字学基础，就是一方面须上溯西文原字在希腊文中或拉丁文中之原意，而一方面须寻得在中国文字学上（如《说文》《尔雅》等）有来历之适当名词以翻译西字。第二，要有哲学史的基础，就是须细察某一名词，在哲学史上历来哲学家对于该名词之用法，或某一哲学家于其所有各书内对于该名词之用法；同时又须在中国哲学史上如周秦诸子、宋明儒或佛经中寻适当之名词以翻译西名。第三，不得已时方可自铸新名以译西名，但须极审慎，且须详细说明其理由，诠释其意义。第四，对于日本名词，须取严格批评态度，不可随便采纳。这倒并不是在学术上来讲狭义的爱国反日，实因日本翻译家大都缺乏我上面所说的中国文字学与中国哲学史的工夫，其译名往往生硬笨拙，搬到中文里来，遂使中国旧哲学与西洋的哲学中无有连续贯通性，令人感到西洋哲学与中国哲学好象完全是两回事，无可融会之点似的。当然，中国翻译家采用日本名词已甚多且流行已久，不易拔除，且亦有一些很好的日本名词无须拔除。但我们要使西洋哲学中国化，要谋中国新哲学之建立，不能不采取严格批评态度，徐图从东洋名词里解放出来。①

兹篇所欲提出商榷的一些康德译名，大半是我在八九年前初读康德时所拟定。经过几年来复读康德，或与友人谈论康德，或持与他人关于康德的译名相比较，愈使我自信我这些译名多少合于我上述的四个原则，有它们成立的理由，也许可以供治康德哲学的人的参考，并且增进对于康德哲学的理解。

康德哲学重要名词的翻译与解释

《纯理论衡》(Kritik der reinen Vernunft)
《行理论衡》(Kritik der praktischen Vernunft)
《品鉴论衡》(Kritik der Urteilskraft)

说明：关于康德三大名著的书名，最好要能够表示出下列方式：

真—知—知—科学——《纯理论衡》的题材
善—意—行—道德——《行理论衡》的题材
美—情—审美—艺术——《品鉴论衡》的题材

使人可以从三大名著的书名里即可见得康德哲学的规模。《纯理

---

① 见拙译《黑格尔学述》序言，商务印书馆出版。

论衡》实即《纯知理论衡》之略。《行理论衡》实即"纯行理论衡"之省略。盖康德常以"纯知理"与"纯行理"相提并论。康德所著的《道德形而上学》有下面一段："道德的形而上学,真正讲来,除了对'纯行理'(pure practical reason)的批评的考察外,实在没有别的基础;一如除了我已经出版的对于'纯知性'(pure speculative reason)的批评的考察外,无法建立形而上学的基础。"①

至于第三论衡的书名直译应作《判断力论衡》,并不含有审美之意,今意译作《品鉴论衡》而暗示对于美的欣赏作批评的研究之意,则以康德本有以"美的欣赏论衡"作为书名之意也。按康德于一七八七年六月二十五日与 Schulze 教授信谓:"下星期内即将《理性论衡》付印,继此即将进行从事于《欣赏论衡》的基础之探讨矣(alsbald zur Grundlage der Kritik des Geschmacks gehen)。"又一七八八年一月六日出版家 Hartknoch 与康德信中亦有"敬候《美的欣赏论衡》(Kritik des schönen Geschmacks)之好音"之语。至康德后来何以不命名为《美的欣赏论衡》(Kritik des Geschmacks = Critique of Taste)而改称为《判断力论衡》,此处姑不具论。但吾人因《判断力论衡》意思不甚显豁,乃本康德原意译为《品鉴论衡》自甚得当,且"品鉴"二字固含有审美的判断之意。

"行理论衡"之"行"字即行为之行,德行之行。"行理论衡"则含有对于纯道德的理性,或纯德行的原理作批评的研究之意。西文中 practical 一字与 moral 一字几乎同义可互用,一如中文中之"行"字与"德行"字有时可以同义互用。② 至于中文"实践"二字乃

---

① 见 Abbott 译本《道德的形而上学》页八七。
② 可参看斯密士《康德纯理论衡注释》页七三。

英文 put into practice 之意,似未能表示与"知"相对之"行"或"德行"的意思。

普通的批评叫做批评,系统的严重的批评便叫做"论衡",康德的书名故以称为"论衡"为最适宜。余意"批判"二字在康德不可用,盖批评与怀疑相近,与下最后判断之独断相反。康德只可说是批而不判,或批而不断的批评主义或批导主义者。

批导哲学(critical philosophy)
批导方法(critical method)
批导主义、批评(criticism)

说明:康德比较少用 kritisch 一字,大都喜用 transcendental 一字以代之。康德的哲学亦称为批导哲学,康德的哲学方法或态度亦称为批导方法或批导态度,康德所谓 criticism 乃"加以批评的研究以领导到正的或负的结果"之意(a critical investigation leading to positive as well as negative results①),故应译作批导,而不可泛泛译作批评,亦不可译作有独断意味的批判。盖就康德哲学与后康德派哲学比较言,则康德哲学为批导哲学,只是批评研究知识的能力、限度、前提、性质,为"未来的形而上学的导言"(康德书名)奠立基础,以作先导,而自己不建立形而上学的系统;反之,后康德学派如黑格尔的哲学则为玄思哲学(speculative philosophy),大胆的循着康德的途径以建立玄学的系统。就康德哲学与前康德哲学比较言,则经验派之休谟为怀疑主义(scepticism),认形而上学先天知识

---

① 见斯密士《康德纯理论衡注释》页一。

为不可能;理性派之莱布尼兹为独断主义(dogmatism),不批评研究知识的能力和限度,率直凭理性去建立形而上学系统以证明上帝的存在,灵魂的不灭,意志的自由,而康德的哲学则为持中的批导主义(criticism)。他最喜用 Kritik 一字,英译本大都有时译 Kritik 为 critique("论衡",如书名),有时译 Kritik 为 criticism("批评",如 das Zeitalter der Kritik 英译作 the age of criticism,在中文只可译为批评的时代,不可译作批导主义时代)。

据我所知,国人治康德治学者大都早已以"批导"二字代替"批判"。"批导"一语出自《庄子·养生主篇》:"依乎天理,批大郤,导大窾"。

> 先天(a priori)
> 先天的或先天学的(transcendental)
> 先天知识(Erkenntnis a priori)
> 先天知识或先天学知识(transcendentale Erkenntnis)
> 先天摄觉(transcendentale apperception)
> 先天哲学(transcendentale Philosophie)

说明:上面这些译名的主要点,即在于将康德的原文 a priori 及 transcendental 两术语,统译成"先天"二字,而中国一般谈康德哲学的人,对于这两个术语的译名却又最纷歧不过了。但除译 transcendental 为"超越的"这些人,由于不明白 transcendent 和 transcendental 二字在康德哲学中的重要区别,陷于错误外,最普通的大都采纳日本人的译名译 transcendental 为先验,译 a priori 为先天。但究竟"先验"与"先天"二名词,在中文的字义上有何区别,谁也说不清楚。最奇怪的就是划分"先天"、"先验"的区别的人，日本翻译康德的名家天野贞祐，在他所译的《纯粹理性批判》（岩波文库本）里，有时译 transcendental Deduktion 为先验的演绎，有时又译为先天的演绎。① 这种混淆不清，就更令人莫明其妙了。我的意思以为，我们既无法在中文里去寻出两个意义不同的名词来翻译 transcendental 和 a priori 两个名词，即如日译本之勉强创造"先验"和"先天"两个不同的名词以翻译之，结果亦难免混淆互用。因此我便觉得简单化用一个名词"先天"以译西文 transcendental 和 a priori 两个不同的字的办法，值得我们尝试了。

我尝试的结果，觉得不惟并无困难，并且可以增加了解康德的方便，譬如康德的《纯理论衡》上有这样一句话：

> I call all knowledge transcendental which is occupied not so much with objects, as with a priori concepts of objects. A system of such concepts might be called Transcendental Philosophy.（A. p.12）

这段的大意可以译成这样：

> 凡是不涉及对象本身，而只是关于此对象先天概念的知识，我便称为先天知识。关于这种（先天）概念的系统便可称为先天哲学。

照这样看来，关于先天概念的知识便称为先天知识或先天学知识，

---

① 参看天野氏日文译本页七及页一五八和一六四。

关于先天概念的系统便称为先天哲学,犹如说关于社会状况的知识便称为社会知识,关于社会状况的系统知识便称为社会学,意思甚明显。

康德曾经有这样一句话:

> Not every kind of knowledge a priori should be called transcendental. (A56)

从这句话看来,有两层意思:第一,a priori knowledge 与 transcendental knowledge 有分别,不可混为一谈。第二,a priori knowledge 涵义似较 transcendental knowledge 为广,前者可以包括后者,但又不能谓每一种 a priori knowledge 都是 transcendental knowledge,但如果我们将上面这句话译作这样:"不是每一种先天知识皆应叫做先天学知识",则一切困难立即解除。A priori knowledge 与 transcendental knowledge 的区别,不是先天知识与先验知识的区别(因为先天与先验二名词的根本意义并无区别),而是先天知识与先天学知识的区别,犹如社会知识(social knowledge)与社会学知识(sociological knowledge)的区别。但虽不是每种"先天知识"皆可叫做"先天学知识",却须知"先天学知识"仍是一种"先天知识"。斯密士《康德纯理论衡注释》(页七四)有一段解释 transcendental 和 a priori 很重要的文字,兹写在下面:

> Transcendental knowledge is knowledge not of objects, but of the nature and conditions of our a priori cognition of them. In other words, a priori knowledge must not be asserted, simply because it is

a priori to be transcendental, this title applies only to such knowledge as constitutes a theory or science of the a priori. Transcendental knowledge and transcendental philosophy must therefore be taken as coinciding, and as coincident, they signify the science of the possibility, nature, and limits of a priori knowledge. The term similarly applies to the subdivisions of the critique. The Aesthetic is transcendental in that it establishes the a priori character of the forms of sensibility, the Analytic in that it determines the a priori principle of understanding…, the Dialectic in that it defines and limits the a priori Ideas of Reason…

斯密士这段话显然是根据上面所引的康德两句话 A12 及 A56 而来，兹试译其大意如下：

> 先天学的知识不是关于对象的知识，而是关于吾人对于对象之先天认识的性质与条件的知识。换言之，先天知识，必不可只因其为先天知识，即可谓为先天学知识。"先天学"这个名目只适用于构成先天的学说或科学而言。故先天学的知识与先天哲学必须认为是同一之物——同是表示先天知识之可能性质和限度的科学。这个名词同样通用于纯理论衡的各部门。先天观物学所以（直译应作"观物学"之所以是先天学的，即因其目的在于……）树立感性形式之先天性质，先天分析论所以决定知性之先天原则，先天矛盾论在于规定并限制理性的先天理念。

总之，在康德的意思，凡有必然性（necessity）、普遍性（universality）、内发性（spontaneity）而非纯得自经验的外铄之知识（如数学的知识和一部分物理学的知识）均可称为先天知识（knowledge a priori），但不得即谓为先天学知识（transcendental knowledge），必定要研究数学何以可能，自然科学何以可能或先天综合判断何以可能所得的知识，质言之，就是他的先天哲学中（先天观物学，先天逻辑学）所昭示我们的知识，方得称为"先天学知识"。康德的目的既在把哲学建筑在与数学有同样坚实的基础上，故关于先天哲学的知识亦应是与数学一样有必然性、普遍性、内发性的先天知识。故先天知识虽不尽是先天学知识，而先天学知识必是先天知识中之一种，则无可置疑。再用普通一点的话来讲，康德不仅与中国的孟子相同，认为仁义礼智非外铄我，乃出于先天原则，而且认为科学知识、哲学知识，亦非外铄我，亦出于先天原则。至于发挥何以科学知识非外铄我的道理，阐明科学知识先天原则的性质的学问，便是他所谓先天哲学。关于先天哲学的知识，便是先天学知识。

所以严格分辨起来，a priori 与 transcendental 二字的区别，实是"先天的"与"先天学的"区别，犹如"社会的"（social）与"社会学的"（sociological）的区别，我已详细说明于上。但《纯理论衡》全书中对于 transcendental 一字的用法，在中文须译作"先天学的"以示有别于"先天的"的地方，并不甚多，此外所有的 transcendental 一字，几全可译作"先天"或"先天的"而不致混淆有误。譬如，"此原始的先天的条件不是别的，即是我所谓先天摄觉"（That original transcendental condition is nothing else but what I call transcendental apperception, A. p. 106）一句话中，前后两个 transcendental 一字，虽可说是先天哲学中的术语,但只可译作"先天的"而不译作"先天学的条件"或"先天学的摄觉",而且此处两个 transcendental 字的含义,均系"有普遍性、必然性、内发性的"之意,与 a priori 之含义实相同。至于从"这个纯粹的原始的不变的意识,我便称为先天摄觉"(This pure original and unchangeable consciousness I shall call transcendental apperception, A. p. 107)一语中,更足以见得先天摄觉是具有普遍性(纯粹的)、必然性(不变的)和内发性(原始的)的摄觉。此外康德互用 a priori 及 transcendental 二字以表示同一意义的地方,更是不胜枚举。例如使知识可能的先决条件,康德有时叫做 condition a priori,但有时又叫做 transcendental condition。又如先天逻辑中的十二范畴,他有时称为 concepts a priori of understanding,有时又称为 transcendental concepts of understanding。再如,上帝、自由、不朽等先天理念,康德虽大都称为 transcendental ideas,但有时又称为 ideas a priori of pure reason。由此足见康德本人既然将两名词当作同义互用,我们翻译康德时何不直捷了当只用一个最恰当的、有哲学史意义的中文名词去翻译它,以免强生分别呢?若能彻底分别开也好,但强生分别之后,结果仍不免于混淆互用,那就未免劳而无功了。

  我们试进而再看 a priori 和 transcendental 两字在西洋文字学上及哲学史上的意义。按 a priori 系拉丁字,原为"在先"之意。"在先"亦有逻辑的在先与时间的在先之别。哲学中,a priori 大都是指逻辑的在先而言。在知识论中,所谓"在先"或"先天"系指就理论言在经验之先之意。所谓逻辑的或理论的在先亦有二义:一为普遍义,如全体在部分之先,类(genus)在种(species)之先。一为原因义,即原因必在果之先。但所谓原因亦非指时间上在前之实物,而系指解释一物之理或原理。准此而言,则逻辑上在经验之先者,第一,即是普遍者,而经验为特殊。第二,即是解释或构成经验之必然的理或原理。故由"理论的在先"而引申为普遍性与必然性的意思。又凡理论上在先之物,必非经验的产物,乃出于理智的自动或内发(spontaneity of intelligence)为构成经验之先决条件,故具有内发性。因此"在先"或"先天"实具有普遍性、必然性、内发性三特点。又所谓理论上在经验之先,在某种意义上,实即"超经验"之意。再换言之,凡是超经验的,凡是具有普遍性、必然性、内发性的东西,必是共相而非殊相,必是形而上而非形而下。康德的先天哲学就是要指出吾人的经验和知识之所以形成的先天的或超经验的形而上的基础。

至于 transcendental 一字则本系中古经院哲学的名词,原意为"超越"。形容词 transcendente, transcendentala 皆同为"超越的"意思,名词 transcendentia 与 transcendentalia 皆同为"超越物"的意思。中古神学家有所谓六大超越物,为"存在"、"物"、"任一"、"一"、"善"、"真"等。其所以称为超越物者,即以其最概括、最普遍,超越范畴、超越名言而为最高范畴之意。故普遍性、超越性实 transcendental 与 transcendent 二字共有之含义。且超越性中即包括有普遍性在内。譬如,全体超越部分,是则全体较部分为普遍,类超越种,则类便较种为普遍。我揣想康德之把此二字应用来讲知识论,实同时赋予两字以"超经验"的意思,一如拉丁文的"在先",在康德哲学中含有"在经验之先"之意,所以中古经院哲学名词"超越",在康德哲学中即含有"超经验"之意。但虽则两字同含有"超经验"的意思,康德亦曾大加区别 transcendent 乃"超绝经验"之意,即离经验独立而绝对不可知。而 transcendental 乃"超越经验"而同时内蕴于经验之中,为构成经验或知识可能之先决条件。换句话说,transcendent 乃超越一切经验,故可译为"超绝",而 transcendental 乃仅是超越任何经验,而并不超绝一切经验,故可译为"先天",实与"在经验之先"的先天(a piori)名异实同。若果再用 Watson 和 Stirling 的说法,则超绝(the transcendent)乃超越(一切)经验的范围(transcends the scope of experience)之意,而先天(the transcendentia)乃超越(任何特殊)感官的内容之意(transcends the sense content of experience)。(参看斯密士《纯理论衡注释》页七五。括号内字乃我所擅加,以求意思显豁。最奇怪的就是斯密士不赞成 Stirling 及 Watson 之说,而自己陷于谬误,因此斯密士也与许多别的康德注家一样,只知 transcendent 与 transcendental 不同,而不知其不同者何在,更不知其不同中之同。只知康德采取经院哲学名词,而加以新的用法,而不能说出其承袭旧意义者何在,其加入新的意义何在。)

　　总之,从这番分析字义的结果,我们发现 a priori 乃"先经验"或在经验之先之意,亦即有"超经验"意。而 transcendental 乃"超经验"或超越任何特殊经验或感官内容之意,亦即有"先经验"意。两个字原来含义既同,故可同用"先天"二字以译之。(说到这里,我又想起现在留学德国研究哲学的熊伟先生,前曾在《大公报·世界思潮》周刊里发表《先验与超验》一文,主张译 a priori 为"先验",译 transcendental 为"超验",与我这里分析字义的结果,如合符节。不过他严格划分"先验"与"超验"的区别,而不知两名词实根本同义。且他拒绝用在中国及西洋哲学史上具深厚意义、占重大地位的"先天"一名词,尤非我所赞同。)从此又可见得"先经验"或"超经验"乃"先天"之本义。而普遍性、必然性、内发性乃从"超经验"（注意：非超绝经验）引申而来，盖凡超经验的必系有普遍性、必然性、内发性之共相或理则。至于 transcendental 一字之有时具有"先天学"义，以示有别于单纯的"先天"（a priori），更是后起引申之义而是康德的特殊用法。

　　以上是从正面以表示 a priori 与 transcendental 二字同义，故同应译为先天。兹试更探究此二字反面的意思：a priori 之反面为 a posteriori（后天）。而后天即系"经验的"之意（参看《纯理论衡》，A. p. 1），今试细读康德原书，则知 transcendental 一字的反面乃亦是 empirical（经验的）一字。譬如 A. p. 97 认"经验的特性"（empirical character）为"先天的特性"（transcendental character）的反面。A. p. 107 指出经验的摄觉为先天的摄觉的反面。A. p. 591 持经验的途径（empirical path）以与先天的途径（transcendental path）对立，而 A. p. 660 又持经验的根据（empirical ground）以与先天的根据（transcendental ground）对立。诸如此类，均处处足以表示 transcendental 的反面与 a priori 的反面，完全相同。愈足以反证此两字原来同义——其正面，同具有"超经验"之意，其反面同具有"经验的"之意。因此用一个相同的中文名词以翻译之，不会有误。

　　或者有人以为"先天"二字来译康德的名词，无论别的方面如何适当，总免不了两层困难：一是"先天"二字含有降生以前或生来如此之意，如普通常有"先天不足，后天亏损"之语，"先天知识"不免令人误会成生来即有或天赋的知识。二是容易令人把康德的哲学与邵康节的先天八卦方位图及道士《易》附会。其实康德的批导哲学与邵康节的"先天之学"全不相似。我可以答道：第一，凡是稍有中国哲学史常识的人，便应知"先天"二字是出于《易经》上"先天而天弗违，后天而奉天时"之语，纯全是哲学上有普遍性、永久性、必然性的法则、道理或共相言,譬如读王维《送秘书晁监还日本国诗序》中"大道之行,先天布化"一语的人,当不难知道其意系谓宇宙的运行遵循一必然的、普遍的、内在的法则或道,而不会误会成"天赋布化"。又如北京故宫与北海间的牌坊上有一副"先天明镜,太极仙林"富有哲学意味的八字对联,明眼人当可见得"先天明镜"是指纯理的、共相的灵明境界而言,不会联想到生理的先天。所以我们应用中国哲学史上通用的名词以翻译康德哲学中主要的名词,决不会,亦不应引起误会。第二,邵康节从数、从宇宙论上去讲普遍必然的先天法则,而康德则从逻辑上、从知识论上去讲普遍必然的先天法则。邵康节从数的玄学的立脚点以建立宇宙之大经大法或先天原则,康德则批评的研究知识构成的大经大法或先天原则,异同所在,自甚明白,何得附会?大体讲来,"先天"一词有下列几种不同的用法:

1. 为生物学的先天,注重遗传、先得的本能等。

2. 为文学上的先天,注重天才的创造、灵感的启示、回反自然。美国爱默生(Emerson)等所代表的新英格兰先天主义(New England Transcendentalism)即倡导此说。

3. 为道德上的先天,注重良知、良心,认道德意识人所固有,非由外铄。以孟子为代表。

4. 为形而上学的先天,注重支配宇宙之整个的永恒的范型或大经大法。

5. 为逻辑的或知识论的先天,是即康德之所创导发挥者。由此足见"先天"二字含义甚富,用法甚多,亦各有所当,是在学者各自明辨而慎用之可也。大概讲来,在中国先天之学始于《周易》,道德的先天说、形而上学的先天说,均不乏有力的代表。在西洋则先天之说基于数学，而始于 Pythagoras。柏拉图集其大成，熔道德的先天（见 *Meno* 对话）、艺术的先天（见 *Symposium* 及 *Phaedrus* 二对话）、形而上学的先天（见 *Timaeus* 对话）及知识论的先天（见 *Thaetetus* 及 *Parmenides* 等对话）为一炉。至于康德则远承柏拉图之绪，特别注重知识论上的先天，而成其先天哲学的系统，但他的《行理论衡》注重良心和纯义务观念，以意志之先天的自立普遍法度自己遵守为准则，故亦兼重道德的先天说。而他的《品鉴论衡》分上下二篇，上篇论审美判断，奠定审美之纯理基础，寻求审美之先天官能；下篇论目的批判，从先天学观点以指出自然万物之内在目的，亦足以见得他于艺术的先天说与玄学的先天说亦复兼顾无遗。至于黑格尔则直认知识的或思想的先天法则，即是宇宙的先天法则，便合逻辑的先天与形而上的先天为一体了。近来西洋哲学上有一种趋势（这个趋势已渐影响到中国），就是要使知识论与形而上学分家，更进一步再使逻辑与知识论分家，而专谈数理的逻辑的"先天"（a priori），换言之，离开康德所谓"先天哲学"而单从事于命题之分析。从某种意义看来，这也许是一种进步，但是与柏拉图、康德以来之"先天学"的正大路子，所隔就很远了。

现在我要略为说明我之所以不惮烦劳，费五六千字来解释"先天"一译名，实因为此名词在中国和西洋哲学史上均占有很重大的地位，含有很丰富的意义，而且我认为"先天"二字在康德本人的哲学里也居于主要的地位，至少比"批判"或"批导"的地位高得多（具有先经验意思的"先天"〔a priori〕差不多在康德书中，每页均可发现一二次，而且有超经验意识意思的"先天"〔transcendental〕在《纯理论衡》的内容目次表里便见了差不多三十次）。所以我认为称康德哲学为先天哲学似远比称之为批导哲学较能道出康德哲学

八 康德名词的解释和学说的大旨

的本质。尤其紧要的,就是我认为德国哲学,在由康德到黑格尔这个灿烂时期中,最根本最主要的哲学概念只有两个。一为康德所谓"先天",一为黑格尔所谓"太极"(das Absolute)。所以康德的哲学叫做"先天唯心论",黑格尔的哲学叫做"绝对唯心论"(绝对即太极之别名),实非偶然。同时我又认为中国哲学史自周、程、张、邵到朱熹这个伟大的时期中,最根本、最主要的哲学概念也只有两个。一为周子的"太极",一为邵子的"先天",而朱子寓先天概念于太极之中,实集其大成。所以我们若是用"先天"二字以讲康德,用"太极"二字以讲黑格尔,我们不但可以以中释西,以西释中,互相比较而增了解,而且于使西洋哲学中国化以收融汇贯通之效,亦不无小补。我前此既于拙译《黑格尔学述》的序言里费了五六千字解释何以应译黑格尔的 das Absolute 为"太极"的理由,所以我现在不能不借此机会略说明我所以主张用"先天"二字翻译康德的 a priori 和 transcendental 的原因。

先天之义既明,兹更进而分别解释与先天连缀之名词如下:

先天唯心论(der transcendentale Idealismus)

说明:邵康节有"先天之学心学也"之语,而"心者理也",故心学即是理学。而唯心论骨子里即是理性主义。康德的先天哲学亦是一种"心学"或"唯心论",而他的"先天唯心论"骨子里亦是理性主义。故决不可称康德哲学为"先天观念论"。

先天观物学或先天直观学(die transcendental Ästhetik)

说明：按 Ästhetik 本义为"观"为"见"，后方引申为美学义。康德此处乃用原义，故决不可译为"先天审美学"。今拟译为"观物学"，邵康节著有《观物内篇》、《观物外篇》。亦可译为"直观学"，因注释康德者多称此篇所论为直观学（Anschauungslehre），康德的直观有两种，一为感觉的直观（sensuous intuition），一为理智的直观（intellectual intuition），此篇所论则仅限于感觉的直观。而邵氏的观物，乃注重以理观物，约相当于康德所谓理智的直观。今借用理智的直观之"观物学"以译感觉的直观之"观物学"，想不致混淆有误。余意 Ästhetik 一字应译为"观物学"，而以"直观学"译 Anschauungslehre。日人译为"先验感性论"，其缺点有二：一、感性论不能表示原文"观"字义；二、在康德书中，先天观物学与先天逻辑学并列，若译前者为感性论则应译后者为知性论，方可并列。

先天理则学或先天逻辑（die transcendentale Logik）

说明：首先提出译 logic 为"理则学"的人为孙中山先生，理由详见《孙文学说》第三章。我认为孙说甚是。研究语言的形式、规范、法则的学问可称为文法学或"文则学"。今研究思想或推理的形式、规范、法则的学问，故可称为"理则学"。譬如，我们常说某人说话不合逻辑，意思即是说某人说话不合理则——不合思想的规范，推理的法则。特别是康德的先天逻辑目的在研究思想的大经大法，知识可能的律令规则，故更可称为理则学。采音译作"逻辑"尚勉强可通，惟跟着日本人译作"论理学"实在毫无道理。

先天推演（transcendental deduction）

说明：deduction 一字，在康德此处的用法，乃指范畴的推演，与三段论法的演绎或几何方法的演绎虽不无关系，但均有不同处。兹拟译为推演。"演"即"文王拘而演周易"之"演"。"推"字含有推理、推算、推步等"推"字之义。换言之，"推"字多少含有"悬知"或"预测"义。康德先天理则学里特别有一节讨论"感念的预测"（anticiptions of perception），可资参证。故"推演"二字最为恰当。

先天分析论（die transcendentale Analytik）
先天矛盾论（die transcendentale Dialektik）

说明：从康德先天理则学的纲目看来，便可知先天理则学内容分两大部门：一为先天分析论，一为先天矛盾论。前者属于知性范围，可称"知性的逻辑"（Verstandeslogik）；后者属于理性的范围，可称"理性的逻辑"（Vernunftlogik）。此二名词皆出于黑格尔。至于先天观物学乃讨论感官知识构成的条件。感官知识尚无理则性（logicality），故不属于逻辑的范围。

Analytik 一字之应译为"分析"，中日相同，无有异议，可无需解释。至于 Dialektik 之应译为矛盾，则为我个人的见解，而与一般人异趋。兹分四层简单说明：（一）日译 Dialektik 为辩证之不可通。盖辩者不证，证者不辩。譬如，芝诺与苏格拉底用以子之矛攻子之盾的方法以辩难别人，驳倒对方，只是消极地击破别人的论据，而不积极地用几何学方法或实验方法以证明己说。又如斯宾诺莎用几何方法以证明他的学说，论者谓用几何方法严格依序证明，建立己说，即可避免与旁人辩论驳难。（参看 Wolfson《斯宾诺莎哲学》第二章。）且"辩证"二字最初见于中国典籍者，为朱熹著《楚辞辩证》一书之书名。此处"辩证"二字乃辨别原书字句之错误,证明何种版本的读法较正确之意。故"辩证"乃考证校勘之别名。由此看来,辩证法的原义应是汉学家的考证方法,而与哲学家的思辨方法恰好相反。足见日译之毫无是处。(二)细玩味 Dialektik 一字在康德本书的用法,适为"矛盾"义。康德于《纯理论衡》第一版序言的第一句,则指出理性本身有陷于自身矛盾的命运,而预示先天矛盾论即所以解除此种内在的矛盾。所谓理性的先天矛盾,即是一方面,理性要问一些必不可忽视的问题,因为这些问题实基源于理性的本性;他方面理性又无法解答这些问题,因为这些问题超出人类理性能力的限度。所以康德后来便解释"矛盾逻辑"为"幻觉的逻辑"(Logik des Scheins,按 Schein 一字有幻觉、幻象、似是而非之意,英译作 illusion)。所谓矛盾逻辑即分析出,或揭穿并解除理性的矛盾的理则学,而所谓幻觉的逻辑,亦系揭穿并解除基于理性自身的矛盾,超越理性的权限、能力而引起的错误与幻想的理则学。故康德先天矛盾论有两方面:消极方面限制理性的权限使勿超越使用,致陷于"似是而非的幻觉"(illusion);积极方面解除理性的矛盾,求得最高的综合,以达到"似非而是的真理"(paradox or dialectical truth)。康德先天矛盾论所注重的在消极方面居多,而黑格尔承康德而发挥的乃在积极方面者多①。(三)在西洋哲学史上,康德前康德后的哲学家,特别黑格尔对于 Dialektik 一字的用法,皆多为"矛盾"义,此点我在《黑格尔学述》的序言里有长篇的说明。兹不赘述,请更参看下面论纯理矛盾条。(四)康德的 transcendental Dialektik 乃系指理性的先天矛盾,即必然的、普遍的、内发的或内在

---

① 参看斯密士《纯理论衡注释》页四二六,及黑格尔《哲学全书》第八一及八二节。

的矛盾而言，不可依斯密士的说法译作或释作"超越的矛盾"①。斯密士认为此处乃讨论理性的超越使用而致矛盾，故应作"超越矛盾论"（the transcendent dialectic）而不可作"先天矛盾论"，实在是大错特错。盖因斯氏不知理性的超越使用乃由于理性的先天的内在的矛盾，而非理性之矛盾起于理性超越的使用。第二，不明了继康德的先天矛盾论而加以发挥光大的黑格尔的"矛盾思辨逻辑"乃亦是以分析指破、调解破除人类意识的先天矛盾——即普遍的、必然的、内发的或内在的自相矛盾为职务。因此我觉得斯密士《纯理论衡注释》一书，虽小节多有可供参考处，而大处往往解错。其所以致错之由，即因他不能看出康德到黑格尔哲学间发展的关键，仅加以枝节的注释。

纯理的矛盾（die Antinomie der reinen Vernunft）

说明：研究康德思想发展过程的人，当可知道纯理矛盾的问题占据康德思想最早（在《纯理论衡》出版十余年前，即在一七七〇年以前，此问题即萦扰康德心中），启发康德最多（先天观物学的思想皆自此启发而出），且是"先天矛盾论"中最主要最先写成的部分，其余部分皆其补充与陪衬。据此事实，可以见得：第一，先天矛盾论所研究的主要问题，即是纯理矛盾，愈足以反证译 dialectic 为"矛盾"之切当。第二，足见意识的理性的矛盾问题不唯在黑格尔哲学中占中心地位，而在康德思想中亦占主要地位。但我们虽同用矛盾二字以译 Antinomie 及 Dialektik 两个不同的字，而两字间本

---

① 见斯氏《纯理论衡注释》页七六。

身却自有区别。理性的矛盾,是指理性矛盾的事实,指出于理性的对立的、相反的、冲突的理论双方不同的陈述而言。而先天矛盾则是研究揭穿解除此理性上矛盾的理论的逻辑学而言。简言之,Antinomie 乃指矛盾的事实与理论而言,而 dialektik 则系指研究此矛盾的事实与理论的逻辑或方法而言,日本人译理性的矛盾为"二律背反",不唯笨拙而且不通。盖既成"定律"必不会背反,既然二说互相背反,必尚未成定律。且就康德所对比排列的关于同一问题的正反矛盾的理论,亦没有一条理论可称为"律"(Gesetz)。中国人谈康德者,亦大都袭用"二律背反"一词,唯冯友兰先生对于此名词的翻译,不期与我暗合。他于所著《人生哲学》第七五页,提及康德的 antinomy of reason 时便译作"理性的矛盾",足证所见相同。又徐炳昶先生于其所译法人 A. Weber 著《西洋哲学史》书中,亦译作理性矛盾,足见此一名词已渐成通名。

感性(Sinnlichkeit, sensibility)

知性(Verstand, understanding)

理性(Vernunft, reason)

感念(Wahrnehmung, percept)

概念(Begriff, concept)

理念(Idee, idea)

说明:感性是接受表象,构成感念的能力。Percept 普通采日译作"知觉",不妥当。盖 percept 或 perception 既出于"感性",故宜译为感念,指由感性得来的观念。既非知性的产物,故不可译作"知觉"。譬如康德有"感念而无概念则盲,概念而无感念则空"之名句,若试以"知觉"代替感念,不惟语气不好,且既已有了知觉,如何会盲呢?德文的 Der Verstand,英文的 understanding 一字,日人译作"悟性"者为多。按悟性在中文每与了悟、省悟、醒悟、回忆、觉悟等连缀成词,乃英文 recollect, awaken 之意,只能表示由认识的主体主动地去把握、去理解、去求知的意思,故以译为"知性"为较妥。知性乃把握对象,构成概念的能力,而悟性也许含有直觉意味,不一定是构成概念的能力。"理性"一名词最通行无异议。Idea 乃理性的产物,故应译作理念。理念乃真理或共相之自觉。黑格尔有"理念乃真理之在思想中"(Die Idee ist das Wahre in Gedanken)之语,最足以表示此旨。

　　表象(die Vorstellung)
　　现象(Erscheinungen, phenomena)
　　对象(der Gegenstand)
　　客体(der Object)
　　物如(das Ding an sich, the thing in itself)

说明:"现象"、"对象"的译名,已公认无问题。das Ding an sich 译作"物如"最典雅恰当,但从众译作"物自身"或"物自体",亦无不可。至德文 Vorstellung 一字,则宜采日译作"表象"而不可译作"观念"。"观念"(idea)一词在康德、黑格尔哲学中均无地位,惟英国的经验派人所谓 ideas 以及德国叔本华的 die Vorstellungen 可以译作"观念",因叔本华受洛克、贝克莱影响甚深故。"'表象'只是表示'对象'的'现象'而不是'物如',但也不是'幻象'。"——从这句话里可以知道"表象"在康德哲学中的意义了。

范畴（die Kategorie）

形式（die Form）

说明："范畴"已是公认的康德名词。按此译名源于《书经》上的《洪范》九畴,本是道德方面、人事方面的名词,今借来应用于知识论上。Form 一词则最难得适当译名,仍以译为"形式"较好。范畴、形式连缀在一起,可成姊妹名词,虽各有其特殊意义,但有时亦可互用。譬如,知性的十二范畴,有时亦可称为"知性的形式"（forms of understanding）,又如时空本是感性观物的形式,但也有人称时间空间为哲学上的范畴。又如柏拉图在《帕米里底斯》一对话里,上篇讨论"形式"的问题,下篇便讨论"范畴"的问题,足见这两名词互相关联,常常相提并论。

假设（Hypothesis）

公设（Postulate）

公则（Axiom）

通则（Maxim）

说明：这四个名词不纯是康德哲学特有的名词,在别家哲学里或别种科学里,均可常常碰见,但除"假设"二字比较通行外,其余均少一致的译名。"公设"与"假设"不同,假设乃是起于经验的假定,而"公设"乃有普遍性、有必然性,基于知识上的主体或道德的当事者纯理的要求、逻辑的分析而起有必然性的公设,故称为"公设"。"公则"乃公共的自明的法则,"公则"似较日译"公理"好,可避免与"强权公理"的"公理"混淆。且"则"与"理"亦有别,"则"

是简明而可列举的定律,"理"则指系统而有条理的原理。Maxim一字,有时译为"箴言"或"格言",但在康德的道德哲学里以译为"通则"似较切当。通则即是设身处地人人皆应遵循,通行于四海而皆准,百世而不惑的道德律令或法则。通则是道德上的公则,公则是知识上的通则。

结语

以上这一套择要的康德译名可以认作了解康德的一种小小尝试。这些译名有一特点,就是它们是成套的,是一套比较整齐、彼此间互相关联照应的专门哲学名词。中国哲学界要想像自然科学家那样召开一个统一术语的会议,一时尚不可能,而且无必需。我提出这些译名纯系供参考商榷的性质,并没有强人从己的意思。就中也有一些名词是采纳他人或因仍日译的,并非完全出自个人杜撰。译名的正确与否,与对康德哲学本身的透彻了解与否相关。也许因为对于康德哲学各人的了解不同,因而译名不同。也许因为对于康德哲学的了解有了错误,因而译名陷于错误。总之,此文希望对于康德哲学有兴趣的人予以批评和指正。据说翻译康德著作成日文的天野贞祐氏对于康德有二十多年的研究,又据说日本人对于康德的考证研究颇著劳绩,且新康德派哲学在日本的盛行,更超过在德国本国。而他们对于康德的译名,竟有这许多不能令我们满意,足以表示他们对于康德尚有隔膜的地方,这足见翻译康德的困难,又足见寻求正确康德译名更非易事了。

九　论意志自由[*]

意志自由不仅是哲学上——特别西洋近代哲学上——的重要问题,而且是个最足以代表西洋近代精神的问题。西洋自文艺复兴以来之所以能渐渐从教权与君权里解放出来,都是种种争自由的运动的收获。宗教改革、法国革命、美国的独立战争与为解放黑奴而起的南北战争,以及欧美其他的许多革新运动,不论其经济背景如何,但理论方面,总是以争自由为目标。试读西洋近代的许多戏剧小说,甚或看他们比较有深刻意思的电影,不论其内容如何曲折复杂,差不多结尾总常寓有争自由的意思。至于西洋人的新宗教、新信仰,不是崇拜自由之神吗?西洋新诗人所讴歌的,不是撞自由之钟、击自由之鼓吗?歌德在他《瞿支》(Goetz von Berlinchingen)一剧里形容主人公瞿支之维护他自己的自由,好像一个狮子。是的,近代西人之争自由,其猛烈的程度真好像兽王狮子。说到哲学方面,若果有一哲学家能够组织一系统,建立一学说,证明人的意志是自由的,是不受命运、环境或自然条件的支配的,那么,他就可算是有功世道人心的哲人。所以当费希德读了康德的书后,从他过去相信的决定论里惊醒转来,恍然觉悟到人生的

---

[*] 本文为1932年某月在燕京大学哲学系演讲的讲词,曾发表于《大公报》的《现代思潮》周刊第36及38期。

九 论意志自由

意志的自由,他差不多喜欢得发狂。他写信给家人说:"我现在知道人是自由的了。我发现我的真我了。我觉得我的精神力量增加了。我认为无法证明的意志自由问题,现在康德给我证明了!"因此他由向往感激之余,不辞辛苦跋涉,而去拜访康德以求亲炙,而后来自由观念便成为费希德的中心思想。其实意志自由一问题之在西洋近代哲学史上,其重要几不亚于知识论,其足以代表西洋的近代精神亦不亚于知识论(其实有许多哲学家之对于知识加以批评的研究,其目的也就在为意志的自由预留地步)。因为自伽利略、牛顿以来科学的新知骤然增进,因而引起哲学家的特别的注意与追问,他们要追问知识所以成立的道理,追问知识何以可能,欲为知识建筑一形而上学的基础。其答案,简单的说,因为人有先天的知性范畴,所以知识可能。因为西洋近代争政治自由的热烈,而引起哲学家去为政治自由寻求道德自由的基础,并进而追求道德自由何以可能,以为道德的自由建筑一形而上学的基础。其简单的答案可以说是这样:因为人的意志是自由的,所以道德自由可能,所以道德可能。所以知的方面,西洋近代哲学之注重知识论,是西洋科学精神的表现;行的方面,西洋近代哲学之注意自由意志问题,是西洋争个人自由的精神的表现。政治思想家、人权论者所鼓吹的是政治的自由,而哲学家、伦理学家所发挥的便是道德的自由。道德自由是政治自由的根本,而政治自由可以说是道德自由的组织与实现。政治自由是向外去奋斗争夺而得,道德自由便出于内心的学养与自主。就大体上看来,政治自由的消长可以说是与道德自由的消长成正比例:一个社会里,有政治自由的公民多,则有道德自由的个人亦必多;反之,有道德自由的个人多,则有政治自由的公民亦随之多。但就个别情形而论,有道德上自由自主之豪杰，如印度的甘地，而在政治上反无有自由；有政治上享受充分自由的公民，而道德上为情欲或环境的奴隶，并不自由。但就价值而论，道德的自由比政治的自由较根本较重要，是无可否认的。而西洋的近代之政治自由实有道德自由的基础，而西洋人之谈道德自由又有极深厚的形而上学的基础，也是很彰明较著，值得我们注意的事实。

回看我们中国自新文化运动以来，也走上西洋近代争自由的大道，而其猛烈的程度，与所争的自由的多方面和牺牲之大、代价之高，比起开明时代的西洋来，实有过之无不及。西洋人几百年才争到手的东西，我们恨不得在极短的时间内，便全部如愿以偿。但是我们须注意：争自由不是容易的事，自由既不是抄袭模仿可得，亦非徒虚骄咆哮所能收功。尤其须注意的就是政治自由须有道德自由的基础，而道德自由又须有形而上学的基础。所以为道德自由建立形而上的基础以充实政治自由的根本，使争政治自由不致流入蔑视法律纲纪的无政府主义和浅薄的理智主义与狭义的个人主义；使争道德自由不致成为反科学反理性的神秘主义；同时争近代西人所共争的自由，但又不要忘记了我们自己特殊的文化背景，抛弃中国几千年相传下来的中心伦理思想：这就是我们研究自由问题所欲达到的理想，也就是我们提出意志自由问题来商榷的旨趣。

老实说，我们若是从理智的立脚点，用科学的机械方法或是斯宾诺莎的几何方法来研究宇宙和人生，我们便不能不坦白地承认万物皆不自由。"意志自由实仅是世人的幻想"，斯宾诺莎很实质地告诉我们。每一个意念，皆为别的意念所决定。人的喜怒哀乐，皆有必然的因果法则可寻。他并且毫不留情地用紧严的几何方法,把人的行为和嗜好当做数学家之研究点线、平面或体积的态度去研究;他虽然承认唯天有绝对的自由,但天之绝对自由乃在于天之能永久地依其自性之必然法则而行,天也没有违反其自性的必然律而妄为的自由。譬如天就没有创造出一个正方形的圆形的自由,天亦没有使三角之和不等于两直角的自由。至于普通人对于天或上帝的观念之受当时当地之生活情形和知识程度的影响,斯宾诺莎于《政教究源》书中,也有详细的说明,开后来唯物论者如费尔巴哈的上帝论的先河。而近来用研究动物行动的方法来研究人类行为的行为派心理学,其彻底否认意志自由的程度,也未能超过斯宾诺莎。总之,不论你用演绎的几何方法来研究意志自由问题也好,不论你用实验的动物学方法来研究意志问题也好,只要你彻底用理智用科学方法,你就可以发现人的意志之绝对不自由,不惟人的意志不自由,即神的意志也不自由,简言之,万物皆不自由。

反之,假如我们用诗人的同情的审美的眼光,或形而上学家超功利忘物我的识度来观察宇宙人生,我们又不禁感觉到万物皆莫不各遂其性、各乐其生,而享受一种令人不胜羡慕的自由。庄子"濠上观鱼而知鱼乐",他便感觉得鱼有一种自由自在的乐趣。周茂叔觉"庭前春草,生意一般",程明道有"万物静观皆自得"之诗,也可以说他们似觉感到一花一草欣欣向荣,自然万象自得自由的有道之士的达观。其实我们也不必妄自菲薄,而斥此种见解为中国玄学家特有的梦话,因为西洋以维护科学著称的哲学家,也多有类似此种的见解。譬如康德在他的《品鉴论衡》一书中便说过:"从先天的原则看来,每一有组织之物都可说有其内在的目的与人造的机器不同。"他并谓自然物象之所以有其尊严,并值得我们赞美,即以其自身好像有其内在的目的,而非徒供人用的工具。足见康德亦承认在某种观点下,自然万物亦有其自身的目的与自由。即现在英国的 S. 亚历山大教授也说过:"若从神的立脚点看来,一根草一块石也是自由的。"所以我们只须换一副眼镜,由理智的科学的观点改变为同情的艺术的与形而上的观点,我们便不难由令人感觉得局促不安的万物皆不自由的决定论而转到令人觉得爽然自释的万物皆自由的目的论。

这种诗人的、道学家的万物自由说,虽足使我们胸怀开阔洒脱,但我们亦用不着因此欢喜,而自诩为得着真正的意志自由。因为那种诗人的超世俗游物外的自由,究竟不是我们在人世中奋斗努力所欲取得的自由;而且那种不是由困心衡虑而得,乃是人与物生而共有的自由,也不是为人所特有的经自觉的奋斗而得到的道德的自由。但同时我们也不必因为科学家把人的意志当做几何命题去研究,或把人的行为拿来与动物的行为一样地实验,而成立万物皆不自由说,便垂头丧气喟叹人的意志之不自由,因为科学的机械定律丝毫不损害我们的道德上的意志自由。因为人究竟是人,与几何学上的直线与平面,及动物心理实验室中的老鼠究竟有不尽同之处。意志自由乃是关于全人格的问题,用几何学方法、实验方法得来的关于人的行为的定律,即使确切不移,但总是抽象的部分的,部分的抽象的科学定律不能支配全人格的道德活动。而且人之意志自由与否乃内心的道德问题,必自己直觉内省方能知道,或自己的知己朋友用同情态度来了解他、体贴他,方可知其大概,用理智从外面去分析研究,如医生之验体温,那是不能知道的。假如一个人自己觉得潇洒超脱、雍容自在,作起事来心安理得、无愧无怍,那么,他的意志就算自由,即或用科学去研究他的一言一动都是有原因的,都是可用机械定律解释的。而且我们还可以进一层说,知道机械事实,发现科学定律,就是一种道德努力的收获,就是一种解脱、一种自由。

所以有许多的道德家认科学的机械定律为意志自由的障碍,好像科学愈不发达,人的意志愈是自由似的,固然是一种错误,但又有许多时髦的科学家,引用新物理学上的"不决定原则",或故意张大科学方法之欠精密,科学假定之临时性等以为意志自由张目,也是不明意志自由的真意的说法。因为科学定律欠准确,科学方法欠周密,只能证明科学尚未臻圆满之境,决不能反证道德上意志的自由。此外认绝对没有原因、莫名其妙、不可理解的行为为自由,也是神话。换言之,偶然、反常、失性、发疯、绝对不可知,只足以证知识之有缺陷,不足以证意志的自由。愚昧、偶然、无理性不是意志自由所从出的根据。因为道德上的意志自由,乃是出发于内心的深处及性格的发展,是自觉的、理性的、自主的努力争得的成绩,而不是盲目的、偶然的外界赐与的恩惠。

此外对于意志自由还有一种错误观念,就是以选择范围之广狭,定意志自由的程度之高低,认可供我选择之事物愈多,则我的自由愈多,若可供我选择之事物愈少,则愈不自由。此说表面虽似合于常识,其实仍不足以证道德的自由。因为一个人有许多东西供他选择,他每每感觉徘徊歧途,犹移不定的痛苦,如何算得自由?且就道德而言,有五声五色五味可供选择的财主贵族,比起那每顿吃窝窝头、每天穿蓝布大褂的平民来,也算不得更为自由。又如有的人,其行为有一定规律,如日升月恒,其取径如何事先别人几可预测。如康德之每天晨五点起床,晚十点睡觉,下午四点出外散步,可谓机械已极,毫无选择可言,而乃正是他自由人格的表现。如朱熹之将见宋孝宗,事先有人知他必谈正心诚意,于中途拦阻,讽劝他勿谈正心诚意，恐皇上听久生厌。他答道："我生平所学，惟此四字，岂可隐默，以欺吾君乎？"而他这种无有选择的谈正心诚意，乃愈是他人格伟大意志自由的表现。又如最近上海中日战事，以毫无选择一意拼死抵抗的十九路军为较有意志自由，而那犹豫于战与和与不战不和之间的当局，意志反不自由了。由此足见意志之自由不自由不在于可供选择的事物之多寡了。并且若认自由的关键在于可供选择的外物之多寡，是不啻认意志之自由与否不系于内而系于外，不系于内心道德的努力，而系于外界之环境形势；不系于形而上之原则，而系于形而下之事物。根据此说而谈意志自由，实无异于根本否认意志自由。

也许我们可以修正此说，认意志之自由不系于在外的"所择"，而系于主观的"能择"。因为人主观上于外物之来，有去取的能力，于意欲之起，亦有决择的能力，所以人的意志是自由的。人之能择，固是心理事实，无可否认，但欲执能择的事实以证意志的自由，则我们又不得不加以审慎考虑。因为第一，能择有时仅为生理作用，如选择食物等能力，猫鼠鸡犬亦有，不仅人能择，禽兽亦能择。第二，主观的能择，每被客观的所择所限制。不有所择，何有能择？且有时两欲相冲突，每择最强烈之欲而行之，两物相竞比，每择最有引诱性之物而取之，如是则并非主观的自动的自由的"能择"，而乃是被情欲的引诱，被外物的压迫，"而不能不择"。第三，能择是中立性的，人能择善，亦能择恶，择善而从，固可算是意志自由，择恶而作，亦一样算得意志自由吗？舍生而取义的烈士，固可算意志自由，无耻而偷生的小人，亦可算得意志自由吗？人的自暴自弃作奸犯科，都可以说是"能择"，但我们也能说他的意志是自由吗？由此我们似乎可以看出（1）生理的能择，（2）被限制诱迫而不能不择,(3)择不道德的有损人格的事而作,均不足以证明意志的自由。反过来说,必须能择与所择合一,能择者良心,而所择者不背良心,能择者真我,而所择者足以实现真我、扩充人格,才可以算做意志自由。换言之,必能择者为不失其本心的"道德我",而所择者又足实现此道德我的道德理想或道德律,方能满足意志自由的条件。意志自由建筑在能择的道德我及其所具之道德理想或道德律上。

此外要明了意志自由的真性质,我们还可以从分析极浅近的道德经验入手。不管意志自由不自由,我们自己要对自己的行为负道德的责任,同时也要别人对于他们自己的行为也负道德责任,总是显明普遍的事实。换言之,不管人意志自由不自由,只要他做了不道德的事,社会总要责备他,法律总要裁制他,同时他自己也难免不忏悔自责。但是我们试追问要人负道德责任的道理,那么,我们可以得种种不同的答案:第一,因为他有道德意识,知善、知恶,并且知善好恶坏。"是非之心,人皆有之"。换言之,不管他意志自由不自由,只要他有道德意识、有良心,我们就要他对于他的行为负道德责任,同时他自己也愿意对他的行为负道德责任。第二,因为他自己承认他是他的一切行为的主动者。即使有些出于他的下意识或一时糊涂的行为,他也承认是他事前所默许放任,而事后他也愿加以追认。除非在极反常的情形下,他总不否认他是他自己的行为的主动者,即使事实上他的行为是被人操纵指使。这就无异于说,他的意志是自由的。第三,我们还可简单直切地说,因为他是人,他是有个性有人格的人,我们尊重他的人格,故要他对于他的行为负道德责任,而他自己尊重他的人格,故亦自愿对于他的所言所行负道德责任。太凡人格愈伟大的人愈对于他自己的言行负完全道德责任。野蛮人、疯狂人、奴隶、傀儡,自己对于其行为便可不负道德责任,别人亦不期望他们自己负责,因为我们根本不承认他们的人格。换言之,只要他是人、有人格,他的意志就是自由的。意志的自由就是人之所以取得人格的基本条件。

但天地间随处都是人,随处都是我们假定为有相当人格要他负道德责任的人,那么,足见人人的意志皆有相当的自由。所以意志自由乃随人格以俱来,是一个普遍的事实。至于诗人乃能更进一步去人格化自然事物,他认为花草木石皆有人格,所以他觉得花草木石皆是自由的。自由是事实,因为人无自由犹如鱼之无水,必不能活。现在人既相当可以生活下去,那么,他必有相当的自由无疑。

但自由固是经验中的事实,同时又是一个超经验的理想。自由一方面是人人皆有、与人格俱来的本性,但同时又是一生所追求不到、望之弥高、钻之弥坚的理想。若用德文讲来,自由是 gegeben (given as a fact,给予我们的事实),但同时又是 aufgegeben (set up as a task,尚未完成的职责)。因为同样,人格乃人人都有,固是事实,但同时人格亦是一个理想,因为人人随时都在完成他的人格的历程中。

自由既是与人格俱来的本性,那么,要保持扩充这种本性,需要些甚么条件? 自由是人人所必须努力追求的理想,那么,实现此种理想的关键何在? 一提到这个问题,我便附带想起另一有趣的问题,就是:意志自由既是西洋伦理学的中心问题,道德之是否可能既全系于意志之是否自由。中国民族既号称为最重道德的民族,中国人对于哲学的大贡献,据说大半在于伦理思想方面,但何以中国哲学家对于意志自由问题从未提过,而自由二字也竟不见经传呢? 岂有自诩为对于伦理思想最有贡献的人而对于伦理学上的中心问题竟置之不理吗？原来中国学者盖早见到自由是个理想，不是根据科学实验或逻辑分析所能解决的问题，乃是一个须实际地内心修养方能达到的理想。因此中国哲学家所谈的大都是如何注意修养以发展自由的本性与实现自由的理想的先决条件与根本关键。所以我们一谈到如何扩充自由本性，实现自由理想来，我们便不能不提出古圣先贤的教训，而阐发出来使具新意义。据我个人看来，昔贤所耳提面命，为求道德上的意志自由之基本原则，而又与西洋名哲之论自由意志可以相互贯通发明者，约有三端：

第一就是"求放心"。意志之所以不自由，其主要原因，即由于心放在外、心为物役。换言之，心为外物的奴隶。求放心就是消极地使意志不为奴隶的工夫。大概心放在外，一方面好像是神不守舍，我们自己的心飞越在外边，而一方面实是外间的东西，或别人的思想意见钻进我们自己的心里，霸占住我们的脑筋，使我们不能自己做主，意志不自由。因此我们的思想言行，不能代表我们的真我，而乃是传达别人的意志思想的工具。但因为我们具有人的外形，具有一副假人格，而我们精神受外物支配，传达别人的思想意志的行为，又须我们自己负道德的责任，所以人生最大的不幸，精神最大的痛苦，实莫过于意志的不自由。所以欲求放心，知的方面，必须随时提醒自己超经验的真我，行使自己的先天的知识范畴，以组织感官的材料而形成真知识；行的方面，必须本着自己与人格俱来的意志自由的本性，于复杂的意念与欲望中决择其能发展自性，实现真我者而行。换言之，自己每得一知识，不是被动的接收外界的刺激，而乃是自己精心组织而成；自己每一个动作，不是受外物之引诱，徇情欲的倾向而被动，乃是经过自己决定签字而出发，认为足以代表真我的。自己为自己的知识之组织者，自己为自己的行为的主动者,就是求放心。

但是老空守着枯寂的心,绝对不使之放出于外,或绝对不许外间的东西得钻入此心,亦非求意志自由之道。必须有时故意使此心放出,故意忘掉自己,或故意将此心开放,让外物自己闯进来,然后再将此心收回,将外物赶走,使此心的内容更见丰富,使自己的人格更为扩大。对着大自然、欣赏艺术、钻研深邃的学术、过庄严神圣壮烈的宗教生活(爱国运动亦属于此项),均可以使此心暂为放出,忘掉我们自己的小我,而结果可以使此心更为高洁丰富,使自己觉得自己更超脱、更伟大、更自由。简言之,使此心放于悠久高明博大之域,也就是求放心的一个法门。歌德一生从矛盾中求谐和的生活,就是自己故意放心,引起冲突与困难,而后复收回放心,得到谐和的最好具体的例证。黑格尔论太极之在自己(an sich)为纯粹理念,太极之外在存在为自然,及太极之自在自为 an und für sich 为绝对精神的矛盾进展的历程,可以说是理论上谈收放心的好例证。由心之自在自守,经心之自外自放,而回复到心之自在自为,就是我所谓求放心的历程。

第二就是"知几"。这就是《易经》上的"知几其神乎"的知几,也就是察微知著,见显知隐的知几。自由即是主动,被动就不自由。知几就可以先物而主动,不致随物而被动。大政治家能够知道民意所在,预为设施,就算知几,亦算自由,与迎合潮流、随风转舵的政客,其主动与被动、自由与不自由的界限就显然分明。军事家能知道有时战争不可避免,而预为准备,开战时于敌人的布置的战机,皆能预察其概略,此种由"知己知彼"而得到胜利,也可以说是由知几而得到的自由。大概天地间有许多职分上不可规避的职责、义理上不得不办理的事务,能够事先自己自动地欣然担当负重,而不临事希图推诿苟免,就是知几,就是自由。

其实我所谓"知几"的观念,可以说是得自《易经》者少,而得自以倡意志自由说著称的柏格森者多。柏格森曾由欣赏艺术的经验来说明意志的自由,我觉得实含有知几即自由的意思。他说,当我们听音乐或看跳舞时,我们总感觉到一种精神的自由,原因是由于我们能够审知音乐或跳舞中一定的节奏,而不期然地与之谐和。当音乐高的时候,我们差不多预知其将低;急的时候,预知其将徐;当跳舞者向左跳的时候,我们几可知其将右跳;当他前进的时候,我们几可预知其将后退,所以音乐之高低急徐、跳舞之左右前后,都有一定的节度,几乎为我们所预料得到,好像受了我们的指挥,我们可以与之合拍。因此于此种经验中,我们能得到一种意志自由的感觉。其实我们可以推演此义来说,宇宙历程、人事变迁,不论如何复杂,但总有相当的规则、相当的节奏,只要心思没有被利害物欲所蒙蔽的人,如能用同情去体会,自然有看得出此种宇宙或人世的规则与节奏的可能,因此有得到如柏格森所谓欣赏艺术的自由经验的可能。

第三就是"尽性"。尽性就是中庸所谓尽人之性、尽物之性,也就是现在所谓"自我实现"。认识自我、发展自我、实现自己的本性,就是自由。中国及西洋正宗派的哲学家,差不多皆持此说。而使我对于尽性即是自由一说最得到明确亲切的见解的,乃是歌德。歌德谈自由意志问题有句极简单而富诗意的话道:"难道你禁止蚕子吐丝吗?"是的,据他看来,蚕子吐丝,就是依本性的必然而活动,就是尽性,就是自由。同样,鸟儿唱歌、蜜蜂酿蜜,就是尽性,就是自由。同样,人能顺其天性,发展他创造真善美的本性,就是尽性,就是自由。中国学者讲尽性总是讲到"知命"——知道自己神圣的使命，知道自己在宇宙、在社会国家的地位和天职。同样，歌德也说过："我们做我们在任何情形下所不得不做的事，便是意志的自由。"换句话说，行乎其不得不行，止乎其不得不止，纯出于本性之必然，依天理之当然，就是自由。这样由尽性、由自我实现而达到与天理相合与宇宙意志为一的境界，就可以说是绝对的意志自由。所谓宇宙意志就是中国所谓天理或天意，宇宙意志之表现于自然界的就是万物欣欣向荣、行健不息的生意；宇宙意志之表现于人事界的就是民意、民族性、社会理想或时代精神；宇宙意志之表现于内心生活的就是良心、天性、天理或康德所谓道德律。只要我们个人的意志，外而能顺天地生生不息之机，中而能代表时代精神、社会理想，内而能纯发诸本性合于道德律，那么，我们的意志就能与宇宙意志合一，我们的意志就是绝对自由。

十　论道德进化*

要讨论道德进化问题首先须作两个重要的区别：第一，就是达尔文的进化论之被认作天经地义地独断（evolutionism as a dogma）与被认作一种研究问题的方法（evolutionism as a method）之不相同；第二，就是逻辑上的进展（logical progress or development）与事实上的变迁或演化（factual change）之不可混为一谈。

自然主义者如斯宾塞（Herbert Spencer）、赫克尔（Ernst Haeckel）等便有将进化论独断化的趋势。他们认进化论为解释宇宙万物的基本原则，为指导人生行为的最高理想。但是据比较持客观批评态度的科学家或哲学家看来，进化论却只是一种从事科学研究的方法。斯宾塞用"由无定则的、杂乱的、浑沌的一致，到有定则的、谐和的、条理的殊致"的进化公式以解释一切自然的、社会的和精神的现象。他更进而对于政治、经济、教育各方面，也主张极端的放任主义，反对用人力去干涉自然的竞争、选择、演化的历程。赫克尔认进化公律为解决"宇宙之谜"的一大原则。由物理化学中的元子演进而为生命元（protoplasm），由生命元演进而为心灵元（psychoplasm），由心灵元演进而为神经元（neuroplasm）。这就是

---

* 本文最初发表于 1933 年 12 月《清华学报》第 9 卷第 1 期，名《道德进化问题》，收入《哲学与哲学史论文集》时亦用此名。

他认为宇宙进化所经历的阶段。根据这种进化定律或进化的宇宙观,一切旧的宗教信条、道德观念都得加以改造。——凡是像这类把宇宙观或人生观建筑在进化论上面的人,也可以说是持进化论的或科学的宇宙观或人生观的人,我们便把他算作独断的进化论者,以示有别于方法的或批评的进化论者而言。

就进化论之为研究的方法言,乃即是一种历史方法(historical method),有时亦称为生发方法(genetic method)。哲学史家如文德班便称之为进化的历史方法(entwicklungsgeschichtliche Methode),是即研究事物或问题的变迁沿革,由初生以至长成,甚或由长成以至衰落的整个历程的历史方法。这个方法的目的在于认识事物之变的方面、动的方面,察其变迁转化之迹,而了解其整体,而不在于静止的方面去分析验察其片面。十九世纪的欧洲是一个伟大的历史世纪。许多著名的史家及历史名著都产生于此期间。① 达尔文的贡献就在扩大历史方法的范围,而应用来研究自然的历史,特别是生物演化的历史,或物种的由来。② 虽然采取进化论作为研究方法的人物不胜指数,但确认进化论为思想方法,欲借以改造逻辑思想,而大声倡导的人,当推实验主义的哲学家杜威。杜威认为达尔

---

① 单就德国而论,十九世纪的史家就有下列诸人:Alexander von Humboldt(一七六九——一八五九),Wilhelm von Humboldt(一七六七——一八三五),F. Schlegel(一七七二——一八二九),A. W. Schlegel(一七六七——一八四五),J. Grimm(一七八五——一八六三),W. Grimm(一七七六——一八五九),B. G. Niebuhr(一七七六——一八三一),Leopold von Ranke(一七九五——一八八六),至于黑格尔(一七七〇——一八三一)对哲学史及历史哲学的重大贡献更无待言。英国有 Buckel(一八二二——一八六二)之文化史,法国有 Taine(一八二八——一八九三)之文学史。

② 关于达尔文进化论之历史背境及其与当时之历史精神、历史兴趣之关系,请参考 Josiah Royce, *The Spirit of Modern Philosophy*, Lecture IX, *The Rise of the Doctrine of Evolution*.

文的逻辑是"生发逻辑或实验逻辑"(genetic or experimental logic)，他认为达尔文对于哲学上的影响在于使人从对于固定的形式、最后的原因和静止的永恒不变的本体的探讨中解放出来，而着眼于变动的事实之研究与困难的环境之适应。①

至于进化论对于伦理学的影响固然是多方面的：它曾引起优胜劣败、弱肉强食的极端个人主义的道德观念，也曾引起听天演安排的自然主义的伦理思想。它固曾令悲观的道德家惴惴焉畏人禽的界限不分，人将相食而沦于禽兽，而提倡以人性驭自然，以人力胜天演的人本主义的道德观，但亦曾令乐观的道德家认人类将可自然地进化到绝无自私自利，绝无痛苦的大同极乐世界。但我们可以概括地说，进化论对于伦理学之健全的切实的影响，不在于伦理思想的内容方面，而在于伦理研究的方法方面。——达尔文的进化论曾为伦理学者指示一新方法，开辟一新领域。所谓新领域，就是就时间言，研究最初原始民族的风俗习惯、信仰、道德生活，以与近代的新道德生活比较，而求其演化进展之迹；就空间言，研究非洲人、马来人及美洲土著的印第安人等原始民族的风俗习惯、信仰、道德生活，甚或民歌民谣等，以与欧美人的道德观念比较而求其演化进展之迹。甚且有将动物的道德生活与人类的道德生活相比较的。用此种进化论的方法以研究道德事实的学问，有时又称作比较伦理学(comparative ethics)。换言之，就是除对于伦理问题

---

① 参看杜威"Darwinism and its Influence on Philosophy"一文。当然，杜威劝人用达尔文的方法去研究变动不居的事实，以资适应控制，诚是。但他因之根本反对正宗哲学家所研究的对象和问题，似未免过当。因为用历史方法与动的逻辑亦未尝不可以作解答形上问题的辅助，且由变动中以观认本体，安知不较从静止中以分析本体更胜一筹吗？

之直觉的、逻辑的或形而上的研究外,又着重于道德的事实,特别关于原始民族的道德事实之搜集与整理,于人类学、民族学、心理学,甚或生物学中去寻找伦理研究的材料,把伦理学也当作自然科学来研究。所谓新方法,就是进化论的方法或生发法(genetic method)之应用于伦理学。据杜威及托福兹(Tufts)说,伦理研究之采用此种方法,约有四个理由:第一,由简单之材料着手,以次及于较复杂之道德问题。第二,借古以鉴今,今日一般人的道德生活、理想和标准,有许多地方皆原始风俗习惯之遗留。第三,研究原始民族以及他邦异族之道德生活,可更得较客观之材料和观察,以资反省借鉴。第四,应用进化论的方法以研究伦理学可以促人注重道德之动的和进步的性质,而不致认之为一成不变的东西。① 伦理学的研究既然于方法方面及领域方面皆受进化论的影响和鼓励,无怪乎十九世纪末及二十世纪初,用进化论的方法以研究初民道德生活的著作风起云涌,颇极一时之盛。②

---

① 参看 Dewey&Tufts, *Ethics*, pp. 3—4; Dewey, *The Evolutionary Method as Applied to Morality*, Philes. Rev. XI,1902, pp. 107—124, 353—371。
② 兹将此方面之代表人物及其著作列供参考:
Darwin, *Comparison of the Mental Powers of Men to the Lower Animals*,1871.
Spencer, *The Data of Ethics*,1879.
Lewis H. Morgan, *Ancient Society*,1877.
E. B. Tylor, *The Primitive Culture*,1873,新版 1958.
E. B. Tylor, *Early History of Mankind*, 1865,新版 1964.
J. G. Fraser, *Golden Bough*,12 vols. ,1st Edition 1890.
Andrew Lang, *Myth, Ritual and Religions*,2 vols. ,1890.
Andrew Lang, *Gustom and Myth*,1893.
Henry Maine, *History of Ancient Law*, 1871.
R. H. Codrington, *The Melanesians, their Anthropology&Folk-Lore*,1891.
Baldwin Spencer & E. J. Gillen, *The Native Tribes of Central Australia*.

十　论道德进化

　　知道了独断的进化论与方法的进化论之别,和进化论对于伦理学之真实影响在于方法方面,我们可以进而讨论逻辑的进展或进步与事实的演化的分别。大概说来,演化是一事实,下等动物、植物、矿物,凡一切无意识而不自知努力者,均有演化。演化是自然的,进步或进展是一理想,是意识的努力或精神的奋勉所达到的收获。所以进步是循理想的活动,是逻辑的,是合于理则的。道德的事实就其为事实而言,既无所谓进步或进化,亦无所谓退步或退化,只不过是人类某种生活方式之自然的演化,至多只能说此种变迁演化之历程有不同的阶段罢了。但同一道德事实,或同一道德生活演化的历程,各人的道德理想不同,各人的道德评价的观点不同,则他们对于此事实之为进步或退步的判断,亦必各异。譬如离婚的事件,在近代西洋及中国的社会中均有逐渐增多的趋势。①在新派的人也许指为道德进步的特征,而旧派的人则不免兴世风日下之叹。又譬如在工商业愈益发达的社会里,因各人四出奔走衣食的结果,则较大的家庭将必缩减为较小的家庭,且离开任何方式的家庭而在工厂、学校、公寓、旅馆里过生活的青年男女,将必愈益

　　(接上页注)　E. Westermarck, *Origin & Development of Moral Ideas*, 3 vols., 1906.
E. Westermarck, *The History of Human Marriage*, 1898.
Howard, *The History of Matrimonial Institutions*.
W. G. Sumner, *Folkways*, 1906.
Sutherland, *The Origin and Growth of Moral Instinct*, 2 vols., 1898.
L. T. Hobhouse, *Morals in Evolution*, 2 vols., 1906.
　　近二三十年来以法国的 Durkheim(1858—1917)及 Levy Bruhl 对此方面的贡献较大。中国郭沫若的《中国古代社会》也算是属于此种性质的著作。其实此方面的宝藏甚富,很有可以研究的材料,中央历史语言研究所的工作,似循此方面进行。至于应用进化论的方法以治文学史的第一人且较有成绩者,自然要推胡适。

　　①　事实详下。

增多,乃是自然的趋势,①但怀旧的人也许因此要发"文明到处家庭破"②的感慨,而趋新的人,或将认为个人自由独立,道德日趋进步的现象。但是,试放下道德演化的事实不论,并放下各个人主观地对于道德事实之为进化或退化的评价不论,而单就理论上、原则上去考察道德进化应取的步骤或阶段,以指出道德的进化必系由无自觉以进于自觉,由无理性以进于理性,由蔑视人格以进于尊重人格等,而不管事实上是否一定遵循此程序,这就是我所谓逻辑的或理则的道德进化观。其目的不在于对道德事实之为进化或退化加以臆断,但在此批评地研究道德进化应具的条件,从理论上、理想上的观点以指出一般的道德进化应趋之途径,而作世人评判某时某地的某种道德事实之为进化与否的标准。因此欲求对于道德进化问题有一正确明晰的观念,我们不能不从(1)逻辑上道德进步的历程,与(2)事实上道德现象演化或变迁的历程,分别加以研讨。

(一) 逻辑上道德进步的历程

概括地说,逻辑上道德进步的历程,已如上文所述,是由无自觉以进于自觉,由无理性以进于理性,由漠视人格以进于尊重人格的道德。但受过矛盾逻辑(dialectical logic)训练的人,便知道

---

① 参看美国社会学家 W. F. Ogburn, "Decline of the American Family", *The N. Y. Times Magazine*, Feb. 17, 1929。此文列有极精确之统计事实,以证美国家庭之衰落,实堪惊异。又德人 Müller-Lyer 著有 *The Family* 一书,谓人类家庭的演变,由民族时期而家庭时期,由家庭时期而个人时期,可供参考。

② 见吴宓"西征杂诗",《学衡》第五十九期。

十　论道德进化

道德进步的历程究不是直线式的那样单纯的进展,而乃是经过正反的矛盾而进展的。换言之,道德的进步必是征服恶的或超过不道德的而达到的功绩。最善于应用矛盾逻辑的方法①以分析道德矛盾进展的历程的人,据我所知,莫过于费希德与黑格尔,故我愿意把他们二人对于理论上道德进步的观察,作一简略的报告:

1. 费希德的道德进步观②

费希德认人类的尘世生活的目的在于自由地指导自己一切的行为使之与理性相契合。人类理性的发展约分为五大阶段或时代。他要不拘于经验事实地,纯从逻辑的观点,指出理性进展的次序和每个时代的特质。至于要知道人类某一特殊时代之究属于理性进展的那一阶段,则须据各个人的实际经验作解答。譬如,费希德认为他自己所处的时代,即属于理性进展的第三时期,即恶贯满盈的时期(作者按,明眼的读者当可察出现在中国人的道德生活亦正属于费氏所说的理性进展的第三时期)。至于费氏所谓"理性",实充满了道德意味,所以我们很可以说他所谓理性进展的阶段,即是道德进展的阶段,兹试分述如下:

第一,理性表现为盲目的本能。人类在此时期中,真是过的

---

① 作者于 dialectical logic or dialectical method 不称辩证逻辑或辩证法的理由,另详拙著《鲁一士黑格尔学述译序》。(本文收入《哲学与哲学史论文集》时,"矛盾逻辑"统改为"辩证逻辑",此处注释改为"作者亦从众把 dialectical logic or dialectical method 称为辩证逻辑或辩证法。第六号。"——编者注)

② 此节根据 Fichte, Die Grundzuge des gegenwärtigen Zeitalters, erste Vorlesung.

"不识不知,顺帝之则"的纯朴生活。只是率性而行,而不知其所以然。这可算是愚夫愚妇的理性。——此即天真的境界(der Stand der Unschuld)。

第二,理性表现为外界的强制的权威,可以说是专制时代和风俗习惯中的理性。此时期所着重的为盲目信仰与绝对服从。只求厉行严格的训令,强迫人去作,而不使人知其故。——此即向恶的境界(der Stand der anhebenden Sünde)。

第三,解放的时代——直接从专制的权威,间接从本能的理性以及任何方式的理性解放出来。对于一切真理皆持漠视态度,行为完全放任无羁,无指针,无标准。——此即全恶的时代,也可叫做罪恶完成或恶贯满盈的境界(der Stand der vollendeten Sündhaftigkeit)。

第四,理性的认知或自觉的时代。人们于此时期中渐知真理为何物,且于理性的法则有明晰的了解,且知崇奉真理为最高价值,而以最高的热忱去爱护真理。——此即向善的境界(der Stand der anhebenden Rechtfertigung)。

第五,为理性的艺术时代(der Epoche der Vernunftkunst)。人能用确切无误的方法实现理性,以建立其人格。——此为至善或圣洁的境界(der Stand der vollendeten Rechtfertigung und Heiligung)。按费氏所谓"理性艺术"一语最堪玩味,理性而到了艺术或艺术化的境界,实多少含有"大而化之之谓圣"的意思,且亦略相当于居仁由义、随心所欲不踰矩的境界。

费希德认为他这种道德进步的分析是理想的、逻辑的、先天的。这就是说,他自认为这种见解是先于道德事实的进化,而不违悖事实的,是后于道德进化的事实,而符合于事实的。我们姑且对于费氏的说法不忙下批评、发议论,再进而看比他分析的更精密的——

2. 黑格尔的道德进步观[①]

黑格尔的《精神现象学》一书的性质,就在于分析时代思潮、意识样法、人生理想、道德标准、变迁演化的阶段,而根据物极必反、相反相成的原则,去解释其所以由前一阶段而过渡到后一阶段之理则或逻辑的必然性。他同费希德一样,皆认道德进步的程序是一正一反、相激相荡的。

黑格尔也采取霍布斯的见解,认为人类最初的道德观念就是粗野的个人主义,认为人我不两立,残杀他人为维持自己生命的惟一途径。这是野蛮人的道德,这是道德进化的第一阶段。及人类渐次觉悟与其杀人以逞,消灭对方,不如奴役他人,利用对方,强迫被征服者为己作工之较于己有利,于是封建时代主奴社会的道德因而发生,为第二阶段。但为主者虽奴仆满堂,养尊处优,而生活亦殊无谓,反不如当奴隶者之勤苦工作,能与外界接触,改组经验,较得人生意义,因此有斯多噶派之道德家起,甘愿服役自苦,甚且卖身为奴——此种循理节欲的斯多噶道德代表第三阶段。但斯多噶的道德理想,隔离实际太远,不能改造现实,未免失之空虚,且违

[①] 此节系根据黑格尔《精神现象学》(*Phänomenologie des Geistes*)及鲁一士《近代唯心论演讲集》(Royce, *Lectures on Modern Idealism*)第六、七、八各演讲,以己意自由增损应用解释而成。如将个人道德的进步呆板地分作八个阶段,将社会道德的进步分作五个阶段,皆由我为醒目起见,强作分析,以便了解的,原文并未如此呆板划分。所以此节中如有与黑氏原书意旨有出入处,概由于作者参入己意之故。

反本性的艰苦生活,亦失之枯燥,因此会令人感得人生的无意趣,渐趋于厌弃人世,而堕入怀疑与烦闷的状况。——此为第四阶段。由厌世之极而起肯定现世的反动,由自卑自苦之极,而生自尊自大、放纵情欲的反动,由烦闷之极,而转去寻享乐现世、有酒且醉的消遣。——这就是近代浮士德式的企求快感、权力及丰富生活的个人主义的道德,为第五阶段。但个人愈追求快乐,反而愈感受痛苦,从自私自利,醉心享乐,浪漫不羁的生活醒悟过来,转而愤世嫉俗,抱高洁理想,守内心法则,持利他的人道主义,以改革家先觉之士自命,思有以校正末俗,改革现状,挽回颓风。——是即感情用事的改革家的道德理想,为第六阶段。但此种改革家每每虽一面诅咒末世,而一面他自己亦未尽脱末世的习气。自身每因缺乏学养,先未能立定脚根,遽尔思舍己芸人。今日反抗,明日改革,遂至枪法错乱,一无所可。甚或改革家与改革家互相攻讦,反抗者与反抗者彼此火拼,驯至弄成此社会不啻为一群发狂的先觉之士的社会,各为其夸大狂、虚荣心所愚弄蔽蒙而不自知。及自此夸大的改革热醒悟后,于是个人乃渐知不事外骛,只就自己才能所长、性情所近的工作,择为志业,埋头苦干,忘怀一切,专心致志以从事之。即认学艺的本身为其报酬,置实际效用于度外,为学问而学问,为艺术而艺术,各尊所闻,各敬所业,既不外求,亦不外骛。——此即纯粹学者与专家的道德理想,为第七阶段。但此种专家、学者、艺术家等,有时亦未尝不假学者、专家的美名,以求自己虚荣心的满足。学者之互相吹求,文人之互相轻视或互相标榜,以一技之长、一技之专,而傲慢不可一世的怪现象均于此时出现。黑格尔称此种以学艺骄人之专家学者为"理智的动物及其骗局",诚慨乎言之。至于黑氏去短取长,所提出个人最高的道德理想,即在于各抱其理想,各忠其志业,殚精竭思,以期于学术文化有所贡献,但此理想须合于国家的理想,志业固须为性之所近,才之所长,但又须认之为国家所赋予,适应国家或时代的需要,而非出于主观随意的选择。必如是使个人的发展与社会国家的福利谐和一致,方算得最高理想。——此为第八阶段。即黑氏认为个人道德进化的极则。

  黑格尔于分剖个人道德意识之后,更进而分剖社会道德进展之历程。大略言之,个人道德进步之极则,在于与社会理想相符合,而社会道德进步之极则,则在于达到绝对精神的领域。黑格尔以古希腊式之小共和国为社会意识最初阶段之代表。在此种共和国中,人民一方面为家庭之一份子,一方面又与国家有亲切的关系。由前言之,对家中祖先须尽孝道;由后言之,对国家君上须尽忠道。但家庭与国家间有其不可避免的冲突,忠孝难于两全。结果,总是牺牲家庭,服从国君,而过渡到社会意识之第二阶段——君主专制时代。此时期中,最大的矛盾为君主个人的意志与人民个人的权利的冲突。专制君主愈是作威作福,坚执私意,压迫人民,而人民亦愈自觉其权利之不可受人侵剥,思有以反抗独夫。结果,君主推翻,专制取消,无法无天,自由平等。人人皆侈谈天赋人权,力争权利幸福,企图直接干政。于是革命发生,大恐怖起,成为无政府无秩序的社会。但此种绝对自由平等的无政府状况,当然不能持久。于是于自由平等稍加节度,共同立法,共同遵守,以资裁制的宪政,便应运而生。但单凭一纸空文的宪章法典以维系国家,究非长治久安之道。于是便有人提倡道德理想的政治观,康德、费希德即系此说的代表人物。他们认政治必须建筑在人民的理性、自由意志或道德理想上,所谓"空中帝国"是。但道德理想究甚空洞渺茫。且在道德意识中,善恶本相对待。人能自由为善,亦能自由为恶。故就道德理想之空洞性与相对性言,实不足为社会意识道德生活之最后归宿。故必进而达到超脱相对之艺术、宗教、哲学的领域里,社会意识的进化方可谓达到顶点。盖此三者,即绝对精神之具体的表现也。总括起来,黑格尔认为社会道德进化的程序,大约如下:(1)由忠国家、孝祖先的冲突进而为忠于君主的帝国时代;(2)由服从专制君主与保持个人自由的矛盾,进而为自由平等的民主;(3)由无限度的自由平等的民主进而为共同立法、共同遵守的宪治;(4)由宪治进而为德治;(5)由德治进而有艺术、宗教、哲学等文化学术的基础的社会或政治生活。此种文化学术,既具体且普遍,为绝对精神的表现,为个人的社会的道德进化所达到的最高鹄的。

黑格尔这种的分析,鲁一士称之为道德逻辑平行论(ethicological parallelism),又称为逻辑与历史或逻辑上的矛盾进展与人文进化的平行论,实甚切当。① 盖因黑格尔的事实是具有逻辑的必然性的,而他的逻辑是符合于人类文化变迁演化的事实的。但我们始终必须认黑格尔以及费希德对于道德进化历程的分析为逻辑的进展,而不仅是事实的演化,盖因他们皆是以逻辑驭事实,以事实注逻辑,而自成其哲学系统;且因他们所指出的道德进化的历程或途径,皆人类艰苦困顿,精神努力,改造现状,征服矛盾所获得的功绩与教训,与用进化的方法的科学家所指出的自然的、盲目的演化历程,不可一概而论。

---

① 参看 Royce, *Lectures on Modern Idealism*, p. 144 & p. 146。

（二）事实上道德现象的演化
——以婚姻的演化为例

当我们讨论逻辑上道德进步的历程时，因为逻辑是一以贯之的方式，所以我们着重于道德进化之共同的整个的历程。但道德事实是复杂的、繁多的，所以我们不能不选择特殊的个别的事实来分析，以见道德事实演化的一般。而道德事实之较重要、且令人最感兴趣的，莫过于男女间的事实。美国言论家李蒲曼（Walter Lipmann）谓："社会上一般人一听说有人讨论道德问题，他们总以为所讨论的定是关于两性间的道德问题。"[1]所以我特地提出婚姻演化的事实来讨论。

关于婚姻之最初的形式，有不同的说法。卫司特马克（Westermarck）力持原始配偶说（theory of original pairing）。他于许多动物的生活与原始的生活中，察出动物与人类最初即大都一夫一妻，夫为一家之主持者与保护者[2]。但赞成此说的人甚少。次如麦因（Henry Maine）及米勒（Max Müller）等则主父权社会说（patriarchal theory），认家庭为最原始最基本的组织，妻完全受制于夫。但论者多谓此说忽视许多野蛮民族生活的事实[3]。最为多数学者所承认的乃是母权社会说，亦称原始共产说（The theory of

---

[1] Walter Lipmann, *A Preface to Morals*, p. 285.

[2] 参看 Westermarck, *History of Human Marriage*, and also Thomas, *Source Book of Sociology*, article by Westermarck。

[3] 参看 Howard, *History of Matrimonial Institutions*, Chap. 1。

horde and mother-right or the theory of original communism)。此说之创始者为一瑞士学者巴柯芬(J. J. Bachofen),美人摩根(Lewis H. Morgan)承其说而发挥充实之。近人德之 Müller-Lyer 及英之 Briffault 亦力持杂交说。① 据摩根氏研究,人类婚姻最初由"杂交"(promiscuity)逐渐演进而成一夫一妻制。兹依据摩根氏并参酌他说,将婚姻演化之次序排列如下:

1. 杂交。完全不正规的婚媾,男女性交最放任无规定。可以说是原始时代不知婚姻为何物的男女关系。

2. 集团婚姻(group marriage)。依斯宾塞及吉伦(Spencer and Gillen)的研究,中澳大利亚的土人,似仍行此种婚制。即此图腾之女人嫁给另一图腾。在此图腾中,每一男子有正规之妻,有非正规之妻。每逢节期或盛会,妻子可转借与他人。不知嫉妒,离婚容易②。若依摩根的研究,则集团婚姻可分三种:

(1)一族之兄弟姊妹互婚,是为同族婚姻(consanguine)。

(2)数姊妹嫁入他族为妻,或数兄弟娶他族数姊妹为妻,这叫做 punaluan。

(3)很多家庭住在一起,有共产形式,但一男一女为事实的必要与方便短期结合,但亦不绝对排斥外遇,这叫做 syndynasmian。此为由集团婚姻到一夫多妻的父权家庭的过渡。

3. 一妻多夫制(polyandry),大半几兄弟共娶一妻,但也有例外。此制发生的原因,大约不外经济困难,一人不能独娶一妻,或

---

① 参看同上 Chap. 2, and Morgan, *Ancient Society*, Pt. Ⅲ, 383—522。
② 参看 Baldwin Spencer and G. G. Gillen, *The Native Tribes of Central Australia*, pp. 70—75 & pp. 112—127。

出于借人壮种的目的,有时因远出开垦,男多女少的通融办法。

4. 一夫多妻制(polygamy),最初因经济关系,一夫多妻,可多作工,正妻亦愿其夫多娶妻以分其劳。有时多妻为避免离婚的交换条件,或因大战之后,壮丁死亡过多,男少于女,故一夫多妻。此外亦有出于贵族或资产阶级满足兽欲而实行多妻。

5. 一夫一妻制(monogamy),此又有自然的一夫一妻与道德的一夫一妻之不同。如近代之出于爱情自由选择配偶,互守贞操,相偕白头者,方可算得道德的一夫一妻制。据孙木楠(Sumner)说,此制有种种好处:(1)子嗣确定;(2)结合坚固;(3)不生嫉妒;(4)生育繁衍;(5)婴儿死亡减少;(6)爱情专一,增加生活快慰;(7)若夫妻同偕到老,晚境有所慰藉①。因此一般人多认此制为婚姻进化的最高级。但近年来,特别在西洋,为补救离婚事件过多及因节制生育的方法改进,欲于不组织家庭、不生育子女范围内享受性交乐趣的青年男女逐渐增加之故,似将有一新的婚姻制度产生,此制名为——

6. 伴侣婚姻或尝试婚姻(companionate marriage or trialmarriage)②。此制由男女双方正式登记同居。同居若干期间,得双方同意可自由解约,省得离婚手续。在同居期间,一切满意,且女方已怀孕,然后方正式举行结婚仪式。首倡此说者为美国一著名法官林宰(Judge Lindsay),罗素夫妇赞成此说最力。此外如蔼里斯(Havelock Ellis)、约德(C. E. M. Joad)、德之开沙林伯爵(Count

---

① Sumner, *Folkways*, p. 273.
② Mrs. B. Russell, *The Right to be Happy*; H. Ellis, *Marriage Today and Tomorrow*; W. Lipmann, *A Preface to Morals*, pp. 281—313.

Keyserling)、美之李蒲曼等均提倡此说。而西洋青年男女之正式非正式实行此制者,似已日渐增多。反对者自亦颇不乏人。但此制现尚在宣传与试验的期间,未成为社会上公认的婚制。而婚姻事实之演化,自然地渐趋向于此途,则为不可讳言的事实。

以上系讨论婚姻制度演化的轮廓,至于结婚方法的演化、历程,亦略分下列各阶段①:

1. 劫夺婚姻。男家用武力劫取别家或异族之女子为妻,此为最原始的方法,有时亦因而引起报复的流血事件。

2. 买卖婚姻。在采用此种结婚方法的时代,或文化阶段中,女子被认为有价格之货物,其价格之高下,以女子相貌的美丑,作工能力的大小和当时当地女子供给与需要的多寡为转移。这被售出的女子,当然纯系男子的所有物。

3. 服役婚姻。此法与买卖婚姻同时并行。男子经济能力如不能买妻,则可先去女家作工,足以抵偿,然后娶妻,亦可算买卖婚姻的一种。

4. 契约婚姻或诺言婚姻。此种婚姻必先经男女双方之允许或同意然后成。近代男女自由作主的婚姻,均同属于此项。

结婚事实之演化,已如上述,而离婚问题之演化,尤足供吾人参考。离婚之演进史,自较结婚为晚,乃婚姻近代化以后生出的事。大约尊重女子地位,提倡男女平权,打破玩偶家庭,注重女子人格与经济的独立,与夫自由自主、一夫一妻的婚姻制度,皆直接间接为增加离婚数目的原因。离婚亦有自然的与道德的之别。原始民族之离婚,完全由于性交关系松弛,或经济状况、环境情形有

---

① Hobhouse, *Morals in Evolution*, pp. 157—158, Cf. also Sumner, *Folkways*, p. 355.

以使然,是为自然的离婚。近代之离婚,其原因远较复杂。而许多社会改革的理想家,亦提出其离婚的理想与道德。据爱伦凯女士说①,婚姻完全基于爱情,爱情消灭,即应离婚。离婚是自知自己,自尊人格,个性自决的表示,亦是自觉地企求真正的爱情生活,而反对无意义的婚姻束缚的努力。至于离婚问题在西洋过去演化之迹,亦可撮要叙述如下②:

1. 离婚的历史,起于罗马。照罗马法,结婚后,妻子完全在丈夫权威之下。丈夫随时随意可以与其妻解除夫妇关系。西历三三一年,罗马王君士坦丁规定妻子可以在特殊情形下请求与丈夫离婚。至四四九年,离婚的规定更宽。凡丈夫犯下列各罪者:叛逆、通奸杀人、谋毒害、造伪证、犯坟、窃教堂、作盗贼、偷牛、谋杀妻打妻、引无行女人入家等,妻子均得提出离婚。

2. 凡天主教国在任何情形之下,皆绝对不许离婚。欧洲的意大利、西班牙、葡萄牙,美洲的墨西哥、布勒西尔、智利、阿根廷等国皆严禁离婚。

3. 法国在一七九二年前从无离婚之事。此后教会与政府皆力持保守不许离异。直至一八八六年方订有离婚法律,双方离婚的条件相等。

4. 在德国,一七九四年时,普鲁士法典即立有甚宽的离婚法律。而至一九〇〇年时,所规定离婚的条件反较前为严,大约因当时离婚风气太甚,政府拟加法律裁制之故。

---

① Alien Key, *Love and Marriage*, p. 293.
② Hobhouse, *Morals in Evolution*, pp. 230—236, and *Ency. Brit*, vol. 8, article on divorce by W. F. Wilcot.

5. 英之苏格兰邦法律自一五七三年以来,即认遗弃与通奸为离婚理由,至今不改。一六〇九年英国的国会始正式通过准许一离婚案。直至一八五七年离婚方正式列入法令。但若因酗酒、遗弃、犯罪等而离婚,亦只能分居,而不能完全断绝夫妻关系。分居后,无论男方或女方皆不能另娶或另嫁。

6. 美国关于离婚问题的规定,各州或邦的法律并不一致。有七分之六邦,通奸遗弃虐待情事准予离婚。有三十九邦因入狱,三十八邦因惯醉,二十二邦因不能供养,准许离婚。全国共四十六邦,有一年至五年以上之分离,即可作离婚的理由。就大体论,美国离婚法律,东部严而西部宽,城市离婚者较多于乡村。兹试将美国自一八九〇年以来离婚率统计表列出,以资参考①。

年	结婚数目	离婚总数	每一千结婚中之离婚率	法律未批准之离婚案数
1890	542 537	33 461	62	无统计
1901	716 621	60 984	85	无统计
1916	1 040 684	112 036	108	无统计
1926	1 202 574	180 853	150	3 825
1927	1 201 053	192 037	100	4 252
1928	1 182 497	195 939	166	4 237
1929	1 232 559	201 468	163	4 408
1930	1 128 280	191 591	170	4 370

据此离婚统计表可以显然看出美国人离婚之事件几逐年增加。四十年前(一八九〇年)离婚总数不过三万余对夫妇,每千对结婚夫妇中,离婚者不过六十余对。而近年来,离婚总数增至二十

---

① *Statistical Abstract of the U.S.A.*, 1932, p. 87.

万对上下,每千对结婚夫妻中,离婚者竟占一百七十对之多。离婚数目增加之速,与离婚问题之严重可以想见了。表中惟一九三〇年离婚总数较一九二九年少约一万对。我揣想大约因此时实行伴侣婚姻的人渐多,有许多同居男女的解散,没有经过法律的离婚手续之故。而结婚的数目一九三〇年亦较一九二九年减少约十万对,若果没有别的重大原因可以解释,恐怕也由于实行伴侣婚姻者多,举行正式结婚者少之故。

总结起来,我们研究婚姻事实的演化,所得的结果是这样的:由原始的男女杂交,经历种种的过渡,而演变成近代的一夫一妻制。由自由自主的道德的一夫一妻制而演成离婚人数的增多。由离婚人数过度的增多,而渐有转变成伴侣婚姻的趋势。至于单就离婚问题而言,西洋各国大都由对于离婚不予准许,无有规定,渐演变为有明文规定;更由很严的离婚规定而变成较宽的离婚规定。而此种事实演化的阶段,又层次井然,条晰有序。我们简直可以据此以判断某国某族或某处居民的婚姻制度,现已达到某种阶段,且可预测其此后将向着某一阶段演进,大体上不致有误。但最奇怪而令我们诧异的,就是我们所发现的婚姻事实的演化历程,并不是我们所想像的那样盲目的变迁,而乃是有理则的进展。就价值观点看来,这好像不仅是自然事实的演化,而乃是依理则、循理想而向前的进化或进步。平心而论,一夫多妻制或一妻多夫制,实在较原始的男女杂交为文明进步;而一夫一妻制似又较多妻或多夫制为文明进步。夫妻不相能,可以得双方允许、法律承认而离婚,是比较强迫一对无法快乐共处的男女相偕到老更为合理,更为尊重双方的人格与个性。至于伴侣婚姻虽尚在实验期间,但据提倡此制的思想家与社会改革家看来,当然是较足以补救现制的缺点,较足以解答现代两性间许多复杂的困难，且较为合理、较为进步的办法①。就结婚方法言，经过双方衷心允诺而后结婚，似比那劫夺婚姻、买卖婚姻较为尊重人格、合于理性。总而言之，我们总不禁要问，我们研究道德事实的演化，何以所得的结果，会合于理论的理想的进步历程呢？更奇怪的，记得上面我们介绍费希德、黑格尔从逻辑方面分析道德进化历程的时候，曾发现他们所指出理论上道德进化的各阶段好像又很符合事实上道德的演化。——这又是什么道理呢？一方面在篇首我们已重言申明，事实上的演化与理论上的进化须严格分开，而何以现在我们又发现理论的进展不违背事实，而事实的演化又契合理论呢？

此点我们可分为数层作答：

第一，逻辑或理论本来是解释事实、整理事实、指导事实的方式或原则，所以真的理论必是合于事实的理论，真的逻辑必是合于事实、有充实内容的逻辑。因此可知，关于道德进化的理论或逻辑上道德进化的阶段的分析，只要理论是正确的，必定是合于道德事

---

① 讲到此处，有一要点须得提出。就是，道德的进化，具体言之，婚姻的进化总是偕经济状况、智识程度而俱进。一面智识学术进步，一面生产工具物质文明发达，而一面道德程度亦必水涨船高，相偕俱进（至于谁先谁后谁因谁果，此处暂不讨论）。未有茫昧无知，受物质压迫，受天灾侵害，而独道德方面反较知识发达、能征服自然的民族为更进步、更高尚的。所以离婚人数之增多，与伴侣婚姻之试行等，在彼有自文艺复兴以来猛烈的知识迈进，有自法国革命以来的自由平等精神的养成，有自产业革命以来的工技物质的发达的西洋人——男女双方智识皆有相当基础，经济皆有相当独立的西洋人实行起来，当然可算是比较适宜，比较进步。但在智识程度、物质程度尚赶不上西洋的社会，而独于婚姻方面则模仿西洋惟恐不及，当然会发生流弊。所以我们既不可无经济及智识方面充分准备，而妄自模仿西洋婚制，亦不可以迂腐的成见，谓父母之命、媒妁之言的婚姻为精神文明，而妄斥西人之自由离婚、伴侣婚姻为迹近禽兽。

实的,所谓先经验而经验弗违,亦即此意。

第二,事实本来是经理论、逻辑、先天范畴加以组织整理而成。离开逻辑或先天的范畴,只有混沌的黑漆一团,更无所谓事实。歌德所谓"每一现象,即一学说。吾人注意观认事物,即是理论化事物"①,实含有至理。天地间,只有事实追赶不上的理论或理想,没有不合理论的事实。换言之,天地间只有超事实的理论,超现象的逻辑(即康德所谓先天逻辑),而没有超理论超逻辑的事实(即所谓孙悟空跳不出如来佛的手心之意)。因为近代的人,受了达尔文进化论的洗礼,特意用进化论的逻辑或方法,去搜集、整理、组织、解释道德方面的事实,则其所整理出来的事实之符合进化的理论与理想乃自然之理,毫无足怪。换言之,我们上面所陈述的婚姻事实,乃是应用进化论的逻辑加以选择整理,已经是理论化、理想化过的事实,自然会符合进化的理论或理想。

第三,理论虽合于事实,事实虽不背理论,但理论自理论,事实自事实,仍不可混为一谈。理论系共相,事实系殊相。理论在先,事实在后;理论为本,事实为末。所以必须首先划分清楚,不惟于研究方便,抑且可免混淆与误解。

第四,道德事实与自然事实不同,自然事实的变迁,即使有条理有秩序,但亦无所谓进步。而道德事实乃人的意识活动、精神生活的产物。人的意识是有理则的,人的精神是有理性、有理想、有向上奋勉的驱迫力的。研究道德事实的进化,直不啻考察人类意识的奋斗、精神的努力,以自求发展实现的阶段与业绩,因此道德

---

① 见 Glockner, *Die Voraussetzungen der Hegelschen Philosophie*, p. 336 引歌德 (Goethe)语。

事实不仅是表出演化之迹,必且表出进化之迹。换言之,人类道德史上,若果有一星星一点点进化或进步之可言的话,则此星星点点的进步,必是这有理性的动物,精神上奋斗努力、自求进展的收获。一个社会、一个国家或一个民族的道德生活之进化与否,全视此社会、此国家、此民族的分子,能本其固有的理性向上奋斗努力与否为转移。因为无论谈事实的进化也好,但事实乃由精神努力整理组织而成;无论谈理论的进化也好,但理论亦由精神努力去解释、征服、指导事实而成。所以我们此番研究道德问题所得到的最后结论是:舍自强不息的搏斗努力外无进化;舍精神的、理性的搏斗努力外无道德的进化。

十一　文化的体与用[*]

　　许多人对于哲学发生兴趣，大概都是由于他们平日喜欢用思想去观察文化或批评文化。当一种异族文化初输入一个地方时，最易引起当地人士观察和批评此种外来文化的敏感。当一个旅行家游历了不同的国家，观察了不同的民族，他对于各国和各民族的风土人情、生活习惯、历史文物等，必少不了有一些感想或批评。有人说文学的本质在批评人生，而真正有意义有价值的生活就是文化的生活。所以即说文学的本质在于批评文化亦无不可。文学家可以说必然是文化批评家，如法国的伏尔泰、卢梭，德国的莱辛、黑尔德、歌德、席勒，英国的卡莱尔、安诺德、辜律己等，都是文化批评家。他们一方面对于政治社会有实际影响，一方面也启发了后来不少的纯粹系统的哲学家。批评文化可以说是思想界最亲切，最有兴趣，对于个人和社会，对于物质生活和精神生活最有实际影响和效果的工作。因为文化批评一方面要指导实际生活，一方面又要多少根据一些哲学理论。所以文化批评乃是使哲学与人生接近的一道桥梁。有许多没有专门研究过哲学的人，因为批评文化而不知不觉地涉及到哲学的领域，也有许多纯粹专门的哲学家，因为批评文化，而使得他们的思想与一般人发生关系。

---

[*]　本文最初发表于1938年5月《新动向》第1期。

本文的主旨就在提供一些批评文化的概括原则。因为我深感觉得自从西洋文化与中国文化接触以来，差不多每一个能用思想的中国人，都曾有意无意间在那里多少作一些批评文化的工作。然而我们的文化批评似乎大都陷于无指针、无准则，乏亲切兴味，既少实际效果，亦难于引导到深彻的哲学领域。而由批评文化所提出的几种较流行的口号如"中学为体，西学为用"、"中国本位文化"、"全盘西化"等，似乎多基于以实用为目的的武断，而缺乏逻辑批评的功夫。所以我希望对于文化的体和用加以批评的研讨，或许可以指出批评文化的新方向，引起对付西洋文化的新态度。

体用二字乃是意义欠明晰而且有点玄学意味的名词。兹试先将常识意义的体用与哲学意义的体用分别予以说明。常识上所谓体与用大都是主与辅的意想。譬如"中学为体，西学为用"的常识意义，即是以中学为主，西学为辅的意思。反之，假如一个西方学者研究中国学问，他亦未尝不可抱"西学为体，中学为用"的主张。其实中国留学生之治西学者，亦大都以西学为主，中学为辅，亦即可谓为以"西学为体，中学为用"，完全与张之洞所指的路径相反。依此意义，则专学文科的人，可以说以"文科为体，理科为用"；反之，学理科的人，亦可持"理科为体，文科为用"的说法。现今大学于学生选习科系，多有主科辅科之规定。我们亦可以说大学生选习科系，莫不以主科为体，辅科为用。一个人专治主科，而不兼习他科以辅之，是谓约而不博，有体无用。一个人博习多科，而无精约的主科，是谓有用无体。从这些例子可以见得常识中所谓体用是相对的，是以个人的需要为准而方便抉择的，是无逻辑的必然性的。但试再以"中学为体，西学为用"作例。如果中学指天人性命之学，指精神文明，而西学则指声光电化船坚炮利之学，指物质文明而言,则天人性命之形而上学,理论上应必然的为声光电化等形而下学之体,而物质文明理论上亦应必然的为精神文明之用。如是则"中学为体,西学为用"不仅为常识的应一时的需要之方便说法,而成为有必然性的有哲学意义的说法了。

至于哲学意义的体用须分两层来说。一为绝对的体用观。体指形而上的本体或本质(essence),用指形而下的现象(appearance)。体为形而上之理则,用为形而下之事物。体一用多。用有动静变化,体则超动静变化。此意义的体用约相当于柏拉图的范型世界与现象世界的分别,亦可称为柏拉图式的体用观。一为相对性或等级性的体用观。将许多不同等级的事物,以价值为准,依逻辑次序排列成宝塔式的层次(hierarchy)。最上层为真实无妄的纯体或纯范型,最下层为具可能性、可塑性的纯用或纯物质。中间各层则较上层以较下层为用,较下层以较上层为体。譬如,就大理石与雕像言,则雕像为大理石之体,大理石为雕像之用,但就雕像与美的型式言,则具体的雕像为形而下之用,形而上的美的纯型式为体。又如就身与心的关系言,则身为心之用,心为身之体。就心与理的关系言,则心为理之用,理为心之体。依此种看法,则体与用的关系为范型(form)与材料(matter)的关系。由最低级的用——材料,到最高级的体——本体或纯范型,中间有一依序发展的层级的过程。这种看法可称为亚里士多德的体用观。这种体用观一方面包括柏拉图式的体用说,认纯理念或纯范型为体,认现象界的个体事物为用。一方面又要以纯范型作为判别现象界个体事物价值的标准,而将现象界事物排列成层级而指出其体用关系。譬如在中国哲学上,朱子持理气合一之说,认理为体气为用,则近于此处所谓绝对的体用观。而周子则无极而太极,太极而阴阳,阴阳而五行,五行而万物,似以无极为太极之体,太极为无极之用。太极为阴阳之体,阴阳为太极之用。阴阳为五行之体,五行为阴阳之用。五行为万物之体,万物为五行之用。似分为五个层次的相对的体用观。但若从绝对的体用观来看,则无极太极皆系指形而上之理言,为体,而阴阳五行万物皆系指形而下之气言,为用。如是则哲学上两种体用观的异同所在,想甚明了。简言之,绝对的柏拉图式的体用观以本体与现象言体用。而相对的,亚里士多德的体用观,除以本体现象言体用外,又以本体界的纯范型作标准,去分别现象界个体事物间之体用关系。以事物表现纯范型之多或寡,距离纯范型之近或远,而辨别其为体或用。

哲学上所谓体用关系,与科学上所谓因果关系,根本不同,绝不可混为一谈。科学上的因果,都同是形而下的事物,无价值的等级或层次之别,而哲学上的体属形而上,用属形而下,体在价值上高于用。譬如就心为身之体,身为心之用而言,我们不能说在科学上心为身的原因,身是心灵活动的结果。因为身体运动的原因,须于物理学、生理学求之。我们只能说,心是身之所以为身之理。身体的活动所代表的意义、价值、目的等,均须从心灵的内容去求解释。

知道了体用的意义,请进而考察什么是文化之体。

朱子说:"道之显者谓之文"。古哲所谓文,大都是指我们现时所谓文化。孔子说:"文王既殁,文不在兹乎?"意思就是说文王既殁,文化不就寄托在我这里吗?此外孔子所谓"天之将丧斯文"或"未丧斯文"的文,都是指文化或民族文化而言。又如孔子被奉为"文宣王",韩愈、朱熹被谥为韩文公、朱文公,也就是尊崇他们为文化的寄托者、负荷者,或西人所谓 Kulturträger 的意思。所谓"道之显者谓之文"应当解释为文化是道的显现,换言之,道是文化之体,文化是道之用。所谓"道"是宇宙人生的真理,万事万物的准则,亦即指真美善永恒价值而言。儒家常说"文以载道",其实不仅"文艺"以载道,应说"文化"以载道,因为全部文化都可以说是道之显现。并且不仅文化以载道,我们还可进一步说"万物皆载道"、"自然亦载道"。因为"道在稊米",即可说稊米亦载道。"凡物莫不有理",即可说凡物莫不载道。英国诗人丁尼生有一首名诗,大意谓园里一朵小花,若能加以彻底了解,便可以理会到什么是天与人的关系。这就是说,小花亦所以载道,由小花的理会亦可以见道、知天。

我们虽承认自然万物,小至稊米花草,皆是道的显现,但我们却不能说,自然事物都是文化。文化与自然虽皆所以载道,但文化是文化,自然是自然,两者间确有重大区别。要解答这层困难,我们似乎不得不补充修正朱子的说法,而这样解释:"道之凭借人类的精神活动而显现者谓之文化",反之,"道之未透过人类精神的活动,而自然地、隐晦地(implicitly)、昧觉地(unconsciously)显现者谓之自然"。换言之,文化乃道之自觉的显现,自然乃道之昧觉的显现。同是一个道,其表现于万物有深浅高下多少自觉与否之不同,因而发生文化与自然的区别。

讨论文化的体与用到了这里,我们便得着四个概念:(1)道的观念,文化之体;(2)文化的观念,道之自觉的显现;(3)自然的观念,道之昧觉的显现;(4)精神的观念,道之显现或实现为文化之凭借,亦即文化之所以为文化所必依据的精神条件,亦即是划分文化与自然的分水界。这四种观念若用现代价值哲学的名词加以解释,则(1)道即相当于价值理念;(2)精神约相当于价值体验或精神生活;(3)文化即相当于价值物;(4)自然即是与价值对立的一个观念。若从柏拉图式的绝对的体用观说来,则道或价值理念是体,而精神生活、文化、自然,皆道之显现,皆道之用。若从亚里士多德式的相对的体用观说来,则精神生活、文化与自然,皆道之等差的表现。低级者为较高级者之用或材料,较高级者为较低级者之体或范型。如是,则自然为文化之用,文化为自然之体。文化为精神之用,精神为文化之体。精神为道之用,道为精神之体。

这四个不同的观念中,最重要但是又最困难最古怪的,当推精神一观念。精神也实在是意义纷歧而欠清楚的名词。但在此处我们可以简单地说,精神就是心灵与真理的契合。换言之,精神就是指道或理之活动于内心而言。也可以说,精神就是为真理所鼓舞着的心(Spirit is mind inspired by truth)。在这个意义下,精神也就是提高了、升华了,洋溢着意义与价值的生命。精神亦即指真理之诚于中形于外,著于生活文教,蔚为潮流风气而言。简言之,精神是具体化、实力化、社会化的真理。若从体用的观点来说,精神是以道为体而以自然和文化为用的意识活动。根据这个说法,则精神在文化哲学中,便取得主要、主动、主宰的地位。自然也不过是精神活动或实现的材料,所谓文化就是经过人类精神陶铸过的自然。所谓理或道也不过是蕴藏在人类内心深处的法则。将此内蕴的隐晦的法则或道理发扬光大,提出到意识的前面,成为自觉的具体的真理,就是精神的活动。假使道或理不透过精神的活动,便不能实现或显现成为文化,而只是潜伏的、缥缈的,有体而无用的道或理罢了。这样看来,自然只是纯用或纯材料而非体。道或理只是纯体或纯范型而非用,都只是抽象的概念,惟有精神才是体用合一,亦体亦用的真实。道只是本体,而精神乃是主体。文化乃是精神的产物,精神才是文化真正的体。精神才是真正的神明之舍,精神才是具众理而应万事的主体。就个人言,个人一切的言行和学术文化的创造,就是个人精神的显现。就时代言,一个时代的文化就是那个时代的时代精神的显现。就民族言,一个民族的文化就是那个民族的民族精神的显现。整个世界的文化就是绝对精神逐渐实现或显现其自身的历程。

在上面这一大段里,我因为想尽力介绍述一些黑格尔的思想,意思也许稍嫌晦涩费解。其实总结起来,意思亦甚为简单。就是广义讲来,文化(包括自然在内)是道的显现。但严格讲来,文化只能说是精神的显现,也可以说,文化是道凭借人类的精神活动而显现出来的价值物,而非自然物。换言之,文化之体不仅是道,亦不仅是心,而乃是心与道的契合,意识与真理打成一片的精神。

因精神中所含蕴的道或价值理念有真美善的不同,故由精神所显现出来的文化亦有不同的部门。因不同部门文化之表现精神价值有等差之不同,遂产生相对性文化的体用观。譬如真理是一精神价值,哲学与科学皆同是真理之显现。但哲学追求价值的真理,科学追求自然的真理。哲学阐发关于宇宙人生之全体的真理,科学研究部分的真理。哲学寻求形而上的理则方面的真理,科学寻求形而下的事物方面的真理。因此虽就绝对的体用观说来,科学与哲学皆同是精神之用,精神兼为科学与哲学之体,但就相对的体用观说来,我们不能不说哲学为科学之体,科学为哲学之用。又宗教与道德皆同为善的价值之表现。但宗教所追求者为神圣之善,道德所追求者为人本之善,宗教以调整人与天的关系为目的,道德以调整人与人的关系为目的。在此意义下,我们不能不说,宗教为道德之体,道德为宗教之用。又如艺术与技术都同是代表美的价值的文化。但艺术是超实用的美的价值,而技术代表实用的美的价值。艺术是美的精神生活的直接产物,而技术只是实用智慧的产物。故只能说,艺术是技术之体,技术是艺术之用。至于政治、法律、实业、经济、军事等,距真美善之纯精神价值更远,乃科学、道德、技术之用,以科学、道德、技术为体,而直接以自然物质为用。

　　对于各文化部门之体用相对性略有所了悉,请更提出规定各文化部门之三原则,以供观察文化、批评文化的参考。一为体用不可分离。盖体用必然合一而不可分。凡用必包含其体,凡体必包含其用,无用即无体,无体即无用。没有无用之体,亦没有无体之用。如谓宋儒有体无用,近代西洋文明有用无体的说法,皆是不知体用合一关系的不通之论。譬如就宋儒以理学为体言,亦有其对自然、人生、社会、历史种种事业的观察研究以作之基。换言之,宋儒有其理学之体,亦自有其科学之用。又如宋儒虽重人事方面的道德修养,但亦自有其由希贤希圣进而希天的宗教识度,及至诚感神的宗教精神以为之体。至于宋儒的理学及其道德观念,对于中国社会、政治、民族生活影响的重大深长(影响之好坏姑不具论),乃显而易见者,更不能谓为有体无用。至于近代西洋物质文明有其深厚的精神基础,稍识西方文化者类能言之,亦不能谓为有用无体。所以无论事实上、理论上,体用都是不可分离的。二为体用不可颠倒的原则。体是本质,用是表现。体是规范,用是材料。不能以用为体,不能以体为用。譬如宗教、哲学、艺术等在西洋文化中为体,决不会因为介绍到中国来便成为中国文化之用。而科学、技术等在西洋文化中老是居于用的地位,亦决不会因为受中国实用主义者的推尊,便会居于体的地位。所谓冠履不同位,各部门文化皆截然有其应有的逻辑地位，决不能因一时实用，个人好恶，而可以任意颠倒的。持体用颠倒说，认形而下之用为本体，认形而上之体为虚幻，便陷于形而上学的割裂，持体用分离说，认为有离用而独立存在之体，有离体而独立存在之用，便陷于孤立的武断论。第三个原则，为各部门文化皆有其有机统一性。因为各部门的文化皆同是一个道或精神的表现，故彼此间有其共通性。一部门文化每每可以反映其他各部门的文化，反映整个的民族精神，集各种文化之大成。这个原则是应用有机的宇宙观的说法以讨论文化。因为据近代有机的宇宙观的说法，每一事物都是全宇宙的缩影，是一个反映全宇宙的小宇宙。甚至可以说，每一事变都是集宇宙过去一切事变的大成。自然事物既然可以说是一个有机统一体，则持此说以表明文化事物为一有机统一体，当然更平正而无偏弊。譬如，试以西洋现代的基督教而论（不管旧教或新教），在不知有机统一说的人，必以为基督教根本是反科学的、反平民化社会的、反无产阶级革命的、反物质文明的。其实我胆敢说一句，中世纪的基督教，是中古文化的中心，近代基督教是整个近代西洋文化的缩影与反映。可以说西洋近代精神的一切特点，基督教中皆应有尽有。反之，西洋近代精神的一切特点，近代科学研究中亦莫不应有尽有。因为西洋近代的科学与近代的宗教，皆不过是从不同的方面以表现此同一的西洋近代精神罢了。

根据上面的一些理论和原则来讨论我们对西洋文化应取的态度的问题，我们可得下列三个指针。

第一，研究、介绍、采取任何部门的西洋文化，须得其体用之全，须见其集大成之处。必定对于一部门文化能见其全体，能得其整套，才算得对那种文化有深刻彻底的了解。此条实针对中国人研究西洋学问的根本缺点而发。因为过去国人之研究西洋学术，总是偏于求用而不求体，注重表面，忽视本质，只知留情形下事物，而不知寄意于形上的理则。或则只知分而不知全，提倡此便反对彼。老是狭隘自封，而不能体用兼赅，使各部门的文化皆各得其所，并进发展。假使以这种褊狭的实用的态度去研究科学，便难免不陷于下列两个缺点。一因治科学缺乏哲学的见解和哲学的批评，故科学的根基欠坚实深厚，支离琐屑，而乏独创的学派，贯通的系统。一因西洋科学家每承中古修道院僧侣之遗风，多有超世俗形骸的精神寄托与宗教修养，认研究科学之目的亦在于见道知天，非徒以有实用价值的技术见长。此种高洁的纯科学探求的境界，自非求用而不求体者所可领略。

我所谓治西学须见其体用之全，须得其整套，但这并不是主张全盘西化。因为说须对于所研究的那一部门的学术文化，得其体用之全，或得其整套，即是须深刻彻底理解该一部门学术文化的另一说法。有了深刻彻底的了解后，不唯不致被动的受西化影响，学徒式的模仿，而且可以自觉地吸收、采用、融化、批评、创造。这样既算不得西化，更不能说是全盘西化。譬如，就政治制度而论，彼持全盘西化之说者，似应将西洋的法西斯蒂主义、民治主义*、共产主义等全盘搬到中国来，一一照样模仿扮演。但我仅主张对于各种理论的体与用之全套之源源本本，加以深刻彻底了解，而自己批评地创立适合民族生活时代需要的政治方案。此种方案乃基于对西洋文化的透彻把握，民族精神的创进发扬，似不能谓为西化，更不能谓为全盘西化。且持数量的全盘西化之说，事实上理论上似

---

* 《哲学与哲学史论文集》作"民主主义"。

均有困难。要想把西洋文化中一切的一切全盘都移植到中国来,要想将中国文化一切的一切都加以西洋化,事实上也不可能,恐怕也不必需。而且假如全盘西化后,中国民族失掉其民族精神,文化上中国沦为异族文化的奴隶,这当非提倡全盘西化者的本意。但假如中国人有选择与创造的能力,与西洋文化接触后,中国文化愈益发展,民族精神愈益发扬,这不能算是西洋化中国,只能说是中国化外来的一切文化。譬如,人吸收外界食物而营养身体,只能说人消化食物,不能说食物变化人。又譬如宋明的理学,虽是与佛教接触很深很久的产物,但不能说是"佛化"的中国哲学,只能说是"化佛"的中国哲学。所谓"化佛"即是将外来的佛教,吸收融化,超越扬弃的意思。所以我根本反对被动的"西化",而赞成主动的"化西",所谓"化西",即是自动地自觉地吸收融化,超越扬弃西洋现在已有的文化。但须知这种"化西"的工作,是建筑在深刻彻底了解西洋各部门文化的整套的体用之全上面。固然,我承认中国一切学术文化工作,都应该科学化,受科学的洗礼,但全盘科学化不得谓为全盘西化。一则科学乃人类的公产,二则科学仅是西洋文化之一部分。

第二,根据文化上体用合一的原则,便显见得"中学为体,西学为用"的说法不可通。因中学西学各自成一整套,各自有其体用,不可生吞活剥,割裂零售。且因体用不可倒置,西学之体搬到中国来决不会变成用,中学之用,亦决不能作西学之体。而且即在精神文明为体,物质文明为用的前提下,或道学为体器学为用的前提下(因在张之洞时,有认中学为道学,西学为器学之说),中体西用之说,亦讲不通。盖中学并非纯道学,纯精神文明,西学亦非纯器学,纯物质文化。西洋的科学或器学,自有西洋的形而上学或道学以为之体。西洋的物质文明亦自有西洋的精神文明以为之体。而中国的旧道德、旧思想、旧哲学，决不能为西洋近代科学及物质文明之体，亦不能以近代科学及物质文明为用。当中国有独立自得的新科学时，亦会有独立自得的新哲学以为之体。中国的新物质文明须中国人自力去建设创造。而作这新物质文明之体的新精神文明，亦须中国人自力去平行地建设创造。这叫做以体充实体，以用补助用。使体用合一发展，使体用平行并进。除此以外，似没有别的捷路可走。此外以新酒旧瓶，旧酒新瓶之喻来谈调合中西文化的说法，亦是不甚切当易滋误会的比喻。因为各部门的文化都是一有机统一体，有如土壤气候之于植物密切相关，决不似酒与酒瓶那样机械的凑合。

第三，根据精神（聚众理而应万事的自主的心）为文化之体的原则，我愿意提出以精神或理性为体，而以古今中外的文化为用的说法。以自由自主的精神或理性为主体，去吸收融化，超出扬弃那外来的文化和已往的文化。尽量取精用宏，含英咀华，不仅要承受中国文化的遗产，且须承受西洋文化的遗产，使之内在化，变成自己的活的产业。特别对于西洋文化，不要视之为外来的异族的文化，而须视之为发挥自己的精神，扩充自己的理性的材料。那入主出奴的东西文化优劣论已成过去。因为那持中国文化优于西洋文化的人，每有拒绝西洋文化以满足自己的夸大狂的趋势。那持西洋文化优于中国文化的人，也大都是有提倡西学，厉行西化的偏激作用的人。我们不必去算这些谁优谁劣的无意识的滥账。我们只需虚怀接受两方的遗产，以充实我们精神的食粮，而深彻地去理会其体用之全，以成就自己有体有用之学。那附会比拟的中西文化异同论，现在亦已成为过去了。若比较中西文化的异同，目的在使生"悟解",但结果恐会引起"误解"。因为文化乃道、精神之显现,可以说是形而下的价值物。形下事物间的关系,可以说是"毕同毕异",而无有绝对的异同。若执着文化间之异同,认为绝对,则陷于武断。所以应该直接探求有普遍性永恒性的理则,勿庸斤斤于文化事物的异同。

因此我们无法赞成"中国本位文化"的说法。因为文化乃人类的公产,为人人所取之不尽用之不竭的宝藏,不能以狭义的国家作本位,应该以道,以精神,或理性作本位。换言之,应该以文化之体作为文化的本位。不管时间之或古或今,不管地域之或中或西,只要一种文化能够启发我们的性灵,扩充我们的人格,发扬民族精神,就是我们所需要的文化。我们不需狭义的西洋文化,亦不要狭义的中国文化。我们需要文化的自身。我们需要真实无妄有体有用的活文化真文化。譬如,你写一篇科学论文,我不理会你这是中国科学抑是西洋科学,我只去考察你这篇论文是否满足任何真实的典型的科学所应具备的条件。所以我们真正需要的乃是有体有用的典型文化,能够载道显真,能够明心见性,使我们与永恒的精神价值愈益接近的文化。凡在文化领域里努力的人,他的工作和使命,应不是全盘接受西化,亦不在残缺地保守固有文化,应该力求直接贡献于人类文化,也就是直接贡献于文化本身。

十二　五伦观念的新检讨[*]

无形中支配我们生活的重大力量有二：一为过去的传统的观念，一为现在的流行的或时髦的观念。一个人要想保持行为的独立与自主，不作传统观念的奴隶，不作流行观念的牺牲品，他必须具有批评的、反省的宗主力，能够对这些传统观念及流行观念，加以新检讨、新估价。同时如要把握住传统观念中的精华，而作民族文化的负荷者，理解流行观念的真义，而作时代精神的代表，也须能够对传统观念及流行观念加以重新检讨、重新估价。有许多人表面上好像很新，满口的新名词新口号，时而要推翻这样，打倒那样，试细考其实际行为，有时反作传统观念的奴隶而不自觉。这就是因为他们对于传统的旧观念与流行的新观念皆未曾加以批评的考察、反省的检讨、重新的估价。结果，只看见他们在那里浮躁叫嚣，打不倒坏的旧观念，亦不能建设起来好的新的观念，既不能保持旧有文化的精华，又不能认识新时代的真精神。

五伦的观念是几千年来支配了我们中国人的道德生活的最有力量的传统观念之一。它是我们礼教的核心，它是维系中华民族的群体的纲纪。我们要从检讨这旧的传统观念里，去发现最新的近代精神。从旧的里面去发现新的，这就叫做推陈出新。必定要

---

[*] 本文最初发表于《战国策》1940年第3期。

旧中之新,有历史有渊源的新,才是真正的新。那种表面上五花八门、欺世骇俗、竞奇斗异的新,只是一时的时髦,并不是真正的新。

我们要分析五伦观念的本质,寻出其本身具有的意义,而指出其本质上的优点与缺点。我们不采取历史考证的方法,恐怕失之琐而不得其要,我们也不用主观武断的办法,故意将五伦观念从纵的方面去解释,以便不费力气,便可加以推翻抹杀。

我们批评五伦观念时,第一,乃是只根据其本质,加以批评,而不从表面或枝节处立论。我们不说五伦观念是吃人的礼教。因为吃人的东西多着呢!自由平等等观念何尝不吃人?许多宗教上的信仰,政治上的主义或学说,何尝不吃人?第二,我们不从实用的观点去批评五伦之说,不把中国之衰亡不进步归罪于五伦观念,因而反对之;亦不把民族之兴盛之发展,归功于五伦观念,因而赞成之。因为有用无用、为功为罪,在两千多年的历史上,乃是一笔糊涂账,算也算不清楚,纵然算得清楚,也无甚意义。第三,不能谓实现五伦观念的方法不好,而谓五伦观念本身不好,不能谓实行五伦观念的许多礼节仪文须改变,而谓五伦观念本身须改变。这就是不能因噎废食,因末流之弊而废弃本源的意思。第四,不能以经济状况生产方式的变迁,作为推翻五伦说的根据。因为即在产业革命,近代工业化的社会里,臣更忠、子更孝、妻更贞,理论上事实上都是很可能的。换言之,我并不是说,五伦观念不应该批评,我乃是说,要批评须从本质着手。表面的枝节的批评,实在搔不着痒处。既不能推翻五伦观念,又无补于五伦观念的修正与发挥。

从本质上加以考察,五伦观念实包含有下列四层要义。综贯这四层意义来看,便可对于五伦观念有个明晰的根本的了解,缺少其中任何一义,对于五伦的了解都不能算得完全。

1. 五伦是五个人伦或五种人与人间的关系的意思。这就是说,中国的五伦观念特别注重人和人与人的关系。若用天人物三界来说,五伦说特别注重人,而不注重天(神)与物(自然);特别注重人与人的关系,而不十分注重人与神及人与自然的关系。注重神,产生宗教。注重物理的自然,产生科学。注重审美的自然,产生艺术。注重人和人与人的关系,便产生道德。换言之,在种种价值中,五伦说特别注重道德价值,而不甚注重宗教、艺术、科学的价值。希腊精神注重自然,物理的与审美的自然皆注重,故希腊是科学艺术的发祥地。希伯来精神注重神,亦即注重宗教价值。中国的儒家注重人伦,形成偏重道德生活的礼教,故与希腊精神和希伯来精神皆有不同之处。这样看来,如果我们要介绍西洋文化,要提倡科学精神和希伯来精神,就须得反对这注重人伦道德的五伦观念了。其实也不尽然。因为西洋自文艺复兴以后,才有人或新人的发现。十七世纪和十八世纪内,人本主义盛行。足见他们也还是注重人和人与人的关系,我们又何必放弃自己传统的重人伦的观念呢。不过西洋近代"人"的观念,乃是从大自然里去打个滚的"人"(人不过是自然的一部分),乃是经过几百年严格的宗教陶冶的"人"。而中国的人伦的观念,亦何尝未受过老庄思想的自然化,佛家思想的宗教化。所以依我们看来,我们仍不妨循着注重人伦和道德价值的方向迈进,但不要忽略了宗教价值、科学价值,而偏重狭义的道德价值;不要忽略了天(神)与物(自然),而偏重狭义的人。认真依照着"欲知人不可以不知天"(《中庸》)和"欲修身不可以不格物"(《大学》)的教训,便可以充实发挥五伦说中注重人伦的一层意思了。

2. 五伦又是五常的意思。五伦观念认为人伦乃是常道,人与人间这五种关系,乃是人生正常永久的关系(按五常有两个意义,一指仁、义、礼、智、信的五常德,一指君臣、父子、夫妇、兄弟、朋友的五常伦,此处系取第二种意义)。换言之,以五伦观念为中心的礼教,认为这种人与人的关系,是人所不能逃避,不应逃避的关系,而且规定出种种道德信条教人积极去履践、去调整这种关系,使人"彝伦攸叙",而不许人消极的无故规避。这就是说人不应规避政治的责任,放弃君臣一伦;不应脱离社会,不尽对朋友的义务;不应抛弃家庭,不尽父子、兄弟、夫妇应尽之道(自然,儒家也有其理论基础,如人性皆善,故与人发生关系,或保持正常永久的关系有益无害,人生的目的在于修齐治平,脱离人与人的关系,即不能达到修齐治平的目的等说法)。总而言之,五伦说反对人脱离家庭、社会、国家的生活,反对人出世。"杨氏为我,是无君也",因为有离开社会国家而作孤立的隐遁的个人的趋势,故孟子反对之。"墨氏兼爱,是无父也",因为墨子有离开家庭的组织,而另外去用一种主义以组织下流社会的趋势,故孟子之反对墨子是站在维护家庭内的父子之伦的立场。此后儒家反对佛教,程子主张"当就迹上论",也就是反对佛教之脱离家庭、社会、国家的出世生活或行径。本来人是社会的动物,斯宾诺莎也说过:"唯有人对于人最有益。"这种注重社会团体生活,反对枯寂遁世的生活,注重家庭、朋友、君臣间的正常关系,反对伦常之外去别奉主义,别尊"巨子"的秘密团体组织的主张,亦是发展人性、稳定社会的健康思想,有其道德上政治上的必需,不可厚非。不过这种偏重五常伦的思想一经信条化、制度化,发生强制的作用,便损害个人的自由与独立。而且把这五常的关系看得太狭隘了、太僵死了、太机械了,不唯不能发挥道德政治方面的社会功能,而且大有损害于非人伦的超社会的种种文化价值。德哲李凯尔特(H. Rickert)认科学、艺术、泛神教为非个人的(impersonal)反社会的(asocial)文化价值。所以,我看不从减少五常伦说的权威性、褊狭性,而力求开明自由方面着手,而想根本推翻五常观念,不惟理论上有困难,而且事实上也会劳而无功。

3. 就实践五伦观念言,须以等差之爱为准。故五伦观念中实包含有等差之爱的意义在内。"泛爱众而亲仁"、"亲亲,仁民,爱物",就是等差之爱的典型的解释。在德行方面,因为爱有等差,所以在礼仪方面就"服有隆杀"。从现在看来,爱有等差,乃是普通的心理事实,也就是很自然的正常的情绪。其实,用不着用道德的理论、礼教的权威,加以提倡。说人应履行等差之爱,无非是说我们爱他人,要爱得近人情,让自己的爱的情绪顺着自然发泄罢了。所以儒家,特别孟子,那样严重地提出等差之爱的教训以维系人伦间的关系,好像是小题大做,多余的事的样子。不过,我们须知,等差之爱的意义,不在正面的提倡,而在反面的、消极的、反对的排斥那非等差之爱。非等差之爱,足以危害五伦之正常发展者,大约不外三途:(1)兼爱,不分亲疏贵贱,一律平等相爱。(2)专爱,专爱自己谓之自私,专爱女子谓之沉溺,专爱外物,谓之玩物丧志。(3)躐等之爱,如不爱家人,而爱邻居;不爱邻居,而爱路人。又如以德报怨,也可算在躐等之爱范围内。这三种非等差之爱,一有不近人情,二有浪漫、无节制、爱到发狂(fanatic)的危险。所以儒家对人的态度大都很合理、很近人情、很平正,而不流于狂诞(fanaticism)。此种狂诞的行径,凡持兼爱说者,特别基督教中人,往往多有之。而等差之爱不单是有心理的基础,而且似乎也有恕道或絜矩之道作根据。持等差之爱说的人,也并不是不普爱众人,不过他注重在一个"推"字,要推己及人,所谓"老吾老以及人之老,幼吾幼以及人之幼"。依此说,我们虽可以取"老安少怀"的普爱态度,但是须依次推去,不可躐等,也不可舍己耘人。所以就五伦观念所包含的各种意义中,似乎以等差之爱的说法,最少弊病,就是新文化运动时期以打倒孔家店相号召的新思想家,似乎也没有人攻击等差之爱的说法。而且美国培黎(R. B. Perry)教授曾说了一句很有风趣的话来批评"四海之内皆兄弟也"的说法,似乎也很可以为等差之爱说张目。他说:"当你说一般人都是你的兄弟时,你大概不是先把一般人当作亲弟兄看待,而是先把你自己的亲弟兄当作一般人看待。"这话把空口谈兼爱的不近人情和自欺处,说得最明白没有了。

话虽如此说,我仍愿对等差之爱的观念,提出两条重要的补充。第一,就等差之爱作为自然的心理情绪言,实有三种不同的决定爱之等差的标准:一是以亲属关系为准之等差爱,此即儒家所提出以维系五伦的说法。一是以物为准之等差爱。外物之引诱力有大小,外物本身价值亦有高下,而吾人爱物的情绪亦随之有等差。一是以知识或以精神的契合为准之等差爱。大凡一个人对于有深切了解的对象其爱深,对于仅有浮泛了解的对象其爱浅。又大凡人与人间相知愈深,精神上愈相契合,则其相爱必愈深;反是,则愈浅。故后二种等差之爱亦是须得注重、不可忽略的事实,且亦有可以补充并校正单重视亲属关系的等差之爱的地方。若忽略了以物的本身价值及以精神之契合为准的等差爱,而偏重以亲属关系的等差爱,则未免失之狭隘,为宗法的观念所束缚,而不能领会真正的精神的爱。第二条须得补充的地方,就是普爱说,或爱仇敌之说,若加以善意理解,确含深意,且有与合理的等差爱之说不相违背的地方。所谓善爱者,即视此仁爱之心如温煦之阳光,以仁心善爱一切,犹如日光之普照、春风之普被、春雨之普润,打破基于世间地位的小己的人我之别、亲疏之分。此种普爱，一方面可以扶助善人，鼓舞善人，一方面可以感化恶人于无形。普爱观念之最极端的表现，见于耶稣"无敌恶"、"爱仇敌"的教训。盖如果你既然抱感化恶人的襟怀，你又何必处于与恶相敌对的地位呢？你既与恶人站在你死我活的敌对地位，你如何能感化恶人呢？必定要超然处于小己的利害、世俗善恶计较之外，方可感化恶人。能感化恶人方能转化恶人。盖有时有过恶之人，一经转化忏悔，反而成为甚善之善人。至于爱仇敌之教，完全不是从政治军事或狭义的道德立场说法。从军事、政治、道德立场言，须忠爱国家，须报国难家仇，须与敌人作殊死战，自不待言。凡被持爱仇敌之教的人，大都是站在宗教的精神修养的观点来说。因为最伟大的征服是精神的征服，而真正的最后胜利（《易经》上叫做"贞胜"）必是精神的胜利，唯有具有爱仇敌的襟怀的人，方能取得精神的征服或贞胜。斯宾诺莎说："心灵非武力所能征服，唯有仁爱与德量可以征服之。"盖必须襟怀广大、度量宽宏之人，方能爱仇敌，方能赢得精神的征服。所以普爱似乎不是可望一般人实行的道德命令，而是集义集德所达到的一种精神境界，大概先平实地从等差之爱着手，推广扩充，有了老安少怀、己饥己溺、泯除小己恩怨的胸襟，就是普爱或至少距普爱的理想不远了。此处所谓普爱，比墨子所讲的兼爱深刻多了。墨子完全从外表的、理智计较的、实用主义的观点以讲兼爱，当然经不起孟子的排斥了。而此处所讲的普爱，与孟子的学说，并不冲突，乃是善推其等差之爱的结果。孟子也说过："无敌国外患者，国恒亡。"一方面要与敌人搏斗，征服敌国，消弭外患；一方面，敌人亦为自己生存之一要素，有其值得爱的地方，因为若无仇敌的攻错刺激，自己容易陷于偷懒，趋于灭亡。这种微妙的辩证的敌我的关系,实要睿智才可理会。而且人每每有爱他所恨的,恨他所爱的矛盾心理事实。大英雄每每能对他生平的大对头的死亡,洒同情之泪。真正的豪杰之士,他固然需要有价值的知己以共鸣,他同样地欢迎有价值的敌人以对垒。没有有价值的敌人以做战胜攻取之资,有时较之没有知己的同情了解尤为痛苦。而且在近代之民意社会中,若不养成爱敌人、尊重敌对方面的宽容之怀,则政党间的公开斗争、商业上的公平竞争、学术上的公开辩难,均会为褊狭的卑劣的情绪和手段所支配,不能得互相攻错、相得益彰、相反相成之益。此点,约翰·穆勒在其《群己权界论》中,有透彻的发挥。我因为许多人有意无意的执着狭义的等差之爱,既有失孟子善推之旨,更不能了解宗教精神上爱仇敌的意义,复不能了解近代社会中宽容的态度,故于此点发挥特详。

4. 五伦观念之最基本意义为三纲说,五伦观念之最高最后的发展,也是三纲说。而且五伦观念在中国礼教中权威之大,影响之大,支配道德生活之普遍与深刻,亦以三纲说为最。三纲说实为五伦观念的核心,离开三纲而言五伦,则五伦说只是将人与人的关系,方便分为五种,比较注重人生、社会和等差之爱的伦理学说,并无传统或正统礼教的权威性与束缚性。儒家本来是与诸子争鸣的一个学派,其进而被崇奉为独尊的中国人的传统礼教,我揣想,应起源于三纲说正式成立的时候。三纲的明文,初见于汉人的《春秋繁露》及《白虎通义》等书,足见三纲说在西汉的时候才成立。儒教之正式成为中国的礼教也起源于西汉。而中国之正式成为真正大一统的国家,也自西汉开始。西汉既是有组织的伟大帝国,所以需要一个伟大的有组织的礼教,一个伟大的有组织的伦理系统以奠定基础,于是将五伦观念发挥为更严密更有力量的三纲说和以三纲说为核心的礼教，儒教便应运而生（儒家之成为中国的礼教，实有其本身的理论上的优胜条件，汉武之崇儒术罢黜百家，只是儒教成为礼教的偶然机缘，而非根本原因）。三纲说在历史上的地位既然如此重要，无怪乎在新文化运动时期，那些想推翻儒教，打倒旧礼教的新思想家，都以三纲为攻击的主要对象。

据我们现在看来，站在自由解放的思想运动的立场去攻击三纲，说三纲如何束缚个性、阻碍进步，如何不合理、不合时代需要等等，都是很自然的事。但是要用哲学的观点，站在客观的文化史思想史的立场，去说明三纲说发生之必然性及其真意义所在，就比较困难了。兹试先分两层来说明五伦说进展为三纲说的逻辑的必然性。第一，由五伦的相对关系，进展为三纲的绝对的关系。由五伦的互相之爱、等差之爱，进展为三纲的绝对之爱、片面之爱。五伦的关系是自然的、社会的、相对的。君君，臣臣，父父，子子，夫夫，妇妇。假如君不君，则臣不臣，父不父，则子不子，夫不夫，则妇不妇。臣不臣，子不子之"不"字，包含"应不"与"是不"两层意思。假如，君不尽君道，则臣自然就会（是）不尽臣道，也应该不尽臣道（"闻诛一夫纣矣，未闻弑君也"）。父子夫妇关系准此。这样一来，只要社会上常有不君之君、不父之父、不夫之夫，则臣弑君、子不孝父、妇不尽妇道之事，事实上理论上皆应可以发生。因为这些人伦关系，都是相对的、无常的，如此则人伦的关系、社会的基础仍不稳定，变乱随时可以发生。故三纲说要补救相对关系的不安定，进而要求关系者一方绝对遵守其位分，实行片面的爱，履行片面的义务。所以三纲说的本质在于要求君不君，臣不可以不臣；父不父，子不可以不子；夫不夫，妇不可以不妇。换言之，三纲说要求臣、子、妇，尽片面的忠、孝、贞的绝对义务，以免陷于相对的、循环报复、给价还价的不稳定的关系之中。韩愈"臣罪当诛兮天王圣明"一句诗,虽然目的在表彰周文王"三分天下有其二,仍臣服殷朝"的忠,能得到程朱嘉赞推崇,就因为能道出这种片面的忠道。

第二,由五伦进展为三纲包含有由五常之伦进展为五常之德的过程。五常伦之说,要想维持人与人间的常久的关系。但是人是有生灭有离合的,人的品汇是很不齐的,事实上的常久关系是不易且不能维持的。故人与人间只能维持理想上的常久关系。而五常之德就是维持理想上的常久关系的规范。不论对方的生死离合、不管对方的智愚贤不肖,我总是应绝对守我自己的位分,履行我自己的常德,尽其我自己片面应尽的义务,不随环境而变节,不随对方为转移,以奠定维系人伦的基础、稳定社会的纲常。这就是三纲说所提出来的绝对要求。可以说历史上许多忠臣孝子,苦心孤诣、悲壮义烈的行径,都是以三纲说为指导信念而产生出来的。故自从三纲说兴起后,五常作为五常伦解之意义渐被取消,作为五常德解之一意义渐次通行。所谓常德就是行为所止的极限,就是柏拉图式的理念或范型,也就是康德所谓人应不顾一切经验中的偶然情形,而加以绝对遵守奉行的道德律或无上命令。这种绝对的纯义务的片面的常德观,也到了汉儒董仲舒而达到极峰,所谓"正其谊不谋其利,明其道不计其功"。"谊"和"道"就是纯道德规范、柏拉图式的纯道德理念。换言之,先秦的五伦说注重人对人的关系,而西汉的三纲说则将人对人的关系,转变为人对理、人对位分、人对常德的片面的绝对的关系。故三纲说当然比五伦说来得深刻而有力量。举实例来说,三纲说认君为臣纲,是说君这个共相、君之理是为臣这个职位的纲纪。说君不仁臣不可以不忠,就是说为臣者或居于臣的职分的人,须尊重君之理、君之名,亦即是忠于事、忠于其自己的职分的意思。完全是对名分、对理念尽忠,不是作暴君个人的奴隶。唯有人人都能在他位分内,片面的尽他自己绝对的义务,才可以维持社会人群的纲常。试再以学校师生关系为例。假如为教师都能绝对的片面的忠于学术、认真教学,不以学生之勤惰、效用之大小,而改变其态度。又假如为学生者能绝对的片面的尽其求学的职责,不以教师之好坏、分数之多寡,而改变其求学的态度,则学术的进步自然可以维持。反之,假如师生各不遵守其常道,教师因学生懒惰愚拙而不认真教学,学生因教师之不良而亦不用功求学,如是则学术的纲常就堕地了。这就是三纲说的真义所在。因为三纲说具有如此深刻的意义,所以才能发挥如此大的效果和力量。所以就效果讲来,我们可以说由五伦到三纲,即是由自然的人世间的道德,进展为神圣不可以侵犯的有宗教意味的礼教。由一学派的学说,进展为规范全国家全民族的共同信条。三纲的精蕴的真义的纯理论基础,可以说只有极少数的儒家的思想政治家才有所发挥表现;而三纲说在礼教方面的权威,三纲说的躯壳,曾桎梏人心,束缚个性,妨碍进步,有数千年之久。但这也怪不得三纲说的本身,因为三纲说是五伦观念的必然的发展,曾尽了它历史的使命。现在已不是消极的破坏攻击三纲说的死躯壳的时候,而是积极的把握住三纲说的真义,加以新的解释与发挥,以建设新的行为规范和准则的时期了。

最奇怪的,而且使我自己都感觉惊异的,就是我在这中国特有的最陈腐最为世所诟病的旧礼教核心三纲说中,发现了与西洋正宗的高深的伦理思想和与西洋向前进展向外扩充的近代精神相符合的地方。就三纲说注重尽忠于永恒的理念或常德,而不是奴役于无常的个人言,包含有柏拉图的思想。就三纲说注重实践个人的片面的纯道德义务,不顾经验中的偶然情境言,包含有康德的道德思想,我已约略提到过。康德的意思是说,事实上也许大多数人都很坏、都不值得爱,但我们应爱人以德,待人为目的,以益我们自己的道德责任。譬如,阿斗就是庸劣不值得爱的君,而诸葛武侯仍鞠躬尽瘁死而后已,以尽他片面的纯义务的忠道,以履践三纲中之"君不仁臣不可以不忠"的训条。而康德的学说,却正好为诸葛式的德行写照。而耶稣伦理思想的特色,也是认爱为本身目的,尽片面的纯义务,而超出世俗一般相互报酬的交易式的道德,实与三纲说超出相对的自然往复的伦常关系,而要求一方尽绝对的片面的义务,颇有相同的地方。三纲就是把"道德本身就是目的,不是手段"、"道德即是道德自身的报酬"等伦理识度,加以权威化制度化,而成为礼教的信条。至于三纲说的本质有与西洋近代精神相符合的地方,可任意拈取例证。譬如,西洋近代浪漫主义者之爱女子,即是竭尽其片面的爱,纵为女子所弃,而爱亦不稍衰(不过在西洋是男子对女子尽片面之爱,而三纲之教,则要求女子对男子尽片面之爱)。又如西洋近代革命家之忠于主义,对于人民竭尽其片面的宣传启导之责,虽遭政府压迫、群众反对,而不失其素守。又如西洋耶教徒近代之传教事业,所以能普及寰宇,亦复因为许多传教士能忠于其信仰,竭尽其片面的义务,以播扬教义,虽一再遭异教异族之人的杀害,而不渝其志,不改其度。总之,我认为要人尽片面之爱,尽片面的纯义务,是三纲说的本质。而西洋人之注意纯道德纯爱情的趋势,以及尽职守忠位分的坚毅的精神,举莫不包含有竭尽片面之爱和片面的义务的忠忱在内。所不同者,三纲的真精神,为礼教的桎梏、权威的强制所掩蔽,未曾受过启蒙运动的净化,非纯基于意志的自由，出于真情之不得已罢了。以学术的开明*、真情的流露、意志的自主为准，自己竭尽其片面之爱和片面的义务，贞坚屹立，不随他人外物而转移，以促进民族文化，使愈益发扬；社会秩序，使愈益合理，恐怕就是此后儒家的人所须取的途径了。

以上所批评阐明的四点：（1）注重人和人与人的关系，（2）维系人与人间的正常永久的关系，（3）以等差之爱为本而善推之，（4）以常德为准而竭尽片面之爱或片面的义务，就是我用披沙拣金的方法所考察出来的构成五伦观念的基本质素。要想根本上推翻或校正五伦观念，须从推翻或校正此四要素着手；要想根本上发挥补充五伦观念，也须从发挥补充此四要素着手。此外都是些浮泛不相干的议论。为方便起见，综括起来，我们可试与五伦观念下一界说如下：五伦观念是儒家所倡导的以等差之爱、片面之爱去维系人与人间的常久关系的伦理思想。这个思想自汉以后，加以权威化制度化而成为中国的传统的礼教核心。这个传统礼教在权威制度方面的束缚性，自海通以来，已因时代的大变革、新思想新文化的介绍、一切事业近代化的推行，而逐渐减削其势力。现在的问题是如何从旧礼教的破瓦颓垣里，去寻找出不可毁坏的永恒的基石，在这基石上，重新建立起新人生新社会的行为的规范和准则。

---

* 《哲学与哲学史论文集》作"启蒙的学术"。

十三　西洋机械人生观最近之论战*

引言

　　哲学上有自由与定命之争,心理学上有行为主义与心灵主义之争,生物学上有生机主义与机械主义之争。争论的领域虽不同,而争论的焦点总不外科学与非科学、机械与非机械。此种争执,我们很难断定起于何时,也许自人类有思想以来,就有了这种争执。伦理学或人生观的科学,也当然免不了随时受这种争执的影响。据我们所知西洋伦理学史上,伊壁鸠鲁派是倾向自由观的,而斯多葛派则恰与之相反。又自十八世纪锐德(T. Reid)以来,凡直觉的道德学家,莫不主张自由意志,而同时功利派的健将又尽是主张决定论的。而最近主机械观的人如吉伍勒(Givler)且援引亚里士多德、达文西、霍布斯、斯宾诺莎、约翰·弥勒、斯宾塞,以及现时之布武尔(L. L. Bruhl)、荷尔特(Edwin Holt)、杜威(Dewey)、大威斯(W. M. Davis)、柯克斯(G. C. Cox)、塞纳斯(R. W. Sellars)等认为都是赞成机械观的。因此机械人生观派的声势,也颇浩大。而且近世自然科学的进步和科学方法的应用,处处都与机械论者以新论证

---

* 本文最初发表于《东方杂志》1927 年 10 月 24 卷 19 号。

和新鼓舞。大势所趋,似乎科学愈发达,而机械人生观也将愈演进。本文的目的就是想简略地追述近二十年来对于机械人生观论战的经过,并试一考究假如我们采用机械人生观,于吾人生活上及伦理学上将发生若何的影响。

机械论与非机械论之根本差异

为容易了解起见,兹先比较两派根本不同之点,庶我们可以知道两边的旗帜鲜明、壁垒森严,一望而可明了他们阵势的方位和争执的焦点。

1. 机械论者的根本主张:

(1) 一切生物的活动都是无目的的 non-purpose。

(2) 有机体的一切行为都是受生理作用、化学作用及物理定律的支配,被迫而动(forced movement)。

(3) 一切活动均有前因(antecedent)。

(4) 有机体与无机体只有程度的差异,并无根本的差异。

(5) 身心一元论,认心灵的活动为一种生理作用(mind is the function of body)。

(6) 用客观的生理现象、化学作用、物理定律,简言之就是用科学以解释有机体的活动。

2. 非机械论者的根本主张:

(1) 一切生物的运动发展是有目的的(teleological)。

(2) 认为有自由意志以支配行为。

(3) 认为有"自因"之存在(causa sui),即认个体有自决能力,或自造新因不受外界的支配。

（4）认有机体与无机体有根本之差异。

（5）身心二元论，认心可以制身，或身心可以交感。

（6）用主观的心理现象如意志、目的、动机、活力或"隐德来希"等以解释有机体的活动。

以上就是两派大体的差别。不过我们须知道站在非机械论一边的有许多复杂的分子，如（1）神学家，（2）赞成目的观的玄学家或哲学家，（3）心灵主义的心理学家，（4）生机主义的生物学家。而站在机械主义旗帜下的也有主张定命论的哲学家、行为派的心理学家，及机械主义或科学的自然主义的生物学家。所以两派实在是势均力敌，旗鼓相当，而且他们所用的工具也都很坚实很犀利的。机械主义的骆布（J. Loeb，1859—1926）、华德生一流人物知道利用实验，搜求科学论证，而非机械主义的杜里舒、麦独孤、汤姆生等也还是一样的注重实验搜集科学证据。不过前者大可借助于物理化学等自然科学，而后者就难免不搬出玄学作挡箭牌了。

机械论者之五大论据

我们先看一看两边所持的重要理由，然后再进而考察调和派的批评和主张。机械主义的主要理由，可分作五点讨论：

1. 人生并不神秘，可以用机械方法解释。以人生为神秘，不过是原始的迷信的遗留。科学早就揭开了这种神秘的幕罩。试以"人生之谜"作例，因为过去许多伦理学说大都受了各种对于"人生之谜"的解答的影响。所谓人生之谜，就是"生何自来，死何自去"

的问题。但据机械主义的中坚人物骆布的解释,谓生何自来、死何自去简直算不得一个谜诀,完全可以用理化的学理来解释。从科学看来,生命始于卵子里养化作用之加速,而养化作用之加速,又由于交媾时精虫打破卵壳钻入卵子。凡热血动物(人包括在内)的生命都随养化作用之停止而完结。既然生与死可用科学解释,并无神秘之可言,足见有机体的行为要用科学解释,并非不可能之事。

2. 生活现象的机械的解释已逐渐进步,成绩昭著,吾人正宜循此方向,努力进行。近年来生物学对于有机体一切活动的机械解释大有进步,已是历史的事实。许多现象如有机体刺激与反应的方式,及筋肉与器官之发达等在从前公认为不能分析的,现在大都可以加以正确之科学的解释了。还有许多关于植物及下等动物的实验,也给吾人以充分证据,表明有机体的行为是可以用物理化学的学理去解释的。所以要达到以科学解释生活现象的目的并非不可能的,而且是很值得我们去尝试的。

3. 科学方法是机械的,欲求一种学问成为科学,不能不采机械主义。我们现在所有最正确踏实的自然科学,如物理化学的一切学理都是建筑在机械式的定律上的。且凡科学之愈正确可靠者,其方法必愈机械。譬如有机化学本先有生机观念,及至化学进步,才放弃了生机的解释而代以机械主义。所以我们很可以说科学的方法是机械的;根据机械定律的解释才是我们的理想,才是我们的正鹄。欲求生物学以及人生观的科学成为纯正的科学,则机械的人生观,实为必经之路。

彼生机主义者的根本错误就是违反了科学的机械定律。因为反对机械主义直不啻承认科学的因果律有例外的不准确。这些不科学的成分,势必把自然界全部都弄成不科学了。我们若是不信任科学方法便罢,不然,我们似不应反对机械主义。

4. 惟有机械观可以使我们了解人生、推测将来,以便驾驭控制。必定要能把人生加以机械的科学解释才算得真正的了解人生,如其不能,人生仍然空泛神秘、不可捉摸。在实验室里,我们能够了解物理化学的种种变化,因为我们能够直接实验。因此我们必定要能够把生活现象加以分析、直接实验,我们才可以真正地了解生活。如其我们以为有机体的活动不是机械的,不能加以分析实验的,那么,生活永久是一个神秘而不可索解的。所以惟机械观可以导人了解人生之真谛。此外科学还有一极大功能,就是推测未来,不爽毫厘。有果可以证因,有因可以推果。彼主张生机主义和信自由意志的人,是根本否认因果律,也是根本承认无有推测将来的可能。惟有将生活现象,用科学方法归纳成机械定律,庶对于未来,方有正确的推测,一如在理化天算范围内的样子。科学的第三个功能,就是控制驾驭。自牛顿、伽利略以来,因为利用科学的机械定律,对于自然界有了真正的了解,所以才产生如许控制自然、驾驭环境的伟绩。如果吾人要想了解人生,以收控制驾驭之效,除了信任机械主义,实少更好的途径了。

5. 有机体的活动,无意志或目的之可言。骆布有两个试验证明植物和下等动物之活动无有目的。第一,他证明见光反应的植物,其见光而枝干垂倾的方向均有一定,而且其反应的程度可以数量,列成科学定律(按此为彭生律)。第二,他试验若是置一反应光线的下等动物于两个距离相同,热度相等的灯光之下,则此动物既不向甲光走,亦不向乙光走,将循一介于两光之间,与两光成垂直线之路线前进。骆布的结论谓此动物并无反应光线的目的或意志,他所以采取介于两光之间的垂直路线,完全受了生理的支配,保持身体的均称;其行为是强迫的,不是自由的。他并且说"动物意志"一名词适足以表示吾人昧于支配动物活动的方向的力量而已,就好像我们不懂引力公律而谓星球的转动是有意志一样。

杜威也说过:"一个人直立在这里,并不是因为他欲直立,乃是因为他能直立。这是能力的问题,不是意志的问题。他的意欲是结果不是原因。"他又说:"吾人的思想受身体习惯的支配。"(Bodily habits do our thinking)足见实验主义者否认意志,反对目的论的口吻了。

生机主义者总是说每一个有机体都有保持生命延长嗣续的目的。甚至谓小至阿米巴原虫等,其对于环境的反应,也有维持生命的目的。机械论的骆布以为这也未必尽然。他说我们饮食、我们生育,并不是人类曾经商议好的说我们应当如此如此,乃完全是一种机械的作用,我们是被迫而饮食生育的。有时动物甚至于被迫而顺从其盲目的本能或冲动,即牺牲性命,亦所不惜。灯蛾赴火,就是最显明的例。谁能证明灯蛾有保持生命之目的?

非机械论者之五大论据

机械论者的理由,已略如上述。为使双方都有发言的均等机会起见,且让生机主义者自己陈述他们的理由:

1. 有生物是一完整的组织,其行为常常顾及全部的。每一有机体都是一完整组织的整体,因此有机体自有其特点,而不可概以机械的解释。因为有生物活动的方式与无生物完全不同。后者的行为是死的、是机械的，而前者的行为乃是一种"适应"，换言之，即是欲适合环境，以保持自身之福利。试以阿米巴而论，其觅取食物与避免伤害，无一举动不是照顾及自己全部之幸福和将来之安全的。机器的动作便与此不同，一个机器不惟不知谋自己的福利，有时且把自己破坏得粉碎。若是要把有机体认作机器，那么，须记着有机体是自己生火、自己修理、自己保护、自己顺应、自己增进、自己生育的机器。简言之，这是一种有目的的机器，其一切活动可以说是欲达到其完整的个体的目的。

2. 有机体的行为是无决定性的，不可律以机械方法。凡无生物在某种情形之下将发生某种变化是可以确切推定的，但有机物无有决定性，其活动变化，是无法预测的。譬如从山顶滚一石，若无障碍，此石必滚至山麓平地方停止；假如中途遇有障碍，此石只得停止不动，不知道设法再往下滚。但是一个蚂蚁、一只蜜蜂，甚至一草一木，就有点不同了。它们好像有一种内在的驱迫力使它们对于外来的刺激，施以不易预测的反应。若是蚂蚁于中途遇了障碍，它或将绕个弯子，或许从上面跨过，或许从下面穿过，必设法达到它的目的地；一只蜜蜂受了惊扰，或将飞开，但它有无量数的方向，可以任意选择。植物也常因不同的环境而生不同的反应，以求适应其生存。所以有机物是无决定性的，不可与无机物同用机械方法对待。

3. 有许多活动的现象，除了用目的论外，实无他法可以解释。最近实验结果知有许多现象，如呼吸作用等决不能用机械律解释，只有用目的论的说法较为满意。在生理上呼吸作用之所以能谐和一致，我们认为由于"机体自决"（self-determination or self-regulation），他如排泄、营养、循环等生理作用之所以能谐和一致，我们也可用机体自决说来解释。此种机体自决观念,实给吾人生理工作以无限方便,而且随时提示我们以新问题和新方向的研究。故认有机体之构造为一"完整组织",认有机体之活动为机体自决,我们可以在生物学里建设一极有用之学说,一如化学里的"体积说",稳固合用而不可拔。所以目的观在生物学家的实验里也是必须的。生活现象除了用目的观解释外,实无更适当的方法了。

4. 机械主义实有不可思议、无法了解之处。居然有人大胆说人生纯全可以用机械解释,此实不可思议!以无知觉的石块与复杂万殊的有机体相较,真可算得有天渊之别。今谓有机体的行为,与石块的滚动概可以用机械观去解释,谁能了解?谁肯相信?是真不通之论而已!柏格森更进而谓机械的人生观不惟不通,而且可笑。他说人类决不作机械的行动的,在《原笑》一书中,他指出最令我们发笑的事就是看别人作机械式的举动。麦独孤也说过:"谓人类的行为,可以用自然科学的律令,加以确当的解释,未免失之早熟。"

5. 机械主义虽出于达尔文主义,但仅拾得达尔文主义之半,故偏而不全。英国唯心派的哲学者亨勒说:"自杜威教授发表达尔文主义对于哲学之影响以来,也很有些年岁了(按:系一九一〇年)。在那篇文章里他大声疾呼地提出一个新方法以研究人类思想和行为的问题,就是把人类一切活动当作对于刺激的反应,当作人类适应环境、宰制环境的努力。这就是心理学、伦理学和知识论上的自然主义或机械主义之出发点,也可以说是机械人生观之出发点。其根源是出于达尔文的进化论。最奇怪的就是杜氏原文所指出达尔文的影响,及其后来之发展及于心理学上之行为主义,哲学上之工具主义、自然主义及实在主义的影响,乃在自然方面而不在进化方面。换言之,达尔文进化论中的主要部分如突变说、生存竞争、适者生存等说不幸全被这般哲学上的进化的自然主义者所省略了。"

新机械主义者之折衷观

机械主义者和非机械主义者双方的论战,似乎互有杀伤、各不相下,谁也未能全胜。虽然双方现正秣马厉兵,继续作战,而有第三者出,不欲各趋极端,持一种折衷论调,以免兵连祸结,也是极自然的趋势。这第三派的主张就叫做"新机械主义"。他们看见双方各有其短处,也各有其长处,不欲左袒任何方面,自揭一种折衷的新机械主义,自称为"怀疑的生物学者"。因为在十七世纪的时候,大都用拟人的或心理的方法去解释化学现象。对于此种旧说怀疑,而欲代以机械的解释者叫做怀疑的化学家,今怀疑用心理方法或生机主义以解释生物现象的旧说,而欲代以机械的解释的人,故亦自称为怀疑的生物学者。

新机械主义者或怀疑的生物学者的主张,简言之,就是认机械主义为一种方法论而非本体论。以机械观为有用的方法,而不以机械主义来解决形而上的问题。只求足踏实地应用机械方法,以分析现象、研究问题、探求真理,而不蹈空谈玄,说机械主义可以解释宇宙人生的根本问题。把宇宙人生的本原问题,仍然让他们玄学家去解释。我们试先看——

1. 新机械主义者对于机械主义及生机主义的批评。新机械主义的主要人物李约瑟(Joseph Needham)说,譬如筑室,被机械主者所筑之室,无有窗牖,不通空气,而彼生机主义者所筑之室又有漏穴,不蔽风雨。他又说:"科学的自然主义很难自圆其说,其失略似怀德海所谓'错置具体'(fallacy of misplaced concreteness)。且彼带宿命论色彩之唯物主义终是无法使人了悟的。而生机主义者的错误,在于忽略了科学是数量的而不是玄想的事实。且生机主义者与十七世纪的化学家犯同样的弊病,总逃不出援'拟人主义'进科学的批评。科学的自然主义得到了机械观,但是牺牲了其余一切,而生机主义者维持着玄学的壁垒,但是又乏科学根据。若果照汤姆生等的办法,用心理学名词以解释有机现象,则生物学将永无变成纯正科学之希望。"知道他们对于双方的批评,我们且进而看——

2. 新机械主义者的具体主张。谈新机械主义当然不能不上溯至十九世纪德国的大哲学家罗兹(Lotze,1817—1881)。罗兹认为玄学与机械科学各有其用,并行不悖。他承认机械主义的普遍效用,而否认其究竟归宿。他又以为机械主义博大而不深邃。他说:"只要单限于考察事物之相互关系,并推求其源流变迁等,我们当十分信任机械主义;但是若不认机械主义为研究的工具,而欲用着解释一切事物的最终原理,则我们决不敢承认这种权威。"吴吉尔(Woodger)说:"机械主义不必是唯物主义。顶好是保持着方法论的地位,而放下哲学问题不谈。"

至于李约瑟(Joseph Needham)的主张更为明显。他说:"我们不妨把机械观当作极正确的方法论,可应用以解释一切现象,但是若当作形而上学的原理便无何价值可言。"他又说:"新机械主义者虽认'必然律'为行为之根本,但并不过分推尊之;虽远远地向原子致敬礼,但仍不深信原子的万能。"最后他并提出他的两大主义:

（1）生机主义乃是一种拟人的"生气主义"*（animism），现尚踌躇于谨严的数量科学之门外。在纯正的科学范围里没有它的地位。若生物学将成一种科学，则生机主义必须屏出于生物学之外。

（2）新机械主义是一种机械的人生观，脱离了得自科学的自然主义的所有妄想。量力知足，一方面欲使生物学成为正确科学，一方面不自诩有哲学的效能。新机械主义自知其应用无穷，而精蕴（essence）有限。若生物学将成一种科学，则新机械主义必应通行于生物学之内。

机械主义与伦理学

现在还剩下有一重要问题我们必须讨论的，就是机械主义应用于伦理学后，将发生什么影响？人生观将有何变化？将收好结果抑坏结果？换言之，前几节是研究机械主义在说明界的真与不真，此节则欲探询机械主义在价值界的善与不善。

在没有细想这个问题以前，大家总难免要替赞成机械主义的伦理学者担忧，以为人生社会许多问题决非机械观所可解决，且人生既然机械化，必然毫无意味，而种种坏结果也难免不随机械人生观而俱生。殊不知许多机械主义者对于此问题的答复却都颇抱乐观，他们对于机械伦理学的意见，可分述八条略述如下：

1. 养成习惯离不了机械作用。习惯简直就是机械化的行为。习惯养成后，只须口令一发，就可以不假思索，自动顺应；但若无机

---

* 《哲学与哲学史论文集》作"物活主义"。

械式的生理行动作基础,怎会有养成习惯之可能呢?凡有生之伦,其行为都是一种机械作用。不过愈高等的动物,其机械作用愈复杂、愈有伸缩性罢了。试看琴师拉琴、雕匠镂物,动作何其精细、何其准确、何其神妙、何其疾徐有度,变化无方!他们表情写意何其曲尽周至,不爽毫厘!这都是因为他们能够养成机械式的习惯。机械作用实不可斯须去身。若是每一个动作,都要立定志向,打定主意,然后下手,那么,动作必很痛苦,其结果必笨拙而迟滞。所以我们必须把机械主义应用到人生上来。(参看杜威《人性与人行》页七十至七十一)

2. 日常生活应用机械观之处异常之多。在日常生活里我们差不多都不知不觉有机械人生观的假定。我们通常不是认定一个人的行为,是他的性格的表现吗?读历史的时候,我们岂不是常常推求史事之起因,我们岂不是常常分析历史人物之个性,而研究时代和环境对他的影响吗?所以我们可以说我们全部的社会生活完全建筑在"人在某种情形之下,将有某种举动"的信心上。据此可知要建设机械的人生观并不悖于常情。(参看梯利〔Thilly〕《伦理学导言》)

3. 机械主义可以减少成见,抱客观的分析态度以评人论事。普通人多是满脑子的道德律令、道德信条,其实都是些无根据的成见。对于别人的行为,漫不加以分析,便信口雌黄,说某好某坏,某善某恶,某是圣贤,某是罪犯,不知枉屈了多少好人!若是应用机械主义,则我们要评论一个人,当细看他的行为的生理的、心理的或社会的原因,只认坏的行为是不善于适应环境的结果,而不凭主观意见去指责别人居心的险恶或动机的不良。假如我是一个罪犯,我一定赞成机械主义的伦理学家,因为他能够根据学理,解释

我所犯罪的原因,并且他能够细心研究出逼迫我犯罪的种种外力。我当然要感谢机械主义者对我的同情。(参看格无勒原著)

4. 惟信机械的人生观,庶道德责任、赏善罚恶等方有意义。目的论的道德家大概要问:人的行为既然无有目的,如机械的运动,为什么我们要他负道德的责任呢?人的犯罪既然为必然律所支配,不得不如此,那我们为什么要惩罚他呢?丁德尔的答复最为干脆,他说:"铲除恶势力,是维持社会安全的正当职责,至于这种恶势力的来源是自由或强迫,是自然或人为,社会是不过问的。"人的行为既然是机械式的、受因果律的支配,那么我们正好用教育以支配他、影响他、决定他,使他成为一个有道德的人,为社会作好事。譬如醉人或狂人的行为就是非机械式的,所以不必严格的惩罚他。足见惟有机械人生观范围内,道德责任和赏罚问题方有意义。(参看梯利原著)

5. 信机械人生观于事实上并无困难。许多人以为姑无论机械观在理论上能否站得住,总觉得在事实上万难通行,怀疑人生如果建筑在机械主义之上,乃决不可能之事,且人生或将不成其为人生了。其实不然。假如我们知道我们的行为是机械式的,我们的为善与为恶,俱受种种条件之决定,那么正可以按照机械定律,以避免为恶之条件,而寻求决定我们为善的条件。机械论不惟不会令人灰心丧志、不欲事事,而且是一种促人向前活动的动力。譬如我很好名,我知道具备了某几种条件,就可以如机械式的获得声名,这于我作事的勇气何干?我何以会因此便不好名?总之,一个人有了道德的环境或教育,信了机械主义之后,仍然是要努力向前的。(参看梯利原著,梯氏本来是属于理想主义派,不过他赞成机械方法)

6. 机械人生观中仍含有道德的自由。主张机械人生观并不是相信人类都是盲目的本能和环境的势力的奴隶。据格无勒说,在下列五种情形之下,吾人行为的自由,是可以担保的,但不能谓为自由意志:

(1) 凡身体所能做得到的,都是自由的行为。

(2) 没有外界的限制——既无自己身体的障碍,又无他人设施的障碍,我们也可以有自由的行为。

(3) 凡调节有素、不假思索的行为,也是自由的行为。

(4) 凡身体上有某种特殊的结构,专司某种动作者,则此种动作,亦可谓之自由行为。

(5) 凡一人行为的结果,可以扩充他的环境,增加他的机会,训练他的希望成为事实,则此人可以算得有了道德上最高的自由。

7. 一个机械主义者的理想或快乐。也许有人以为信机械主义,则生活没有意义,人生没有乐趣。但彼机械主义者亦自有其人生理想,自有其生活乐趣。我们试读黑锐克教授的自述:"大宇宙自然的绵延为一切活动之模型,我们所有的动作,也就是宇宙机械式的模型之一部。我们知道此点,我们也享乐此点。不论我们在宇宙模型的地位是如何卑小,我们也安本分。我们是值得生活的。生活的范围愈宽,则快乐愈深。我们试察前观后,便可看出我们过去的生活是如何机械般形成的,并可以看见我们目前的行为和愿望也可以多少分担形成未来生活的工作,这就是一种满足的表现。这就是我们的自由。我们目前的生活与长进,我们自知所为何事,我们预审将来生活的途程和个人的进展,并且自觉地指导驾驭我们的将来,凡此种种都是我们的自由。这种自然的自由才是真自由,这种真自由才可以实际令我们享乐。

"生活到了上述的境界真是一种壮观。因为此种人世上的自由可以使我们成为'神人'——能辨善恶,能趋善避恶,自觉地修养人格而创造一种为个人为社会谋幸福的理想的神人。似此实行善事,徐达理想,有进步可纪,有希望可图,更安往而不满足?我所说这些,并不是凭空的妄想,乃全是吾人身体上自然的作用。"

8. 机械主义者的新宗教观。机械主义者亦自建设有一种新的宗教观以解答精神上的问题。杜威早就说过将来应有科学和德谟克拉西的新宗教产生。而格无勒对于宗教的见解,亦同杜氏。格氏说:"相信机械的人生观就是相信建设的批评比宗教的仪文好,一个问题到手,加以分析的研究,总比虔诚的祈祷较有成效。换言之,惟有科学——用来为人类谋福利的科学——可以真正地代表'上帝'二字。"他又说:"达文西所谓真仁爱出于真知识,惟有科学的进步和科学方法的注重,可以证实此语。我们不必担忧科学夺去了我们的灵魂。我们相信还有一种更好的灵魂可以代替。这种新灵魂生于聪睿、技巧和同情,可以给吾人以力量、智慧和和平。这样的灵魂只要天不倾地不裂,其永生不灭,是可保证的。这就是机械主义者的宗教观,也就是主张把伦理学当作机械科学的结果。"他又解释宗教道:"从机械主义者的眼光看来,宗教就是凭依自然,借助人类,以求人生能力之增递、自由之扩充,及心地之和平为所归。"足见机械主义者的宗教观纯粹是科学的,毫无神秘色彩。总而言之,机械主义者的理想生活和宗教的理想,我可以用两句简单的话包括,就是——

人生宇宙一机械,
　妙用神通可拟仙。

与本题有关的参考书目：

Jacques Loeb, *Forced movements, Tropisms, and Animal Conduct*, 1918.

Jacques Loeb, *The Mechanistic Conception of Life*, 1912, The University of Chicago Press.

Jacques Loeb, *The Organism as a Whole*, 1916, G. P. Putman's Sons.

G. W. Cunningham, *Problems of Philosophy*, 1924, Henrg Holt & co.

Frank Thilly, *Introduction to Ethics*, 1900, Charles Scribner's Sons.

Henry Sidgwick, *History of Ethics*, 1892, Macmillan.

W. Mcdougall, *Outline of Psychology*, 1922, Charles Scribner's Sons.

R. C. Givler, *The Ethics of Hercules : A Study of Man's Body as the Soul*.

R. C. Givler, *Determinant of Ethical Values*, 1924, Alfred A. Kropf, Inc., N. Y.

John Dewey, *Human Nature, and Conduct*, 1952, Henry Holt.

John Dewey, *Influence of Darwinism on Modern Philosophy*, 1910.

C. T. Herrick, "Biological Determinism and Human Freedom," *the International Journal of Ethics*, Vol. 37, No. 1. Oct., 1927.

C. T. Herrick, *Neurological Foundations of Animal Behavior*, 1924, Henry Holt.

C. T. Herrick, *Fatalism or Freedom*, 1927, W. W. Norton & Co.

H. S. Tennigs, *Behavior of Lower Organisms*, 1906, MacMillan.

Hans Driesch, *The Problem of Individuality*, 1914, London.

Hans Driesch, *Science and Philosophy of the Organism*, 1908.

T. A. Thompson, *The Bible of Nature*, 1908, Charles Scribner's Sons.

T. S. Haldaine, *Organism and Environment*, 1917, Yale univ., Press.

R. F. Alfred Hoernlé, *Matter, Life, Mind and God*, 1923, Harcourt Brace.

R. F. Alfred Hoernlé, *Idealism as a Philosophy*, 1927.

A. N. Whitehead, *Science and the Modern World*, 1925, MacMillan.

Joseph Needham, "Neomechanism or the Sceptical Biologist," *Hibbert Journal*, Vol. XXV, No. 2.

B. Russell, "Behaviorism: Its Effect on Ordinary mortals, Should It Become a Craze?" *Century*, Dec. 1926.

麟按：此文作于一九二七年之春，曾在《东方杂志》发表。当时因初到美国曾读了一些生物学、生理学、心理学的书，对于哲学尚未得其门径，只能杂陈各方意见，不能提出自己的批评。文中对于机械主义相当同情，且于确认机械主义之只可为方法论，而非本体论的意思，亦已提出。此文应与前面《论自由意志》一文（作于一九三二年春）参读，便可以看出我何以于同情机械观，彻底承认科学的机械方法之范围内，仍能从哲学的立场，发挥意志自由的理论。而现在国内一般揭橥新唯物论的人，开口就要扬弃机械论，未免缺乏批评能力，把问题看得太容易。其实科学的机械方法，仍有其效准，不应放弃。而对于独断的信条式的非科学的机械主义，则彼新唯物论者，却并未能跳出其窠臼，而陷于非科学非哲学，徒为政治信仰作辩护的工具。

十四　评赵懋华《叔本华学派的伦理学》[*]

撮要：本文前半摘要报告赵懋华女士《叔本华学派的伦理学》一书德文原著的内容，着重于叙述叔本华本人的思想及其弟子对于他的学说的修正的见解。中并摘译原书一页，以见作者述学方法简明扼要之一斑。后半，我特地指出叔本华伦理思想之宗教的和艺术的动机，以为了解叔氏伦理学之前提。又对叔本华学派中人一一加以评骘，而特别标明尼采为最能得叔氏思想精神而发挥光大之者。作者识。

中国人用德文所撰的哲学著作，据我所知道的并且读过的，只有梁颖文夫人赵懋华女士（Dr. Esther Mon-Hua Liang）的《叔本华学派的伦理学》（*Die Ethik der Schule Schopenhauers*）一书，一九三二年德国柏林席勒街（Schiller strasse）四十四号 Geber der Hoffmann 书店印行。此书虽是在柏林大学尼古拉·哈特曼指导下写成的薄薄的一本博士论文（共一二〇页），但确是大之对于整个的德国自康德以来的哲学有相当的根底，小之对于本题范围内各家的典籍有研究涉猎的产物。全书条理井然，对于叔本华学派各家的学说及其与叔本华之关系，大都有简明扼要的叙述。书中导言部分，首指出

---

[*] 本文最初发表于 1934 年 11 月 6 日天津《大公报》的《文学副刊》。

十四 评赵懋华《叔本华学派的伦理学》

叔本华的悲观论及形而上意志论在哲学史上有特殊地位。欲治叔本华学派的伦理学,须先明了其形而上学基础。本书目的在研究叔本华的伦理思想之发展及其矛盾困难处。因为叔本华学派中人,皆叔本华学说之批评者。研究叔本华学派的伦理学,最足以从批评的眼光看出叔氏伦理学说之长处及短处。继此,著者便将叔本华学派的人物加以介绍。虽非叔本华信徒,而却与他有密切关系,为了解叔本华及其学派所不可缺的哈特曼(E. von Hartmann)和尼采(F. Nietzsche)在本书中也占相当篇幅。不过因为他们都是鼎鼎大名的人物,所以未加特殊介绍。而对于比较最足以代表叔本华学派,但在普通哲学史上不显姓氏的麦兰德(Philipp Mainlander)、佛洛恩斯达特(Julius Frauenstadt)及班森(Julius Bahnsen)三人的生平与著作,均有简明的叙述,约略如下:

1. 麦兰德(一八四一——一八七五)原是商人,于旅中读叔本华书而喜,遂私淑之。又是一热烈爱国的志士,曾服军役。尝作诗遣怀。事母至孝,服侍母疾,不出家门。作《解脱哲学》(*Philosophie der Erlosung*)二卷。书成,遂悬梁自尽。

2. 佛洛恩斯达特(一八一三——一八七九)是一著作家,神学者。初为黑格尔信徒,后得亲炙叔氏。著有《叔本华哲学书信集》,于推广宣传叔氏学大有功。又著有《道德生活》一书。

3. 班森(一八三〇——一八八一)亦曾亲炙叔氏,但浸润于黑格尔亦甚深。一生郁郁不得志,仅作一高中教员。著书出版,但无人过问。曾两次娶妻,第一妻情爱甚笃,但一年即死。第二妻结果离婚。与哈特曼初相友善,后于学说互相攻击,友谊破裂。杰著名《实在之矛盾》(*Realdialektik*),于性格学(Charakterologie)有供献。

据此我们可以知道,第一,叔本华学派中人也和他本人一样,皆非大学中人，没有一个是做过大学教授的哲学家。第二，叔本华学派中人皆曾出入于黑格尔的学说。第三，叔本华学派中人皆修正叔氏学说之人。至于他们如何修正批评叔氏学说之处，须看下文。

除导言外，本书分为二大部分。第一部分讨论伦理学之形而上学基础。因为叔氏曾明白宣称道德须有形而上学基础，特别意志自由论、悲观论、解脱论与同情论，不可少形而上学的基础。叔氏之弟子亦大都持同样的见解，惟佛洛恩斯达特的道德学说离形而上学独立，结果遂致他的伦理思想与他的形而上学见解，矛盾而不能贯通。

关于知识问题，叔本华学派中人几乎全体一致反对叔本华自康德承袭来的时空主观论，而皆趋向于实在论，否认时空及因果的主观性，而认此种形式或范畴为属于绝对实在之本身。本来哲学史家多谓叔本华是由内心的研究转入外界自然的研究，由唯心论转入实在论的过渡，故叔本华的弟子们之走入实在论，也是很自然的趋势。

叔本华是个一元论者，认一种绝对的宇宙意志为万物的本源。但叔氏学派中人便仅有佛洛恩斯达特及哈特曼二人持一元的宇宙意志论。不过他们两人皆认除宇宙意志的本体界与映于主观的现象外，尚另有一物自身之客观表现的实在界，此即时空因果的客体世界。虽在本体论上的地位较次于宇宙原始的意志，但究非主观现象或幻影。而哈特曼复进而据黑格尔"凡物莫不有理"的观点，以修正叔氏的盲目的宇宙意志论，谓宇宙意志不是盲目的，而是有理性、有智慧、有目的的。不过此种有理智目的的宇宙意志，并非自觉的而是昧觉的（unbewusst）罢了，因此哈特曼调和黑格尔、叔本华二人之说,而称其一元的本体为"昧觉"(Das Unbewusste,按此字英译作 The Unconscious,系茫昧的意识之意,译作无意识、无知觉均欠妥,今译为昧觉)。认意志无理性则盲目,理性无意志则枯死。并根据生物学的研究及人类精神生活的研究,以证实其说。

麦兰德及班森二人便持多元论,而欲确定个人意志自由的基础,谓泛神的一元的宇宙意志不能解答道德责任及意志自由问题,因为个人既受宇宙意志的支配,则无道德自由之可言。麦兰德谓在宇宙未成之先,虽有一上帝(即叔氏的宇宙意志)存,但宇宙之存在即为上帝之死亡,更不复统而为一了。吾人不在上帝内,亦永不能与上帝为一。一之分裂为万殊,实为宇宙生成的根本原则。个人的意志,实由元始混沌之一元的宇宙意志分化而出。个人的意志或性格即其行为之命运,自由地主宰其行为,不复受宇宙意志的支配。班森亦是一个多元论者,根本持实在的矛盾说(Realdialektik),认矛盾非过渡非现象,乃是实在之本质,直接而不可拔除,一切对于矛盾的调和,如黑格尔所谓综合,皆不过主观的幻象。实在的本质既是矛盾的,不合理则的,所以非逻辑所能认识。意志是实在,所以意志是矛盾的。意志是属于客观的时间内的,是轮回而不能磨灭的,是个人一切活动的泉源,也是个人一切痛苦的泉源。意志是一种精神的原子,他称之为意志的单元论(Willenshenadologie,有时亦称 Willensmonadologie)。此单元的意志即是个性,即是负道德责任的主体,既非康德的灵明的意志,亦非黑格尔的理性,亦非叔本华的宇宙意志。此种意志是经验内时间内的实在,其本身就是矛盾。就道德方面言,此意志既不能绝对利己,亦不能彻底利人,永是陷于矛盾。意志既决定作此事,但继又失悔,觉得应该作彼事。在这矛盾的意志、悔艾的情绪中,自己总是相信自己意志是自由的，相信自己当时可以选择，可以不要像彼时那样去作的，所以自己总愿意为自己过去行为负道德责任。从这矛盾的意志状态和这道德责任的意识中，足征意志的自由是不可否认的事实。

总之，叔本华以及康德皆欲在超经验的世界中去建立意志自由的基础，而叔本华学派中人，则大都认为意志的自由是经验中的事实。至对于意志与理智的关系问题，叔本华学派中人对于叔氏原说亦大有补正。叔本华认理智为意志发展到某种阶段的产物，为执行意欲的命令的仆役。但就另一方面言，生活的意欲招致痛苦，而理智又有取消生活之欲，解除痛苦的功能。但叔本华的弟子便大都认为如果理智既是意欲之产物、之仆役，则理智绝不能推翻其父亲或主人公——意欲。且他们并认纯粹理智无有意欲之人生为不可能。所以理智实永偕意欲而共存共荣。即在纯科学研究、纯艺术欣赏的境界中，亦非绝无意欲，不过此时的意欲是客观的，有如波平浪静时之舵工，无显著之活动，主而不宰罢了。关于此点之修正，佛洛恩斯达特及麦兰德二氏之功居多，而哈特曼所谓昧觉，乃是兼含意志与理性的，足见哈氏亦不赞成叔氏那样理智与意志分而为二了。

本书第一部分既如上面所述，注重在讨论伦理学的形而上学的基础，第二部分便讨论叔本华学派伦理学之本身。首述伦理学方法之反对康德式的先天推论，注重经验事实，及伦理经验之客观性为叔本华及其学派中人一致的见解。此外几全贯注于利己主义及同情说之详细讨论，因叔本华反对利己主义，反对康德之无上命令，而认"同情"（Das Mitleid）为最高道德观念，而其学派中人对此说之争论最为热烈。叔本华谓康德对于伦理学的最大贡献，在于廓清一切的幸福主义（Eudemonismus）而以先天的道德律为归。不论利己的、利他的或他界的幸福主义，均在反对之列。不过康德认快乐与道德合一为至善，似亦未尽脱幸福主义的窠臼。叔本华则认人之意志天然的即在于谋自己的生存与幸福，故利己观念实与求生之意欲俱来，即是不道德。故必放弃求生之意欲，铲除利己观念，方可说得上道德。道德基于人我一体的直观，与视他人之苦乐如自己的苦乐的同情。而叔本华学派中人几乎完全是反对此说的。有的人如佛洛恩斯达特谓叔氏学说之本身即是一种幸福主义，因为叔氏学说之目的亦在于求他人之幸福，而其拒绝生活之欲亦即是一种满足、一种幸福。而麦兰德更进而谓伦理学的界说即是"幸福说"（Glückseligkeitslehre），伦理学的目的在于使人达到心灵的满足与最高的幸福。且谓要想人违背其本性，违背其自己福利而行，实不可能。不过须严于分辨自然的利己主义与开明的利己主义罢了。至于持超人主义的尼采更是极端反对同情说与利他主义。他认为"非利己主义"与"木质的铁"是一样的不通。利己主义不是"汝应如此"的道德原理，而是"汝必如此"的事实。

　　哈特曼的见解便与尼采相反，而较接近叔氏。哈氏以为个人的利己主义之根本错误在于不知社会为个人之本源，及个人不能离社会而独立之理。而哈氏于离开社会持他界的幸福主义者的攻击，较持个人利己主义者为尤烈，因为后者较前者为有人性，为与人类有关涉。因此哈氏提出其无我主义（Selbstverleugnung）而以社会福利为归。此种无我的社会福利说，哈氏认为即社会乐利主义者如边沁、弥勒辈亦未见到。盖彼辈所谓最大多数人之最大幸福，乃包括执行此道德训条之个人的幸福在内计算。殊不知必无我、不计自己之幸福，方可为最大多数人谋最大幸福。故必持无我主义者方足以语社会福利也。

班森则根据其矛盾说,以调和利己利他的矛盾。他认为道德行为之当事者为我,我之原始的形而上学的代表为意志。我或我之意志其本质便是矛盾的:有时自尊,有时尊人;有时利己,有时利人。故绝对的无我主义乃一无意义的空概念,无限度的利己主义在伦理学亦不可通。惟有相当限度的自抑,方为道德的标准。譬如,每作一事,无我的成分胜过自利为仁爱;自利的成分胜过无我为不当;自利与无我得平衡为正当。总之,叔本华学派中人虽然有的攻击他,有的修正他,但他们所讨论的问题却是叔氏提出的。

关于最高道德原则问题,叔本华指斥康德的无上命令为空洞抽象,事实上无力足以使人遵循。故必须在经验中寻一真实的、有效的、情不自禁的、具有克制自私之心的力量的道德动机为出发点方可。此种道德动机,可以取康德的无上命令而代之的,叔氏叫做"同情"。同情即泯除自私,视人之苦乐为己之苦乐的感情。同情的前提为人我一体。此种人我一体的情感或直觉,一方面固不乏经验中的心理事实以证明之;一方面亦有形而上的根据。盖我见之起实由于主观的时空世界之虚妄分别,而在形上世界,则因人人皆受同一之宇宙意志之支配,其命运固相同,其休戚本一体也。

佛洛恩斯达特则认自然万物莫不有其客观之目的与本性,使万物各适其性各遂其意,是即万物之客观幸福,亦即道德之最高目的。佛氏虽系得自英人克拉克(Clark)之"物适论"(the fitness of things),但亦近似叔氏之宇宙意志论,但他对于最高道德原则见解便与叔氏隔得很远了。个人主义者如麦兰德与班森虽仍持同情说,但谓同情的根源并不出于人我一体的见解,即从利己的个人主义的立脚点,仍足以证明同情之不失为一种道德的价值。麦兰德指出谓,因看见别人受苦,自己每感觉痛苦,且有时未受苦者所感的痛苦反比那受苦的人为多。因为解除因见得他人痛苦而引起自己的痛苦起见,自己不得不同情他人,帮助他人。足见同情心之起,实由于欲解除自己的痛苦的利己心,并不是基于人我一体的形而上学见解。麦氏又谓,同情不过是一种感情,仅是主观的感情实不足以作道德的基本原则,而谓道德的根本应建筑在一种确认人生是痛苦,至善在于解脱生活之欲的真知灼见上。

哈特曼应用进化论于伦理学,谓人类历史为一部生存竞争优胜劣败史。战争、殖民、流血的竞斗,哈氏皆认为促成文化进步的工具。因此与尼采同,皆承认同情说有碍进化公例。且谓同情既系一种感情作用,易被欺骗蒙蔽。吾人主观的同情程度之高下,并不能以客观的他人痛苦的大小为准绳,而每以此痛苦表现于吾人前面之方式为转移。有时他人极小的痛苦足以引起吾人极大的同情;而有时外界绝大之灾殃,吾人反熟视无睹。盖道德行为(1)有基于嗜好的,(2)有基于感情的,(3)有基于理性的,必理性方足为道德行为之基本也。且叔氏又谓人所感受之痛苦愈多,愈足以促其弃世而得解脱。今同情之说,目的既在减少痛苦,岂非使人留恋于现实世界,而不能速求解脱乎?哈氏据此便谓叔氏之同情说与他的解脱说自相矛盾。

尼采当二十岁左右时,即深受叔本华形而上的意志论及同情说的影响。而同时德国大音乐家瓦格纳(Wagner)的歌剧,也可以说是叔本华思想的具体化。描述意欲冲动的悲剧,唤醒慈悲为怀的同情,实瓦氏作品主要的题旨。而这善于欣赏的尼采,不啻于瓦氏艺术中发现他自己的人生观的写照,因此遂成为瓦格纳的最好的朋友。而后来尼采思想大变,提出其超人主义以肯定人生,企求权力意志的满足以代替叔氏的否定生活之欲的学说。竭力攻击同情说,斥之为有碍人类进化,反足以增加人类痛苦的愚妄之说。且进而宗教方面攻击提倡同情或慈悲的耶教;艺术方面攻击瓦格纳,竟至与瓦氏友谊断绝。故反对叔氏同情说最激烈的人当莫过于尼采了。

以上不过是很简略地挂漏地报告赵懋华女士全书的大旨,因为国人关于此方面注意的人很少,所以我特意将此书的内容依次加以介绍。我着重于叔本华本人的学说和他的学派中人对于他的学说的修正或出入异同的地方,至于叔氏弟子们的个人的特殊学说及其互相攻讦处,如班森与哈特曼之互诋,哈特曼与尼采之争论,赵女士书中虽有相当的陈述,此处的介绍便只能从略了。至于赵女士述学方法之简明扼要,和文字之流畅而有趣致处,我愿意译出下面一段,以见一般:

> 黑格尔虽不曾创造德国唯心论派的有名的矛盾思辨法(dialektische Methode),但总算得最善于应用此法的人,而他所研究的对象也是矛盾。他也认为矛盾不仅为吾人认证历程之必然的成分,而且也是宇宙实在之必然的成分。据他看来,我们的认识历程是满的。是具有具体的概念的。有了这些具体的概念,在这认识的历程中,一面创造矛盾,一面征服矛盾,一步一步的迫进,以达于最高的绝对。而这种认识历程同时亦就是宇宙律则绝对理念的复影。……无论如何,在黑格尔系统中矛盾仅不过是一个过渡点,是一种被征服的对象。而此说之根本观念认此世界,就是最深的本源言,是有理则的,因为此世界是自绝对世界理念之本身发展出来的。

叔本华反对此说而提出其盲目的意志论，且特别着重于此意志之无意义及无理则的内容。哈特曼想要调和叔本华的意志说与黑格尔的绝对理念，他的出发点是认为理性与意志二者，必系构成实在自身的本质。他的根据是，意志无理性绝不能有知，亦不能使理性之法则而发挥其自身。反之，理性无意志则成死物，不能唤醒宇宙变迁使栩栩有生气。但班森便针锋相对地攻击叔氏之说，称之为生硬地将叔本华和黑格尔混在一起的杂拌主义。哈特曼亦回答以同样的轻蔑，称班森的《现实之矛盾》一书为集世界无意识之大成。班森复指斥哈氏的道德意识现象论谓为地狱的深坑。班森且更进而攻击黑格尔本人，认矛盾不仅是达到存在与知识的过渡工具，而乃是世界本身直接的颠扑不破的本质。而对于世界对立部分之一切调和均只可认作主观的幻象。

在这短简的篇幅中，作者告诉了我（1）黑格尔矛盾思辨法的大旨，（2）哈特曼对于叔本华与黑格尔之调和，（3）哈特曼与班森二人恶声相向的神情，（4）班森的现实矛盾与黑格尔矛盾法的异同。据此，可以窥见赵女士述学方法之一般了。

赵女士此书于叔本华伦理学的形而上学基础，尚有相当讨论，惟可惜于叔氏伦理思想的宗教基础与艺术基础，却未曾道及，未免使人无从了悉叔氏伦理思想的动机和背景。因为要知道一个哲学家的伦理学的理论基础，我们须于他的形而上学求之，但他对于宗教和艺术的认识和态度，便是他的伦理思想的内容与动机的前提。譬如，不知道孔子"不学诗无以言"的诗教（即艺术）和"不学礼无以立"的礼教（中国的礼教约相当于西洋的宗教，兹不具论），便不会看出他的伦理思想的深厚远大，而与一般狭义的道德观念的伦理系统的不同处。最近尼古拉·哈特曼亦谓艺术是道德生活的语言（Die Kunst ist eine Sprache des Ethos，见哈氏《伦理学》原著页六三，从哈氏之说愈足以见《论语》"不学诗无以言"的"言"字之饶有意义），黑格尔亦认为道德为政治之本，宗教为道德之本（见纳生本《哲学大全》页四六四）。于此亦足见道德与宗教艺术的密切关系。所以要想了解叔本华的伦理思想，似不能不追溯他对于宗教和艺术的见解和态度。我们显然可以见得他的悲观论与同情说并不仅是根据心理事实计算人我苦乐的数量的产物，而乃有很深厚透彻的宗教识度和艺术动机存于其间。他的悲观论，就其在宗教方面的意义，实在有似大宗教家之洞见人心的疵病、意欲的魔障，欲人超出苦海皈依宗教的风度。不过叔氏处于开明时代，不劝人祈祷礼拜，而教人勉力作艺术家和科学家（兼包哲学在内），以静观人生，视真理的追求和艺术的欣赏与创造为超出苦海安心立命之所，而求升入至美至真的价值世界，勿为世俗的计虑、生活的欲望所奴役。至于他的同情说，更显然是出于耶教所谓博爱（charity，按此字约含二义：一为博施济众，一为精神的悲悯。叔氏偏重后者），佛教所谓慈悲，中国所谓悲天悯人的至忱。其同情说（与世俗所谓"表同情"略不相同）直不啻是发菩提心，怀救世救人的宏愿，使人精神得解救。简言之，叔本华的悲观说与同情说目的在指出一种超人生的人生观，此种人生观并不是教人消极的厌世自杀，而是指示人积极的采取科学的求真、艺术的审美、宗教的悲悯为怀的生活，以自求解脱。此种人生观正是德国人注重文化（Kultur）或学养（Bildung）的精神生活最好的表现。

至于属于叔本华学派的几个人，平心而论，佛洛恩斯达特以传播叔氏学说、编辑叔氏全集、撰选叔氏传略著称,此外实少独创的贡献。麦兰德氏认真生活的精神虽甚可取,但昧于叔氏所指示的途径,不知于科学艺术中去求超脱生活之欲的真乐,而竟以身殉其解脱哲学,实算不得真正了解叔氏学说之旨归的人。班森认经验中的矛盾现象为最后实在,持个人主义,释叔氏宗教的同情为个人苦乐的计较,已显背叔氏精神。且于心情的矛盾与悔艾中去寻意志自由的根据,与美国詹姆士走入同样的歧途,殊不知必洒脱无忤、顺理而行、坚定不移的行径方是意志自由的表现。舍理性的实现、人格的扩展外,更无所谓意志自由也。至于黑格尔之矛盾思辨法约有两方面:一为矛盾之分析,以求发现相对界的矛盾;一为矛盾之扬弃,即超越相对以达绝对的本体。今班森只知分析矛盾,发现矛盾,而认矛盾为不可超拔的真实,足见他缺乏形而上学的眼光,对于黑格尔只知其一而不知其二,自陷于悲观抑郁不能自拔。无怪乎文德班谓班森的学说乃是他个人意志冲突、生活苦闷的宣泄,而乏科学的准效(文氏《哲学史》英译本页六七六)。

哈特曼总算得叔本华弟子中最有才气最有魄力的人了。他不似班森、麦兰德之流入多元论,而能保持叔本华的一元论,是他的特点之一。他调和叔本华、黑格尔而提出昧觉说,于思想界亦不无小补。"昧觉"一概念开后来变态心理学对于"下意识"(the subconscious)的研究的先河。他所谓理性与意志为人与万物同具之本则,不过茫昧而不自觉,亦略近于"天理自在人心"、"仁义礼智非由外铄我"之先天主义,但此种先天的昧觉的意志与理性,只须提撕唤醒启发扩充罢了。至于他根据科学事实以证明自然物象之具有理性与意志,实与费希纳(Fechner)的泛心论有相似处。但泛心论之心是自然的、在外的,与黑格尔的自觉的绝对理念或精神不同,不可以认作形而上学的本体。且黑格尔的理念,就其在人心中之发展历程而言,也许由昧觉而渐趋自觉;但此绝对理念之自身,就其为形上学之本体言,乃系先天而天弗违,后天而奉天时,永恒地灵明寂照,不得用心理学名词"昧觉"去形容它的。且黑格尔所谓理性或理念,本身就是健动不息、征服一切矛盾的原动力,换言之,即含有意志作用在内,是具体的而不是死的,一如费希德所谓意志是兼合理性成分,非如叔本华所谓意志之是盲目的、反理性的。所以依我看来,哈特曼于修正叔本华使接近黑格尔或费希德诚然有之,但于黑格尔却无何修正,反犯了心理化(psychologize)黑格尔的毛病。

尼采,就表面上看来,好像是打叔本华的翻天印的人。他几乎处处持与叔氏相反对的学说。且因攻击叔本华之故而牺牲他与瓦格纳的友谊,且迁怒及于耶教。但就天才之奇卓、性情之古怪、学说之偏激,以及艺术之陶养论,尼采实又处处与叔本华相同,为传叔氏衣钵的惟一的人物。所以虽然两人的学说表面上如此相反,但叔本华、尼采两个名字总是联在一起,而喜欢读叔本华著作的人同时也必定喜欢尼采的书。不禁令我们联想到他们是同心同德又同道。而且叔本华虽平日诅咒黑格尔,诅咒人生,但他并不诅咒自我,轻视自我。差不多有举世皆浊而已独清,举世皆沉溺于苦海,而已独登彼岸的气概。由此种自尊自大的观念而到尼采超人主义,实可谓一帆风顺。叔本华认由意欲的冲动而演出的人生为苦多乐少。而求解脱于无欲的科学与艺术的领域,实已充分具有超人生的襟怀,故由叔氏的"超人生"到尼采的"超人"实为极自然的趋势。叔本华已不信传统宗教,而求解脱于艺术与科学,认至真与至美的价值界为安心立命的天国,但犹保持悲悯的同情说,实为传统宗教观念之残余。而尼采本其重新估定一切价值的精神,铲净姑息的同情说,推翻传统的宗教,建立合于进化论的超人主义的新宗教,恐怕也正是叔本华所嘉许的。叔本华爱好艺术,其著作富于文学意味,但生平不长于作诗(《叔氏全集》仅载有十余首短诗)。而尼采则大都用诗的方式以表现思想,这正是青出于蓝的好例。叔本华指出盲目的意志为宇宙的主宰,为最后的真实,但因不能忍受意志的活动所生出来的痛苦,于是便欲掩耳盗铃般解除求生之意欲(第一,不能以自杀以灭生,生存意欲亦存。第二,在艺术的欣赏与真理的追求中,只能说意欲得较高的满足,不能谓为无欲,故只能叫做掩耳盗铃的解除求生欲)。尼采看出叔氏的矛盾处,故劝人据生物的冲动力与生命力去生存竞争,采取德奥尼莎士(Dyonisius)式的搏斗的人生观,扎硬寨,打死仗,以企求权力之意志的满足。所以尼采的学说正是肯定的、积极的从生物学的立脚点以为叔本华所提出的意志谋妥善的安顿,寻最高的出路的学说。故与叔氏意志说虽貌似相反,而适以相成。——根据以上种种看法,我敢断言,其余的叔本华学派中人均非真知叔氏者。于叔氏之研究最有心得,真能传叔氏衣钵者,厥为貌似打叔氏翻天印之尼采。

以上这番议论,为读赵女士此书后的一些感想,希望赵女士及读者指正。吾国专门介绍或译述叔本华、尼采书籍,至今尚绝无仅有,希望赵女士能本其精研所得,用其简明流畅的笔,多多介绍二氏的思想以饷国人。

按:此文于民国二十三年在天津《大公报·文学副刊》发表后,曾得赵懋华女士来函，谓伊在德国柏林大学 Dessoir 教授研究班上，曾先后提出有关于叔本华伦理思想的艺术基础及宗教基础之报告，唯因限于篇幅，刊印论文时，未将此部分材料加入。据此足见我篇中所论，不为无见，而懋华女士之研究，亦实面面俱到也。

十五　与友人辩宋儒太极说之转变[*]

寄来《宋儒太极说之转变》一文,我已细读过。我想周朱之太极说容或有不同处,但必不是甲与非甲的不同,而乃有似源与流,根本与枝干的不同。治宋儒从周子到朱子一段思想,一如治西洋哲学史研究从苏格拉底到亚里士多德、从康德到黑格尔的思想,贵能看出一脉相承的发展过程,不然便是整个的失败。徒就平面或字面去指出他们的对立,实无济于事。朱子之太极说实出于周子,而周子之说亦实有足以启发朱子处。周子措辞较含浑、较简单,朱子发挥得较透彻、较明确。若谓周子的太极纯是物理的气而绝非理,朱子的太极则纯是形上之理,朱子强以己意傅会在周说上,反使周说晦而难解,是则不唯厚诬朱子,且亦恐不能说明从周到朱之线索。

兄以为周子之太极既是气,则谓气有动静,生阴生阳,本自圆通。今朱子释太极为理,谓理有动静,则滞碍而不能自圆。是朱子愈解愈坏,陷入困难。但须知,安知周朱太极或理有动静之说,不是有似亚里士多德"不动之推动者"之动静乎?亚氏之神,就其为不动的(unmoved)言,静也;就其为推动者(mover)言,动也。今谓朱子不可以动静言理或太极,则亚氏又何能以动静言神或纯范型

---

[*] 本文最初发表于1938年8月《新动向》第1卷第4期。收入《哲学与哲学史论文集》时改名为《与张荫麟兄辩宋儒太极说之转变》。

乎？盖理之动静与气或物之动静不同（周子《通书》亦说明此点）。物之动静，在时空中是机械的（mechanical），"动不自止，静不自动"。理或太极之动静是循目的、依理则的（teleological）。动而无动，静而无静。其实乃显与隐，实现与不实现之意。如"大道之行"或"道之不行"，非谓道能走路，在时空中动静，乃是指道之显与隐，实现与不实现耳。故兄以太极有动静证太极是气，亦未必可以成立。至兄对朱子"太极者本然之妙，动静者所乘之机"二语的批评，似亦有误会处。"贤不动，慧不动"，诚然。但贤慧之质表现于人，有高下，有显隐。真理固是不动，但真理之表现于不同的哲学系统内，有高下，有显隐。所谓气之载理，理之乘机，如是而已。如月之光明乃月之本然之妙也，月之有圆缺显晦，月之照山川原野，不照溪谷深林，是其所乘之机也。月虽有圆缺晦明，时照此，时照彼，而月光本然之妙用，并不因而有缺陷也。又如仁之表现于尧舜，仁之动也；仁之不见于桀纣，仁之静也。而仁本然之妙，则"不为尧存，不为桀亡"者也。

至周子所谓神，具有宇宙论上特殊意义，所谓"神妙万物"、"鬼归也，神往也"，是也，似不可认为与太极无关，而另释之为"宇宙精神"。宇宙精神（Weltgeist），据我所知，乃黑格尔的名词，兄既认周子之太极是物理的气，则他的神论又如何会如此唯心，如此近代呢？如谓周子之神有似斯多葛派或布鲁诺所谓"宇宙灵魂"（world-soul, anima mundi）倒比较切当。因斯多葛及布鲁诺（Bruno）皆泛神论者。大程所谓"气外无神，神外无气，清者神，浊者非神乎？"之说，尤与布鲁诺"物质神圣"（divinity of matter）的说法有近似处。但照这样讲来，则神是内在的主宰宇宙，推动宇宙而不劳累，而无意志人格的理或道。故曰："动而无动，静而无静。"故神乃太极之另一种说法或看法。换言之,就太极之为宇宙之内蕴因(immanent cause of the world)言,为神,不得以太极之外,别有所谓神也。斯多葛、布鲁诺式的泛神论,上与希腊初期自然哲学家之"物活论",下与黑格尔精神现象学或历史哲学中之世界精神,均不相侔也。

至《通书·理性命章》之"一"及"中",陆象山认为均指太极言,朱子则仅谓"一"指太极,而认"中"指刚柔适中之性,不指太极。殊不知中和之性,亦就太极之赋予人者而言。总之,朱陆争辩虽多,而认"一"指太极,则相同。今恐难以己意更作他解。又《理性命章》共十三句,刻朱注本《通书》不在身边,无从参考。但朱与陆书曾明言"首二句言理,次三句言性,次八句言命",不知兄何所据而言"朱子已言'周子此章,其首四句言性,次八句言命'甚是",竟将十三句注成十二句,误引朱子而误赞许之乎?且理一分殊,气、物体可分,故多,理不可分,故一。一即理,理一即指太极,至为明显。今既曰一,而一又指性命之理,非指洪蒙之气,又何得谓一不指太极?今又何得谓性命之本源的太极而非理乎?如谓释一为理,乃朱子之主观解释或偏见,则应据尊意释一为气。如是则一、太极、气,三位一体。但宋儒只有阴阳二气之说,未闻有"太极一气"之说,只有"理一",未闻有"气一"也。且"天命之谓性",乃中国儒家关于性命之传统见解,照兄之说,太极一气,如何能为性命之源乎?

兄谓以太极为理,宋儒中始于李延平。就字面考证,此说或甚是。因我未细检典籍,一时寻不出反证。太极是理之说,如果始于李延平,则延平在理学史上之地位将一高千丈,至少应与二程同等,不会仅居于程与朱间之介绍传递地位。但确认理为太极之说,则至迟也起于伊川(按程子《易传序》已明言"太极者道也",是太极是道或理之说,至迟也起于程子,更无疑义)。伊川虽很少明用太极二字,但彼所谓理,实处于绝对无上之太极地位,实无可疑。理之为一,一理之散为万殊复归于一,伊川《中庸序》说得最为明白。将理与气明白相提并论,似亦始于伊川(但未必即系二元)。大约周子与大程皆认宇宙为理气合一的有机体,是泛神的神秘主义的宇宙观,而非希腊的物理学。他们并未明言太极是理、是气,或是理气合一,其浑全处在此,其神秘乏形式处亦在此。但阴阳是气,乃确定无疑。今较阴阳更根本,而为阴阳所自出,绝对无限的太极,当不仅是气,其有以异于气、高于气、先于气,亦无可致疑。故若释周子之太极为理气合一的整个有机的宇宙,当无大误。但在此理气合一的泛神的充塞体(continuum)中,理为神,妙万物,气为物,则不通。理不可见,气有迹。理形而上,气形而下。理先气后,理主气从,则进而认理为太极,认太极为理,乃极自然的趋势。且阴阳之气,乃太极所生造(生造乃内在的循目的的动而无动的生造),太极乃生造阴阳五行万物者。太极为"造物"(natura naturans,能动的自然),阴阳五行乃"物造"(natura naturata,被动的自然),物造是形而下、是气,造物是形而上、非气,亦可断言。且周子之提出无极,其作用本在提高或确说太极之形而上的地位,勿使太极下同于一物,故释太极为理,是否完全契合周子本意,虽不可知,但要使周说更明晰、更贯彻哲学理论,求进一步发展周说,其不违反周子本意、其有补于周说之了解与发挥,当亦无可致疑。今谓朱说茫昧谬误,反使周说难解、欲离朱子而直解周子,或以西洋之"粗糙之物理学"附会周子,有如去干求根、绝流寻源,不惟不足了解周子,恐亦不足了解程朱。且朱子去周子仅百余年,学脉相承,遗风不断,生平潜心研究周子,真诚敬仰周子,热烈倡导周学。今不从朱以解周,而远从千余年前、数万里外,去强拉与周子毫不相干之希腊自然哲学家言,以解释周子,谓能发现周子之真面目,其谁信乎?且七八年前,当我作《朱子黑格尔太极说比较》一文时,我即指出朱子之太极有两义:(1)太极指总天地万物之理言,(2)太极指心与理一之全体或灵明境界言。所谓心与理一之全,亦即理气合一之全(但心既与理为一,则心即理,理即心,心已非普遍形下之气,理已非抽象静止之理矣。——此点甚难,以后将为文论之)。认理气合一为太极,较之纯认理为太极,似更与周子原旨接近。于此更足见朱子之忠于周子、忠于真理,而无丝毫成见。反足证兄之攻击朱子,非偏见即成见也。且周子《通书》及《太极图说》,目的在为道德修养奠理论基础,为希贤希圣希天指形上门径。既非物理学(physics),亦非狭义的"后物理学"(metaphysics),而是一种"后道德学"(meta-ethics),或一种先天修养学。与毫无道德意味之希腊物理思想,岂可同日而语哉?

张南轩与吕伯恭书曰:"濂溪自得处诚浑全。元晦持其说句句而论,字字而解,未免流于牵强,亦非濂溪本意也。"似颇足为兄说张目。殊不知南轩本倾向神秘主义,其不欲朱子将周子神秘浑全之说,加以理性方式,系统发挥,亦属当然。且南轩亦并不以释太极为理为根本错误,有失周子本意,且亦并不承认朱子之太极说与周子之太极说系根本对立,两不相容。朱子之失周子本意处,最多亦不过有如费希特之发挥康德学说,反为康德所不满而已。故南轩之周朱异同论,与兄之周朱异同论——认周说为粗糙之物理学、朱说为形而上学,认周持混沌洪蒙之气的本体观、朱持太极为理的本体观——实不相同。南轩似将周子的著作,当作浑朴的古诗去欣赏。原诗纵有含蓄费解处,但自有其浑全纯真之美,今逐字逐句加以解释，即使不失本意，亦不免有失含蓄意趣，呆板而乏味。而兄之从物理学观点以解释周子，同样使周说失掉含蓄意趣，呆板而乏味，当更不免为南轩所指斥。

附释：

兹抄录1938年6月14、15两日有关此问题的日记如下：

因此论周朱之太极说及其异同，驳斥荫麟浅薄之唯物论，关系学术前途很大，须存稿也。写毕后，持与锡予一阅，彼对余论太极动静一段特别赞许。反室后，复加一段论张南轩之周朱异同论，与荫麟之周朱异同论大不同。

1938年6月15日日记：

上午十一钟许，持荫麟论太极文及余与荫麟讨论周朱太极说信与冯芝生看。同时余亦在伊处翻阅彼之《哲学史》论周朱太极说部分。方知彼对太极动静与有限事物动静不同一点，已经提及，惟看得不深透。乃被荫麟批评"太极是理，如何能动？"之后，立即附一小注，声明太极动静之说不通，且另释周子之太极为形而下之气，因而陷于错误。芝生头脑清楚，而气度甚好。彼所谈可略记如下：

1. 宋儒通认性者理也，荫麟谓《理性命章》只言性命，不言理，无济于事，益言性即言理也。

2. 荫麟谓"甚矣经学之不可为"，但朱之注周，并非汉学的注释，可发展己见，不必完全对周负责，换言之，朱注非经学也。〔贺按：冯此言不啻自取消其《哲学史》认汉至清末皆为经学时期的见解。因据冯对经学时期的看法，宋儒应属于经学时期，荫麟才说"经学之不可

为","经学"二字实采冯意。今冯谓朱之注周非经学,则他便不能谓程朱属于"经学时期"。〕

3. 荫麟以太极之理动何所自、何所之难朱子,殊不知,即以气释太极,太极之气即整个宇宙,亦不动,亦不能问何所自、何所之。如此言动,且亦陷周子于不通。〔贺按:芝生此说亦自己推翻因不能解释理之动静而谓周之太极为气的说法。〕

4. 荫麟释"神"为宇宙精神,将神与太极分开讲,决定不是。神字在周书仅一见,无释为精神之根据。神乃神妙不测之意。

附　录

最近五十年来的西洋哲学[*]

[德]亨利·迈尔原著　贺麟译

对于哲学的评价在过去五十年内曾经有一很大的改变。即在四十年前尚有人说，哲学已经到了末日，剩下给哲学的工作，仅是清理旧账，这就是说，复观过去的遗业，对于古代哲学家所想出的系统，或思想家的稗史，加以历史的整理。因为对于思想史方面，世人总是有文化史的兴趣的。此外，哲学家还有一件工作，便是划出人类知识的限度，而此种限制知识使勿超越经验，涉及形上问题的工作，实无异哲学自身宣布其死刑。类似这种的呼声，现在已经无痕迹可寻了。实证科学的自身——不仅精神科学，也许精神科学的缺点即在于未与哲学十分断绝关系——以及自然科学又力求与哲学亲密的交欢。无疑的，哲学又已完全恢复它在学术上的地位了。但同时哲学也更为通俗化，而且在某种限度内，渐有对于纯粹的哲学家表示不满的趋势。试看现在一般人，谁不相信哲学，谁对于哲学不觉得津津有味！不仅如从前一样，哲学须是生活的指导者，且又须提出一世界观和人生观，而此种世界观和人生观，须能给那失掉过去的宗教信仰的近代人，以一种情态上的慰安和补

---

[*] 本文译于1933年，收入1935年商务印书馆《五十年来的德国学术》（冯至编校）。

偿。哲学亦不仅有综合各专门科学部别研究的结果,而得一统一观点的职责,而且因探寻宇宙和人生秘奥的研究历程是很慢而且是很费力的,于是大家又希望哲学能对于刺激人的好奇心和求知欲的种种问题指示一简捷的路径,给予一简赅的解答。若果专门的哲学家,好像表示拒绝从事这种简易的工作,而诗人和文学家便起而填补这种缺漏。于是票友式的哲学,便风起云涌,不知遵循科学的轨范,只徒用游艺的方式以解宇宙之谜。我们此处当然没有机会来攻击此种哲学。但至少这种狂诞的办法,乃是我们的时代对于哲学的兴趣之增高的一种奔流。

在过去五十年内,哲学外表的境况,固然曾有了大大的改变,而哲学本身的内情亦复有不小的变迁。十九世纪最末十年的中间便是一很大的分界。自然,在精神的运动里,是不能严格划分时间的界限的。但就大体论来,从十九世纪中叶直至十九世纪最末十年的中间为一时代,而现代哲学应自一八九五年左右起始。自然,自欧洲大战以来,引起了不少的哲学冲动,即在战胜了的国度内亦起了很深的精神动摇。当初看来,不仅在德国,即在别的国家的精神的领域里,一切都好像破产。但是从前原始的虚无的趋势早已被淘汰了。而所余留下来的也都是前此所已经预备好了的。此后是否或将随时代演变而发生一种新的总潮流,以结束现代的哲学界,则只有将来方可以知道。哲学的变迁——由前时代到现时代所造成的变迁,可以认为由一面趋向于其反对方面的变迁。由盛行于前一时代的自然主义的趋势,而代之以显著的理想主义的趋势,由追溯自然历史的相对的和存疑的怀疑的趋势,而转变到一很强烈的理性的和绝对的,是即一种坚决的肯定理性和知识的趋势。由理性哲学之兴起,而与前一时代之哲学思想的发展,紧紧相随的悲观态度，便为较乐观的世界观和人生观所代替了。

前一时代的学术界整个的思想方式皆以自然主义为出发点。恰于此时代开首时费尔巴哈即将黑格尔代表哲学的理想主义的高调的精神哲学，转变成一感性的哲学，且不久即过渡到一种唯物论。于这种新起的黑格尔派的唯物论，马克思又提出他的唯物史观，认经济的技术的生产方式之变迁为历史演化的主力以代替黑格尔的"理念"。不用说，马克思的学说嗣后已成为历史哲学的、经济的、社会的和政治的信条，而是世界史上的一种潜势。那个时代可以说是属于自然科学的时代。于是又有另一派的唯物论发生，此派的人以唯物论为一种自然科学的世界观。福格特（Karl Vogt）、莫尔霞（Moleschott）、宾希勒（Büchner）等均主此说。他们不理会哲学上的争论，而认机械观的物质为宇宙的本质，认精神为物质的功能或产物。但是此种的唯物论却没有很长的寿命，因为许多肯用思想的自然科学家亦不喜过问这种大胆的玄学。至于由黑格尔左派的老将斯陀士（D. Fr. Strauss）的最末一本著作所引起的很有兴味的热烈辩争，现在已经成了过去的轶闻，更无人去理会了。而同时自然科学方面又走上机械观的路径。以新发现的能力不灭定律为武器，已经获得了胜利。而且准备推进到生命现象的领域——此种领域的事实，直至现在尚未完全接受物理化学的解释——以博取胜利。及至达尔文的进化论出世后，正好供给他们以种种便利，用机械方法来研究生物学上大部分的问题——生物的种源问题，及生物活动之有无目的问题。因此一种进化论的哲学便应运而生，进化论在发源的英国倒还谨守范围，但到了德国赫克尔（F. Häckel）等人手里，便构成进化的玄学。赫克尔并不是唯物论者。他所说的物质已经是具有灵魂的物质。他的世界观可以说是自然的一元论。于赫克尔进化的一元论之外,又有倭士瓦而特(W. Ostwald)的唯力的一元论。倭氏之学说离唯物论更远,他不仅排斥物质一概念,而以"力量"一概念代之,而且特别趋于承认一有灵魂之力量。赫克尔和倭士瓦尔特皆是新成立的"一元论者联合会"的创始人,此会在欧战开始的前一年曾为其主张有一盛大的宣传运动。其实一元论的运动惟有在我们现时代中才达到高潮,但其发轫却完全出于前一时代之自然主义的精神。

此时期还有一显著的特点,就是当时的科学家以及哲学家皆仅承认并推尊自然科学为科学。无怪乎前此在浪漫时期中即赢得科学基础的精神科学均被迫不得不以自然科学为方法上的模范。于是社会学、经济学,甚至语言、宗教、艺术学等皆走上自然科学的途径,采取自然科学的方法。即使历史一科虽最初因受浪漫思潮影响,未为自然科学所侵蚀,而自具特殊之研究方法,但亦未能幸免:关于自然的、社会的和进化论的历史哲学之种种著作之风起云涌乃显著的事实。而受自然科学影响最甚的,当推心理学。心理学自费希纳(Fechner)以来即成为一种实验科学,至此更成为自然科学之附庸。其影响所及不仅于实验方法之应用,亦不仅限于心灵物理学*(Psychophysik),而乃及于极端的联念论或心灵实质说。

与上一时期之自然主义紧紧相随者为相对主义。此说认规范、理想、价值等,系依于人之主观而有。及后来哲学上的心理主义、历史主义和进化主义,被指斥时,却亦恰中相对主义,盖相对主义实循此诸方向而进行也。此种相对主义的趋势之主要代表,为

---

* 《哲学与哲学史论文集》作"亦不仅限于对身心和物心问题加以'心理—物理学'"。

实证哲学，而此派哲学所基以作实际行为的规范或准则的厥为实用的经验。而其所用以解释一切事物的本源的实用经验，一部分是个人的，一部分是社会历史的，而又一部分是一般的历史进化的。因此一切人们所追求的目标，所认为绝对价值的道德规范，便丧失其绝对性了，而其所以陷于相对性，实因为这种准则是从经验之演变得来，即是从人类自然的冲动和本能之心理的历史的演化推究而来。

在认识的范围内，相对的趋势，尤其到了极端。认识不仅真理而且实在，均依于人之认识而有，而吾人之科学亦仅能达到此种相对之实在而止，几为实证主义者公共之信仰。但理论的实证主义又有两大趋向。一派以孔德为代表。孔德亟欲根本排除一切玄学观念，以实证科学之客观经验为基，而坚持此种确定客观之知识范畴，而进化论的哲学在斯宾塞尔领导之下，曾为此种的实证主义树立基础，而认吾人经验知识之客观形式就个人言为出于天赋，但就普遍言为起于动物及人类进化过程中情感和感觉与绝对实在之不断的交互影响。同时实证科学之实证主义亦是存疑的〔亦称不可知的〕、相对的，此说认实在之本身为不可知，因此，研究实在本身的科学——形而上学——实不可能。我们知识所能达到的仅是能呈现于吾人知识范畴之内的东西。另一派为纯粹经验的实证主义，其立说较前派尤为深刻。此说创自休谟，后约翰·穆勒又新加发挥。所谓纯粹经验即完全被动的经验，而绝无任何先天内发成分。据此说知识既起于观念之自然联合，获得知识即是接受半由个人思想发展之历程，半由社会进化之历史所产生之思想方式。发挥此说最彻底的当推马哈（E. Mach），马哈只认自纯粹经验得来之结果为真实，而以一切自个人之联念凑合，历史之发展历程所产生之经验为主观的附加。他认为凡自纯粹感觉接受来的东西仅保存于吾人感觉中,而数学的函数概念亦不过仅是主观的补助概念,可以使感官与料条理有序,因此为求知所不可少,但亦并无客观效准。简言之,"实在"一概念之本身即为纯粹实证主义者所拒绝,而代之以"与料"一概念,因此据他们看来,形而上学自始就没有那回事。

与实证主义接近但没有那样激进,在德国便有一种批评主义。此说起于新康德运动,而保持其批评的立场。且此说亦有多种派别。心理学与史学的研究对于批评主义者虽曾有一部分的影响,但其着眼于实证科学则与实证主义者相同。不过对于由历史进化演变而成之形式或范畴却从未建筑在演化的经验上。故其相对的与存疑的态度可以说是与实证主义相同:惟有现象可认识;至于物之自身,不论仅认之为一种区划范围的概念,或认之为一种肯定的前提,均无认识之可能。而被此辈批评主义者认为以研究物自身或实在本身为职志之形而上学,实属于梦呓范围。但自康德哲学出发之另一趋势,即希望由现象以钻入物自身之趋势则一直到了我们这个时代方渐有势力。

由此看来,自然主义和相对主义实哲学上前一时期之主潮。但自一八九〇年以后,则与此相反的两个潮流即所谓绝对的理想主义的潮流渐趋强盛。

理想主义的趋势,最初从方法论上着手,尽力解除自然科学对于精神科学之干涉,而提出精神科学之特异处及特殊律令的效准,而使精神之自立自由与自然之必然法则各不相让。狄尔泰(Dilthey)已早开辟出此条路径而尽力攻击自然主义的历史哲学与社会哲学。而财政学的力求一种自身的法则亦足为此新方向之预备,此外又加之以保持历史的本质之争及为历史知识之特殊目的与对象之争。——对于此点,文德尔班及锐嘉特至少曾提出一主要问题而有所贡献,即历史之普遍性问题是也。特别值得注意的就是心理学方面的趋向之转变,对于原子式的心灵构造说之排斥,就是反对自然主义之一种表征。翁德(Wundt)、詹穆士(W. James)、斯通夫(C. Stumpf)等亦皆决定放弃联念的心理学,而提出统觉的心理学、机能的心理学,最后,完形的心理学,以替代之,对于心灵生活之统一性和动的方面的研究愈益注重。于是与此说相连的,就是前此盛行的身心平行论乃渐为二元的身心交感说所代替。随着实验的方法而兴起的,尚有别的经验方法。翁德之民众心理学至少曾引起很有价值的激励。同时较此似更为重要的,当推狄尔泰氏几乎未能成功的,分心理学为描写的与解释的二种的尝试。所谓描写的心理学,其使命在于为精神科学供给理论的基础。最近又有"知性的心理学"取而代之。此学虽犹在变动中,未达完成阶段,但其所趋向之途径却不难明白看出。直至现在,对于心灵事实之研究大都着重于心灵的过程。而所谓心灵经验乃是一些实指着对象的功能:观念指着观念的对象,判断指着判断的对象,情感指着价值的对象,要求指着目的或意欲的对象。心理学必须谨严地从事此种功能的关系之研究,庶可以完成其职责。必如此庶可成基本的理论的精神科学,而其与各特殊精神科学之部别研究之关系亦可以有如普遍的历史与特殊的历史之关系一样。至于知性之对于历史的认识与知性之对于心理的了解有可以比拟的意义,此处仅有简略的提示。但方法的理想主义之兴趣不仅范围其自身,徒对于精神的事实或事迹,加以历史的或心理的了解,而乃以意识之特有力量将兴趣转向于应当存在之物,于理想之规范的工作,对于此种应当和理想在前一时代的追溯自然历史的兴趣支配之下,只认作无足重轻而已。但循此方向进行亦有一普遍的问题,须得解答:即保证精神之自主性,忠实不苟地寻求出道德的意志所应有之目标——就前一时代之纷歧而无准则看来,此种工作实甚重大,且是值得感谢的。

当人们努力从事于方法的研究时,若为实行的理想的趋势所影响支配,则同时寻求规范之兴趣自必愈益强烈。前一时代的思想几于有意使人自觉其仅为一自然产物,在性质上与禽兽根本相同,至少也是从禽兽之列演进而来。但现时对于这种自然的看法已有人感觉厌烦,而自觉其究有特异处,足以超出自然的限制。此种人之特异于禽兽处即是道德文化之理想。于是有如倭铿这般人出来,尽力探求"新精神生活的内容",倭铿实此种实行的理想主义之富于精神力量的先驱,且曾牺牲他的一生从事于此种工作。是即所谓从抽象的空泛里跳出来而回返到具体的生活的领域。诚如崔尔齐(E. Troeltsch)所说,试从现实的大综合里看那历史哲学之全盛时期,则知现代的文化哲学首须指出其确定的职责,在于揭示现时或将来指导世人生活的理想。必得给现时的人类启示一条道路,此道路又复为明日之人类所遵循。一提到人生的理想,恐怕尼采的鬼影首先就要挤进我们这个时代。但是他的文化哲学之残酷的利己的贵族主义与后此似乎颇占势力的道德的社会主义毫不相容。那旧时求"普遍的至善"或"公共福利"的道德理想,在浪漫时期即已具有形而上学的基础——黑格尔尚非最后倡导此说的人——即在实证主义盛行的时期中,此种理想亦复变相的保存着,而给予现代以主要的文化理想。此种道德理想要求个人为全体而牺牲,尼采之《超越善恶以外》一书即是与一切道德的人生观立于极端相反的地位。但同时尼采亦有他的人生理想,而他之注重贵族的天才的卓越,其目的亦在达到理想之实现和人类型式之提高,且他的人生理想的本身最后亦在于建树一独立有力的人的社会。所以他的理想还是道德的,无论如何是一种不失个性的个人主义的道德。至少在今日所盛倡的已不复是自利己观念出发的个人主义,而乃是一种注重道德人格的个人主义,不惟不抵触社会福利,且反而万分着重社会福利。因为个人只有在他个人的埋头苦干里方能够完成他对于公共文化负担上的人生天职,而人生天职则以个人的道德自由之实现为最后和最高的鹄的,在此最高鹄的之下,社会的感觉和社会的努力也应是附从的。人们渐已相信,道德的文化并不是已成事实的收获,但只能活跃地为一有道德自由的人格的社会的共同工作——此种信念似渐将过渡到道德的社会主义。

方法的和实行的理想主义进而成为形而上学的理想主义,自然的世界观亦被一种理想的世界观取而代之。同时当自然的一元论正活动得甚嚣尘上群情景从的时候,乃即是此说内部已被征服的时候。到现在,"精神为主"的口号又很有势力了。而认宇宙实在之最深的本根为精神的思想又兴盛起来了。在此种情形之下对于德国理想主义的光明日子之记忆不会又活跃起来吗?在英国,德国的理想主义素少被重视,但已开始重兴,回复到黑格尔了。直至现在,黑格尔在英国还是盛极一时的哲学家。且在别的国家中,在意大利与荷兰有了不少的黑格尔学会成立。在法国,虽其自然主义的潮流并不见得不如美国之强盛,却有一柏格森建立其形而上学的精神主义,认精神的活力为宇宙进化之有效的力量,而认无机的物质为活的精神历程之渣滓、之解体。在德国,即在批评的实证的时期,与过去的理想主义时代之联络亦从未打断过。而现在理想主义的哲学之苗裔如费希勒(Th. Fechner)、陆宰(H. Lotze),以及与他们接近的翁德及哈特曼,都成了哲学上的权威了。新的精神的创见亦随之增益。而自本世纪初期在德国又有一种很流行的口号:回到德国理想主义的哲学——最初大家趋重于费希德,但不久又有新的黑格尔学派出现。简言之,形而上学的理想的和精神的倾向随处给我们这时代的哲学以其特殊铃记之一主要部分。

稍后于但并不稍弱于理想主义的潮流,于是有绝对主义的运动发生。为求得生活与行为之坚定的趋向和绝对牢固的立脚点起见,因而坚决反对认构成人生之意识与价值为浮泛无价值的相对趋势,而渐趋于相信绝对理想和绝对价值,道德意志的义务复被解释成一种绝对的效准。而其他的文化价值如宗教、艺术、科学、法律、政治亦皆随道德理想而被认作有绝对的效准——皆被认作不仅是满足人类需要的工具,而具有自身有效的价值。于是有所谓道德的先天、逻辑的先天、审美的先天、宗教的先天、法理的先天的说法。凡当绝对价值的效准没有建立于其自身时,则此先天性自一超个人超经验的理性以求得其基础。在前一时期的哲学思想里被人摈弃不信的旧名词"理性",到现在又时髦起来了。但是所谓新的理性哲学乃是一种文化哲学,而此种绝对主义的趋势固然与理想主义甚接近,但与理想主义亦有许多冲突的地方,而且这儿那儿常有阻碍理想主义发展的地方。对于心理和和追溯自然历史的方法之否认,不免引起一种仇视历史和心理学的态度,且进而成为一种反心理主义和反历史主义。但此点对于精神科学的方法,特别对于历史的和理论的研究有了不好的征兆。且对于形而上学的知识亦不无重大的阻碍,阻碍实在有绝对价值的权利。最显然的是，此种理性的哲学与十八世纪的开明思想何其接近。虽然此派哲学志在回复到德国的理想主义，但这些理性的哲学家——如锐嘉特（Rickert），又如鲁一士（J. Royce）——大都回复到费希德者多，而回复到黑格尔者少。而他们又忽视费希德哲学之向前的、与浪漫主义为缘的部分，而采取那向后看的、从开明思想出发的部分。但他们大多数究皆颇接近黑格尔，而于黑氏之普遍理性中去寻求价值的基础。此种反复于费希德与黑格尔间的趋势特别在德国的新康德运动之绝对的和理想的方面表现得显著。与锐嘉特之费希德崇拜对立的，便有甚为接近黑格尔之马堡学派，而文德尔班最后对于黑格尔亦有相当的同情（参见"附释二"）。

在知识论的领域里，绝对主义的趋势亦有显著的影响。对于怀疑的谦退的态度，与夫那屡见不一的说法，如谓我们的智识仅限于我们主观的表象之内，决不能达到实在本身，因此决不能获得完全的真理一类的话，已令人厌烦欲呕。简言之，此时人们渐提出绝对真理的信心，以与将真理相对化的趋势对立。最初大家所努力的，并不是在寻求绝对实在，欲补救追求实在本身的形而上学的尝试，仍然是孤立无助。理想主义与实在主义对于实在是否离一切表象与思想而独立，或实在是否仅系一普遍意识之内容一问题的争辩，大致已被摈弃不论。对于物自身的讨论已代之以对于真理自身的讨论。在我们一切判断的信念里，若我们严格加以推究，皆有真理的意识与之相随。但此处所谓真理意识并非西格瓦特（Sigwart）所谓内在的"真理概念"之意，而仅是吾人认取自身有效准的真理的情态或方式。真理自身是离认取真理的人或认识主体而独立的。一切的真理之自身有一共同的本则，是即绝对真理。一部分人，如李浦士（Th. Lipps）、胡塞尔（Husserl）及现象学者，麦农(Meinong)及对象说者,均持逻辑的绝对真理说者之代表人物。布拉得烈(Bradley)及文德尔班的学说亦与此说甚近。另一部分人如锐嘉特及鲁一士则认自身有效准的不是静止的真理本质,而是真理的规范、真理的命令,此种真理的规范或命令之目的物或对象即是真理的价值。无论如何,真理总是与实在分别开了。有一种的真理是与实在有关连的,而另一种真理则是离实在而自由独立的。但无论哪一种真理,均有其自身的基础。而哲学的职责即在于探寻出真理的结构和真理之通行有效的形式和法则。真理或真理规范的绝对性不是认作完全自立的先天法则,即是认作从普遍的超经验超个人的理性得来的法则。

　　以上所说就是道地的哲学的理性主义。与此说相对立的老对头将应运而生,自是意料中事。实证主义又复改头换面唤醒起新的生命。从实证主义的思想圈套里,自会发生不惟不承认绝对真理,而且简直不承认有客观的原始的真理。实用主义即站在旧实证主义的道途上,有如后者之以道德基于实用,而前者亦认真理亦基于实用。我们所谓真理除了实用,除了观念对于吾人之实用价值外,更无别的。喧腾众口的魏亨格(Vaihinger)的"好像哲学"(Als-ob-Philosophie)亦与实用主义接近。但有一运动较实用主义为深刻,已有长久酝酿期间,但自欧洲大战后,愈益流行,乃抽象的理性崇拜的直接反动,已是一种大规模的运动。此种趋势提出"直觉"和"体验"以代替"理性"。在拙著《实在的哲学》的导言里,我已经指出柏格森的形而上学的直觉方法如何对于斯太芬格阿格学派(Stefan George-Schule)之激励和对于胡塞尔的现象学派之"观认本性"的影响,我更指出如何新的神秘的潮流皆转入此方向。在每一有成绩的研究家或思想家的工作生活里,无容置疑地,突然的,好似当下的触机,即我们所谓直觉,实产生最好的工作。更是确定不易的就是整个宇宙之为一大个体,有如一切个体,只为直观所可达到而非概念的知识所能把握。直观乃是凭一种直接的透视以究自然世界和精神世界之最深邃的本质。要求神秘经验的驱迫力乃彻始彻终是一种直觉的力量。要求与神一体的渴慕的神秘境界乃是宗教生活的核心。但是神秘信仰的经验之实在性与神秘信仰经验之真理却必须加以分别。可惜的,就是这种倡神秘经验的哲学从未划分两者的界限。所以此种哲学所给予吾人的除了些从强烈的感情所产生之幻影外,并无别的。感情之暗示能力只能给予信奉宗教的人以真理的幻影。

此种哲学自然是方便省事。当紧严的研究和思想感觉困难时便让诗人的想像当权。但这实不啻对于恳挚的真理之反叛。自从此种哲学流行以来,哲学界显然弄成一种可怕的无批判无指针的状况。现时德国受过近代教育的人可以信奉接受的一些无意识的东西,若在三十年以前的话,恐无人认为可能。我只消提到斯坦勒的人灵学(die Steinersche Anthroposophie)。还有可以考虑的,就是神怪的哲学运动近来在德国哲学家中渐有势力——至于占星术的迷信之复兴,那更全不用提了。

由注重直觉而陷于无理性,由理性的绝对主义,而走到无理性主义,此实现时哲学界最显著的事。这个转变其实也有一种好处:由离开现实而使得绝对主义沉陷于无结果的形式主义的情形已渐次消散了。一种强烈的冲动以趋于现实占据了今日的哲学思想:哲学又回忆起它的形而上学的职责了。此种转变特别更觉有望,因为现在所谓形而上学已不复像存疑时代的那样狭义了。而现象学派的人近来亦转向形而上学或他们所易被误解般叫做本体论了。但他们的直觉法或对象的观认法直至现在仅领导他们重新采取旧的素朴的实在，而且此说在现代亦并不新奇，美国的新实在论早以先此说而成立。但只要实在的问题又重新提到前面，总算是哲学上的进步，但若果将此说认为系哲学之由主观转向客观，则此种口号便显示很大的危险。过去二百年来所获得的哲学上的伟大的见解，现代的哲学是不能无故置之不理的。现实的问题究亦不是纯粹的对象的观认所可解决。现实与主观间与可能的观认或思想间之不可解除的关系，此种实在论仍未能顾到。但即在这实在与主观的关系里包含有对于实在加以知识论的了解的关键：惟有识透认识功能的本性和认识功能与认识对象间的关系，方可把握得对象之显著的成分或实在之某种阶级。而这种从知识论出发以探究实在的意义就是形而上学的主要的和基本的部分。形而上学的本身就是最后的研究实在的科学。但形而上学并不是研究宇宙实在的内容，此种工作应属于实证科学的范围，形而上学的职责容或是——我此处只能略提大旨——寻求出宇宙之客观的范畴的和系统的形式，或宇宙之形式的整个结构，这样的形而上学即是我所谓实在哲学(Die Wirklichkeitsphilosophie)。

理想主义运动的旧力量在我们现代仍有其势力与前途。因为理想主义运动之目的尚没有完全达到，而批评地探究并寻出关于精神的社会科学的实在的原始形式的职责，亦不是一下可以完成的。但理想主义的运动亦如前此的自然主义运动同陷于一偏，似有与自然科学发生严重的冲突的趋势。而同时自然科学方面却有了很大的进步，特别物理学方面之重大的改变是共知的事实。而别的自然科学亦大都以物理学为模范，欲弄明白他们自己的基本原则和最后前提。所以它们依着他们的方法循序而进，并无意超越它们自己的权限。而研究自然科学的人现在亦不复认他们的科学为唯一的科学了。反而在理想主义方面有逾越权限之处。参用精神科学的方法与范畴以研究自然的尝试也并非没有,在我们的时代很盛行的新生机主义就是属于此类。但哲学总须利用一切机会以防止这种争执,哲学必须尽力调解自然和精神的对立,使两者得亲切地互相接近。自然和精神的二元性已经执着到了充分的尖锐了,形而上学须得将两个世界结构的形式各就其特质加以探讨。当形而上学发现了精神的实在之特殊结构时,必同时可以寻得一联系,连络起精神世界与自然世界而成宇宙之统一体。

精神科学的工作实不仅着意于存在的,而且又着意于应当存在的,对于应当存在之研究目的即在于寻出一道德的精神的文化之博大的理想,此种理想之负荷者即是一道德的人格。——此种理想其实即是人类的理想,其特殊内容却随时代而变迁,因此每一时代有其须得完成的特有使命。说到这里,则票友式的哲学便有其地位了:文学家、艺术家、诗人、政治家、历史家、社会学家、科学家、法学家、经济学家、教育学家,凡是自己觉得他有替他的时代指示理想的途径的人,都可以合作以完成那伟大的使命。而所留下给专门的道德家的工作就是不仅对于他自己的时代的道德趋势,而且对于道德的文化的追求之永常的目标,使之得方法的批评的自觉。要想满足为人类的价值和理想寻求一安全的后盾的需要,那么,我们不能不将价值和理想放在精神实在的形而上的轮廓里。这样一来,则我们可以确信,我们生活中的至善至美至真皆有永久价值。于是我们复将当时对于实在之实证研究所得结果,与当时规范的道德意识的产物一并纳入我们的形而上学的世界观里。如是,庶几我们可以达到一个可以叫做科学的世界观和人生观。

此篇系自德国一九三三年出版之《最近五十年来之学术》一书中译出。原书清算西洋近五十年科学、艺术、哲学、宗教、政治、经济、教育、工程各方面之总成绩。每一专题,皆由德国现时著名专家撰述。本文作者亨利·迈尔(Heinrich Maier)任德国柏林大学首席哲学教授已多年(已于一九三四年十月病故),所著有《苏格拉底》、《情感思想的心理》、《实在的哲学》等书。

译者识

附 释 一 *

本文作者亨利·迈尔曾任德国柏林大学哲学史教授多年(一九三四年十月病故),本书编者在一九三〇年冬季曾听过他讲的哲学史课,后来也参阅过他的哲学史著作(《苏格拉底》、《情感思维心理学》、《现实的哲学》等)。本文题目是《五十年来的德国哲学》,所评论的范围和时代恰好与本书所论述的大致相同,它涉及到施特劳斯、费尔巴哈、马克思、尼采、柏格森、詹姆斯、约翰·穆勒、斯宾塞、布拉德雷、鲁一士等英美哲学家,超出了德国哲学的界限,他对各哲学家的评价比较平正,对庸俗唯物论和庸俗进化论也有所论评。他分析五十年来的欧美各哲学流派的趋势,如理性主义和反理性主义、注重科学与脱离科学、实证主义和形而上学,在心理学上对直觉在经验中的可贵性与直觉主义的荒诞性都用简要朴实的文笔分别有所评论,尤能指出各流派往复变迁发展的线索,而归结到他自己的"现实哲学"。

我们感到,亨利·迈尔对于五十年来的哲学的鸟瞰,在当代哲学史家里还是有他较重要的地位。译文是本书编者大约在一九三三年译出。本译文是从一九三五年商务印书馆出版,经冯至同志编校的《五十年来的德

---

* "附释一、二"据《现代西方哲学讲演集》补出。

国学术》中抽出,编入本书以供读者参考。

附 释 二

文德尔班一八八九年出版的《哲学史教本》前文已经批判过,对于黑格尔哲学的解释表示他反对辩证法,也表示他有意贬低甚至歪曲黑格尔哲学以为回到康德的主观唯心论铺平道路。

但是,到了一九一〇年他又在海岱山大学发表了一篇关于"黑格尔主义的复兴"的演说,在这里他对于"黑格尔主义的复兴"指出了许多原因:

第一,他认为由康德的理性批判发展到黑格尔的理性体系是一个必然的前进的过程。

第二,由于人们厌恶叔本华的反理性的悲观主义和尼采的极端个人主义,而赞成黑格尔建筑在发展观点上的乐观主义和相信理性的威力。他指出,在黑格尔看来,人作为一个理性的本质不是心理上所呈现的那样,而是历史的展望;人不是心理学上所提供的给予的材料,而是负有历史使命的存在。人作为历史的本质在发展的过程中是宇宙理性的一部分,因此,黑格尔把历史认为是哲学的真工具。

所以,迈尔教授说文德尔班"最后对黑格尔亦有相当的同情"。这话是符合史实的,也说明文德尔班二十多年来对黑格尔认识的变化过程。

中国哲学与西洋哲学(《近代唯心论简释》代序)

今后中国哲学的新发展,有赖于对于西洋哲学的吸收与融会,同时中国哲学家也有复兴中国文化、发扬中国哲学,以贡献于全世界人类的责任自不待言。并且我们要认识哲学只有一个,无论中国哲学西洋哲学都同是人性的最高表现,人类理性发挥其光辉以理解宇宙人生,提高人类精神生活的努力。无论中国哲学,甚或印度哲学,都是整个哲学的一支,代表整个哲学的一方面,我们都应该把它们视为人类的公共精神产业,我们都应该以同样虚心客观的态度去承受,去理会,去撷英咀华,去融会贯通,去发扬光大。中西哲学诚然有分别,有异同,有其偏颇陈旧而不适于现代生活之处,我们可加以分辨,加以考察,加以批评,但如果对于两方均有深切了解的话,不能说中西哲学间有无法沟通的隔阂,有霄壤的差别。

谈到中国哲学,我们认为主要的应分儒家、道家、墨家三家。谈到西洋哲学,我们认为主要的可分为唯心论与唯物论两派。我们以下打算对中国哲学上的三家和西洋哲学上的两派的特点、要义和异同,作一提要式的简略叙述。

中国哲学上的派别主要的只有儒道墨三家,其他各家都可认作这三家的分支、附庸或混合。这三家的壁垒森严,趋向各异,各有其不同的宗旨与面目。大体讲来,道家及墨家各偏于一面,而儒家较能持中。道家重自然,墨家重人为,儒家求自然与人为的调和:重人为的自强不息,但又不陷于矫揉造作;重施无言之教的自然,取法天行,但又不废弃人伦的道德义务。墨家重实用,道家求无用之用,而儒家反功利、重道谊,但又不陷于空寂无用。就对于鬼神的态度说,墨家信天明鬼,持有意志人格的有神论,道家不信鬼神,接近于认自然即神的泛神论。儒家一方面歌颂鬼神之德,相信天意天命,相信上帝临汝,相信天能降祥降殃,似乎接近有神论,一方面重知生不重知死,重事人不重事鬼,发挥天道、天理或太极为宇宙最高原理,又似乎接近泛神论,总之儒家仍处于介于道家与墨家之间的持中地位。就三家对于生活的态度来说,则道家趋向于"到自然去",过超脱隐逸的诗人、艺术家、纯粹学者的生活。墨家趋向于"到民间去"救济人群,改革社会,过作兼爱交利的下层工作的生活。儒家则趋向于"到朝廷去"作官任职,发展礼乐刑政,栖栖遑遑,过治国平天下、仁民爱物的生活。这三家可以说各有其用,相反相成,足以适合许多不同性格、不同兴趣的人的精神要求。可惜墨家一系在中国断绝了几千年,今后时代潮流的需要,西洋基督教宗教精神和富于社会理想的功利主义的介绍和输入,当可促进墨家一派的复兴。

西洋哲学上主要的派别,只有唯心论、唯物论二派。这两派的基础远在希腊时期即已奠定。德谟克利特是希腊唯物论系统的完成者,柏拉图是希腊唯心论系统的建立者(此采德国哲学史家文德班之说)。以后西洋的哲学可以说是不归于唯心论即归于唯物论,其他许多纷纭的派别,都不外这两大学派的分支、附庸,或改头换面,或巧妙混合。这两派同为不断地推进西洋文化,保持理智活动的主要力量,于促进西洋的科学精神和民主精神均各有其重大的贡献,然而他们两派的宗旨、理论、路向确有显明的不同,形成尖锐的对立。两派均注重科学,均于促使科学进步有其贡献。不过唯物论强调科学成果,加以发挥推广,应用来考察生命、内心、社会、政治、经济等。唯心论则注重批评科学的前提,盘问科学定律之所以有效准的原因,并限制科学方法、科学知识的范围和限度。唯物论以时间上在先的外物为本,唯心论以逻辑上在先的精神或理性为本。唯物论以工具为体,譬如,生产工具、物质条件等,唯物论者认为是决定一切,特别支配人类的上层文化、意识和精神之本体。唯心论以工具为用,外物为精神的显现,工具为精神的用具,"物"只是工具,而有造工具、用工具的精神以为主体。唯物论者离心而言实在,离理而言实在,离价值而言实在。换言之,唯物论者以为真实之物,是离意识而独立存在,是不一定合理性合理想、有价值有意义的。唯心论者则合心而言实在,合理而言实在,合意义价值而言实在。换言之,唯心论者认为心外无物、理外无物、不合理性、不合理想、未经过思考、未经过观念化的无意义无价值之物,均非真实可靠之物或实在。

大概讲来,唯物论又可分为两派,一为科学的唯物论,注意外界物质的自然,注重社会人生的实用,特别意欲的满足、快乐的获得,否认人的意志的自由。西洋以希腊之德谟克利特、近代之霍布斯为代表。中国可以荀卿及王充为代表。一为艺术的唯物论,此派大体接受科学唯物论的理论,但于生活方面,求超脱潇洒,葆性全真,注重纯艺术纯理智的欣赏。可以西洋古代之伊壁鸠鲁、卢克莱修及现代之桑提耶纳为代表。在中国哲学史上,可以庄周、杨朱,及南北朝时代趋向老庄的自然主义的玄学家或清谈家为代表。

中国哲学与西洋哲学(《近代唯心论简释》代序)

唯心论亦可分为两派。一为主观的唯心论,注重心灵之自由创造,及自我之刚健本性。西洋以柏拉图、康德、费希特为代表。中国则可以孟子、陆象山、王阳明为代表。一为客观唯心论,注重宇宙秩序(天理或天道)之神圣性及自然与人生法则之谐和性。宇宙与人生皆有其理想的精神意味和灵明的秩序法则,但又不偏于个人主观的愿望和私智。此派西洋哲学中比较缺乏,可以亚里士多德、斯宾诺莎及德国大诗人歌德及现代之怀特海为代表。黑格尔尝自称其哲学为客观唯心论,但亦不免稍偏主观。中国哲学中,则当以孔子及朱子为此最伟大高明的学派之代表。我这种看法是多少采取德国建立精神科学基础的哲学家狄尔泰的说法,而略加修正补充。

由此足见从文化上说,中国哲学分儒道墨三家,从学理上说,亦可分为唯心、唯物论二派。中国哲学家亦可分属于唯心论及唯物论,西洋哲学家亦有儒者气象(如亚里士多德、康德、黑格尔、格林、鲍桑凯等),有道家风味(如伊壁鸠鲁、斯宾诺莎、布拉德烈、桑提耶纳),有墨家精神者(如孔德、马克思、边沁、穆勒等)。总之,我希望我这种说法,对于沟通中西文化,融会中西哲学,可提示一个大概的路径。

按:此篇曾作为星期论文,抗战期间在昆明某日报上发表。本想作为《近代唯心论简释》代序。

关于《近代唯心论简释》自述*

《中国哲学与西洋哲学》这篇文章,正好作为《近代唯心论简释》一书的导言。由于现在不用这个书名,所以真正谈我当时所理解的唯心论的那些文章,就都收在本书之中了。

《近代唯心论简释》一书,特别是篇首一文,当时曾在不少朋友中引起反响。这对我很有助益,令我十分感谢。今特别收录其中的四篇文章,转载于书中。最早的一篇是胡绳同志写的,初次发表在重庆的《新华日报》上。记得 1957 年 4 月 11 日,毛主席曾约周谷城、金岳霖、冯友兰、郑昕、胡绳同志和我等十人,在他家中共进午餐。在主席与我谈的许多话中,有这样一句很有风趣的话,"你可以与胡绳同志多打几个回合!"我回答说,"胡绳同志的文章对我帮助很大,也就无须再辩论。"此外,毛主席还说了一些鼓励我们的话。

第二篇文章是徐梵澄同志写的,发表在南京中央图书馆出版的刊物上,对此书有简要平正的评论。徐梵澄同志当时就和鲁迅过从甚密,受益匪浅,写了不少杂文。他曾在德国留学两年多,后又去印度求学,刻苦钻研三十余年。从印度回国以后的九年来,著

---

* 节选自贺麟《哲学与哲学史论文集》"序言"中述及《近代唯心论简释》之部分。

述特多。如他所译的《肇论》英文本,已于 1981 年出版。《五十奥义书》由中国社会科学出版社在 1984 年出版。《神圣人生论》由商务印书馆于 1984 年出版。两书都是约有六十万字的巨著。

第三篇文章是浙江大学教授谢幼伟所作。1928 年—1930 年秋,谢幼伟与我是美国哈佛大学的同学。他在 1947 年所著的《现代哲学名著述评》是他生平最好的著作。该书由熊十力先生为其作序,称其"思睿而识卓,学博而量宏……脚踏实地,虚怀以读中西哲学之书。不为苟同,不妄立异。其评论各书,皆有精鉴,异乎以矜心浮气轻持短长者。"① 他写了一篇《何谓唯心论》的文章,对我的《近代唯心论简释》加以评论,并提出三个问题,我当时也对他的问题作了回答。在浙江大学行将解放的前夕,他去了印尼雅加达,依乃兄富商,曾任当地中学校长约三四年,后又去台湾约两年,因气味不投,又回到雅加达,大约是在 1960 年左右逝世了。

陈康先生在德国时与我同学,他曾在德国住了近十年,专攻希腊哲学。他读到我的《近代唯心论简释》这一篇文章,是当时在天津《大公报》《现代思潮》副刊上首次发表的。他立即写成一篇学术论文,对我的文章表示相当同意,并主要陈述他对柏拉图认识论精研的成果。回国后,他在昆明西南联大及北京大学任教,著有柏拉图《巴门尼得斯篇译注》一书,注释比译文多了九倍,足见他的材料丰富。陈康先生大约于 1947 年左右,随同南京中央大学诸教授去台湾。现时香港中文大学青年教师多出其门下。陈康大约是在 1955 年去美国任教,多年来积稿甚丰,不久将由汪子嵩同志设法在

---

① 《现代哲学名著述评》,正中书局,1947 年版。

北京商务印书馆刊行。他现仍健在,年已八十五岁高龄*。

《康德名词的解释和学说的概要》一文,是谈对康德重要名词,应用自己新造的名词去翻译。我感到哲学名词的翻译不宜过多地采用日本译名。对于康德的学说,我亦用自己的语言去解释。这是我在四十年代所作的一种尝试。

《时空与超时空》是相当长的一篇从康德出发来谈时空问题的文章,自信尚略有所见。但我不按照康德的说法,把时空说成是形式或直观,而把时空说成是"理",这与一般人的见解是颇不相同的。

《斯宾诺莎的生平及其学说大旨》是我当时读了好几本有关他的著作后写成的,并用作《致知篇》一书的导言。《致知篇》早已改名为《知性改进论》。现已另作新序,由商务印书馆列为《汉译世界学术名著丛书》之一。

《与张荫麟兄辩宋儒太极说之转变》是我初到昆明西南联大时写的。有个别地方也谈到冯友兰先生划分哲学史时代的观点。

《宋儒的思想方法》一文是我在北京大学哲学系讲课时,利用课余时间,大概费了四个多月的时间才完成。文中主要论述周程朱陆及王阳明的哲学思想,同时也涉及到梁漱溟和冯友兰两位先生的哲学思想。当然也提出了我自己的看法。

《文化的体与用》一文重见于《文化与人生》一书,也许有人重视此文。此文在《近代唯心论简释》一书中,曾受到批评。因此,这篇是重现于两书中的文章。

---

* 本文作于 1987 年,时陈康(1902—1992)85 岁。《陈康:论希腊哲学》(汪子嵩、王太庆编)于 1990 年由商务印书馆出版。

一个唯心论者的文化观*

——评贺麟先生著《近代唯心论简释》

胡　绳

站在唯物论的立场上,批评一个公开的唯心论者,倘从基本点上来争论,那么我们不能不再提起在这哲学上的两大营垒之间已经不知道争论过多少次的许多问题,但在这个书评中却不打算这样做。我们所要评论的这本书,从其题目看,虽然像是本系统地解释唯心论哲学的书,但实际上却是一本论文集。其所以引起我们兴趣的地方是在于它的作者所企图进行的"文化批评"的工作。作者说:"批评文化可以说是思想界最亲切、最有兴趣,对于个人和社会,对于物质生活和精神生活最有实际影响和效果的工作,因为文化批评一方面要指导实际生活,一方面又要多少根据一些哲学理论。所以文化批评乃是使哲学与人生接近的一道桥梁。"①我们在这里要讨论的也就是:这书的作者从他的唯心论的观点与立场出发,在文化批评上到底进行了怎样的工作。

事实上,和本书同样观点与立场,并企图进行同样工作的著作

---

* 本文选自胡绳《理性与自由——文化思想批评论文集》,华夏书店,1946年,第10—16页。

① 《近代唯心论简释》,第257页。

目前也还不少,我们之所以独选择这一本者,是因为第一,本书作者非常正确地把自己归于唯心论阵营中,不像有些扭扭捏捏装做什么物心综合论者那样叫人作呕,其次则因为本书在同类著作中是算得比较有见解的,比较的能成一系统的。

现在我们就来讨论贺自昭先生——这一个唯心论者的文化观,但我们还不得不先说明一下他到底是怎样一个唯心论者——

直觉论的神秘主义

在本书中,有一篇附录,是德国 Heinrich Meier 的分析近五十年来西洋哲学的论文,其中说得好,"由注重直觉而陷于无理性,由理性的绝对主义,而走到无理性主义,此实现时哲学界最显著的事。"[①]虽然这位德国教授对于这种反理性思潮的分析是非常不完备的,但他正确地指出了直觉论与神秘主义和反理性主义之连接,认为这是"对于真理之反叛",并且他指出这种倾向是肇端于十九世纪末年,而"自欧洲大战后愈益流行"。在我们看来,这种思潮正是大资产阶级腐败没落的表现,当然是代表不了这五十年的整个哲学界的。站在古典唯心论立场的这位德国教授却不能不对唯心论的这种没落痛心疾首,认为"自此种哲学流行以来,哲学界显然弄成一种可怕的无批判无指针的状况"。

奇怪的是中国的贺麟教授在翻译了这一篇德国教授的论文后,并不能断然否认直觉的反理性的意义,却又自白道:"我个人对

---

① 《近代唯心论简释》,第349页。

于此问题也异常徘徊迟疑,但经过很久的考虑,我现时的意思仍以为直觉是一种经验,复是一种方法。"①终于说:"我们谓直觉方法与抽象的理智方法不同则可,谓直觉方法为无理性或反理性则不可。"②然则这到底是怎样的一种方法呢？他又用不确定的口气说:"直觉法恐怕更是基于天才的艺术。"③并且直觉又可以是"先理智的",就是说,在运用理智前,先可以用直觉来慧眼一瞥地得到"对于理念的整个印象"④。而理智的作用却不过是分析这种印象而已。

唯物论者认为感性的认识是先于理性的认识的,人们透过感觉的认识才能对于外物实行理智的思考。多数的唯心论者则相反,把理智置于感觉之前。但没有从感觉中所得到的实在的经验做基础,所谓理智岂不是完全落空了么？于是当唯心论发展到其最后阶段,就索性把理智也推翻了,在理智之前,更设一所谓"直觉"的阶段,而这直觉是"天才"的"艺术",平常人所无法企及的。这样,他们就更远地离开实在的知识,而更深地进入神秘的境界了。

所以,贺麟先生虽自认为绍述康德与黑格尔,但实际上却是那些把整个康德黑格尔学说神秘化、反理性化的新黑格尔学派——德国的克朗纳(Kroner)、意大利的克罗齐(Croce)之流的同盟弟兄。这些侮辱了那位伟大的辩证法哲人的名字的德意学者,现在已经成为法西斯主义思想上的保护人,而我们的贺麟教授也跟随着把

---

① 《近代唯心论简释》,第 92 页。
② 《近代唯心论简释》,第 94 页。
③ 《近代唯心论简释》,第 94 页。
④ 《近代唯心论简释》,第 96 页。

黑格尔学说和辩证法神秘化起来。他对辩证法的描写是"辩证法一方面是一种方法,一方面又不是方法,是一种直观","这需要天才的慧眼","理智的直观每为大诗人、小说家、戏剧家、政治家、宗教家所同具,且每于无意中得之","无论获得辩证观也好,运用辩证观也好,都需要艺术式的创造天才"。①

很显然的,假如这样的"直观",这样解释的辩证法,是成为方法的话,这种方法就只是神秘主义的方法,这种方法不能引我们到真理,而只能引我们到混沌。

想用这样解释的辩证法当做武器来攻打唯物论的辩证法,那不过是想以一个无处着落的黑影子来对敌辉煌的阳光罢了。

超历史的范畴

但要以慧眼的洞观、天才的直觉来在瞬息之间了悟过去与当代的文化,这怎样能办得到呢?唯物论者从实际历史发展中讨论过去的人类文化是经过怎样的历程,以后又将是怎样发展下去,但这种讨论,在贺先生看来是"形而下的",与哲学无关。哲学却是要"单就理论上先天地去考察"社会文化所"应取的步骤或阶段"。②这就是说:可以不顾过去历史"是"怎样,而专从理论上来讨论它"应该是"怎样,因而也就是不从现实的发展趋势来推究以后将"是"怎样,而只是从理论上推断其"应该是"怎样。这所谓理论

---

① 见《近代唯心论简释》中《辩证法与辩证观》一文,第137页。
② 《近代唯心论简释》,第232页。

是先天的、先经验的、先理智的。——这是何等奇怪的理论啊！对于主张这种理论的人，我们只好说：你不管真理，真理也不会来理你！

但一种理论既和事实无关，到底有什么用处呢？与社会进化的事实无关的社会进化的逻辑，对于文化能起什么批评作用呢？——贺先生回答道：理论（先天的逻辑）与事实，虽不相关，但却能往往相符合。为什么呢？他又告诉我们，这是因为理论本身既是合法则的，则虽是先于经验，经验的事实却不会违背它。这实在是很奇怪的。依照此说，则我们可以完全不知道历史，光凭空洞的逻辑，就能设想出社会进化的历程，而历史事实却刚好和这设想相符。这是无论如何也令人难以想像的。于是贺先生又补充说，事实之所以符合理论，原来是因为"事实本来是经理论逻辑、先天范畴加以组织整理而成"[①]。我们先有对于社会发展的幻想的公式（对不起，我们只好称这是幻想的公式），然后根据这公式去整理事实，于是结果，事实就符合了理论。这固然是明白易晓的事，但如此做法，我们对于事实了解了一些什么呢？我们对于社会的发展了解了一些什么呢？那不过是任意改造事实来迁就理论罢了。

目前流行的对唯物史观的"批评"是说，唯物史观只依照主观的公式来安排历史材料。但这批评，如上所述，恰恰倒正是这些唯心论者为自己的写照。本来，一切唯心论者——特别是进入其腐败时期的直觉论者，无例外的，是绝端的主观主义者。他们假设了"先天的范畴"而把历史硬装进去。

既然是依照"先天的逻辑"来纯主观地批评社会文化，当然他

[①] 《近代唯心论简释》，第249页。

们就可以十分自由地,不顾古今中外的不同(用贺麟先生的话,就是"超时空"地)任意搬弄一切文化历史的现象。像在这本论文集中,就把十七、十八世纪欧洲的人本主义和中国古代儒家之注重人伦混为一谈。① 具体的文化历史条件,和由而产生的,在仿佛相似的面貌下的相反本质是完全被弃置不论的。这样一来,一切发展进步也就毫无意义了。所以贺麟先生说:"从旧的里面去发现新的,这就叫作推陈出新。必定要旧中之新,有历史有渊源的新,才是真正的新。"②固然我们也从不以为新的事物是与旧的事物完全无关,突然跳出来的;但这并不是说,"从旧的里面去发现新的"(这是承认新早已存在在旧里面),而是从旧的里面发展出新的:旧经过发展、变革而成为新的。

市面上现在流行着许多新字号的产品——新理学、新世训、新人生观,其所谓新,就正是如贺麟先生所解释的。在基本上,他们都是用超历史的范畴来抹煞新旧的差别,把旧货改装一下,当作新货来出卖。

人与天的关系

什么是文化呢？贺麟先生说:文化是"精神自觉的活动之直接产物"③,文化的本质是精神。而精神呢,则是"指道或理之活动于

---

① 《近代唯心论简释》,第275页。
② 《近代唯心论简释》,第274页。
③ 《近代唯心论简释》,第2页。

内心而言"①。总起来说:"道之凭借人类的精神活动而显现者谓之文化。"②很明白的,在这里的意见不过是黑格尔学说中适合于神秘主义者的脾胃的一部分的抄袭。其所谓"道"是超越文化,超越一切自然与社会的东西,这实在是不可捉摸的东西,而要加以捉摸,就只有乞怜于宗教。所以贺麟先生在一切文化物中,特别重视宗教,他说:"宗教以调整人与天(此所谓天,就是所谓"道"的注解——引者)的关系为目的,道德以调整人与人的关系为目的。在此意义下,我们不能不说,宗教为道德之体,道德为宗教之用。"③既然说不从社会关系上来说明道德,而是把它看成天意在人事上的反映,则道德自然要受宗教的支配。而现实社会上的道德——为了固定一定的社会关系而产生的道德,也就要被看成是神秘的东西,是由不可抗的天意所决定的了。在一定的社会中产生一定的人与人的支配关系,这种人与人的支配关系,在贺麟先生手里却被解释为天对人的支配关系。经过这种解释,人与人的支配关系就被合理化、神圣化起来了。——这正是在神秘主义外貌中的本质。

最清楚地表现这种本质的是贺麟先生对三纲五常的新解释。所谓君君臣臣父父子子的五常,所谓君要臣死不得不死,父要子亡不得不亡的三纲,本是反映着封建等级社会中的人与人的支配关系的道德教条,而贺麟先生则以为从这里发现了"新"的东西。他说:"三纲说是将人对人的关系转变为人对理,人对位分,人对常德

---

① 《近代唯心论简释》,第263页。
② 《近代唯心论简释》,第262页。
③ 《近代唯心论简释》,第265页。

的片面的绝对的关系。故三纲说当然比五伦说来得深刻而有力量。"①他以为臣必须尽忠于君并不是表示君支配臣,而是"对名分,对理念尽忠,不是作暴君个人的奴隶"。②——这正是向一切奴隶说教,你不必苦恼,要知道你并非服从你的主人,你不过是服从那个在奴主之间的天理罢了。

然而贺麟先生却以为五常说和西洋的人本主义相当③,三纲说更是和"西洋向前进展向外扩充的近代精神相符合"④。——他既然对于西欧思想只是抄袭了其末期的发着腐尸气味的糟粕,他根本就呼吸不到那与无神论相结合着的人本主义,与唯物论相联系着的健康的精神。"近代基督教是整个西洋文化的缩影与反映。"⑤——贺麟先生所看到的西洋近代文化就是如此。

那么,我们在关于中国现在的文化问题上还能向贺麟先生要求什么呢?他固然批评了中学为体、西学为用说,批评了全盘西化论,批评了本位文化论,然而当他自己主张说"应该以道,以精神或理性作本位,换言之,应该以文化主体作为文化之本位"⑥时,其实是和那些说法是一丘之貉,甚至还要更落后一点。假如还不懂贺先生的意思,那么请读下面这句子吧:"现在的问题是如何从旧礼教的破瓦颓垣里,去寻找出不可毁坏的永恒的基石,在这基石上,重新建立起新人生新社会的行为的规范和准则。"⑦

---

① 《近代唯心论简释》,第 284 页。
② 《近代唯心论简释》,第 285 页。
③ 《近代唯心论简释》,第 275 页。
④ 《近代唯心论简释》,第 286 页。
⑤ 《近代唯心论简释》,第 267 页。
⑥ 《近代唯心论简释》,第 272 页。
⑦ 《近代唯心论简释》,第 288 页。

从欧洲贩运来大资产阶级的腐败时期的直觉论和神秘主义思想,回来加入到旧礼教的复古营垒里去——这倒的确是目前中国文化中的一个值得我们深思的现象。

一九四二,九,二一

《近代唯心论简释》述评*

徐梵澄

贺麟撰 一九四二年六月初版
独立出版社印行 平装一册 三五二面

这是一本哲学论文集,包括论文十五篇,以第一篇的题名名书。

先就这十多篇文章内容的深浅说一说:高出现今国内通常讨论思想的文字,具备一种合宜于普通初学哲学者研究的深度。中有无数新的提示,刚好使他们深思力索而有所得。换言之:不是使人不易了解的深奥哲学论文集。——这也由于著者长于运用文字表白种种哲学思想,能够使人易于了解(不少西洋哲学学者擅长运思,但其所著述失之晦涩)。不是故作艰深,且留着努力泯除艰深的痕迹。

这十五篇,是《近代唯心论简释》、《时空与超时空》、《知行合一新论》、《宋儒的思想方法》、《怎样研究逻辑》、《辩证法与辩证观》、《斯宾诺莎的生平及其学说大旨》、《康德名词的解释和学说的大旨》、《论意志自由》、《论道德进化》、《文化的体与用》、《五伦

---

* 本文最初发表于重庆中央图书馆编印《图书馆月报》1943年某期。

观念的新检讨》、《西洋机械人生观最近之论战》、《评赵懋华〈叔本华学派的伦理学〉》、《与友人辩宋儒太极说之转变》。附录:《最近五十年来的西洋哲学》,是翻译亨利·迈尔的一篇文章。

读者只看题目,便知道这十多篇内容所涉多么宽广。约略将其中最精彩处标出,也非此文篇幅所许。只好简括而又简括将其中殊胜旨趣,约略介绍几处:

第一篇中标明"心"与"物"是不可分的整体(这里便有"体"与"用"严格的分辨,虽然体用问题在本书中另有详细讨论),谓唯心论者不能离开科学和精神体验而谈抽象的心。"如是则一不落于戏论的诡辩,二不落于支离的分析,三不落于骛外的功利,四不落于蹈空的玄谈"——我们看到有比这更严肃的治哲学的态度么?——这唯心论便又可称为"理想论"或"唯性论"或"理想主义"。因为"心者理也",是一个最扼要的主旨。

《时空与超时空》是全集中最沉博的一文。虽然篇与篇之间似乎没有联系,但正是理性论最强有力的支柱。因为,著者说,时空是理,是心中之理,是自然知识自然行为所以可能的心中之理或先天标准。吾人行为之遵循出于自己心性之准则,故有其自由自主成分。即是行为之遵循时空标准,转就行为之为理性的时空标准所决定而言,明此乃行为的自由所在。

这便与《论意志自由》与《论道德进化》两文无形一贯,足见著者的确经过一番精密的思索而构成一个完整的理论系统。肯定意志自由与人格俱来,谓求到道德上意志自由的基本原则,不外乎"求放心"、"知几"、"尽性"三种道理。论道德进化,纯粹属于历史发展的分析。

关于西洋哲学思想的几篇介绍文字,如《怎样研究逻辑》,笔者以为是较平凡的,但平凡并非不好。譬如指示平平坦坦的达道,很平常,但这是知道路的人的分内事。叙述"斯宾诺莎及其学说大旨"亦复如是。超于这平凡的是《康德名词的解释和学说的大旨》。对于"先天"、"超绝"诸名词,有精细的检讨。更超于这超于平凡的,是分析"辩证法与辩证观"。虽然这一点分析不是怎样博大的道理,然见解之明,深透黑格尔的学说,有可以补哈特曼的不足处。

另外如《西洋机械人生观最近之论战》,《评赵懋华〈叔本华学派的伦理学〉》,也仍然皆是平实的叙述,以见到作者研究之功力,不怎样表示作者的哲学才能。如说作者的哲学才能,还是表现于中国哲学的研讨。全书中很明显的倾向,是著者以治西洋哲学的方法治中国哲学,尤其是宋明理学。而且可使人见到,治中国哲学后于西洋哲学。这诚然是若干年来的一种时代要求,将外表似乎笼统的中国哲学加一番新的整理。自王阳明以后,对于"知行合一"的问题,这里可算见到精详的讨论。于宋儒的直觉方法,说的很正确,也辨别朱陆同异甚审。

至若论到"五伦",著者在"旧礼教核心的三纲说"中,发现了与西洋正宗的高深的伦理思想和与西洋向前进展向外扩充的近代精神相符合的地方。就三纲说之注重尽忠于永恒的理念或常德而不是奴役于无常的个人言,包括有柏拉图的思想。"就三纲说之注重实践个人的片面的纯道德义务,不顾经验中的偶然情境言,包含有康德的道德思想"。① 这种深入中国伦理的透视和比较观,正是现代哲学界所要求的。不是无根据的推崇或贬斥,却是虚心静气从学理方面的研究,使人对于旧的伦理得到新的了解。这自然涉及

---

① 《近代唯心论简释》,第286页。

我国固有文化的问题,著者的意见是:"文化是道的显现"①,"是道凭借人类的精神活动而显现出来的价值物","文化之体不仅是道,亦不仅是心,而乃是心与道的契合,意识与真理打成一片的精神"。②

整个地看,著者实是深研费希特、黑格尔、康德、斯宾诺莎诸人的哲学,又研究宋明理学。其努力求融会贯通中西哲学,显而易见。无论有没有偏颇的地方,却处处能见其大,得到平正通达的理解。但笔者也有一二细微处不甚同意,请略说:

哲学异于务在胜人的名学,因此字面上的挑剔是应该避免的,虽然求名义的确立是必须。如论"佛化"与"化佛"问题③,实颇伤于苛细。说"物造"、"造物"④也使人有此感觉。解释康德的名词时,更有此种倾向。笔者以为哲学名词如无法迻译时,只好不翻,仿内学之存音译,避免误解。

此外,因为所涉及的内容太广大,不免有欠周详的地方,如以为"诗教"即"艺术"之类。⑤ 每篇中值得引申讨论的问题,诚然不少。

---

① 《近代唯心论简释》,第261页。
② 《近代唯心论简释》,第264页。
③ 《近代唯心论简释》,第269页。
④ 《近代唯心论简释》,第331页。
⑤ 《近代唯心论简释》,第321页。

何谓唯心论?
——兼评贺麟著《近代唯心论简释》

谢幼伟

何谓唯心论?此为不易回答之问题。唯心论一辞,最为人所知,亦最为人误解。数十年来,国人之谈哲学者,于唯心论一辞,虽多提及,然为唯心论下一正确之解释者,则不多觏。若进而主张唯心论,为唯心论辩护,及根据唯心论之说以谈道德文化诸问题,则更绝无仅有。有之,吾惟于贺麟著《近代唯心论简释》一书见之(按是书系一九四二年重庆独立出版社出版)。故本文之作,一方面,在将唯心论一辞在西洋哲学上之来源及其各种意义详加说明,以补贺君是书所不及详,另一方面在介绍贺君是书重要之点,及略加批评,以见唯心论在中国已非"无人之乡",而实在植根滋长,发扬光大中也。

(一)

欲知何谓唯心论(idealism),此字译为唯心论,实有问题。张荫麟君主张译为"心宗",似较妥当。

哲学上唯心论一辞,则多为"埃提亚"一字所决定。哲学上之唯心论,实指各种学说之认宇宙终极实在为"埃提亚"所构成者而言。然"埃提亚"之义已多,则唯心论之义亦多。唯心论可分为:(1)主观唯心论(subjective idealism),认为存在不离思维或观念。存在之意义,在其被知,亦即在其成为观念,不为我之观念,即为他人之观念,或神之观念。此可名为观念论,以认实在为观念故("埃提亚"之一义)。(2)客观唯心论(objective idealism),认宇宙为唯一绝对之理念、精神或心灵之表现。此绝对理念即为宇宙之终极实在,以一理而具众理,及表现万物者。所谓"理一而分殊",此理,一理也,此心,一心也,非汝之心,非我之心,而为客观之心,或绝对之心。事实上,此种唯心论,可不必运用"埃提亚"之一字,而仍成其为唯心论。在其用"埃提亚"一字,则其义约相当于柏拉图"善之埃提亚"之义。(3)柏拉图的唯心论(Platonic idealism)认为感觉或经验世界之后,尚有一种理型世界。此理型世界乃感觉世界之所本。感觉世界乃以理型世界中之理型为样本而抄袭之,或分享之。感觉世界,幻而不实,变而不恒,惟理型世界乃真实而永恒者。但此种理型世界可离个别心灵而独立。是严格言之,此非唯心论,而为唯实论。(4)批判的唯心论或现象论(critical idealism or phenomenalism),认为吾人所见之事物,皆曾经吾心所具之各种形式或范畴所综合与组织。事物经过心灵范畴之综合与组织后,已非事实之真相,而为现象或观念。事物之本身或"物如"(thing-in-itself)不可知,所可知者,现象耳,或观念耳。(5)神学的唯心论(theistic idealism),认神为最高实在,神之观念,即其创造世界及支持世界之模型。唯心论可尚有他义,然述此五义,已足见唯心论意义之复杂或派别之多也。

唯心论之意义或派别已多,则欲回答何谓唯心这一问题,或欲为唯心论下一界说,自非易事。任何哲人,苟于唯心论有所主张,或有所批评,则其所谓唯心论,常为该一哲人心目中之唯心论,而未必即为适合一切意义之唯心论。例如,美哲霍金(W. E. Hocking)尝曰:"唯心论乃认实在为心灵之一种哲学。"此一界说,虽已宽泛,然仍不足以尽包上述唯心论之各义。至培黎氏(R. B. Perry)欲以主张认知识意义为先在,及主张存在依存于被知两点,为唯心论之主要原理,而说明唯心论,则其义更狭。彼所谓唯心论,当指贝克莱之主观唯心论而言。(普通批评唯心论者,多以贝克莱之主观唯心论为攻击之焦点。实则贝氏唯心论,自有其特殊意义,不能轻易贬斥。即令贝氏唯心论不能安立,未必其他唯心论亦不能安立。)其比较适当之界说,或为康宁汉(G. W. Cunningham)之界说。康氏曰:"唯心论乃一种哲学学说,谋极力指明,吾人之思维物质或时空事素之终极性质时,必逻辑的,强迫吾人将心灵或精神一并思及之,且认之在某种意义上,为根本的。"如吾人必欲在西洋哲学上寻一适当之唯心论界说,以回答何谓唯心论之一问题,则当无过于康氏界说者。然吾人亦不能谓康氏界说,已尽上述唯心论之各义也。

(二)

唯心论一辞之来源及其各义明,吾人乃可叙述贺麟君之所谓唯心论。作者不惮烦,述唯心论一辞之来源及其各义,自哲学专家言,或为常识。然哲学专家之常识,未必即为一般人之常识。唯心论极为一般人所误解。国人之攻击唯心论者,多非哲学专家,而为一般人。彼等对唯心论,但为笼统空泛之批评,而于唯心论一辞之来源及其各义,则不暇究。于唯心论各派学说,一无所知,亦放言高论,对唯心论作盲目之丑诋。此于唯心论本身,虽无所损,然造成青年深闭固拒之心理,至一闻唯心论之名而远避,则可忧耳。贺君是书以《近代唯心论简释》为名,吾知其不免受此影响也。以贺君之所谓唯心论,虽不必即为西洋人之所谓唯心论(彼自有其中国哲学上之根据,读贺君书者当能知之),然其深受西洋唯心论之影响,则无疑问。是非于西洋唯心论之说稍有所知,必难明贺君之所谓唯心论。

贺君认心有二义,一为心理意义的心,一为逻辑意义的心。心理意义的心,为心理经验上之事实,如感觉、想像及喜怒哀乐等,此为心理学研究之对象,仍是物而非心。"逻辑意义的心,乃一理想的、超经验的精神原则,但为经验行为、知识以及评价之主体。此心乃经验的统摄者、行为的主宰者、知识的组织者、价值的评判者。自然与人生之可以理解,之所以有意义、条理与价值者,皆出于此心即理也之心"(原书第一及第二页)。是贺君唯心论之所谓心,乃逻辑意义之心,乃"心即理也"之心,乃"为主而不为客,命物而不命于物"者。其与西洋主观唯心论之说,如英之贝克莱所主张者,自不相同。贝克莱之所谓心,似尚为心理意义之心。贝氏以心或精神之性质在活动,而一切活动则皆为心理的活动。心者乃"能知或能觉之物"而已。以觉知为心或精神之特征,实具心理意义。至其谓物之存在,不离乎观念,而观念之为心理的,更无疑问。故贝氏之唯心论,乃心理的观念论。贝氏说之确否为一事,然决不能谓贺君之唯心论,即贝氏之唯心论也。

次则,贺君认唯心论亦可名为唯性论。所谓性(essence)者,乃物之精华，乃物得之而成之要素。"性为代表一物之所以然，及其所当然的本质。性为支配一物之一切变化与发展的本则或范型。凡物无论怎样活动发展，终逃不出其性之范围。但性一方面是一物所已具的本质，一方面又是一物须得实现的理想或范型"（原书第四页）。此处贺君所谓性，实与前面作者所述柏拉图"埃提亚"之义全同。柏氏之"埃提亚"，一方面固为物之为物的本质，一方面亦为物向之而趋的理想或范型。然吾人亦不能谓贺君之唯心论，即柏氏之唯心论。以柏氏之唯心论，实将性与物或心与物离而为二。心离物而独存。物与心之关系，乃模仿之关系，或分享之关系。心为一世界，物又另为一世界。此两世界之如何沟通，成为柏氏学说上最困难之问题。而模仿或分享之说，不足以说明此两世界间之关系，即柏氏本人亦见及之（见柏氏《巴门尼底斯》语录）。贺君因深知柏氏之困难者，因而彼所谓性，虽与柏氏同，然其唯心论，则与柏氏异也。

贺君认心与物之关系，乃体与用间之关系。自全部之实在言，心与物乃不可分者。"严格说来，心与物是不可分的整体。为方便计，分开来说，则灵明能思者为心，延扩有形者为物。据此界说，则心物永远平行，而为实体之两面。心是主宰部分，物是工具部分。心为物之体，物为心之用。心为物的本质，物为心的表现。故所谓物者非他，即此心之用具，精神之表现也。"（原书第三页）此心物平行、一体两面之说，贺君实得之于十七世纪哲人斯宾诺莎（Spinoza）。斯氏认宇宙之全部实在为"实体"（substance）或本质。此实体乃"在自身及由自身而被思及者"。此实体乃宇宙万物之根本，偏于一切，而为一切之体。此实体有无限之"属性"（attributes）。所谓"属性"，"乃理智对实体之觉知，而为实体之本性"。然吾人有限智力,对此无限属性,所能知者,仅思想与扩延两种。思想为心,扩延为物。心非独立自存之体,物亦非独立自存之体。心与物非两个独立体,而为同一实体之两面。心与物之关系,犹如手面与手背之关系,同为一手,而有手背与手面之分而已。此当为贺君说之所本。然吾人似又不能谓贺君之唯心论,即为斯宾诺莎之唯心论。以斯氏虽认心物平行,然未尝认心为主宰,物为工具,心为体,物为用,心为物之本质,物为心之表现,如贺君所云者。在斯氏,心物互不影响。物固不能决定心,心亦不能决定物。"身不能使心思想,心亦不能使身动或静。"因身心为同一历程,无互相影响之可言故。在贺君,物固不能决定心,而心却能决定物。以心为主宰,为主宰者,自可运用工具,或决定工具。所谓"命物而不命于物",即为心决定物,而物不决定心之说明。是贺君一方面虽认心物平行,一方面亦认心物有主从之关系,有体用之关系,心永远决定物,而物永远为心所决定。此于贺君论知行合一,而认知为主,行为从,知永远决定行为,而行为永远为知所决定之说上(见原书第三篇,五一——八六页)更能表现。贺君之唯心论,所以与斯氏不同者,或在此也。

贺君论心物间之关系如此,姑勿论其说之确否,然吾人所不能误会者,即谓贺君之说,不同于忽视物,或不同于否认物之存在。一般人(非哲学专家)对于唯心论之误解,似多从否认物之存在一点着想,而认唯心论者,有忽视物或否认物之存在之嫌。实则,不独贺君之唯心论未尝否认物之存在,即任何唯心论,亦未尝否认物之存在。虽最为世人诟病之主观唯心者,如贝克莱氏,严格言之,亦未尝否认物之存在。贝氏所否认者,非一般人之所谓"物"(things),乃哲学家或科学家之所谓"物质"(matter)。此哲学家或科学家之所谓"物质",与一般人之所谓"物",截然不同。一般人所谓"物",可见可触者也。哲学家或科学家所谓"物质",则不可见不可触,在事物之后,而为事物之原因者。此种"物质",贝氏固否认其存在。所以然者,因贝氏认为吾人不能离知觉而有知识。今谓知觉之后,尚有某物,不为知觉所及,而又认其存在,此则矛盾不通,为贝氏所否认。盖知觉不及者,即无所知,无所知,何能谓其存在?存在必须被知,不被知,不能谓其存在。此为贝氏"存在即被感知"(to be is to be perceived)一句名言所由来。批评唯心论者,多以此一语为攻击目标。实则,此一语虽否认"物质"之存在,然对一般人所谓"物",则未否认其存在,但解释其存在之意义而已。贝氏以为一般人所谓"物"诚存在,然其存在之意义为何?如吾人细究存在之意义,将知所谓存在者,实不离被知。物以被知而存在,或其存在之意义在被知。尝曰:"余谓写字之桌存在者,言余见之觉之也。出书房而仍谓是桌存在者,言余入房时可觉之,或其他心灵可觉之也。同理,谓有香者,言其被嗅;谓有声者,言其被闻;谓有色及形者,言其可为见及触所觉知。凡此皆余所能了解者。"若谓有不可见不可触,绝对不能觉知之物体存在,则贝氏自谓为不可了解。因又曰:"感觉或反省所了解之事物,余不否认其存在,如眼所见手所触者之存在,及其真实存在,余绝不置疑也。"贝氏之言,明白如此,则谓贝氏或唯心论者,否认物之存在,实为无知之妄言。至贺君,则不惟未否认物之存在,且从而重视物之存在。彼之言曰:"姑无论自然之物,如植物、动物甚至无机物等,或文化之物,如宗教、哲学、艺术、科学、道德、政治等,举莫非精神之表现,此心之用具。不过,自然之物,乃精神之外在化,乃理智之冥顽化,其表现精神之程度较低,而文化之物乃精神自觉的活动之直接产物,其表现精神之程度较高罢了。故唯心论者不能离开文化科学而空谈抽象的心。若离开文化的陶养而单讲唯心,则唯心论无内容。若离开文化的创造、精神的生活而单讲唯心,则唯心论无生命。故唯心论者注重神游冥想乎价值的宝藏、文化的大流中,以撷英咀华,取精用宏,而求精神之高洁,生活之切实受用。至于系统之完成,理论之发抒,社会政治教育之应用,其余事也。如是,一不落于戏论的诡辩,二不落于支离的分析,三不落于骛外的功利,四不落于蹈空的玄谈。"(原书第三页)认唯心论须有内容,有生命,不能离开文化科学而空谈抽象之心,是贺君之重视物(自然物与文化物)实绝无疑义。盖心为体,物为用,自不能离用而言体也。

贺君之所谓唯心论,要点约如上述。《近代唯心论简释》一书,虽仅为一部哲学论文集,而非系统的著述,然亦自有其一贯之主张。此一贯之主张,即贺君唯心论之主张是。如论时空,贺君即认"时空是自然知识和自然行为所以可能的心中之理或标准"(原书二四页)。以时空为心中之理,为此心整理或排列感觉材料之总法则,而非外乎吾心之实物,非唯心论者,当不言此。论道德,则贺君认为道德事实乃"人的意识活动、精神生活的产物。人的意识是有理则的,人的精神是有理性、有理想、有向上奋勉的驱迫力的。研究道德事实的进化,直不啻考察人类意识的奋斗,精神的努力,以自求发展实现的阶段与业绩。因此道德事实不仅是表出演化之迹,必且表出进化之迹。换言之,人类道德史上,若果有一星星一点点进化或进步之可言的话,则此星星点点的进步,必是这有理性的动物,精神上奋斗努力自求进展的收获"(原书二五〇页)。论意志自由,则贺君以求放心、知几及尽性三点为人类自由之所在。并谓:"尽性就是《中庸》所谓尽人之性,尽物之性,也就是现在所谓

'自我实现'。认识自我,发展自我,实现自我的本性、就是自由。……换句话说,行乎其不得不行,止乎其不得不止,纯由于本性之必然,依天理之当然,就是自由。"(原书二二六页)此其一贯之唯心主张,稍加留意,即不难窥见也。

尤重要者,为贺君本其唯心论之主张,以论文化。贺君认为"道之凭借人类的精神活动而显现者,谓之文化。反之,道之未透过人类精神的活动,而隐晦地(implicitly)昧觉地(unconsciously)显现者,谓之自然。换言之,文化者乃道之自觉的显现也。自然者,乃道之昧觉的显现也"(原书二六二页)。而所谓道,"就是宇宙人生的真理,万事万物的准则,亦即指真善美永恒价值而言"。所谓精神,"就是指道或理之活动于内心而言"。以体用之观点论,精神以道为体,而以自然及文化为用。文化之体为精神。文化乃精神之产物,而非纯为道之产物。盖道或理,仅为蕴藏于人类内心深处之法则。此法则如不透过精神之活动,即不能实现或显现成为文化。此法则乃潜伏缥渺,有体无用之道或理而已。惟有精神,乃体用合一,亦体亦用之真实。故惟有精神,乃成为文化真正之体。"就个人言,个人一切的言行和学术文化的创造,就是个人精神的显现。就时代言,一时代的文化,就是那个时代的时代精神的显现。就民族言,一个民族的文化,就是那个民族的民族精神的显现。整个世界的文化,就是绝对精神逐渐实现或显现其自身的历程。"(原书二六四页)绝对精神为一切文化之体,一切文化均为绝对精神之用。贺君名此为文化之体用观。此种体用观,又可分为相对的与绝对的。自绝对的体用观言,哲学、科学、宗教、道德、艺术、技术,均以精神为体,均为精神之用。自相对的体用观言,则哲学可为科学之体,科学为哲学之用。宗教可为道德之体,道德为宗教之用。艺术可为技术之体,技术为艺术之用。但体用虽可分言,而实不可分离。"盖体用必然合一,而不可分。凡用必包含其体,凡体必包含其用。无用即无体,无体即无用。无有无用之体,亦无有无体之用。"此其一。次则,体用亦不可颠倒。"体是本质,用是表现,体是规范,用是材料。不能以用为体,不能以体为用。譬如,宗教、哲学、艺术等,在西洋文化中为体。决不会因为介绍到中国来,便成为中国文化之用。而科学、技术等在西洋文化中老是居于用的地位,亦决不会因为受中国实用主义者之推尊,便会居于体的地位。"此其二。终则,各部门之文化,皆有其有机统一性。"因为各部门的文化,皆同是一个道或精神的表现,故彼此间有其共通性。一部门文化每每可以反映其他各部门的文化,反映整个的民族精神,集各种文化之大成。"(以上引语均见原书二六六—七页)此其三。贺君认此三点为规定各文化部门之三原则,可供观察文化,批评文化之用。根据此三原则,贺君之于西洋文化,遂有其特殊之见解。第一,贺君认研究介绍或采取任何部门之西洋文化,须得其体用之全,决不可取其用,而遗其体。但此乃对全盘西化论的不满。全盘西化,不惟事实上不可能,且亦不必要。吾人目的在彻底了解西洋文化,从而"自觉地吸收采用、融化、批评、创造"。第二,贺君认为过去"中学为体,西学为用"之说,亦不可通。缘中学西学,各有其体用。"西学之体在中国来,决不会变成用。中学之用,亦决不能作西学之体。"第三,贺君认为中国文化本位之说,亦彼所不敢苟同。"因为文化乃人类的公产,为人人所取之不尽,用之不竭的宝藏,不能以狭义的国家作本位,应该以道,以精神,以理性作为文化的本位。换言之,应该以文化之体,作为文化的本位。"(原书二七一—二页)此从唯心观点出发之文化观,非吾人先有成见,当不敢谓其说为绝无是处也。

（三）

关于贺君是书内容之介绍与说明,仅止于此。是书重要而极有价值之作甚多。如《知行合一新论》,如《宋儒的思想方法》,如《辩证法与辩证观》,如《康德名词的解释和学说的概要》,如《五伦观念的新检讨》等篇,悉有新意,限于篇幅,不能一一加以叙述。兹当以所余篇幅,一述作者读是书后所发生之疑问。提出而与贺君商榷之。

第一,贺君认心灵之发现,乃人类进化极高以后之事,必物质文明发达,科学知识进步,然后哲学家始进而追问征服自然,创造物质文明之精神基础——心,进而追溯构成科学知识之根本条件——具有先天范畴之心。"故唯心论是因科学发达,知识进步而去研究科学的前提,知识的条件;因物质文明发达而去寻求创造物质文明,驾驭物质文明的心的自然产物。故物质文明与科学知识最发达的地方或时代,往往唯心论亦愈盛。当一个国家只知稗贩现成的科学知识,只知崇拜他人的物质文明,为之作被动的倾销场时,当然无暇顾及构成科学知识的基本条件,和创造并驾驭物质文明的精神基础,则此国家尚未发达到精神的独立与自觉,而其哲学思想之尚不能达到唯心的阶段,自是必然而无足怪。譬如原始人或原始民族,穴居野处,生活简单,用不着多少工具,故不感觉物的重要,更不感觉制驭物质的心的重要,而他们无思无虑,受本能或自然环境支配而活动,亦不感觉具有理想和评价力量的心的重要。

在此情形的下面,唯心论的思想绝不会发生。换言之,无创造物质文明,驾驭物质文明的需要,无精神的困难须得征服的自然人,决不会感觉精神的重要,决不会发生唯心的思想。"(原书第二页)贺君此段言论,自是有感而发,若云真理,则极为可疑。吾知贺君必不敢否认古代之印度(如佛家之唯识),及古代之中国(如《大学》、《中庸》及宋明理学),亦有所谓唯心论也。虽中印之唯心论,不必与西洋之唯心论相同,然中印哲人之重视精神或心灵,当然无可否认之事实。吾知贺君亦不敢认古代之中国与印度为物质文明发达与科学知识进步之时代与区域也。虽古代之中印不能谓为穴居野处之自然状态,然以言物质文明,以言科学知识,则相距尚远。即以西洋论,西洋物质文明之发达与科学知识之进步,可谓始于文艺复兴,而最盛于十九世纪。然吾知贺君必不敢认西洋之唯心论始于文艺复兴,或西洋人之重视精神或心灵,乃文艺复兴以后事也。如然,则吾人决不能谓唯心论乃物质文明发达与科学知识进步后之产物,更不能谓物质文明不发达与科学知识不进步之处,即不知重视精神或心灵,或即无所谓唯心论。对此明显事实,而贺君加以忽视,殊所不解也。

第二,贺君一方面认为心物永远平行,而为一体之两面,另一方面又认心为主宰,物为工具,心为体,物为用,心为本质,物为表现,此其平行论与主从论,或体用论,能否调合,作者对之亦有所疑。盖心物如确平行,则心物之间,似不能有主从或体用之可言。如心物确有主从或体用之可言,则心物似非平行。以所谓平行者,彼此不相涉之谓,彼此互不影响之谓。若心能为物之主而用物,心为体,而物为用,则心物之间已有关系,而此关系,且非第三者所造成之关系,乃心物本身不得不有之关系。心为体,为体者必有用。

心为本质,为本质者必有表现。心物间之关系,乃视心为体,为本质,而有之关系,亦可谓心所自成之关系。此乃体用合一论,而决非平行论。谓心物平行,而又有其主从与体用之关系,实所不解。兼之,心为主宰,物为工具之说,亦与体用合一说有矛盾处。因为主宰者不必兼为工具。柏拉图《台美亚斯篇》内之神,为造物主宰,然其工具,如理型与"能容"(receptacle)即与神分离而独立。是若持体用合一说,即不可持主宰与工具说。虽贺君可谓主宰与工具为譬喻之词,然此一譬喻,亦不甚妥,足以引起误会也。

第三,贺君认为吾人之于中西文化,固不应比较其优劣,且亦不必比较其异同。"若比较中西文化的异同,目的在使生悟解,但结果恐会引起误解。因为文化乃道,乃精神之显现,可以说是形而下的价值物。形下事物间的关系,可以说是'毕同毕异',而无有绝对的异同。若执着文化间之异同,认为绝对,则陷于武断。所以应该直接探求有普遍性永恒性之理则,勿庸斤斤于文化事物之异同可也。"(原书二七一页)此说,作者认为亦有问题。盖贺君无论如何不能不承认西洋文化有优点,亦有劣点也。如西洋文化有优点,亦有劣点,则所谓彻底了解西洋文化者,安可不了解其优点与劣点?如不了解其优劣,不了解西洋文化之优于中国者何在,或劣于中国者何在,则不惟非彻底了解,且亦不足以言"化西"。贺君谓化西,"即是自动地、自觉地吸收融化,超越扬弃西洋现在已有的文化"(原书二六九页)。试问不比较中西文化之优劣,贺君如何去"吸收融化"?又如何去"超越扬弃"?所"扬"者为何?所"弃"者又为何?此说之不可通者也。次则,贺君亦不能不承认,中西文化纵无绝对之异同,而必有同中之异,异中之同,亦即必有相对的异同。明了中西文化之同异处,如何"会引起误解"?实则一般对中西文化之误解,多由不知其同异而起。真能理解中西文化之同异,或其同中之异,异中之同,必于中西文化有深切之认识,否则,必不能理解其同异。夫于中西文化已有深切之认识,则误解何来?是贺君不赞成比较中西文化之优劣与同异,不惟非事实所许,即理论上亦非圆成也。

以上三点,略示作者所疑,作者或有误解贺君理论之处,然贺君是书已非系统的著述,则发挥未极透彻处,当所难免。以全书内容论,贺君是书已为今日中国哲学上不可多得之著作。于唯心论之说,固有发明,即于中国哲学,亦极多精审之解释,而足帮助吾人之理解也。

附:答谢幼伟兄批评三点

幼伟兄:

谢谢你,使我有拜读大著《何谓唯心论》一文的优先权。你这篇文章前半解释唯心论一辞在西洋哲学上的来源及各种意义,除了供给一般人一些哲学上的常识外,还有一个功劳:就是你昭示了唯心论乃是根柢深厚,源远流长的哲学思想。你这文发表后,或许可以稍稍减少不知唯心论为何物,而便加抹煞贬斥的风气。

我觉得谈思想,须重其内容实质,口号之争,名词之辩,打出某某学派的招牌,致引起派别门户之见,都是我们须力求避免的。我所以不避嫌疑,不怕误会,提出唯心论的名词,一因有许多人有了唯心论的思想而不自觉,提出这名词或可使之"顾名思实"。二因唯心论并不是狭隘自封的学派,范围广,支派多,可充分容许人思想的自由创进。许多思想之必以唯心论为归宿，犹如百川之必归于海。三则因我素抱"述而不作，译而不作"的态度，我只是译述中外大哲的唯心思想，我自己的思想是否符合唯心论的准绳，我自己也不知道。

拙著《近代唯心论简释》一书出版后，注意者似不多，经你这样撰文作有力的介绍，或可增加一些同情的读者，不胜欣感。所提出三点批评，皆锐敏有识。虽不能使我根本改变我的意思，却使我不能不补充几句话，以发挥未尽之意。

第一，关于近代唯心论与科学知识进步，物质文明发达的关系，我原书所说那一大段话，是有所感而发，缺乏普遍必然的真理，诚如尊评。但第一，我的本来意思是想到康德的唯心论之发挥，确是反省批评伽利略、牛顿等新科学之前提，寻求其逻辑条件而成立者。盖科学所以格自然之物，穷自然之理，而康德在《纯理论衡》中所发挥的唯心哲学，乃进一步所以格科学之物，穷科学之理者，亦即普通所谓批评科学的前提，总结科学方法和科学知识的理论，研究科学知识之所以成为科学知识之理，故其发生必在科学发达之后，自属显然。至于中国之古代唯心论，其目的大都在为道德生活求理论基础，实非后物理学（Metaphysics），而应称后伦理学（Metaethics），大都以格伦常之物，穷伦常之理为职志，自与西洋近代唯心论与科学发达的关系有不相同处。总之，唯心论必力求返本于心性，无论就人事言，就自然言，由沉溺于外，驰骛于外，而反观内照，返本于心性，寻求安身立命之所于内心中，必系时间较后，精神生活较高之事，恐无疑义。第二，我以为西洋近代物质文明之所以发达，有其精神基础在。唯心论认一切皆须建筑在精神基础上，凡缺乏精神基础的事物，有如筑室沙上，终不稳固。唯物论只注重文化生活中之物质条件,不足以奠物质文明的精神基础。(但马克思主义的辩证唯物论,既重物质的辩证发展,又重文化、社会、经济的辩证发展,尤其是注重高远理想与深入实践,也可以说是能奠定物质文明的基础。〔请参看《参加土改改变了我的思想》一文〕)* 近代唯心论不惟不反对物质文明,正所以发挥物质文明的先决条件和精神基础。

第二,关于心物平行论与主客合一论或体用论能否调和问题,我兄提出疑难,确有见地。盖由斯宾诺莎的心物平行论,经莱布尼茨而达与黑格尔认"物为心之外在化"或"精神借自然而实现"的说法,确有很长之距离,不容骤几。平行说与主客的合一说不冲突处,我在《知行合一新论》一文中已略提及,恐仍欠著明,大约须俟我《心物合一论》(已演讲过几次,写成应有两万许字)写成后才可阐明此旨。简言之,第一,我认为心物交感说乃一般人的看法,也是合于健康常识的心理事实,可作心理学研究的对象,但既非科学假设,亦非哲学原则。第二,心物平行说,应视为科学研究的前提。依心物平行之理,则心不影响物,物不决定心,如是则心为心因,物为物因,以心释心,以物释物,各自成为纯科学研究之系统。第三,心物一体说,或说"心物两面一体论"(two aspects of one thing),心体物用,心主物从说,乃唯心哲学的真正看法。盖科学研究上,自可无主从体用之分;任其平行而止,但哲学上不能不揭出心为体,物为用之旨。在斯宾诺莎系统中,心物统一于实体,无主从体用之分,自有其理由,唯心论者虽应接受其教训,但似无坚执不变之必要。至欲明体永远决定用,心永远决定物,心永远命物而不命于物

---

* 括号内文字为收入《哲学与哲学史论文集》时所加。

之旨，则应说明"决定"之意义。决定计有三义，一为常识上之决定，乃影响之意。如心可影响物，物可影响心，皆常识上的说法。二为因果的决定，如因决定果。体决定用，与因决定果，意思根本不同。譬如：就物为心之用，心为物之体言，我们不能说在科学上心为物的原因，物是心灵活动的结果。此点我于页二六一上，辨之甚明。三为逻辑的决定，即认体为逻辑上的在先，较根本，而为用之所以为用之理。换言之，谓逻辑上物永远为心所决定，意即指物之意义、价值及理则均为心所决定。我认心物间无交互影响及因果关系，乃欲保持斯宾诺莎之识度，而只认心物间为体用关系。心逻辑上先于物，决定物，构成物之所以为物的本质，则思归入黑格尔"实体必须是主体"、主客统一的唯心论。而斯氏之说，固足为黑氏哲学导夫先路者。我这种综合，困难很多，也许尚未成功，而方向却大概如此。用主宰与工具来比拟体用关系，自欠严密，但体实含有主宰意，用亦含有工具意。谓心物为逻辑上的主宰与工具关系，似亦未必不可如此说。"为主宰者不必兼为工具"，我亦谓然。但谓为主宰之体与为工具之用合一，又有何不可哉？

第三，关于应否和宜否比较中西文化的优劣异同问题，我须得辨明者，即我并非绝对地、普遍地反对比较中西文化的异同和优劣。我所以要提出此论的原因，约有三层：第一，从个人体验言，我自己过去常喜作两方文化优劣异同的比较，自觉缺乏学术价值，多傅会比拟之谈，不如深入其中，直探本真之为愈，故有此语，聊以示自警之意。第二，就时间言，我认为在五四运动时候，作东西文化异同优劣之论，颇合潮流需要，现在已成过去，所以我只说，"那入主出奴的东西文化优劣论已成过去"。又说"那附会比拟的中西文化异同论，现在亦已成为过去了"。所以我并不是根本反对比较中西文化,只是觉得现在非其时罢了。因为当新文化运动之时,持中化优于西化者,欲为守旧作屏蔽,而持西化优于中化者,目的则在为全盘接受西化寻根据。今守旧派及全盘西化派皆失势,故优劣论之辨已失其意义。至文化异同之辨别,乃基于经验的观察,而我们现在对于文化问题的要求,已由文化迹象异同的观察辨别,进而要求一深澈系统的文化哲学。无文化哲学作指针,而漫作无穷的异同之辨,殊属劳而无功。第三,从哲学的立场言,比较文化的异同优劣乃属文化批评工作,而文化批评,乃我所认为"思想界最亲切,最有兴趣,对于个人和社会,对于物质生活和精神生活最有实际影响和效果的工作"(二五七页)。足见我并不根本反对比较文化的异同优劣,而我所注重的,乃在指出文化批评只是引起哲学兴趣的津梁,而不是文化哲学的本身。我们不能老滞留在文化批评的阶段,应力求浸润钻研,神游冥想于中西某部门的宝藏里,并进而达到文化哲学的堂奥。如是,则批评文化应有哲学的指针和亲知的内容,且可不烦支离比附,而自能见其异中之同和同中之异,知所选择去取,且能不期然而达融会贯通之境,与未深入其中,但从外面去比较者殊科矣。当我讨论文化比较时,我老是记着黑格尔对于泛论比较方法的一段话,他说,"近来在比较解剖学和比较语言学领域里,确有了不少的进步,但这却不能证明比较方法在别的部门里可以应用得有同等的成功。尤须注重的,更不能谓仅是比较就可以满足求科学真知的最高要求"(见《小逻辑》第一一七节,附释)。所以我乃是从哲学,文化哲学,从求有必然性普遍性的真知的立场,来指出比较方法和比较文化异同优劣的限度。我那篇《文化的体与用》一文是四○年的春天写的,一直没有人接受我的警告。近来比较东西文化的议论,反而愈形热闹。请君试看这些文化比较论的学术价值如何,与五四运动相比,其影响如何,便可知我作出此言,实不无深意了。

我对于别人对我的文字的批评,素来不愿置辩。因感于兄态度的诚挚和批评的认真,故勉强作答,借酬雅意,但仍觉意有未尽,不能表达我所欲言。如有不当尊旨处,仍祈指正。

        弟贺 麟谨上 1943 年 4 月 14 日

柏拉图认识论中之主体与对象[*]

陈　康

在暑假期中本想将为了另一目的所搜集的关于柏拉图与亚里士多德的分离（Chorismus）问题的材料整理一部份写一篇文章，正在偷懒，还未执笔，却巧读到《思辨》中贺麟先生一文《现代唯心论简释》。贺先生在这篇文章里发表他自己的哲学见解。他的根本重要一点即"心即理也"。著者原欲写上说的那篇文章，目的原在比较柏拉图与亚里士多德两人对认识主体与对象间的关系的解说。这个关系两人的解说虽然不尽相同，但一方面却由于从同一问题——认识如何可能——出发，另一方面解决这问题又趋于同一方向，而这个方向正好借这"心即理也"一词作为一个符号来表示，因此将原来欲写的那篇文章范围缩小，又以时间关系，且将关系亚里士多德的一部分搁置，只讨论关于柏拉图的一部分，于是改为现在的题目。这篇文章只是客观的研究，因此也就成为对"心即理也"一词下一个哲学史方面的注解。

"唯心论"是个不幸的名词，因为如若中国人不丢弃那不研究

---

[*] 本文最初发表于 1936 年 3 月《文哲月刊》第 6 期，今据《陈康：论希腊哲学》（商务印书馆 1990 年）校改。

内容专听口号的习惯，唯心论的哲学即因为它标题为唯心论，已足遭人误解了。"心即理也"中的"心"也将和唯心论中的"心"一样为人误解。贺先生分别了心理的心和逻辑的心，但普通人只知道心理的心，不知逻辑的心。若以唯心论中的"心"和"心即理也"中的"心"作这心理的心解，即是以实在等于幻梦，秩序化为混乱，这样的哲学，在西洋哲学史上，虽著名的主观唯心论的贝克莱的学说也还不能算。如若此外有人，恐怕只可推普罗泰戈拉。但他的《真理》一书不传，我们关于他的学说的史料，乃是柏拉图的记载，但柏拉图的记载并非哲学史，他只注重一个学说的逻辑秩序（logische Folge）（参看《泰阿泰德》篇），所以普罗泰戈拉以个人为尺度（metron）的"真理"究竟讲到何地步，无由得知。至于"心即理也"中的"心"作逻辑的心解，意义甚明，这心即是理，因此这心是存在和变易，认识和被认识的基础（Grundlage des Seins und Werdens, des Erkennens und Erkanntwerdens），不独一切人的生活全不自觉的预先肯定这心，即是科学家终日所忙，也非别事，正是不自觉的谋规定这心。所以肯定这心与科学研究并不是本身不能相容。譬如在西洋科学史上第一个组织学术团体、提倡并指导科学研究的人是柏拉图，但他的认识论即建筑于"宇宙心"一概念上。不但如此，在学院中多种科学研究之中，天文学的研究很放光彩——我们试想一想这些人如欧德谟、赫拉克利得（Eudemus, Heraclides），但这门科学研究的动机还要回溯到柏拉图欲借此将这心理的心提高至"宇宙心"的境界（参看《蒂迈欧》篇）。欲明了这一句话的意思，我们须按着以下的次序讨论。

（一）认识对象——Ideen（理念），宇宙的条理

柏拉图在《国家篇》第五卷末分万物为存在者、生灭者与不存在者。存在者是 Ideen（理念），是认识对象；生灭者是感觉事物，是意见对象。但这些认识对象的 Ideen（理念）是甚么？它们的性质以及和感觉事物的关系在《费都》篇 96 页以下讲得很明白。那里苏格拉底讲，他少时对于存在生灭等等发生问题，对于前人对这些问题的解答不能满意，自己欲从目的论方面直接解答它们，但又不能做到，于是采取第二程途（99 页），这个途程乃是悬设理念，认它们为感觉事物的 Aitia，以解释感觉事物（100 页以下）。所谓 Aitia，至少有原因与目的二义。Ideen 是原因，意思是理念乃感觉事物的逻辑基础（logische Grundlage）。但在柏拉图，逻辑和本体论只是一回事。所以理念是存在的根据，或者仔细点讲，理念只是"如此存在的根据"（Grund des Soseins）。但 Ideen 又是目的，是变动的标鹄（74 页以下），那么 Ideen 又是变易的根据（Grund des Werdens）。这样一切的感觉事物各有各的变动的趋向，各有各的成因。这些趋向、这些成因是恒久不变，于是感觉事物间有了一定的条理，这些条理就是 Ideen。

当柏拉图的玄学伦理色彩（ethische Farbe）很浓厚时，所谓的理念论是如此，但他的目的论的宇宙观（teleologische Kosmologie）成熟时，这理念学说（Ideenlehre）发生了变化。但这个变化只存于对理念与感觉事物的关系解释一方面，但不侵犯理念自身，虽然在《巴曼尼得斯》篇中，《费都》篇、《国家》篇中的理念学说受攻击得差不

多体无完肤,但即在这个严厉的批评之后明明白白的讲着:如若人不承认 Ideen 存在,那么哲学研究(dialegesthai"辩证法")即消灭了。于是柏拉图极力拥护这 Ideen,它们在他的晚年著作里仍然是感觉事物的条理。关于这点,著者在这里不能细讲,但希望能在他那本方在起草的小书(Das Chorismus-Problem bei Aristoteles)内将这详细讲清。

(二) 认识非由经验

　　Ideen 既是宇宙的条理,但我们怎样认识它们? Ideen 并不存在于感觉事物内,而是超越感觉事物的(关于这点,在柏拉图研究史上争论很多,著者在这里没有机会详细讨论,且举一个不常为人重视的、但意思很显明的章节——《欧蒂弗洛》篇[Euthyph.]5c—8e 以表示著者关于这点解释的方向),所以人可以见到西米亚(Simmias)比苏格拉底大,但并未认识大,可以遇到美女,但并未认识美。Ideen 虽然是感觉事物的逻辑基础,但人有了某事物的感觉,却不即认识这事物的 Ideen。

　　对于著者这话也许有人反对,并且举出《会饮》篇(Symp.)209e5 以下来作凭证,因为那里仿佛是讲归纳法(Induction)(210a4—e1)。在好多年前,著者还未破除那丢开原著看解释的书的习惯,曾在某一本英文书中(书名已忘)也见过这一类话,而且还相信过。因为若一人不从原著方面入手,只看解释书,这人永不能逃脱于为人东拖西扯。若以《会饮》篇 210a4—e1 为讲归纳法也许还有一半对,但由此并未认识 Ideen(其故详下)。若以《会饮》篇全

段所讲来证明 Ideen 可以由归纳法认识,显然与这篇谈话中的意思冲突。210a4—e1 内的要义是如此:

设以 s′,s″,s‴……代表个别的美的身体,S 代表个别的身体间的类似的美①;以 n′,n″,n‴……代表个别的美的典章制度,N 代表个别的典章制度间的类似的美;e′,e″,e‴……代表个别的美的知识,E 依以上二例代表个别的知识间的类似的美。那么由爱 s′,s″,s‴……见到 S,再由爱 n′,n″,n‴……见到 N,再由爱 e′,e″,e‴……见到 E。

这里须注意 1. s′,s″,s‴……S;n′,n″,n‴……N;e′,e″,e‴……E 是逻辑的层次,但 S,N,E 却是价值方面的层次。2. 因此由 s′,s″,s‴……至 S,n′,n″,n‴……至 N,e′,e″,e‴……至 E,可以算是 Abstraction(抽象)。但柏拉图未提到怎样从逻辑方面由 S 至 n′,或由 N 至 e′。由 s′,……S 系统至 n′,……N 系统,由 n′,……N 系统至 e′,……E 系统,乃是循价值的层次上进,所以由 s′至 E,实际上是两种步骤,一是循逻辑的层次,一是循价值的层次,结果至 E。这个 E 在逻辑方面是和 S 及 N 并列的,并不能 hatechein 它们,但在价值方面却高于它们。这个 E(其实 S,N,E)只能当于英国经验派的抽象观念,却非柏拉图的理念。

但由 E 至 K(设以 K 代表美的 Ideen)这道路不是像由 s′,……至 S,或由 n′,……至 N,或由 e′,……至 E;他们中间有个非经验所能超过的距离(abstand)。这个距离并不是本身不能超过的,只是不能由抽象方法去超过。柏拉图描写怎样超过这距离的情形,用

---

① 由 210a4—b6(b2—3 除外)乃叙述爱者的状况,b2—3 乃插入的注子,不属于这状况的叙述,因此 b4 里的 touts 不回射到 b1 中的 adelphon。

exhaiphnes 一字，这就是讲由 E 至 K 乃是一个 exhaiphnes。exhaiphnes 这字描写这个情形宛如一幅图画，因此这字在这里究竟的意义也只好借手势来象征，难用文字写出。这字字典上的意义是"忽然"，那么由 E 至 K 的情形可以譬喻式的讲，由 e′，……至 E 是常序的进行，由 E 至 K 乃是一个跳动。（exhaiphnes 一字柏拉图还在讨论另一问题时用过，也是描画这非常的跳动。）

这样解释《会饮》篇不是误解。我们希望由以下的事实来证明 exhaiphnes 只是个象征。我们试问一问在这象征后面柏拉图想着甚么？在《费都》篇里柏拉图讲，我们回忆到 Ideen。回忆若用一个字来象征，那么 exhaiphnes（跳动或飞跃）这字极合适了。

（三）回忆说

上节讲了柏拉图对于认识的见解：认识乃由于回忆。这个回忆说以前有个不是研究哲学的朋友同著者谈过，他只见到这学说中的神秘意味（mythische Züge），于是很非笑他，这是自然的结果。但我们须知道，我们心目中所承认的神话（Mythus）和逻各斯（Logos）在学说价值上的分别，在古代希腊人中没有。再者柏拉图以种种关系有好多地方不能将他的哲学直接写出，必须设法将深奥的思想藏在日常谈话里，利用神话更是常事，回忆说即是一个好例子。因此我们必须穿过这神话的外衣，求那隐伏在这外衣里的哲学意义。

我们若问这回忆说的哲学意义，必须先看他所欲解决的问题。这问题乃是我们如何认识那超越感觉事物的 Ideen，这个问题的反面答复是经验不是能直接达到这个认识的一条路;正面的答复乃是回忆说。回忆说的意义,《费都》篇里讲得很清楚:我想如若我们在生以前已具有了 Ideen 的知识,但在生时失掉了,后来再利用对于感觉事物的感觉复得到那些我们以前所有的知识,那么所谓学习,岂非重复获得我们自家的知识(oikeia episteme)么?(75e2—6)简单讲来,回忆的意义乃是由对于感觉事物的经验,重复发现我们自家对于 Ideen 的知识。

我们再细看看《费都》篇里的论证(72e3—77a5)的性质。这个论证是由一件事实出发,这事实简单讲来,乃是我们看见两件相等的物件,但觉他们不是绝对相等。如若我们看见两件相等的物件,又觉他们不是绝对相等,那么我们必须先认识等的标准,比较的结果于是觉得这些相等的物件不是绝对的相等。这样,我们必须先有等的知识。这个论证的方向不是向前的,乃是向后的,是由 das Bedingte 为条件所制约者回到 die Bedingung(条件)。这个条件就是此处的结论,这乃是在我们未生以前,即在我们的心灵里有 Ideen 的知识。《费都》篇里关于回忆说,只讲了这许多——但对于《费都》篇里的问题,这许多已够了。若我们对于这个结论:我们心灵里有 Ideen 的知识要求解释,这点已出了《费都》篇的范围。《费都》篇的论证只是由 das Bedingte(为条件所制约者)回到条件,至于条件的根据是一个更进一步的问题,我们现在即研究这个问题。

这是一个困难的问题,在《曼诺》篇里对这点有以下的解说:因为心灵(psyche,著者不注重名词翻译适当与否,因为一种学说里名词的意义只能从这学说的全体看出)获有了一切的知识(81d1)。再详细点:因为心灵是不死灭的,频数产生的,看过此界与彼界的万物,无有一物不是它所未认知的,所以这是毫不足怪的事,如若它能回忆起那些他以前所知道的那些关于道德或关于其他的事（81c5—9）。

《费都》篇里的回忆说和《曼诺》篇里的范围广狭不同。《费都》篇里只讲由一种感觉事物的经验回忆起这类感觉事物的 Ideen 的知识。《曼诺》篇讲由一种感觉事物的经验能回忆起整个的系统来。但我们这里只注意它们间共同的一点，即是我们心灵里有 Ideen 的知识。我们的问题是，如何我们心灵里有 Ideen 的知识？

上面所引《曼诺》篇里一节是回答我们当前的问题的。但其中有困难，著者曾在另一篇文章里讨论到。现在将那篇文章里和本问题有关的摘录如下：心灵里有万有的知识，这些知识是在时间里累积起来的。这仿佛讲，一人周游世界许多许多次，获得世界上一切的知识，这话自然有毛病。一人周游世界许多许多次，并不必然的知道世界上一切的事物；即使知道，也只是出于偶然。若这知识是在时间里累积起来的，即是讲这知识并不是永久的。回忆说的目的是回答我们如何认识那超越感觉事物的 Ideen 一问题。它的解说是，由对感觉事物的经验回忆起我们心灵里的 Ideen 的知识。回忆若可能，那在我们心灵里必先有 Ideen 的知识。但这知识若严格的讲，不能是偶然的、非永久的。若果是偶然的、非永久的，那么回忆自身不是必然可能的。若回忆自身不是必然可能的，认识即不是必然可能的。若认识不是必然可能的，那么我们原来的问题——我们怎样认识？——更谈不到。

这个困难的根源应当回到《费都》篇里 proeidenai（74a9，义为前知）一词。回忆——即认识 Ideen——必须肯定的"pro-"，不是 Frühzeitigkeit（时间的在先），乃是 logische Apriorität（逻辑的在先）。Ideen 和我们的心若仅有个飘浮的时间里的结合是不够的，他们中间必须有必然的关系。

　　这一点柏拉图是否真未看清,却不容易讲,依着所引的章节中的词句看,这个困难是显然的。但我们第一,先从事实方面想一想,一个深奥的学说若从自称一无所知的苏格拉底的口中讲出,这是如何的不伦不类！第二,在晚年著作里将"时间"和"永久"的界限分划谨严的柏拉图,也许不会在这里忽视了凡在时间里累积的是非永久的这一点。第三,proeidenai 一词,在所引《费都》篇章节里,"pro-"只表示时间的在先,若所谓时间,只是一个象征,为了深义浅说的原故而引用的,那么"pro-"未必不可作别解。——但正是这点,时间是否只作时间解,或只不过是一个象征,是人所怀疑的。因此以上所指出的困难是否为柏拉图所忽视,甚难肯定,这点我们姑且存疑。

(四) 另 一 解 释

　　此外有一件极可注意的事,即在《曼诺》篇内论回忆的一段里,忽然有这句话:如若实物的真理永久的在我们心灵里,心灵是不死灭的。因此我们岂不应当坚忍寻求那我们现在所不知的——即是不记忆的,并回忆它么？（86b1—4）这话和以上所举的同一篇里的章节显然不同。著者曾在另一篇文章里从意义方面举出以下可注意的三点。(1)"实物的真理",其意义远过于偶然的知识;(2)"永久的"即非在时间里累积的;(3)"心灵"一词是单数不是多数。

　　我们若再从行文方面看,(1)这句来得未免奇特,这句的任务是总结以上论回忆的。关于回忆的论证,简单的讲是如此:心灵是不死灭的,他在时间里获得一切的知识,因此能回忆。这里的论据是心灵里的一切的知识,从未提到"实物的真理"在我们的心灵里,但这在结论里突然出现未免奇特。这奇特的事在另一篇里同样复出现。(详下)因此人不能认这事仅是偶然,其后无背景。

(2)如若我们换个方向来看这句,不以它为总结论回忆的一段的,而以它为回到这一大段的开始,讲出心灵不死的条件来:如若实物的真理在我们的心灵里,心灵是不死灭的,那么这全段的论证变为如此:

(1)如若实物的真理在我们心灵里,心灵是不死灭的。

(2)因为心灵是不死灭的,它在时间里获得一切的知识,所以能回忆。

依照这个论证,那么,"心灵在时间里获得了一切的知识"一点变为赘瘤,因为从"实物的真理在我们的心灵里"这一点即可去解释我们能认识宇宙的条理,不必再去转一个圈子,加上"心灵在时间里获得了一切的知识"这一点,而且这点加得还有毛病(如若时间只作时间解,不作象征解)。因此我们不能不迟疑的承认这第二个解释。

但从另一方面,这两个不同的解释从行文方面看,却同趋于一个目标,这目标确是柏拉图晚年著作里的意见。(详下)

此外,我们在《费都》篇里遇着同样的情形,同一个趋向的意见,对于同一问题,在同一状况下出现。这是 76e1—2 中的一个半句。所谓同一趋向的意见,是因为那里讲,实在(usia,指 Ideen)乃是我们的实在。(著者从 Arch-Hind,以 hemeteran usia 的 antecedent [前提]为 usia)所谓同一问题,是因为那里也是讨论回忆。所谓同一状况,是因为在那里这句也在结论里出现,但并未见于以前的讨论中。关于《费都》篇的章节,著者在这里无法讨论,因为讨论所牵涉的多是文字和校刊方面的问题。离开原文无法谈起,这里只有空洞的讲以下几句话:Arch-Hind 虽然指出这句的真正意思,他却根据古文字学以外的理由将这句删去,这样删改抄本,著者不能赞同。若依据抄本读法,这里是柏拉图哲学中重要的一点,即宇宙的实在(usia)即是我们的实在。这句既然有校刊家认为伪造,我们宁失于谨慎,勿失于疏忽,在未寻出无问题的 parallele Stelle(相同的段落)来,且不要太重视这句。

(五)"宇宙心"乃"实在"、"同"、"异"之混和

我们为要谨慎计,对于《费都》篇 76e1—2 中的一句不去追求它的意义,但和这句同一个思想复在《蒂迈欧》篇里出现。那里却不仅是像在《费都》篇中这样简括,而讲得详细。这里著者要重提上面已讲过的一句话,即是古希腊人对于神话和逻辑学说价值上面的分别不和我们同。《蒂迈欧》全篇只是一个神话,但我们不要因为它是神话便轻率地鄙弃它。著者在下面叙述这篇里关于本文范围的学说,在可能范围内将它的神话的气味去掉,只举出它在哲学方面的意义来,另一方面关于天文学和数学方面可以去掉的也去掉。

35a 里讲,"宇宙心"乃是三件事物的混和,实在、同、异。实在、同、异混和为一,乃成为宇宙心。混和的方法复杂,混和了以后有同的运动和异的运动。

37a2—b3 里讲:因为"宇宙心"是同、异和实在混和成的,它自

己周而复始的运动着,当它接触着生灭的或恒久的事物,在它的通体内起了震动,它即判断所接触的和它以内某某是同一的,和它以内某某是相异的。所谓同异,再严格点讲,即是在何状况下、如何、何时是同一或相异。(这只是这段的要义,并非翻译。这段的文法烦难,请看 Stallbaum 拉丁文注释。)

我们进而考研这两段的意义,自从柏拉图的理念论舍去了伦理方面的色彩,专向逻辑的玄学的方面发展,在 Ideen 范围内起了变动。这变动的结果是实在、同、异、动、静,成为最高的条理。从玄学方面讲,它们最能和其他事物混和;从认识论方面讲,它们的 proedikation 的范围最大。换句话讲,这是五个范畴。但我们可以看出他们在 Ideen 金字塔(用 prof. Stenzel 的术语)内的地位也不同:实在、同、异高于动、静。依柏拉图的意思,凡在 Ideen 金字塔尖子上的,包含其下的一切;但原子 Ideen 又是感觉事物的条理,因此我们可以讲实在、同、异、动、静是宇宙最高的条理,其中尤以实在、同、异为最高。但《蒂迈欧》篇 35a 里讲宇宙心即是实在、同、异的混和,那么"宇宙心"即是宇宙条理。若我们不究内容,单看一件事物的表面价值,因此而鄙弃宇宙心一概念,责它很神秘,但既考究它的内容以后,方知它并非不可捉摸的。

我们再探究《蒂迈欧》篇 37a2—b3 的意义。"宇宙心"乃实在、同、异的混和,这个思想一方面有天文学上的动机,这点与本文无涉,且暂丢开。它的另一个动机,即是解释认识问题。"宇宙心"是实在、同、异的混和,宇宙的最高条理也是实在、同、异,"宇宙心"和宇宙条理本来只是一回事,所以"宇宙心"能认识宇宙条理。

这是讲"宇宙心"有认识宇宙条理的可能。以下讲它如何认识。当宇宙心接触理念或感觉事物时,它判断所接触的是和它以内某某同一，某某相异。这话也须分析一下，当"宇宙心"在所接触的里面发现了宇宙条理的"同"，那么它判断（1）这"同"是和它以内的"同"同一，但（2）这和它以内的"异"相异。当它发现了宇宙条理的"异"，它判断（3）这和它以内的"异"同一，（4）和它以内的"同"相异，那么简单讲来：

"宇宙心"发现宇宙条理和它（1）同一，（2）相异，（3）同一，（4）相异。如图：

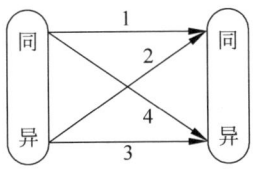

这是"宇宙心"的判断，它所能判断（1）和（3），因为它里面的"同"；能判断（2）和（4），因为它里面的"异"。由（1）和（3），"宇宙心"可以自觉它和宇宙条理的同一；但由（2）和（4）也正使它自觉它和宇宙条理的同一。其故如下：姑就（2）言，它判宇宙条理的"同"（X）和它以内的"异"（Y）相异。这所谓 X 和 Y 相异，即是（一）X 异于 Y，（二）Y 异于 X 当（一）X 异于 Y，那么（a）X 对于 Y 是异；（b）Y 是 X 的所异。同样，（二）Y 异于 X，那么（a）Y 对于 X 是异；（b）X 是 Y 的所异。这样 X 和 Y 相异，据（一）（b）即（I）X 异于所异；据（二）（b）即（II）Y 异于所异，再据（一）（a）和（二）（a），X 和 Y 相异，成为"异"异于所异，这是讲，宇宙条理的"同"对于"宇宙心"的"异"，以及"宇宙心"的"异"，对于宇宙条理的"同"，同是"异异于所异"，这是就（2）讨论，若就（4）讨论，可得同样结论。

这"异异于所异"(heteron heteron heteron),是柏拉图哲学中常见的一个原则,著者用来解释(2)和(4)。这里应当注意的即是(2)和(4)(参观上图)中所讲的同、异:宇宙条理的"同"和"宇宙心"的"异"(即(2)),以及宇宙条理的"异"和"宇宙心"里的"同"(即(4)),不是 kata auto(单就自身言的)的同、异,乃是 pros allela(相对的)的同、异。若以 X 代表同,Y 代表异,那么(2)和(4)里所讲的同只是 xRy 中的 X,不是 kata auto 的 X;所讲的异只是 xRy 中的 Y,不是 kata auto 的 Y。这个 X 既不是 kata auto 的 X,只是 xRy 中的 X,那么这 X 只有由 Ry 规定,同样 Y 只有由 Rx 规定。但 xRy 和 yRx 中的 R 是相同的,结果 X 和 Y 都成为"异异于所异"。这是讲(2)和(4),但可以类推的去讲(1)和(3)。(这里用了 xRy 的符号并非要将柏拉图现代化,乃是因为要避免多用希腊字,所谓 xRy,这里只当作 x pros yo)

这里可以归结起来讲:在 35a 里所讲的同、异,是 kata auto 的同、异,那里是从玄学方面讲"宇宙心"和宇宙条理是同一的。在 37a2—b3 里所讲的同、异,乃是 pros allela(相对的)的同、异,这是从认识论方面讲。在认识里,"宇宙心"比较宇宙条理的同、异,和它自己以内的同、异,自觉地和宇宙条理是同一的。

(六) 我们的认识

以上一段所讲的只是关于"宇宙心",但我们在第二节里所提出的问题乃是我们如何认识宇宙的条理。所谓"我们",乃指我们个别的各人,或说各个人的心,我们最感兴趣的问题乃在这里,并不在于"宇宙心"如何认识宇宙条理。所以我们原来的问题一直至此还未正式解决,然而第五节内所讲,却是解决这问题的第一步,我们且看柏拉图对于我们的心理的心的意见。

《蒂迈欧》篇 41d4—7,42a3—bl 中的"个别心"同样也是实在、同、异的混和,但这混和不及"宇宙心"的完全,只是二三等的。"个别心"必存在一个消歇与增长的变动中的身体内。这心和身体结合了,这个结合必然的有(1)感觉,(2)苦乐萦绕的嗜欲,(3)恐惧。43a6—44c2,"个别心"和"宇宙心"一样也有同的运动和异的运动,但它与那在消歇和增长的变动中的身体联合了,由身体和感觉所在的震动破坏了同、异的运行,结果同、异的判断颠倒,仿佛像一人倒悬左见为右,右见为左,待到身体的消歇和增长渐渐的固定以后,同、异的运行也渐渐恢复正道。但若用教育辅助,可以脱离谬误,解除了大疾。

这里我们要对有关名词的范围先解释一下。在上面一段里,柏拉图所讲的实在、同、异混和的心灵,事实上只是理性(nus, logikon),不包括感觉等等。感觉等等只是心灵和身体结合的产品。但我们普通所谓心,理性以外还包含感觉等等。我们所谓的心,范围比柏拉图的 psyche 广大。它们的范围既不同,因此不能用同一名词去代表。为了划清名词所代表的事物的范围起见,且名柏拉图在上面一段里所讲的为 psyche 为"个别心"(和"宇宙心"对待),我们普通所谓的心,即包括理性、感觉等等为"个人心"。这两名词适当与否,不是著者所注意,著者注意的只是划清这两个名词所代表的事物的范围。"个别心"和"个人心"的分别只是 X 和 X + Y 的分别,但这 X + Y 不表示彼此并列(nebeneinander),乃表示彼此内在(ineinander)或彼此渗透(durcheinander)。

我们现在回到刚才所引的《蒂迈欧》篇的章节,那里是描写由"个别心"到"个人心"。柏拉图的意思很明显,即是"个别心"本和"宇宙心"是同性质的,只有程度上的差异,"个别心"也是实在、同、异的混和。那么"个别心"又在我们各个人里,我们各个人的心岂不皆是宇宙的条理,因此能和"宇宙心"同样认识宇宙条理么?但这不然,事实上不是这样简单。一方面因为"个别心"(理性)在我们心里,因此我们有和"宇宙心"同样认识宇宙条理的可能。但又因为我们除了理性以外,还有感觉与情欲,而身体方面的变动以及感觉和情欲,阻碍我们思想的正当运行,以致不认识宇宙的条理。此外,那里还有两点须探究,即是所谓教育是怎样?所谓大疾是甚么?

回答教育是怎样这问题,须先知道教育乃是救济的工具。但所救济的是甚么?我们所以须救济的工具,因为我们心中的同和异的运动不循正轨(即同和异的判断颠倒),那么所须救济的即是这同和异的运动,使它们能循正轨。救济它们的方法,柏拉图讲,是给它们同类的粮食和运动(90c6-7)。它们同类的运动是甚么?即是天体的思想和运动(参看 36b6 ff.)。我们应当随从它们以纠正我们心内在生时即扰乱了的同和异的运动。这纠正的方法即学习天体的和谐和运动,以使得思考的主体和思考的对象依照本性相像(exhomoiosai kata ten archaian physin)。思考的主体和思考的对象相像了以后,我们达到生活目的。(90cb-d5)

这一段因为哲学和天文学揉在一起,因此使不熟悉柏拉图的天文学的人有些困难。这一段话看起来似乎神秘的气味不少,其实人如若将它弄清了,这段话并不神秘。对于了解这段话根本重要一点即是柏拉图以日夜的运动、分至的运动与思想同异的判断为一事。关于以上这一段话最好的注解即是柏拉图的《法律》篇附录。以上这段话中哲学的意义如下：我们各个人的心因为由身体和情欲来的震动以致思想错乱（同和异的运动不循正轨），我们的目的要救济这点，即是使思想能循正轨。那么救济的方法乃是学习天体的运动，即是同和异的运动。简单的讲，救济的方法乃是研究天文学，这样使思想与同和异的运动相像，因此我们的思想得循正轨。换句话讲，我们"个人心"由于仿效同和异的运动达到了和"宇宙心"同一的境界。这个境界本是"个别心"所有的，但因为由身体和情欲来的震动破坏了的，因为这个境界破坏了，所以我们不能正确判断，不能认识宇宙条理。"个别心"若回到了这个境界以后，单就这点言，"个别心"已超出"个人心"的紊乱境界，回复到和"宇宙心"同一的境界。它和"宇宙心"本是同性的；宇宙心即是宇宙条理，因此"个别心"回复到了和"宇宙心"同一境界，即和"宇宙心"同样认识宇宙条理。"个别心"若未曾超出这"个人心"的紊乱境界，即无法认识宇宙条理。

不认识宇宙条理是无知。无知乃是由苏格拉底以至柏拉图所认为的心疾。使生苏格拉底死，死苏格拉底生的不是其他任何一件事，乃是他对这个心疾的奋斗，求解救他自己的和其他人的这个心疾。心疾重于身体上的病，因此也是大疾。如若人能将这大疾解除，也即达到了生活的目的。因此苏格拉底除了尽公民的义务而外，唯一的事就是 philosophein。

（七）结论

我们若将第六节里所研究的《蒂迈欧》篇中的学说的结果回转

来和第四节内所提出讨论的《曼诺》篇和《费都》篇中的两节来比较，我们可以看出《蒂迈欧》篇里的思想和《曼诺》篇、《费都》篇中的是同一方向的。《曼诺》篇里讲：若实物的真理存于我们心内……《费都》篇里讲：实在即是我们的实在；《蒂迈欧》里讲："个别心"在我们里，它和宇宙心同是实在、同、异的混和，实在、同、异也就是宇宙条理。

我们再将《蒂迈欧》篇里的学说和《费都》篇、《曼诺》篇里的回忆说比较。依《蒂迈欧》篇中的意思："个别心"本是实在、同、异的混和，但因和身体结合陷于紊乱境界，以致思想错乱，救济的方法是教育。依《费都》篇和《曼诺》篇里的意思：不死的心在时间里累积了 Ideen 的知识，这知识在生时失掉，救济的方法是回忆。两个学说的分别只在这里：《费都》篇、《曼诺》篇以心与宇宙条理的关系只是时间内的结合——心在时间里累积了 Ideen 的知识；《蒂迈欧》篇以心与宇宙条理有逻辑方面必然的关系——"个别心"乃是实在、同、异的混和。柏拉图是否在《费都》篇和《曼诺》篇里以心与宇宙条理的关系只是时间的，还是逻辑的，很难决定。也许柏拉图在那里徬徨这二者之间，但在《蒂迈欧》篇里写出了最后确定的主张。

全篇文章总结如下：我们原来的问题是：我们怎样认识（第二节）？认识的对象是宇宙条理（第一节）。于是问题成为：如何认识宇宙条理？我们认识宇宙条理不是由于感觉经验（第二节），乃是由于回忆（第三节）。但我们更进一步问：回忆如何可能（第三节）？回忆即是宇宙条理的认识，于是问题成为：怎样能认识宇宙条理？我们若能认识宇宙条理，心和宇宙条理必有超出感觉经验以外的结合。这结合不能仅是未生以前，心和宇宙条理在时间里的结合（第三节），这个结合必须是逻辑方面的（第三、四节）。这逻辑方面的结合乃是心与宇宙条理同一,"宇宙心"即是宇宙条理(第五节)。"个别心"和"宇宙心"是同性的,它又在我们心里,因此我们能认识宇宙条理(第六节)。但"个别心"在我们心里陷于紊乱境界,我们必须借助于教育,使"个别心"超出这紊乱境界,回复到和"宇宙心"同一的境界,以认识宇宙条理(第六节)。

再简单点讲,本文是两个问题和它们的两个答复合成的。次序是如此:(一)——(二)——(二)——(一)。原来的问题是:我们如何认识? 由这生出第二个问题:我们如何能认识? 对这第二个问题的答复是:我们能认识,因为"个别心"和"宇宙心"同样是实在、同、异的混和。对第一个问题的答复是:我们借助于教育以认识宇宙条理。

这样我们怎样认识的问题透澈答复了。在认识时,认识主体(我们)和认识对象的情形可以简单地借下图来表示:

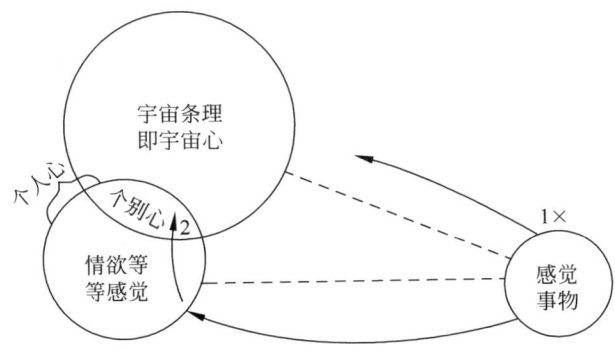

1. 由经验至宇宙条理的道路不通。
2. 由"个别心"回复到和"宇宙心"同一的境界。

一九三五年秋脱稿于虾龙驿

贺麟先生学术年表*

1902—1908 年(光绪二十八年至三十四年)

贺麟,又名光瑞,字自昭,清光绪二十八年八月十九日(1902 年 9 月 20 日)出生于四川省金堂县(位于成都市东北部)五凤溪(今五凤镇)杨柳沟村一个乡绅家庭。

1909 年(宣统元年)

本年,按规矩进入私塾读书,不久随姑太到镇上读小学。虽然所学仍不外乎《四书》、《五经》,且重在记诵而轻乎理解,但幼年贺麟却凭其聪慧,亦稍能领悟儒家思想之奥义而深受其熏陶,尤其是对宋明理学,虽只是一知半解、浅知粗义,但却特别感兴趣,这为他后来研习国学打下了基础。贺麟后来回忆说,"我从小深受儒家熏陶,特别感兴趣的是宋明理学,我认为治哲学应以义理之学为本,词章经济之学为用,哲学应当与文化陶养、生活经验结合"①。

---

* 本年表由四川大学国际儒学研究院、古籍整理研究所彭华教授撰写,初稿题名《贺麟年谱简编》(《思想家》第一辑,巴蜀书社 2005 年,第 110—124 页);增订稿题名《贺麟年谱新编》(《淮阴师范学院学报》,2006 年第 1 期,第 78—91 页);并收入《现当代学人年谱与著述编年》,三联书店 2007 年,第 303—332 页);本年表按商务印书馆《中华现代学术名著丛书要求》新做了修订、增删。

① 贺麟:《康德黑格尔哲学东渐记》,《中国哲学》第二辑,三联书店,1980 年,第 376 页。贺麟:《五十年来的中国哲学》,辽宁教育出版社,1989 年,第 117 页。

1914—1916 年

13 岁小学毕业,但因身材矮小、身体瘦弱,父母不放心他独自到外地读书,遂命贺麟仍在小学进修。书籍为贺麟打开了一扇超越时空的窗口,他暗暗立下志愿,"我要读世界上最好的书,以古人为友,领会最好的思想。"

1917—1918 年

本年,考入省立成(都)属联中——石室中学,主学宋明理学。贺麟的普通科目成绩平平,但国文课却锋芒大露,是"全校能把文章写通的两个人之一"(国文老师语)①。

1919 年

本年秋,以优秀成绩考入北京清华学校(原名"清华学堂",清华大学的前身),属中等科二年级,开始接受长达七年的正规高等教育。初入清华的贺麟对洋化的环境很不适应,这使他常常感到孤寂,有时甚至有被人欺侮之感。不过,一些受人欺负的小同学也因此愿意与他同住一室。贺麟后来还曾经被选为班长,四年级时一度被选为级长。

清华期间,在思想上受到梁启超(1873—1929)、梁漱溟(1893—1988)、吴宓(1894—1978)等人的影响。

9 月,所撰《新同学新校风》刊于《清华周刊》第 24 卷第 2 期,文章提倡忠孝、仁爱、信义、和平等"中国固有之美德"和孔孟"忠恕之道"。

1920 年

校内服务性的《平民周刊》选编辑,贺麟被选中。

---

① 张祥龙:《贺麟传略》,《晋阳学刊》,1985 年第 6 期,第 52 页。

暑假，随学校组织的消夏团到北京西山卧佛寺开展集体活动。

1921—1922 年

仍在清华学校学习。

本年，德国哲学家杜里舒（Hans Driesch，1867—1941）继杜威（John Dewey，1859—1952）、罗素（Bertrand Russell，1872—1970）之后来中国讲学。"他到中国后，在张东荪和张君劢的支持下，大量贩卖柏格森以来的进化论和生机论学说"①。

1923 年

先后听梁启超所开几门关于中国学术思想史的课程，对学术研究产生浓厚兴趣。有一天，贺麟拿着一张书单冒昧造访梁启超，请他指导。梁启超建议贺麟读清人戴震（字东原，1723—1777）的书，并将焦循（字理堂，1763—1820）的《雕菰楼文集》借给贺麟。（贺麟在清华毕业时，还请梁启超写了一副对联赠给父亲。贺麟又引证孔子讲仁勇的话，专门写成一个横幅以为座右铭。）

在梁启超指导下，写成《戴东原研究指南》一文，发表于《晨报》副刊（1923 年 12 月 8—12 日），又在《清华周刊》发表《博大精深的焦理堂》。

本年，张颐（1887—1969）回国主持北京大学哲学系，讲授康德和黑格尔哲学，是为西方古典哲学进入近代中国大学之始。

1924 年

仍在清华学校学习。某年，梁漱溟应邀来清华短期讲学，贺麟抓住这一良机，拜访梁漱溟几次。梁漱溟推崇王阳明（1472—1528），他对贺麟说，"只有王阳明的《传习录》与王心斋的书可读，

---

① 贺麟：《五十年来的中国哲学》，辽宁教育出版社，1989 年，第 87 页。

别的都可不念"①。

1925 年

任《清华周刊》总编辑。

吴宓在担任清华国学研究院主任期间,没有为研究院学生开课,仅为旧制留美预备部高年级学生开设选修课"翻译"(外文翻译),讲授翻译的原理和技巧,并辅之以翻译练习。当时仅有贺麟、张荫麟(1905—1942)、陈铨(1905—1969)、杨昌龄几个学生选修此课,而贺麟、张荫麟、陈铨最为认真,三人后被称为"吴门三杰"。

在吴宓的悉心指导下,贺麟的翻译水平迅速提高,开始翻译英文诗歌和散文,阅读严复的译作。后撰成《严复的翻译》一文,发表于《东方杂志》第 22 卷第 21 期(1925 年 11 月)。该文从选择翻译对象、厘定翻译标准、产生翻译的副产品三方面讨论了严复的贡献以及值得借鉴的地方。自从严复(1854—1921)去世后,这是系统讨论其翻译的第一篇研究论文。它在很大程度上体现了贺麟的学术理想,"预示了他今后也象吴宓介绍西方古典文学那样走介绍西方古典哲学的道路"②。

在吴宓的影响下,贺麟打算"步吴宓先生介绍西方古典文学的后尘,以介绍和传播西方古典哲学为自己终身的'志业'"③。

本年,基督教大同盟在北平举行会议。贺麟代表《清华周刊》,

---

① 张祥平、张祥龙:《从唯心论"大师"到信奉唯物主义的革命者——记翻译家、哲人贺麟》,《贺麟先生百年诞辰纪念文集》,中国社会科学出版社,2009 年,第 193 页。

② 张祥龙:《贺麟传略》,《晋阳学刊》,1985 年第 6 期,第 53 页。

③ 贺麟:《康德黑格尔哲学东渐记》,《中国哲学》第二辑,三联书店,1980 年,第 376 页。贺麟:《五十年来的中国哲学》,辽宁教育出版社,1989 年,第 117 页。

在本刊第365期发表《论研究宗教是反对外来宗教传播的正当方法》，表明他对外来宗教所持有的理性的同情态度。他认为，"反对外来宗教传播最公平、最公正、最有效的根本办法厥为研究基督教"，强调"对于外国的学说、主义、宗教，亦须用科学眼光重新估定价值，精研而慎择之"，主张"重新估定耶教在中国的价值"。

1926年

夏（7月），毕业于清华学校。多年的求学生涯使他深刻地认识到，"一个没有学问的民族，也是要被别的民族轻视的"①。为此，他决定远涉重洋，赴美求学。

8月，乘一艘美国客轮离开祖国，踏上了"西天取经"之路。

9月，插班进入俄亥俄州的奥柏林大学（Oberlin College）哲学系三年级学习，希望学得西方古典哲学这个西方文化的正宗，并把它介绍到中国，借以帮助解决中国的根本问题。

在奥柏林大学期间，学习了拉丁文、心理学、哲学史、宗教哲学、伦理学以及圣经等课程，并听过英国著名哲学家罗素的两次演讲；先后撰写了《神话的本质和理论》、《魔术》、《村社制度研究》、《结婚、离婚的历史和伦理》、《论述吉伍勒的伦理思想》等论文，诸文后皆收入《哲学与哲学史论文集》。

1927年

为纪念斯宾诺莎（Baruch de Spinoza，1632—1677）逝世250周年，耶顿夫人（Mrs. Yeaton）在家组办课外读书会，贺麟是该读书会的七位成员之一。耶顿夫人教授伦理学，但在课外还给贺麟等几

---

① 齐家莹编撰、孙敦恒审校：《清华人文学科年谱》，清华大学出版社，1999年，第37页。

位同学讲黑格尔的《精神现象学》和斯宾诺莎哲学,"由于她的启发,奠定了我后来研究黑格尔和斯宾诺莎哲学的方向和基础,所以她是我永生难忘、终身受益的老师"①。

暑假,加入设于芝加哥的东方学生会——泰勒沙龙(Taylor Hall)。

北伐胜利挺进的消息传至美国,贺麟极其兴奋,在"东方学生会"举办的学术会议上宣读论文《中国革命的哲学基础》。所谓"中国革命",指的是广东革命军挥师北伐。该文后发表于《清华周刊》英文版。

10月,在《东方杂志》第24卷第19期发表《西洋机械人生观最近之论战》,该文后收入《近代唯心论简释》。

1928年

2月,修满学分,以优异成绩从奥柏林大学毕业(提前半年),获文学学士学位。学士论文是《斯宾诺莎哲学的宗教方面》。

3月,转入芝加哥大学专攻哲学。在芝加哥大学,选习了米德(J. H. Mead)教授讲授的"黑格尔精神现象学"、"柏格森生命哲学"课程,斯密士(T. V. Smith)教授的"格林、布拉德雷、西吉微克、摩尔的伦理学"课程以及塔尔兹的"政治伦理"课程。贺麟十分推崇格林(T. H. Green,1836—1882)哲学,并开始接受新黑格尔主义思想,写成《托玛斯·希尔·格林》一文。另外,在《芝加哥道德论坛》上发表《中国革命胜利的主导思想》。

1929年

9月,因"不满于芝加哥大学偶尔碰见的那种在课上空谈经验

---

① 贺麟:《哲学与哲学史论文集·序言》,商务印书馆,1990年,第2页。

的实用主义者",遂于 1929 年下半年(9 月)转入哈佛大学,"目的在进一步学习古典哲学家的哲学"①。哈佛大学极重西方古典哲学,这很合一向注重义理的贺麟的兴趣。贺麟在哈佛大学选听"康德哲学"、"黑格尔哲学"、"斯宾诺莎哲学"等课,以及哲学家怀特海(Alfred North Whitehead,1861—1947)教授的"自然哲学"课。有一次,贺麟、沈有鼎(1908—1989)、谢幼伟(1905—1976)三人曾和怀特海交谈中国哲学问题。贺麟在听霍金(W. E. Hocking)教授"形而上学"课后,写成论文《斯宾诺莎身心平行论的意义及其批评者》。霍金教授认为论文有创新思想,给以满分。随后,贺麟根据霍金教授的意见对论文又加以补充、修改。

本年,毕业于哈佛大学,获哲学硕士学位。完成两篇论文,即《道德价值与美学价值》、《自然的目的论》。

1930 年

担任东方学生会主席。

夏,为了真正掌握黑格尔哲学的精髓,谢绝了乌尔夫森教授要他继续攻读博士学位的挽留,离开美国赴德国柏林大学专攻德国古典哲学。在柏林大学,选修了迈尔的"哲学史"课、著名哲学家哈特曼教授的"历史哲学"课,研读了有关黑格尔生平及其学说的德文论著,如克朗纳的《从康德到黑格尔》、格罗克纳的《黑格尔》、哈特曼的《黑格尔》、狄尔泰的《青年黑格尔的历史》。其中,哈特曼对贺麟的影响最大,他使贺麟认识到辩证法在黑格尔哲学体系中的核心作用。

8 月,完成了其学说生涯中具有里程碑意义的论文《朱熹与黑

---

① 贺麟:《现代西方哲学讲演集》,上海人民出版社,1984 年,第 161 页。

格尔太极说之比较观》。贺麟试图把儒家传统哲学同西方哲学融合起来,以推进儒家哲学的现代化,这是他开始从事中西哲学比较的标志。该文后刊于《大公报·文学副刊》第149期(1930年11月6日),后又作为附录收入《黑格尔学述》一书(1936年)。贺麟说,"我是想从对勘比较朱熹的太极和黑格尔的绝对理念的异同,来阐发两家的学说。这篇文章表现了我的一个研究方向或特点,就是要走中西哲学比较参证、融会贯通的道路"①。

1931年

结识著名的斯宾诺莎专家格希哈特(犹太人),被邀请到法兰克福附近的"金溪村舍"做客。由格希哈特介绍,加入国际斯宾诺莎学会。

7月,为纪念黑格尔逝世100周年,完成《黑格尔学述》译序,发表在《国风》半月刊第2卷第5、6号上。

8月,结束五年的欧美求学生涯,自柏林出发经欧亚铁路回到祖国。28日抵达北京。同路回国的有贺麟在清华上学时的老师吴宓教授。

9月,由杨振宁的父亲、数学家杨武之(1896—1973)教授推荐,受聘为北京大学哲学系讲师,主讲"哲学问题"、"西方现代哲学"、"伦理学"等课程。

在吴宓陪同下,拜访时任清华大学文学院院长兼哲学系主任的冯友兰(1895—1990)教授。冯友兰邀请贺麟在清华大学开课,讲授"西洋哲学史"、"斯宾诺莎哲学"两门课程,每周四小时。他讲课的最大特点是"情理交融"。他的讲课深入浅出,语言生动,如

---

① 贺麟:《五十年来的中国哲学》,辽宁教育出版社,1989年,第119页。

行云流水,引人入胜,深受学生的欢迎。

"九·一八"事变后,接受吴宓(时为《大公报·文学副刊》编辑)的邀请,作长篇论文《德国三大伟人处国难时之态度》,分 7 期连载于《大公报》,宣传爱国主义,鼓舞抗战士气。

1932 年

被北京大学聘为副教授,兼任清华大学讲师。

应北京燕京大学学生会代表许宝骙(1909—2001)的邀请,作题为《论意志自由》的演讲,此乃贺麟回国后初次讲演。在座者有张君劢(1887—1969)等。讲词后以《我之意志自由观》为名,刊于《大公报·现代思潮》第 36、38 期,1932 年 5 月 28 日、1932 年 6 月 1 日。

夏,路过南京,与柳诒徵(1880—1956)、郭斌龢(1900—1987)、范存忠(1903—1987)、景昌极(1903—1982)、缪培林诸人餐饮。次日,贺麟由景昌极陪同,至支那内学院拜见欧阳竟无(1871—1943),"受到亲切的接见,并愉快地谈了约两个小时"①。

11 月,发表《大哲学家斯宾诺莎诞辰三百年纪念》,《大公报·文学副刊》第 254、255 期,1932 年 11 月 14 日、11 月 21 日。

1933 年

春,《华北日报》主编邀请贺麟担任该报"哲学副刊"编者,贺麟为其撰《〈华北日报〉哲学副刊发刊词》。发刊词说:"哲学是一种学养。哲学的探究是一种以学术培养品格,以真理指导行为的努力。哲学之真与艺术之美、道德之善同是一种文化,一种价值,一

---

① 贺麟:《唐君毅先生早期哲学思想》,《哲学与哲学史论文集》,商务印书馆,1990 年,第 201 页。

种精神活动,一种使人生高洁而有意义所不可缺的要素。"①

1月,发表《斯宾诺莎的生平及其学说概要》,《大公报·文学副刊》第264期,1933年1月23日。该文后曾作为1943年商务印书馆初版《致知篇》一书的译者导言,又收入《近代唯心论简释》。

3月,发表《黑格尔之为人及其学说概要》,《大陆》第1卷第4期。

7月,翻译鲁一士(J. Royce,1855—1916)所著《黑格尔的精神现象学》,译文刊于《哲学评论》第5卷第1期。

12月,发表《道德进化问题》,《清华学报》第9卷第1期。

1934年

2月,译《黑格尔印象记》,刊于《清华周刊》第41卷第5期。

3月,《近代唯心论简释》发表于《大公报·现代思潮》周刊。《近代唯心论简释》是贺麟"哲学思想的宣言","此后的许多文章,都是此文所阐述的基本思想的扩充与引申"②。《近代唯心论简释》的发表,标志着贺麟草创"新心学"的开端。

10月,贺麟、金岳霖(1895—1984)、冯友兰、黄子通(1887—1979)受同行委托,筹备召开哲学年会。

11月,发表《从叔本华到尼采——评赵懋华著〈叔本华学派的伦理学〉》,《大公报·文学副刊》第305期,1934年11月6日。

1935年

4月,汤用彤(1893—1964)、冯友兰、金岳霖等哲学界同仁发

---

① 贺麟:《〈华北日报〉哲学副刊发刊词》,《哲学与哲学史论文集》,商务印书馆,1990年,第120页。
② 《贺麟选集·前言》,吉林人民出版社,2005年,第4页。《前言》未署名,而《贺麟选集》的编者是张学智,据此推测《前言》的作者当为张学智。

起成立"中国哲学会",并在北京大学举行第一届哲学年会(4月13—14日)。在第一届年会上,贺麟当选为理事兼秘书。

翻译亨利希·迈尔《五十年来的德国哲学》,并加附释。1月,文章刊于《新民月刊》第1卷第1期。该文后被编入冯至编校的《五十年来的德国学术》(商务印书馆)一书中,又作为附录收入他的《西方现代哲学讲演集》。

本年,撰写《经济与道德》,该文后于1938年发表于《国闻周报》(收入《文化与人生》)。

1936 年

本年,升任北京大学教授。

1月,发表《康德名词的解释和学说的概要》,《东方杂志》第33卷第4期。

2月,发表《宋儒的思想方法》,分别刊于《哲学评论》第7卷第1期和《东方杂志》第33卷第2期。评论说,"《宋儒的思想方法》是贺麟讨论哲学方法最深入的一篇文章"①。

3月,所译开尔德(E. Caird,1835—1908)《黑格尔》由上海商务印书馆出版,系"汉译世界名著"丛书(王云五主编)之一。其后,有1943年渝1版,1945年渝再版。

4月,参加第二届哲学年会。同月,中国哲学会成立,当选为学会理事。

7月,《评康宁汉〈哲学问题〉》作为温公颐编译《哲学概论》一书的序言发表。

11月8日,作《彭基相著〈谈真〉序》,该文后收入《哲学与哲学

---

① 《贺麟选集·前言》,吉林人民出版社,2005年,第5页。

史论文集》。

12月，发表《文化的类型》，《哲学评论》第7卷第2期。

有人评价说，"从1931年回国后到1937年抗日战争爆发前，是贺麟学术思想的勃发期"，而"八年抗战，是贺麟生命最为昂扬，思想最为活跃，因而也收获最为丰厚的时期"①。

1937年

1月24日，中国哲学会第三届年会在南京开幕，27日选举第二届理事会。贺麟参加中国哲学会第三届年会，当选为学会常务理事（共五人），与另外两位常务理事金岳霖、冯友兰共同主持学会日常工作。另外，贺麟还兼任中国哲学会西洋哲学名著翻译委员会主任。

3月，金岳霖与贺麟等人发起组织逻辑学研究会。

7月7日，"卢沟桥事变"发生，抗日战争全面爆发。北京大学、清华大学、南开大学迁往长沙，组成"国立长沙临时大学"。10月26日，长沙临时大学举行开学典礼。11月1日，开始上课。文学院设在南岳衡山脚下的圣经书院。

双十节过后，贺麟、汤用彤、钱穆（1895—1990）三人同行，在天津小住数日，后取海道至香港。小港住近旬，又北上广州，晤谢幼伟。11月底，抵达长沙，宿三宵。因北京大学文学院已迁至南岳（在南岳山腰圣经书院旧址），遂又南下②。

1938年

2月，临时大学继续南迁，4月到达昆明，改名为"西南联合大

---

① 《贺麟选集·前言》，吉林人民出版社，2005年，第4页。
② 钱穆：《八十忆双亲·师友杂忆》，三联书店，1998年，第208页。此处之行程，参阅自该书。

学"。5月4日正式开学。贺麟随文学院迁至离昆明三百多公里的蒙自县,执教于哲学心理系,与汤用彤(系主任)、冯友兰、金岳霖、沈有鼎、郑昕、陈康等哲学家共事。与汤用彤、吴宓、浦江清合住一室。同年10月,到国民党中央政治大学任教。一年后仍回西南联合大学。

5月,发表《新道德的动向》,《新动向》第1卷第1期。本月,在《云南日报》发表《抗战建国与学术建国》。

贺麟与张荫麟通信辩论宋儒太极说之转变,后以《与张荫麟兄辩宋儒太极说之转变》为题,发表于《新动向》第1卷第4期,1938年8月。

7月9日,贺麟于日记云:"我读《重光杂志》中唐君毅的文章,觉得唐君毅的文字明晰,见解弘通,于中西哲学皆有一定的研究。其治学态度、述学方法、所研究之问题,均与余相近似,是基于'人同此心,心同此理'的原则。"①

12月,代表贺麟知行观的重要文章《知行合一新论》完稿于昆明。该文后作为"国立北京大学四十周年纪念文集"之一,于1940年1月在昆明出版单行本(抽印本)。

1939年

回西南联合大学执教。

1940年

8月31日,中国哲学会第四届年会举行,贺麟当选为学会常务理事。年会通过议案:设立西洋哲学名著翻译委员会,由贺麟任主

---

① 贺麟:《唐君毅先生早期哲学思想》,《哲学与哲学史论文集》,商务印书馆,1990年,第202页。

任委员;设立中国哲学研究委员会,由冯友兰任主任委员。

经北京大学校长蒋梦麟(1886—1964)同意,贺麟借调到中央政治学校讲学半年。

1月,发表《物质建设现代化与思想道德现代化》,《今日评论》第3卷第1期。

3月,《德国三大哲人处国难时之态度》(根据张荫麟的建议,将"三大伟人"改为"三大哲人")由重庆独立出版社出版,1943年再版。作者认为歌德、黑格尔、费希特的性格分别为"诗的"、"散文的"、"戏剧的",并分析他们在国家危难时的不同态度。书中附参考书目及《抗战建国的精神基础》、《抗战建国与学术建国》、《法治的类型》、《新道德的动向》、《经济与道德》、《物质建设现代化与思想道德现代化》6篇论文。书前有作者引言,书末附作者的后语。

5月1日,发表《五伦观念的新检讨》(《战国策》第3期),开始提出"新心学"的基本思想。该文后以《五伦新解》为名收入《时代之波——战国策论文集》,重庆:在创出版社,1944年6月。

7月20日,发表《英雄崇拜与人格教育》,《战国策》第17期(同名收入《时代之波》)。

11月30日,发表《时空与超时空》,《哲学评论》第7卷第4期。

本年,发表《论翻译》,《今日评论》第4卷第9期。《论翻译》之节录本,后收入罗新璋、陈应年编:《翻译论集》(修订本),商务印书馆,2009年第2版。

1941年

中国哲学会西洋哲学名著翻译委员会在昆明成立,被推选为主任委员。

从本年春天开始,着手翻译黑格尔的重要著作《小逻辑》。

8月1日,代表贺麟"新儒学"思想的重要文章《儒家思想的新开展》,发表于《思想与时代》第1期。该文后收入《文化与人生》,被誉为"现代新儒家的宣言书"。贺麟在文中说:"在我们看来,只要能对儒家思想加以善意同情的理解,得其真精神与真意义所在,许多现代生活上、政治上、文化上的重要问题,均不难得到合理、合情、合时的解答。"①

9月1日,发表《爱智的意义》,《思想与时代》第2期。

10月,发表《论知难行易》,《新认识》第3卷第5期。

12月,发表《自然与人生——"回到自然去"》,《思想与时代》第5期。

本年发表的文章,还有《乐观与悲观》等。

1942年

2月1日,发表《宣传与教育》,《思想与时代》第7期。

6月,《近代唯心论简释》由重庆独立出版社出版(初版)。《近代唯心论简释》收论文15篇。这是贺麟的第一本论文集,也是反映他"新心学"思想的代表作之一。

6月,《人文科学学报》创刊,由中国人文科学社出版。该社为纯学术团体,由西南联合大学、云南大学教授同一些研究所研究员

---

① 贺麟:《儒家思想的新开展》(1941年),《文化与人生》,商务印书馆,1988年,第17页。于此之分析与阐释,可参看彭华:《"同情的理解"略说——以陈寅恪、贺麟为考察中心》,初稿载"中国传统学术的近代转型"国际学术研讨会论文集》,中国·上海,2009年10月,第436—446页。修订稿载《儒藏论坛》第五辑,四川文艺出版社,2010年12月,第32—58页;《中国传统学术的近代转型》,上海人民出版社,2011年2月,第333—346页。压缩稿载《善道》创刊号,四川·成都,2010年7月,第15—20页。

组成,成员有雷海宗、贺麟等。该学报每年出版 2 期①。

11 月,发表《现代思潮批判》,《文化先锋》第 1 卷第 11 期。

1943 年

在西南联合大学讲授"黑格尔理则学"。所谓"理则学",通常译作"逻辑学",贺麟采用的是孙中山的译法。

5 月 1 日,发表《学术通讯》,《思想与时代》第 22 期。

1942 年 9 月 21 日,胡绳发表《一个唯心论者的文化观——评贺麟先生著"近代唯心论简释"》②,针对《近代唯心论简释》一书若干观点提出批评意见。1943 年,徐梵澄发表《〈近代唯心论简释〉述评》③,谢幼伟发表《何谓唯心论——兼评贺麟著〈近代唯心论简释〉》④。4 月 14 日,贺麟作《答谢幼伟兄批评三点》(《思想与时代》第 23 期,1943 年 6 月 1 日),对谢幼伟提出的三个问题做了回答。

7 月 1 日,发表《德国文学与哲学的交互影响》,《思想与时代》第 24 期。

7 月,重庆独立出版社发行《近代唯心论简释》第二版。汇集论文仍为 15 篇,但书末附录了《最近五十年来的西洋哲学》。

秋,在重庆小温泉给全体新生讲课,讲稿为《读书方法与思想方法》。

---

① 齐家莹编撰、孙敦恒审校:《清华人文学科年谱》,清华大学出版社,1999 年,第 267 页。
② 该文初刊于重庆《新华日报》(1942 年 9 月 21 日),后收入《理性与自由——文化思想批评论文集》(胡绳著,华夏书店,1946 年 6 月,第 10—16 页)。
③ 《图书馆月刊》1943 年某期,重庆中央图书馆编印。
④ 《思想与时代》第 11 期,1943 年。

10月1日,在《思想与时代》第27期发表《论翻译的性质和意义》。

11月,发表《费希特哲学简述》,《哲学评论》第8卷第4期。

12月1日,发表《基督教与政治》,《思想与时代》第29期。

12月,《知难行易说与知行合一说》由重庆青年书店出版,对孙中山知难行易学说与蒋介石的知行合一学说进行考察。

1944年

3月,发表《谢林哲学简述》,《哲学评论》第8卷第6期。

5月1日,发表《宋儒的新评价》,《思想与时代》第34期。

6月1日,发表《论时空(答石峻书)》,《思想与时代》第35期。

11月1日,发表《功利主义的新评价》,《思想与时代》第37期。

12月,发表《杨墨的新评价》,《建国导报》第1卷第14期。

抗战时期(四十年代初),唐君毅(1909—1978)在重庆中央大学任教,贺麟与唐君毅多次会晤。

1945年

西南联合大学"三民主义教学委员会"主席、北京大学训导长陈雪屏(1901—1999)离校,贺麟代理其职务。

4月,发表《陆王之学的新开展——介绍熊十力及马一浮二先生的思想》,《建国导报》第1卷第17期。

8月30日,在昆明为《当代中国哲学》作序。

9月21日,贺麟致函胡适(1891—1962)。信中表示盼复早归,以主持北京大学复员工作,并在信末发表自己对时局的看法①。

---

① 中国社会科学院近代史研究所民国史组编:《胡适来往书信选》(中),中华书局,1979年,第39—41页。

本年,在《五十年来的中国哲学》一文的基础上,写成《当代中国哲学》一书,将《五十年来的中国哲学》作为第一章,题目改为《中国哲学的调整与发扬》。

翻译斯宾诺莎的《致知篇》并为之作序,该书于本年由重庆商务印书馆出版。

本年,撰写《陆象山与王安石》。贺麟撰写此文之机缘,可以上溯至华莱士的一席话。1944年夏,美国副总统华莱士访问中国,"发表了不少有深远意义的宏论","最有兴味的一点是他特别赞扬我国宋代厉行新法的大政治家王安石"①。

1946 年

1月,发表《〈当代中国哲学〉序言》,《三民主义半月刊》第8卷第1期。

6月,西南联合大学哲学心理学系主任汤用彤因公离校,贺麟暂行代理其职务。

西南联合大学战时的使命完成,北大、清华、南开三校决定迁回原址。成立三校联合迁移委员会,贺麟被推选为该会委员。9月2日,离开昆明北上。10月,随北大返回北平。

9月2日,在昆明作《文化与人生·序言》。

10月,发表《王船山的历史哲学》,《哲学评论》第10卷第1期。贺麟素来尊崇王夫之(1619—1692),上文约二万字,主要依据王夫之的《读通鉴论》和《宋论》二书。

11月,反映战国策派思想的论文集《时代之波》由大东书局出

---

① 贺麟:《陆象山与王安石》,《文化与人生》,商务印书馆,1988年,第229页。

版,该集收入了贺麟的《五伦新解》、《英雄崇拜与人格教育》两篇文章。

本年度发表的论文,还有《文化、武化与工商化》等。

1947 年

1月1日,发表《王安石的心学》,《思想与时代》第41期。3月1日,发表《王安石的性论》,《思想与时代》第43期。贺麟后将二文合并为《王安石的哲学思想》,收入《文化与人生》。但所注月份是1941年而不是1947年,误。

1月,发表《民治论》,《三民主义半月刊》第9卷第1期。

1月,发表《纳粹毁灭与德国文化》,《远东》创刊号。

2月,发表《认识西洋文化的新努力》,《读书通讯》第126期。

3月,发表《儒家的性善论》(贺麟讲、杜万荣记),《五华》第3期。

7月,发表《西洋近代人生哲学之趋势》,《读书通讯》第126期。

10月1日,发表《对黑格尔哲学的看法》,《思想与时代》第48期。

本年,贺麟出版了两本关于"新心学"哲学思想的重要著作:一本是《当代中国哲学》(胜利出版公司,1947年1月),一本是《文化与人生》(商务印书馆,1947年11月)。

1948 年

1月16日,发表《天下一家与两个世界》,《周论》创刊号。

2月,发表《论党派退出学校》,《周论》第1卷第7期。

3月,发表《此时行宪应有的根本认识和重点所在》,《周论》第1卷第12期。

6月,发表《论反动》,《周论》第2卷第1期;发表《自由主义与学术》,《周论》第2卷第4期。

12月,发表《论哲学纷无定论》,《周论》第2卷第18期。

12月25日,北京大学举行50周年校庆。学生特送锦旗一面给贺麟,上绣"我们的保姆"字样,以表示对他的感谢与爱戴。

本年,重庆正中书局出版《儒家思想新论》,该论文集收入贺麟的《儒家思想的新开展》一文。

从1947年下半年开始,为学生讲授"现代西方哲学"课程,课程于1948年上半年结束。肖辉楷认真聆听了贺麟的这门课程,并做了详细的笔记,他将记录稿整理好后交给贺麟,贺麟将其保存于匣箧中30余年。1978年召开全国西方哲学史会议,上海人民出版社编辑与贺麟约定刊印此稿。贺麟对记录稿重新审阅并做修改,于1984年作为《现代西方哲学讲演集》的上篇由上海人民出版社出版。

1943年,为学生讲授"黑格尔理则学"课程。本年,根据樊星南所做记录整理成单行本,书名定为《黑格尔理则学简述》,作为"国立北京大学五十周年纪念论文集"之一,由北京大学出版部出版。

1949年

从1941年春起,贺麟就开始翻译黑格尔的《小逻辑》,"但因外务纷扰、工作不集中"(《小逻辑·译者引言》),直至北平解放时止,仅译了全书的一半,约十一二万字;至1949年国庆时,才将全书翻译完毕,以此"作为对新中国的诞生的献礼"[①]。《小逻辑》中

---

① 贺麟:《五十年来的中国哲学》,辽宁教育出版社,1989年,第126页。

译本的问世,可以说是贺麟成为"新中国黑格尔哲学研究一代宗师的一个永放光芒的标志"。

1950 年

在 1949—1950 学年内,在北京大学讲授"黑格尔哲学研究",上学期研读黑格尔的《小逻辑》,下学期研读列宁的《黑格尔〈逻辑学〉一书摘要》。班上同学有杨宪邦、张岂之、杨祖陶、陈世夫、梅德愚等,前来参加的还有王太庆、徐家昌①。

年底,随北京大学土改团到陕西省长安县参加土地改革工作一个月。

本年 10 月,所译黑格尔的《小逻辑》由商务印书馆出版。

1951 年

1 月 4 日,在《光明日报》发表《讲授唯心主义课程的一些体会》。

1 月,发表《答复庄本生先生》,《新建设》第 3 卷第 4 期。

4 月 2 日,在《光明日报》发表《参加土改改变了我的思想——启发了我对辩证唯物论的新理解和对唯心论的批判》一文。

从本年 10 月至次年春,贺麟到江西省泰和县参加土改半年。

1952 年

春,仍在江西省泰和县参加土改。

1953 年

本年,加入中国民主同盟。贺麟曾任民盟北京市委员会委员,第一、二届民盟中央参议委员会常委,第四、五届民盟中央委员,第四、五、六届全国政协委员。

---

① 贺麟:《小逻辑·译者引言》,商务印书馆,1980 年第 2 版,第 xi 页。

1954 年

2月8日,撰毕《小逻辑·译者引言》。

7月,所译黑格尔《小逻辑》由上海三联书店出版,贺麟专门为译本加了长序。

12月2日,中国科学院院务委员会和作协主席团会议联合举行,决定召开批判胡适思想的讨论会。贺麟先后写出《两点批判,一点反省》、《批判胡适的思想方法》、《批判梁漱溟的直觉主义》。

本年,写成《我同意克列同志的说法的思想斗争过程》一文,未正式发表,后收入《哲学与哲学史论文集》。

本年,在北京大学讲授"黑格尔哲学"课程,后收入《黑格尔哲学讲演集》。

1955 年

本年,由北京大学调至中国科学院哲学社会科学部哲学研究所(今中国社会科学院哲学研究所),任西方哲学史组组长,研究室主任,一级研究员,直至去世。

1月29日,在《人民日报》第三版发表《两点批判,一点反省》。

3月,发表《批判胡适的思想方法》,《新建设》第3期。

7月,发表《"百家争鸣"和哲学》,《学习》第7期。

7月,发表《论反映——学习辩证唯物主义认识论的一些体会》,《新建设》第6期。这是贺麟学习列宁《反映论》以后所写的一篇体会。

8月,发表《批判梁漱溟的直觉主义》,《新建设》第8期。

11月,所译马克思《黑格尔辩证法和哲学一般的批判》一书,由人民出版社出版。其后,又撰《学习马克思的〈黑格尔辩证法和哲学一般的批判〉》一文(刊于《哲学与哲学史论文集》)。

本年，在中国科学院社会科学部举行的胡适思想批判讨论会上发言，发言稿题目为《读艾思奇同志〈批判胡适的实用主义〉的一些启发和意见》，发言稿后收入《现代西方哲学讲演集》。

本年，在中国人民大学做了五次关于"黑格尔的自然哲学"讲演，讲稿后收入《黑格尔哲学讲演集》，改名为《运动是空间和时间的相互过渡》。

1956 年

2 月，发表《知识分子怎样循着自己专业的途径走向社会主义？》，《新建设》，1956 年第 2 期。这也是贺麟学习列宁著作以后所写的心得体会。

2 月，参加《文艺报》召开的小型座谈会，会后写成《朱光潜文艺思想的哲学根源》。稿子写成后，贺麟先后请外国文学研究所蔡仪、冯至提意见。稿子经修改，即送《文艺报》发表。稿子最后又经胡乔木提意见，首先发表于《人民日报》（1956 年 7 月 9、10 日第七版）；随后，又被收入《美学问题讨论集》（《文艺报》编辑部编，作家出版社，1957 年 5 月）。

6 月，发表《为什么要有宣传唯心主义的自由？——对"百家争鸣"政策的一些体会》（署名贺麟、陈修斋），《哲学研究》第 3 期。这是贺麟 5 月 26 日在怀仁堂听取当时中宣部部长陆定一代表党中央作关于"百花齐放，百家争鸣"报告后的一些体会。陈修斋回忆说，该文以他们二人的名义发表，虽是我执笔，但主要观点是贺先生的；即使在我执笔撰写时加了一些自己的想法，也是贺先生看后同意的①。

---

① 宋祖良、范进编：《会通集：贺麟生平与学术》，三联书店，1993 年，第 302—303 页。

8月,发表《黑格尔著〈哲学史〉评介》,《哲学研究》第3期。

8月,发表《黑格尔关于辩证逻辑与形式逻辑的关系的理论》(署名贺麟、张世英),《新建设》第8期。

贺麟、张世英:《黑格尔关于辩证逻辑与形式逻辑的关系的理论》,上海人民出版社,1956年。

12月,发表《温德尔班著〈哲学史教本〉及罗素著〈西洋哲学史〉简评》,《新建设》第12期。

1956年秋到1957年春,贺麟在中国人民大学讲授黑格尔《小逻辑》。后收入《黑格尔哲学讲演集》一书的《黑格尔小逻辑讲演笔记》,就是根据当年学生的听课笔记整理而成。

1957年

1月,根据在中国人民大学讲授黑格尔唯心主义哲学的教学实践,写成《讲授唯心主义课程的一些体会》,发表于1月4日的《光明日报》。

1月5日,致函吴宓,邀请吴宓翻译古希腊作家第欧根尼·拉尔修(Diogenes Laërtius)的《名哲言行录》。1月10日,吴宓复信,谓愿译此书[①]。

1月22日至26日,北京大学哲学系召开"中国哲学史座谈会",100多人与会。贺麟在会上作了题为《对于哲学史研究中两个争论问题的意见》的系统发言,发言记录稿《对于哲学史研究中两个争论问题的意见》刊于《人民日报》(1957年1月30日第七版)。其后,针对关锋的批评,贺麟又作了反批评,题为《关于对

[①] 吴宓著、吴学昭整理:《吴宓日记续编》第三册,三联书店,2006年,第6页。

哲学史上唯心主义的评价问题》。7月,二文被收入《中国哲学史问题讨论专辑》,《中国哲学》编辑部编,科学出版社,1957年7月。

1月,发表《斯宾诺莎哲学简述》,《哲学研究》第1期,1957年1月。

2月,随中国哲学代表团访问前苏联。团长是冯至(1905—1993),团员还有金岳霖、任继愈(1916—2009)、潘梓年(1893—1972)。

4月11日上午,毛泽东(1893—1976)在中南海丰泽园接见周谷城(1898—1996)、胡绳(1918—2000)、金岳霖、冯友兰、贺麟、郑昕(1905—1974)、费孝通(1910—2005)、黄顺基、王方名等十人,并共进午餐,饭后又谈到三点多钟。

4月,发表《必须集中反对教条主义》,《人民日报》,1957年4月24日第七版笔谈"百花齐放百家争鸣"栏目。5月10日至14日,中国科学院哲学研究所、北京大学中国哲学史研究室、中国人民大学哲学史教研室在北京大学临湖轩联合召开中国哲学史工作会议。会议就中国哲学史研究的方法论问题、中国哲学史目前进行研究的问题、中国哲学史资料问题展开讨论,贺麟在会上就唯物主义与唯心主义的关系发表了意见。

评论说,自"反右"开始,"贺麟的学术重点放在翻译和'客观介绍'上,学术锋芒逐渐消减"①。

1958年

9月,作《伦理学·译后记》。

---

① 《贺麟选集·前言》,吉林人民出版社,2005年,第13页。

9月,所译斯宾诺莎《伦理学》由商务印书馆出版(1981年4月重印)。

12月,中国科学院哲学研究所资料室编的《资产阶级学术思想批判参考资料》第四集由商务印书馆出版,该集收入贺麟的《近代唯心论简释》等。

该年,同中国科学院哲学研究所中国哲学史组、西方哲学史组和逻辑组同志一起到河南七里营劳动、学习。姜丕之说:"他在劳动中总是不甘落后,抢着干。我因病提前回北京住院治疗,他一直坚持到底,为期两三个月。"①

1959年

所译黑格尔《小逻辑》由商务印书馆出版,此乃1959年新1版。与王太庆合译黑格尔《哲学史讲演录》(第一卷)由商务印书馆出版,此乃1959年新1版。同年,《哲学史讲演录》(第三卷)亦由商务印书馆出版发行。

本年,《资产阶级学术思想批判参考资料》第五集出版,收入贺麟的《当代中国哲学》和论文26篇。

1960年

1月,发表《贯彻"厚今薄古"的方针是世界观的改造问题》,《科学通报》,1960年第1期。

4—5月,发表《批判黑格尔论思维与存在的统一》,《哲学研究》第4、5期,1960年4、5月。

7月,发表《新黑格尔主义批判》,《新建设》第7期,1960年7月。

---

① 姜丕之:《序》,《现代西方哲学讲演集》,上海人民出版社,1984年,第8页。

与王太庆合译黑格尔《哲学史讲演录》(第二卷)由商务印书馆出版,此乃1960年新1版。所译荷兰斯宾诺莎《知性改进论》(《致知篇》的新版)由商务印书馆出版(1986年6月重印)。在准备重新出版时,贺麟对原译著作了很多修订。新版同样保留了《译者序言——斯宾诺莎的方法论和认识论评介》,并增加了《译后记》(作于1959年9月)。

1961年

1月,发表《论唯物主义和唯心主义的斗争和转化》,《哲学研究》第1期。

1月,发表《加强对西方现代哲学的研究》,《新建设》第1期。

5月5日,在《文汇报》发表《关于唯物主义与唯心主义斗争和转化的问题——答严北溟先生》。

11月,所译马克思《博士论文(德谟克里特的自然哲学与伊壁鸠鲁的自然哲学的差别)》由人民出版社出版。该译作后收入《马克思恩格斯全集》。

本年,撰写《关于研究培根的几个问题》,该文收入《培根哲学思想——培根诞生四百周年纪念文集》,商务印书馆,1961年。

1962年

1月,发表《关于黑格尔的〈精神现象学〉》,《哲学研究》第1期。

在中国哲学学会北京分会于中国人民大学举行的大会上作题为《胡克反马克思主义的实用主义剖析》的演讲,后经整理收入《现代西方哲学讲演集》。

本年,黑格尔著、贺麟译《康德哲学论述》由商务印书馆出版。同年,黑格尔著、贺麟与王玖兴合译《精神现象学》由商务印书馆出版。

1963 年

本年,在中国科学院哲学社会科学学部第三次学部委员扩大会议上作《关于黑格尔自然哲学的评价问题》的报告,后发表于《新建设》第 5 期。

1964 年

本年,当选为政协第四届全国委员会委员,后又连续当选为第五、六届全国政协委员。

1966—1974 年

1966 年,"文化大革命"(1966—1976)开始。由于贺麟的特殊经历与特殊地位,他被戴上"反动学术权威"帽子,批斗多次,抄家数次,游街数次,房屋被占,财产丢失,被关进"牛棚"一年多,甚至被诬为"特务"而惨遭毒打。后来,还以"劳动锻炼"的名义被遣送到河南农村干校改造两年。研究工作全部中断。对于这一切,贺麟以一个哲人独具的冷静与超然态度默默地忍受着。

1973 年,台湾地平线出版社印行了《文化与人生》的新版。

1975 年

国庆节前夕,尚未"解放"的贺麟接到周恩来(1898—1976)总理签署的国宴请柬,参加了国务院国庆招待会,心情十分激动。

1978 年

本年,在芜湖召开的"全国西方哲学史讨论会"上,作了《黑格尔哲学体系与方法的一些问题》的讲话,讲稿收入《黑格尔哲学讲演集》。

本年,贺麟、王太庆所译黑格尔《哲学史讲演录》(第四卷)由商务印书馆出版。

1979 年

5月,发表《费希特的爱国主义和民主思想》,《哲学研究》,1979 年第 5 期。

6月,作为中国社会科学院访日代表团的一名成员去日本作学术访问,访问了关西大学、京都大学、东京大学、金泽大学。在西方哲学座谈会上,贺麟两次对斯宾诺莎身心平行论思想做了择要讲述,"日本友人颇感兴趣"。论文《斯宾诺莎身心平行论的意义及其批评者》后刊于《哲学与哲学史论文集》。在日本访问期间,与当年同在美国求学的同学竹内爱二重逢。

8月,作为中国代表团的团长,率团参加在南斯拉夫贝尔格莱德大学举行的国际黑格尔哲学第十三届年会,作了题为《黑格尔的同一、差别和矛盾诸逻辑范畴的辩证发展》的发言。发言稿后刊于《哲学研究》1979 年第 12 期,并以英文载入《黑格尔年鉴》。

12月,发表《黑格尔的同一、差别和矛盾诸逻辑范畴的辩证发展》,《哲学研究》,1979 年第 5 期。

本年,发表《黑格尔与歌德、席勒》,《哲学研究》,1978 年增刊。

1980 年　79 岁

1月,撰写《小逻辑·新版序言》。

3月,发表《康德黑格尔哲学东渐记》,《中国哲学》第二辑,北京:三联书店,1980 年。文章标题中"东渐记"三字,"系来自美籍中国学者容闳(1828—1912)所著《西学东渐记》一书"①。该文后略加修订,作为附录收入《五十年来的中国哲学》一书。

---

① 贺麟:《五十年来的中国哲学》,辽宁教育出版社,1989 年,第 129 页。

6月,发表《实用主义是导致折衷主义和诡辩论的思想根源》,《学术研究》第3期,1980年。这是一篇批判胡适的文章。

本年,商务印书馆印行贺麟所译黑格尔《小逻辑》,此乃新2版。贺麟《小逻辑·新版序言》说:"这次修改《小逻辑》的旧译本虽从1973年就已开始,但当时为了要先修改出版黑格尔《哲学史讲演录》第4卷和《精神现象学》下卷,便将《小逻辑》放下了,直到1979年春才最后修改完毕。"

本年,《现代西方著名哲学家述评》(三联书店,1980年)收入贺麟所撰《布兰德·布兰夏尔德》。

1981年　80岁

3月,作《现代西方哲学讲演集·自序》。

6月4日,中华全国外国哲学史学会正式成立并召开第一届第一次理事会议,贺麟被选为名誉会长。贺麟出席并讲话,讲话摘要《我对哲学的态度》(王树人整理)刊于《哲学与哲学史论文集》。

8月12日,《黑格尔全集》编辑委员会成立,贺麟任名誉主任委员。

9月,在北京召开纪念康德《纯粹理性批判》出版200周年、黑格尔逝世150周年学术讨论会。贺麟讲话稿《在纪念康德、黑格尔学术讨论会开幕式上的讲话》刊于《哲学研究》1981年第10期(题名《贺麟教授在纪念康德、黑格尔学术讨论会开幕式上的讲话(摘要)》),后收入《哲学与哲学史论文集》。

10月,国务院学位委员会下达第一批博士、硕士学位授权学科专业名单,贺麟为中国社会科学院研究生院外国哲学史专业博士生导师。

10月,在杭州召开全国宋明理学讨论会。贺麟参加了讨论会并发了言。

11月,在杭州召开全国中外哲学史比较讨论会。贺麟参加了讨论会并发了言。

1982 年

6月,发表《费希特的唯心主义和辩证法思想述评》,《学术月刊》,1982 年第 6 期。

10 月 11 日,贺麟在金岳霖从事教学和科研工作 56 周年大会上发言。乐逸鸥根据记录整理而成《金老的道德文章》(标题是整理者拟的)。

本年,贺麟、王玖兴合译的《精神现象学》(上下卷)荣获中国社会科学院优秀科研成果一等奖。

本年,发表《黑格尔的艺术哲学》,《中国社会科学院研究生院学报》第 5 期,1982 年。

1983 年

年初,发表《黑格尔的〈法哲学原理〉》,《福建论坛》第 1 期,1983 年。

6 月 15 日,作《现代西方哲学讲演集·作者后记》。

6月,发表《亨利·柏格森的哲学》,《中国社会科学院研究生院学报》,1983 年第 3 期。

9月,发表《黑格尔的早期思想》,《哲学研究》第 9 期,1983 年 9 月。

秋冬(10 月至 11 月),贺麟应香港中文大学新亚书院之邀至港讲学一月。11 月 2 日下午,主讲"我近来对于黑格尔哲学的新理解";11 月 7 日下午,主讲"知行合一问题"①。讲稿发表于《求索》

---

① 《"龚氏访问学人"贺麟教授访问本院》,《新亚生活月刊》(香港)第十一卷第四期,1983 年 12 月 15 日,第 4 页。

1985年第1期。在港讲学期间,唐君毅夫人谢廷光女士(1916—2000)邀请贺麟前去府上瞻仰唐君毅的遗物,并在九龙设宴款待,由唐君毅的入室弟子李杜、唐端正、陈特及霍韬晦等作陪。李杜等均以著作相赠,谢廷光并以唐君毅的主要著作《生命存在与心灵境界》一套相赠(后谢廷光又曾两度前往北京,贺麟和周辅成予以热情接待)①。回来后,贺麟撰写了《唐君毅先生早期哲学思想》一文(后收入《哲学与哲学史论文集》),谈论唐君毅的早期思想以及他们二人在思想上、精神上相契合之处,以为纪念。

本年,贺麟为马克思逝世百周年纪念而写《马克思的早期哲学思想》,这是民盟中央机关报《中央盟讯》的约稿。该文后经修改补充,收入《哲学与哲学史论文集》。

1984 年

3月,被聘为《西方著名哲学家评传》学术顾问。所撰《黑格尔》被列入《西方著名哲学家评传》丛书第六卷。

8月,《现代西方哲学讲演集》由上海人民出版社出版,周谷城、姜丕之为之作序。全书分为上下篇,上篇收集新中国成立前在北京大学讲授"现代西方哲学"课程的讲演13篇,下篇收集新中国成立后文章15篇。该书上篇的底稿是1947年下半年至1948年上半年在北京大学开设的现代西方哲学课程的讲课笔记,记录者是班上的肖辉楷同学,后经贺麟重新审阅和修改而成。评论说,"这是迄今为止黑格尔研究方面最为深广、最为全面、最有影响的成果"②。

---

① 贺麟:《唐君毅先生早期哲学思想》,《哲学与哲学史论文集》,商务印书馆,1990年,第201页。
② 《贺麟选集·前言》,吉林人民出版社,2005年,第11页。

8月,参加在山西太原召开的傅山学术讨论会。所提交论文《傅山哲学思想的主要倾向及开展傅山研究的重要性》,后刊于《晋阳学刊》第6期,1984年12月。

9月,《黑格尔自然哲学的发展观》,《甘肃社会科学》,1984年第5期。

12月,出席在上海召开的全国东西方文化比较讨论会。

本年,为纪念费希特逝世180周年,完成《费希特的爱国主义和民主思想》,该文刊于《哲学与哲学史论文集》。

本年,所译黑格尔《法哲学原理》由台湾新竹市仰哲出版社出版。

1985年

1月,发表《关于知行合一问题——由朱熹、王阳明、王船山、孙中山到〈实践论〉》,《求索》,1985年第1期。

4月,回老家探亲期间,应邀至四川大学哲学系、西南师范学院、武汉大学哲学系讲学。

6月,发表《黑格尔〈自然哲学〉提纲——特别强调其中的辩证法》,《晋阳学刊》第3期,1985年6月。

11月,发表《斯宾诺莎身心平行论及其批评者》,《哲学研究》第11期,1985年11月。

本年,发表《黑格尔对"形而上学思想"的批评》、《黑格尔对"形而上学思想"的批评(续)》,《群言》第5、6期,1985年。

1986年

4月6日,写《〈马克思恩格斯论哲学史〉序言》;9月,刊于《人文杂志》第4期,1986年9月。

4月,被聘为《康德与黑格尔研究》顾问。

4月,发表《论自然的目的论》,《中国社会科学院研究生院学报》第2期,1986年4月。

4月,发表《斯宾诺莎主义的宗教方面》,《中国社会科学院研究生院学报》第2期,1986年4月。

7月,论文集《黑格尔哲学讲演集》由上海人民出版社出版。

10月9日至11日,为纪念贺麟从事教学、研究、翻译工作55周年,中国社会科学院哲学研究所、北京大学哲学系、民盟中央、中华全国外国哲学史学会联合在北京举行了"贺麟学术思想讨论会",国内外300余名专家、学者出席了开幕式。

1987年

3月12日,作《文化与人生》之"新版序言"。

7月15日,为马魁隆《论清初哲学之新潮》作序。该文后以《〈论清初哲学之新潮〉序》为题,刊于《哲学动态》1992年第1期。

12月,江苏省社会科学院、江苏省哲学史与科学史研究会等五家单位在南京市召开纪念《精神现象学》出版180周年学术讨论会,贺麟本拟赴会作专题讲演,后因身体等多种原因不能出席会议,但他专程派自己的两位博士生将《我学习〈精神现象学〉的经过》一文带至会上交流,并向大会寄去了贺信。《我学习〈精神现象学〉的经过》后刊于《甘肃社会科学》1989年第1期和《学海》1992年第5期。

1987年以来,贺麟为西方哲学史专业培养了5名硕士生、4名博士生。

1988年

1月,发表《辩证法和哲学的理想性》,《社会科学战线》,1988年第1期。

3月,发表《对有关辩证法几个问题的新理解》,《中国社会科学》,1988年第2期。

4月,发表《哲学的理想性》,《哲学动态》,1988年第4期。

7月,《黑格尔全集》编译委员会在北京昌平"爱智"山庄召开《黑格尔全集》翻译出版讨论会。贺麟参加了讨论会并讲话,对《黑格尔全集》的翻译工作提出了许多宝贵意见。

8月,《文化与人生》由商务印书馆出版。与旧版相比,新版在内容和文章题目上均有变动。

8月,贺麟等著《马克思人类学笔记研究论文集》由商务印书馆出版。

12月21日,西洋哲学名著研究编译会成立,贺麟任名誉会长。

12月,发表《评吕世伦著〈黑格尔法律思想研究〉一书》,《法律学习与研究》,1988年第6期。

12月,译著《黑格尔早期神学著作》由商务印书馆出版。

1989年

3月,《五十年来的中国哲学》由辽宁教育出版社出版。此书系《当代中国哲学》之再版本,不但改换了书名,而且"在不影响原书的体系及主要论点的前提下,作了适当的修改和补充"(《新版序》)。该书获"光明杯"优秀哲学社会科学著作荣誉奖。

7月,《德国三大哲人歌德、黑格尔、费希特的爱国主义》(原名《德国三大哲人处国难时之态度》)由商务印书馆出版。这次新版附作者近作《黑格尔评传》。书中介绍了三大哲人的生平和思想,对他们的爱国主义思想和言论作了详细的叙述。

10月,《时代之波》作为"民国丛书"第一篇第四十四册,由上海书店出版。

1990 年

1 月,《哲学与哲学史论文集》由商务印书馆出版。

12 月,发表《谈儒家精神——致朱熹诞辰 860 周年学术研讨会》,《哲学动态》,1990 年第 12 期。

12 月,《文化与人生》作为"民国丛书"第二编第四十三册,由上海书店出版。

本年,发表《谈谈翻译》,《中国社会科学院研究生院学报》,1990 年第 3 期。

1991 年

12 月,《近代唯心论简释》、《当代中国哲学》作为"民国丛书"第三编第五册,由上海书店出版。

12 月,发表《弘扬朱子思想的真精神》,《纪念朱熹诞辰 860 周年国际学术会议论文集》,上海三联书店,1991 年 12 月。

1992 年

9 月 22—24 日,为纪念贺麟诞辰 90 周年,中国社会科学院哲学所、中华全国西方哲学史学会、民盟中央等单位在北京联合举行"贺麟学术思想讨论会"。与会专家、学者共 200 余人[①]。

9 月 23 日上午 8 时半,逝世于北京医院,享年 90 岁。10 月 6 日,贺麟遗体告别仪式在八宝山革命公墓举行。《人民日报》专门报道了此事[②]。

本年 12 月,贺麟等著《儒家思想新论》作为"民国丛书"第四编第二册,由上海书店出版。

---

① 范进、杨君游:《贺麟学术思想讨论会综述》,《哲学动态》,1992 年第 12 期,第 7—10 页。
② 《贺麟同志逝世》,《人民日报》,1992 年 10 月 10 日第四版。

逻辑之心和直觉方法
——《近代唯心论简释》打通中西哲理的连环套

张祥龙

《近代唯心论简释》是贺麟先生(字自昭,1902—1992)40岁时出版的著作,收纳了他自回国后至抗战初期撰写的最富哲理性的论文。虽然是先生最早的一部文集,但由于它卓荦不群的思想开创性和钩深致远的哲理蕴涵力,可说它是贺先生一生著述中的最灿亮夺目者,也属于那个思潮激荡、民族危亡的时代所产生的最出色的哲学成果。正是因为如此,要原本地理解它却很难,比如书名中的"唯心论",就容易让人去将此书简单地归类,从而体会不到这"唯心而起论"中的隐微曲折。

一、此书的哲理成就概述

此书最重要贡献,一言以蔽之,就是以简要方式成就了从哲理上沟通中西、牵连古今的时代任务,开启出当代中国人思索哲学问题的新可能。但对此话切不可泛解,以下说明之。

时常听到这样的议论,即中国古代哲学相比于西方哲学,缺少了一个重要的素质或阶段,不补上这一课或经历它,当代中国哲学就不能真实地进入以"后"来打头的新阶段。换言之,如果将这个缺环称之为"甲阶段",那么中国古代哲学就属于"前甲阶段";如果它要真正理解当代西方的"后甲阶段"的哲理乃至时代精神,就不能从前甲直接跳到后甲(**尽管前甲与后甲之间有某种思想品质上的相似或相关**),而必须先经历甲,不管叫它"逻辑"、"概念理性",还是"科学思维"或"现代性"。我并不同意这种以西方哲学为模板的阶段论,或一个时候只能从事于一个阶段的进步论,因为哲学问题是如此终极,哲理思想是如此自由和内在丰富,当从事于后甲时,如果它与甲的确有内在联系,则必同时涉及甲、消化甲,反之亦然。但是,我们可以承认此说所言"阶段"的区别,即中国古代哲学与西方古典哲学(**从柏拉图到黑格尔的主流形态**)——"甲"——是如此不同,在"比甲更原本"的意义上称其为"前甲"亦无不可;而它要真实理解西方的后甲,与之做出有启发力的交往,就像它曾经与古印度来的大乘佛教(**印度哲理的后甲**)的交往,则必须深入理解西方的甲形态,而不能限于只从西方的后甲中找寻与自己相似者。

贺先生所做的,首先是将西方哲学甲形态的思想灵魂引入到或呈现于中国哲理语境中,使得中国哲人从此可心领而神会之。其次,由于他深究此形态的方法根源,反倒打通了西方甲形态与后甲形态的一个方法论上的要点,即智性直观法或直觉法。再次,受此启发,他进而发现了中国古代哲理——特别是宋明理学——本自具有的直观方法,它与西方哲学中或隐或显的直观法有相似处,但亦有重要不同。由此也就掘开了中国古代哲理与西方哲学——既有甲,亦有后甲——内在勾通的隧道。尽管这种开通还是简要的,甚至在某些点上还有待厘清,但因为此隧道的出现,中国人的哲学追求就可以既有自家命脉传承，又与西方古典与当代哲学有绝不肤浅的某种联系。这就是上面所言"沟通中西、牵连古今"的大意。

二、此书的结构

首章为《近代唯心论简释》，书名即得之于它，可见是全书提纲挈领处，以往评家的兴趣也多集中于此，但惜乎未能看出它与后面诸章的内在联系。此章开篇处就标出：所谓"唯心"之"心"，乃是"逻辑意义的心"。但应该如何理解这"逻辑"的含义呢？这是第一个要点，非彻底明了不足以读懂此书。尽管此章用"性"、"理"、"具体的共相"等等点出了这逻辑的属性和某种表现，但还是没有阐明它的真切结构，以及它如何与心关联。这要到第五章《怎样研究逻辑》、第七章《斯宾诺莎的生平及其学说大旨》、第八章《康德名词的解释和学说的大旨》中达到。在这个关键问题上，贺先生从斯宾诺莎和康德所得到的启发最大、最直接，远大于其他哲学家，比如他后来下了极大工夫的黑格尔。书名中的"近代[的]"（modern）两字，就首章中提及的哲学家来说，全无着落，那里出现的或是古代的柏拉图、朱熹，或是现代的（contemporary）胡塞尔、桑提耶那、鲍桑葵等，根本没有近代哲学家。但如果联系到后文，"近代"主要是指斯氏与康氏的影响，就讲通了。

从这些篇章对于逻辑奥义的阐发中，可找到一条重要线索，由此才能充满领会力地达到此书的另一个关键点，即直觉（观）方法。

逻辑之心和直觉方法

没有这条线索的引导,那么读第四章《宋儒的思想方法》时,就会感到突然,好像这里提出的直觉方法是一个全新问题,与第一章讲的"唯心论"和"逻辑之心"没有什么联系,因为那一章中,完全没有涉及直觉法。可是看过第五、第七章的,就晓得逻辑之心为何必会诉诸于直觉法。这样才能看出全书这两个关键点——逻辑之心与直觉方法——实际上是双环连套,相互需要、相互做成,不然不成"活眼"(**围棋中单眼不能成活**),也不能使全书获得内在的思想活力。

由于绝大多数评论者们只立足于第一章来把握全书,所以看不到直觉法对于理解唯心论的关键地位。只有一位对此书立论持激烈否定态度的评论者(**胡绳**),指出了"直觉论"(**他根本不承认直觉是理性方法**)是理解此书的要害,但由于他完全看不到此直觉与逻辑之心的内在关联,所以粗暴地将它归为"神秘主义的方法",断言"这种方法不能引我们到真理,而只能引我们到混沌。"①

由此逻辑之心的直觉法引导,才能深入了解第六章《辩证法与辩证观》,乃至第三章《知行合一新论》和第二章《时空与超时空》。这样,第一章提到的"精神"、"唯性论"、"文化"、"性格"、"民族性"、"理想"等等,才有了思路上的着落;而此书的其余各章,也就大都可看出是此"心"和"法"的繁枝茂叶了。

---

① 胡绳:《一个唯心论者的文化观——评贺麟先生著〈近代唯心论简释〉》,此文原载于该作者《理性与自由——文化思想批评论文集》,华夏书店,1946年。见本书312页。

三、"逻辑"的含义：数学与直观（觉）法

在贺先生看来，"逻辑即是精神生活的命脉，同时也是物质文明的本源。"（《近代唯心论简释·怎样研究逻辑》）这与通常对于逻辑的看法——思想的或推理的纯形式及其规律——很不同，因为作为"生活"、"文明"的"命脉"和"本源"，它不可能仅限于纯形式的推演规则，像亚里士多德表述的三段论或当代符号化的逻辑那样。所以贺先生反对"离开实际生活——文化生活、社会生活、日常生活而谈逻辑，……去专心致志于名词之玩弄与符号之排列……徒卖弄少数人的智巧而忘记逻辑的真正使命"（同上）。然而，他也不认为逻辑是可以经验对象化的，而是主张："要使哲学，要使科学成为严谨的科学，第一贵在能采取数学的方法，以数学方法为治理逻辑或哲学的模范。"（同上）那么，难道数学的根基不是纯形式推演的吗？现代研究数学基础的学派中，希尔伯特的形式主义主张数学之根在纯形式推演，罗素的逻辑主义主张数学可还原为逻辑。贺先生不仅不会同意前者，而且也要将后者的主张颠倒过来。而更关键的是，他主张数学的"根本精神"，"可以用斯宾诺莎所谓'据界说以思想'……，或康德所谓'依原则而认知'一语包括之。"（同上）

由于贺先生认为斯氏与康氏在此根本精神上"同条而共贯"，这里为简便起见，主要就前者来看。"斯宾诺莎所谓'据界说以思想'是什么意思呢？界说所以表示本性，据界说以思想就是根据对于一物的本性的知识以思想，……即是以真观念甚或依对于实体的观念以思想。"（同上）按照斯宾诺莎，"一物的本性的知识"就存

在于对于此物的"真观念"中；而真观念与"共同概念"乃至"正确观念"（斯宾诺莎：《伦理学》第 2 部分命题 40 附释二）都不同，它不只是正确或与其对象符合，而更是总能正确，且总能自知其为正确（《伦理学》第 2 部分命题 43），所以只有它堪当界说的基石或数学式推论的起点，让我们获得感性知识和知性知识之上的"第三种知识"。而要获得这真观念，不能靠归纳法、抽象法等等，只能靠直观法或直觉法。所以贺先生写道："而他［斯宾诺莎］自己所用的思想方法，可以称为典型的哲学方法的，就是可以求得他所谓最高级的——第三种的——知识的直观法。"（《近代唯心论简释·斯宾诺莎的生平及其学说大旨》）

什么是直观（觉）法？简言之，就是直接看出真理之所在及其理由的方法。斯氏在《伦理学》第二部分命题四十的附释二中举了一个例子。有三个数，比如 1，2，3，现在要找第四个数，要求是：这第四个数与第三个数之比，要等于第二个数与第一个数之比。面对这个问题，可以有不同的解决方法。一个商人会出于以往的经验，或出于以往从学校所学的公式，或者根据欧几里得《几何原理》第七章第十九命题的证明，将第二个数与第三个数相乘，其积再被第一个数来除，所得结果就是第四个数。他得到的结果和演算方式都是正确的，但他用的不是直观法，也没有得到相关的真观念。在这个问题上，直观法是：面对 1，2，3 和问题要求，当事人不用任何现成的计算方法，就直接地看出第四个数必是、也只能是 6。"这比任何证明还更明白，因为单凭直观，我们便可看到由第一个数与第二个数的比例，就可以推出第四个数。"（《伦理学》第 2 部分命题 40 附释二）这里，当事人直接看出了此问题中的真理之所在（结果是 6），以及所在于斯的理由，所以完全自知自觉此所在的真理性，无须再诉求于更高的或更基本的原则。可见此方法既应叫作"直观法",还应称作"直觉法",取其观中有觉、觉中有观之义。因此贺先生将两者通用。然而,那位商人的方法,却没有这种"自知其真"的明见性和自觉性,因为计算总可能出错,他就要反复核实。而且,此方法的要害不在于直观到正确的对象,或平常意义上的主体对客体的直观,而在于直观与被直观的相互缠绕(mutual entanglement),比如被直观之真观念反过来能直观自身为真,而直观者也要到被直观的真观念中得其自身本性。

斯宾诺莎和贺麟先生都相信,这种直观法可以从数学转移到志在解决更深层和根本的哲学问题或广义的逻辑问题的探求上来,因为它的真精神不在于形式演算,而在于不离问题和现象本身地看出其真值所在乃至何以所在,而不再诉诸于其他权威。所以贺麟先生赞斯氏道:"辨析情意,如治点线。[**就在这辨析中**]精察性理,揭示本源。知人而悯人,知天而爱天。"(《斯宾诺莎像赞》)于是,由此直观法构造出的逻辑,就不仅有自己的内容,而且有自己的内在动力和真理自省性。深感于这一要点,贺先生就常引用斯宾诺莎的一句名言:"一如光明一方面表示光明之为光明,一方面又表示黑暗之为黑暗,所以真理一方面是真理自身的标准,一方面又是鉴定错误的标准。"(《近代唯心论简释·斯宾诺莎的生平及其学说大旨》;原话出自《伦理学》第 2 部分命题 43 附释)可见这种逻辑的特点不在于真或正确,而在于总能真并总可能自知其真。所以它从头就具有内在的自旋自构结构,在自己的行动("**直接看**")中,就凭借这行动本身而获得其对象,同时一并获得对此"获得"的再获得可能。就此而言,逻辑首先不是干巴巴的推理形式,而是使真理可能的知(**对于意义及其对象的构造**)与自知(**对此构**

造的原记忆保存),因而一定是与人的意识或心智构造内在相关的。如此看来,逻辑是有直觉心肝的,有时机可言的,甚至与艺术也并非无缘。贺先生进而认为斯氏的直观法"使神秘主义的识度与自然主义的法则贯通为一,使科学所发现的物理提高为神圣的天理"(《近代唯心论简释·斯宾诺莎的生平及其学说大旨》)。

这种看法,虽然有时被斯氏与贺先生所持唯理论的"永恒"追求所掩蔽(**但有时亦有其掩映之趣**),正如康德哲学中的最活泼的东西被他的"普遍、必然"的先天形式所遮蘙,但其内在的现象学冲动也是不可遏制的。所以三四十年代的贺麟先生在文章中数次流露出对于胡塞尔现象学的欣赏乃至向往。比如,在《怎样研究逻辑》的末尾,他写道:"现代德国现象学派胡塞尔所倡导的逻辑,保持先天方法,注重本性的观认[**本质直观**],似为现代最能承继并发挥康德、斯宾诺莎的逻辑思想者,可惜中国很少人涉猎到这方面。"此外,在《近代唯心论简释》、《知行合一新论》、《时空与超时空》诸篇中,他或提及胡塞尔和现象学,或提及海德格尔的《康德书》,表现出超常的哲理敏感性。

四、心与理一

此书第一章《近代唯心论简释》的开端处,是这样一段最为读者们注意的话:"心有二义:(1)心理意义的心;(2)逻辑意义的心。逻辑的心即理,所谓'心即理也'。"(以下引用此章时不再提供出处)这两种心的差别,不在于一为经验的,一为超验的;而在于前者是可对象化的,后者则不可被对象化。心理之心,比如经验主义者或心理学家视野中感觉、幻想、思虑、情感,"皆是可以用几何方法当作点线面积一样去研究的实物"。这样的心也就是一种可对象化之物。而平常被人认作是物的东西,比如桌子、工具、身体,其色相、意义、条理、价值,皆源自于"人同此心,心同此理"之心。"故唯心论一方面可以说是将一般人所谓物观念化,一方面也可以说是将一般人所谓观念实物化。"关键在于是否意识到这些"观念"的不可对象化之心源。此心源即"心即理"之心。"而心即理也的心,乃是'主乎身,一而不二,为主而不为客,命物而不命于物(朱熹语[引自朱熹《观心说》一文])'的主体。"这里讲的"主体",其首要的含义在于"一而不二,为主而不为客"的不可对象化本性,以及"命物而不命于物"的原发构成力。

这里用了宋儒的表达"心即理也"。但切莫忘了:此"理"即上面讨论的"逻辑",它不是无心-情的形式化或本质化的理或道,像当时的所谓"新理学"(**冯友兰**)和"道论"(**金岳霖**)所主张的;它必有自己原初地构成意义和真理的广义"数学"机制(**中国的《易》象数亦属此广义数学**),以及为此机制所要求的直观法乃至直觉之心源。所以,"逻辑的心即理。"当贺先生讲"注重心与理一,心负荷真理,真理[**直**]觉于心"时,其中就充满了宋明理学与近代西哲主流见地的相互感应和振荡。看不到这一点,就会或将它或当作宋明儒之常谈,或当作唯心论之旧见,而失其沟通中西、连结近代与当代的要害和新意。贺先生一生致思风格,全系于此,即便他对黑格尔的译介乃至 49 年后对马克思哲学的理解,无不带有此打通心物、交缠主客(**知者与所知**)之直觉唯心论的"尾巴"。

贺先生认为,要避免唯心论被人误解,比如误解为师心自用、眼中无物,可称唯心论为"唯性论"。"性(essence)为物之精华。

凡物有性则存,无性则亡。"但此"性"并非可抽象现成化的本质。贺先生认为理性是人的本性,但"理性是自研究整个人类文化活动中得来,故……本性是自整个的丰富的客观材料抽炼而出之共相或精蕴。……此种具体的共相即是'理'。"此"具体的共相"是黑格尔逻辑学的基本"概念",相对于以往形而上学中的抽象共相而言,它要在精神现象辩证发展的具体脉络中实现自己。对于贺先生来说,它里边也有柏拉图、斯宾诺莎和康德诸学说的血脉,还有宋明儒的理学深意,与胡塞尔的现象学也不隔膜。"故唯心论即唯性论,而性即理,心学即理学,亦即性理之学。近来德国的胡塞尔(Husserl)有所谓'识性'(Wesensschau[**本质直观**])之说,美国的桑提耶那(Santayana)有所谓'观认本性'(contemplation of essence)之说,其注重本性与唯心论或唯性论者同,若他们能更进一步不要离心而言性……则与唯心论者之说便如合符节了。"我们知道,胡塞尔当然是不离心或意向性意识而言性的,并认此心的源头就在内时间意识之中。

贺先生的这种唯心—性论,似乎只关注了中西方的"唯理"与"唯心"之学的共通处,而对于它们之间的几重区别没有深入辨析。但考虑到他当时的学术活动的主要意向在于打通中西的主要哲理特别是其方法,此疏忽是可以理解的,而且他在其他地方对于这些区别也有讨论。① 另一个理由恐怕是:他这一阶段特别关注的这些中西哲学家,都是相当丰富和复杂的思想者,都在追求永恒必然的真理(理)的同时,深深体会到活的人生和文化经验(心)的原本

---

① 参见贺麟《现代西方哲学讲演集》(上海人民出版社,1984 年)、《哲学与哲学史论文集》(商务印书馆,1990 年)等。

性,并试图打通两者。就是西方传统形而上学的主要建立者柏拉图,也有前期、中期和晚期学说(**乃至"不成文学说"**)之分,以及广为哲学界所知的理念论与不那么被此界重视的迷狂说之别。

因此,尽管贺先生的唯心-性论有某种唯理论式的表达,但由于他对于逻辑之心的直觉法理解,这心性表现出了某种非普遍主义的乃至民族文化独特论的自觉。比如他认为唯性论会主张"性格即是命运"和"性格即是人格"。性格是"人性中最原始的趋势[**为理性所决定的自由意志**]与外界接触而愈益发展扩充,足以代表一人的人格的特点"者,所以是人的天然倾向与环境相互缠绕的产物。"故小说家或戏剧家最紧要的工作即在于描写剧中人的性格。而哲学家亦重在认识人的性格,以指出实现自性的途径"。性格是本性(**具体共相之理**)在人生存情境中的结构实现,而贺先生视之为"人之一生的命运的基本条件",可说是颇有些现象学生存论的见地。

"而在政治方面,唯心论则注重民族性之研究、认识与发展。所谓民族性即是决定整个民族的命运的命脉与精神。……民族性是自研究整个民族的文化生活和历史得来。"这是非普遍主义的民族命运观,与黑格尔在其历史哲学、哲学史、精神哲学等书中表达出的世界精神(**实为黑格尔化的西方精神**)主宰民族精神、歧视非西方民族精神的观点大为不同。这一见地在《文化的体与用》(**此书第十一章**)中得到发挥。在他看来,要理解文化乃至文化间的关系,关键是从"精神"出发,而"精神就是心灵与真理的契合。换言之,精神就是指道或理之活动于内心而言"。(《近代唯心论简释·文化的体与用》,以下皆同)实际上,心与理一的状态就是精神,即生存主体化了、情境化了的逻辑与道。"道只是本体,而精神乃是主体。文化乃是精神的产物,精神才是文化真正的体。……一个民族的文化就是那个民族的民族精神的显现。"

因此,民族文化的体与用不可割裂,讲全盘西化和中体西用都不成立;同理,民族文化之间的交往也不可能是体用分裂的。于是贺先生主张,在研究和采用西方文化时,"须得其体用之全,须见其集大成之处。"但这并不是主张全盘西化,因为只有"得其整套",才能"不致被动地受西化影响","沦为异族文化的奴隶";反而能够"自觉地吸收、采用、融化、批评、创造",将被动的"西化",转换为主动的"化西"。因此他主张,尽量取精用宏、含英咀华,既承受中国文化的遗产,又承受西方文化的遗产,使之内在化,变成自己的活的精神。"这叫做以体充实体,以用补助用,使体用合一发展,使体用平行并进。"这种文化间交往的体用平行并进论,驽钝狭隘如我者,还不能完全领会,担心如此开放会导致弱势文化的衰败;但是,如果同情地加以理解,则可说:它反映了贺先生所处的抗战时代高涨的民族意识和信心,不信东风唤不回,因而有此乘潮而上的宏大气势。再者,它还反映了他要同时解决现代性(**以上讲的"甲阶段"**)和后现代性("**后甲阶段**")问题的艰难和努力,包含着要让我民族精神尽快地卓然挺立于当代世界的良苦用心。最后,我们现在看到的中国传统文化的衰落,并不能归咎于此学说,因为中国后来的文化发展,并没有走这条中西体用平行并进的道路,而是在"破旧立新"和"文化革命"思想引导下的文化自戕之路。

五、宋儒的直觉方法和黑格尔的辩证观

主张宋儒的思想方法是直觉方法,或起码有直觉方法,并不能

从斯宾诺莎那种源于西方数学的直观法直接转移过来,因为宋儒的思想背景中并无此类数学。但是,如果没有斯氏等西方思想的刺激,恐怕贺先生也不会排除多种挑战和艰难,花了四个多月,生出一场大病,最后写出《宋儒的思想方法》(**本书第四章,以下引文出于此章**)。

当时,颇有些学者反对直觉方法这个说法本身。他们可以承认有直觉经验,但否认直觉可以是一种理性方法,认为那是自相矛盾,因为直觉一旦被理性化就不再是直觉(**这也曾是胡塞尔现象学面临的挑战**);比如柏格森倡导直觉,但他写的书却按理智条理写成。贺先生经过举例和分析,指出这种看法忽视了前理智的与后理智的直觉方法的区别。前者是:"先用直觉方法洞见其全,深入其微";然后用理智分析此全体,阐明此隐微。而后者是:"先从事于局部的研究、琐屑的剖析,积久而渐能凭直觉的助力,以窥其全体,洞见其内蕴的意义"。这时的直觉法是一种"方法或艺术","须积理多、学识富、涵养醇,方可逐渐使之完善"。所以直觉法与理智法"各有其用而不相背",直觉的思想力毕竟可以透过理智而呈现,并为理智所不逮。

更具体地,他认为直觉法、特别是宋儒的直觉法是"用理智的同情以体察事物,用理智的爱以玩味事物的方法"。它是智与情的交缠,完全投入经验之中("**体察**"),顺其势而偕其时("**玩味**"),以便由微知著、无为而大为。后理智的直觉法也有多种,有的向外观认,有的向内省察;前者的宋儒代表是朱熹,后者是陆象山。陆象山的直觉法有正反两面,反面是"不读书",为人心减担,此所谓"简易工夫";正面是回复本心,因为"心即是理"。反者别开生面,正者出神入化。所以直觉法在陆象山、王阳明这里是"教人反省本心的艺术,实甚高妙",其把握时机、感动血脉、切中要情之处,往往令人汗下泪流、心澄而神悟。于是有"隐然而动,判然而明,决然而无疑者矣"。

朱熹也要回复本心,有时也会生出"书册埋头何日了,不如抛却去寻春"的意向,但他平生最得力最精到的独特方法,却是偏重向外体认钻究的直觉法,"可以用'虚心涵泳,切己体察'八字括之"。这既是他的读书法,又是他的思想方法和为人之道。"虚心"则无成见,开心宽心;"切己"则设身处地、视物如己;"体察"则情智交织地投入进去;"涵泳"则"深沉潜思"、"优游玩索"、"以物观物"。此法让人"用力之久,而豁然贯通",达到心与理一("**理会**")的"后理智的理性的直觉境界"。贺先生认为朱子这种"理会"法与柏格森的"理智同情"法最为接近。

他在此列举了三类西方哲学家的直觉法。对于丹麦的基尔哥德(**即克尔凯郭尔,存在主义的当代创始人**)和德国的狄尔泰(**哲学解释学的先驱之一**),"直觉既是一种欣赏文化价值的生活,亦是一种体认文化价值形成精神科学的方法"。柏格森的理智同情法是"时间的动的透视",去把握变动活泼的生命节奏,所以是一种"破除死的范畴符号,不站在物外去用理智分析,而深入物之内的本性以把握其命脉其核心的真正的经验方法"。而斯宾诺莎的"从永恒范型下观认事物"的直觉法,"竭全力以认取当下,使整个意识为呈现在眼前的对象的静穆的凝想所占据,忘怀自身于当前的对象中,而静观其本质。"

在理解黑格尔的辩证法时,这直觉法就表现为"辩证观"。在《辩证法与辩证观》(**本书第六章**)中,贺先生用辩证观来激活辩证法或辩证逻辑,使其摆脱机械的发展格式(**如"正反合"**),而得到人生的直接体验之魂之源。他在开篇处就说出一句含义深刻的话:"辩证法自身就是一个矛盾的统一。"因为它既是去把握实在的方法,但"又不是方法,而是一种直观"。换言之,辩证法从根本处就需要这不可格式化、不可概念化的直观方法的引导。"此种辩证的直观,即是出于亲切的体验、慧眼的识察,每每异常活泼有力(绝不是机械呆板的口号或公式)。而哲学家的特点,就是不单是从精神生活或文化历史的体验中,达到了这种辩证的直观或识度,且能慎思明辨,用谨严的辩证方法,将此种辩证的直观,发挥成为贯通的系统。"贺先生举了不少中西例子来说明这辩证观,比如歌德的"远者近,近者远";席勒的"恩者仇,仇者恩";老子的"无为而无不为";孔子的"天何言哉,四时行焉,百物生焉";司马光的"惟深万物表,不令四时行"等。

他还从西方新黑格尔学派和德国的黑格尔复兴运动那里,得到辩证观本是辩证法灵魂的启发。如克洛齐讲:"应该把黑格尔当作诗人来读。"克洛那认为:"黑格尔是理性的神秘主义者。"哈特曼写道:"[**对**]辩证法的定律是没有确定的认识的,但又是具有规律的,强迫的,不停息的,有必然性的,——一切皆如艺术家的创造。"鲁一士称辩证法为"感情的逻辑",鲍桑葵则说它是"爱情的逻辑"。贺先生因此认为,有直观力的辩证法让人知道,"形而上学的理念,并非抽象缥渺的幻影,乃即是实际事物的核心、命脉和本性。因此愈能忠于经验,把握实际事物的命脉,便愈能把捉住形而上学的实理。"他从黑格尔《小逻辑》的81—82节,接引出两种辩证观,即"物极必反观"和"相反相成观";引用黑格尔的话:"思辨的真理在某意义下与宗教经验中的所谓神契主义,颇有些相似的地方。……因为[**它们皆**]非知性的分别作用的范畴所能把握。"因此,贺先生治黑格尔学,最看重黑格尔早期的《精神现象学》,并引释其言曰:"真理不是铸就的制钱,真理不是没有生命的公式,真理乃是依其内在性质而活动着的。"而这生命的内在活动,只能首先在辩证直观(觉)法的视野中呈现。

六、结语

贺麟先生很早就抱有引入西方的大经大法,并使其义理被中国人深入理解,从而吸收之、转化之、超越之的理想。此所谓变"西化"而为"化西",或者叫"儒化或华化西洋文化"(贺麟:《文化与人生·儒家思想的新开展》)。其中的关键,"在于中国人是否能够真正彻底、原原本本地了解并把握西洋文化"。(同上)他的《近代唯心论简释》,就是这种通过彻底理解而跨越藩篱,让中国自家哲理新生的卓越努力。

因此,此书哲理思想的要害就是在理解西方正宗唯理论(rationalism)或逻辑思维时,剖剥开它的形式化外衣,发现其中搏动着的真心所在,也就是其直觉(观)意识或直觉法呈现的原初经验活动。此意识或活动是如此整全地投入这经验过程,以至于它与这经验所产生的对象(**物**)从根本上被打通,也使得它能够在与对象完全贯通时还能对这贯通本身具有意识。这就是使人致真并知其为真的直觉知识。无此直觉知识或直觉法,逻辑之理就是盲目的、无灵魂动力的;反之,无逻辑的"据本性以思考"的终极追求,这直觉法也进不到"极高明而道中庸"的境地。由此,他帮助中国哲学界以充满领会的方式同时经历了西方哲学的逻辑化时代(**所**

谓"**甲阶段**")和后逻辑化时代(**所谓"后甲阶段"**)。他在中国传播斯宾诺莎、康德、黑格尔等近代大家的同时，也将学习西方哲学的目光引向了胡塞尔的现象学、柏格森的生命哲学、新黑格尔主义等注重直观法的新哲学。而这种充满活力的解释也启发他去发现宋儒的直觉方法，既有陆象山的向内回复本心的直觉法，也有朱熹的向外体认、涵泳体察的直觉法。当然也可以反过来看，即贺先生从少年时就开始积淀的中华古学、特别是宋明儒学的思想倾向，使得他能够在西方的逻辑中枢处看出直觉之心。

贺先生的这些深思新见，不但引起当时人的关注，引出或预示了后来的一些研究，比如牟宗三先生的"智的直觉"说和傅伟勋先生对中西学术交往的"互体互用"观点，而且更重要的是，这种能在根底处耦合中西思维方法的哲理，对于我们和未来人具有其他任何流行学说所缺乏的思想激发力。这部《近代唯心论简释》，其蕴含之丰富、追究之原本、表达之活泼流畅、无体系化而自有结构，足以促使读者去做原本的探索和开显，而不会阻碍他或她自己思想和人生独特性的发挥，因为在这里，心—情的逻辑要先于理智的逻辑。